Mitbestimmung des Betriebsrats bei Fragen der Ordnung des Betriebs und des Verhaltens der Arbeitnehmer im Betrieb gemäß § 87 Abs. 1 Nr. 1 BetrVG

Europäische Hochschulschriften
Publications Universitaires Européennes
European University Studies

Reihe II
Rechtswissenschaft

Série II Series II
Droit
Law

Bd./Vol. 4399

PETER LANG
Frankfurt am Main · Berlin · Bern · Bruxelles · New York · Oxford · Wien

Toralf Pohl

Mitbestimmung des Betriebsrats bei Fragen der Ordnung des Betriebs und des Verhaltens der Arbeitnehmer im Betrieb gemäß § 87 Abs. 1 Nr. 1 BetrVG

PETER LANG
Europäischer Verlag der Wissenschaften

Bibliografische Information Der Deutschen Bibliothek
Die Deutsche Bibliothek verzeichnet diese Publikation in der Deutschen Nationalbibliografie; detaillierte bibliografische Daten sind im Internet über <http://dnb.ddb.de> abrufbar.

Zugl.: Kiel, Univ., Diss., 2006

Layout:
www.kumpernatz-bromann.de

D 8
ISSN 0531-7312
ISBN 3-631-55470-2

www.peterlang.de

Meinen Eltern

Vorwort

Die vorliegende Arbeit wurde im Wintersemester 2005/2006 der Rechtswissenschaftlichen Fakultät der Christian-Albrechts-Universität zu Kiel vorgelegt und anschließend als Dissertation angenommen.

Die Arbeit zielt auf die umfassende Klärung des Umfangs des Mitbestimmungsrechts des Betriebsrates nach § 87 Abs. 1 Nr. 1 BetrVG, das wegen seiner grundlegenden Bedeutung an die Spitze der mitbestimmungspflichtigen sozialen Angelegenheiten gestellt ist. Gerade durch die detaillierte Darstellung der Ansichten der Rechtsprechung und Literatur soll sie dazu beitragen, der Praxis den Umgang mit dieser bedeutsamen Mitbestimmungsnorm zu erleichtern. Der vom Verfasser erstellte Kriterienkatalog zur Beurteilung der Mitbestimmungspflicht einer Arbeitgebermaßnahme nach § 87 Abs. 1 Nr. 1 BetrVG könnte der Judikatur und Literatur im Rahmen einer praxisgerechten Auslegung der Mitbestimmungsnorm als Anregung dienen.

Herrn Prof. Dr. Peter Kreutz danke ich für die Betreuung meiner Dissertation, Herrn Prof. Dr. Hartmut Oetker für die zügige Erstellung seines Zweitgutachtens.

Besonders danken möchte ich meinen alten Rostocker Freunden Michael Hildebrandt, Lars Peter Muselmann, Tom Triller und Jörn Heinz, die nicht nur hervorragende Motivationsstützen waren sondern auch noch die Last des Korrekturlesens auf sich genommen haben. Meinem Bruder Holger Pohl – einem hoffentlich bald bekannten Maler – danke ich für seinen persönlichen Beitrag durch seine stets zuversichtlichen, aufbauenden und motivierenden Worte.

Vor allem und von ganzem Herzen danke ich meinen Eltern Hannelore und Bernhard Pohl. Sie haben mir durch Examen, Promotion und manch schwierigen Lebensphasen hindurch stets selbstlos zur Seite gestanden. Ohne Sie wäre ich nicht da, wo ich jetzt bin. Meinen Eltern sei die Arbeit daher in Dankbarkeit gewidmet.

Hamburg, im April 2006 *Toralf Pohl*

Inhaltsverzeichnis

Abkürzungsverzeichnis

a.A.	andere Ansicht
Abs.	Absatz
a.F.	alte Fassung
AiB	Arbeitsrecht im Betrieb (Zeitschrift)
a.M.	andere Meinung
Anm.	Anmerkung
AP	Arbeitsrechtliche Praxis
ArbG	Arbeitsgericht
AR-Blattei	Arbeitsrecht-Blattei
ArbuSozR	Arbeits- und Sozialrecht. Mitteilungsblatt des Arbeits- und Sozialministeriums Baden-Württembergs
ARSt.	Arbeitsrecht in Stichworten (Zeitschrift)
AuA	Arbeit und Arbeitsrecht (Zeitschrift)
AuR	Arbeit und Recht
BAG	Bundesarbeitsgericht
BAGE	Bundesarbeitsgerichtsentscheidung
BB	Betriebsberater (Zeitschrift)
Bd.	Band
BetrR	Der Betriebsrat (Zeitschrift)
BGB	Bürgerliches Gesetzbuch
BGH	Bundesgerichtshof
BGHZ	Entscheidungen des Bundesgerichtshofes in Zivilsachen
Bl.	Blatt
BlStSozArbR	Blätter für Steuerrecht, Sozialversicherung und Arbeitsrecht (Zeitschrift)
BT	Bundestag
BVerfG	Bundesverfassungsgericht
BVerfGE	Bundesverfassungsgerichtsentscheidung
bzw.	beziehungsweise
CR	Computer und Recht (Zeitschrift)
DB	Der Betrieb (Zeitschrift)
ders.	derselbe
d.h.	das heißt
EzA	Entscheidungssammlung zum Arbeitsrecht
f., ff.	folgende

Fn.	Fußnote
GG	Grundgesetz
Hess. LAG	Hessisches Landesarbeitsgericht
h.M.	herrschende Meinung
JArbR	Das Arbeitsrecht der Gegenwart. Jahrbuch für das gesamte Arbeitsrecht und die Arbeitsgerichtsbarkeit
JuS	Juristische Schulung (Zeitschrift)
LAG	Landesarbeitsgericht
LAGE	Entscheidungen der Landesarbeitsgerichte
lit.	Buchstabe
LPVG	Landespersonalvertretungsgesetz
m.w.N.	mit weiteren Nachweisen
NJW	Neue Juristische Wochenschrift (Zeitschrift)
Nr.	Nummer
NZA	Neue Zeitschrift für Arbeitsrecht
Personal	Personal (Zeitschrift)
PersVG	Personalvertretungsgesetz
RdA	Recht der Arbeit (Zeitschrift)
Rn.	Randnummer
SAE	Sammlung Arbeitsrechtlicher Entscheidungen (Zeitschrift)
s.o.	siehe oben
StGB	Strafgesetzbuch
StPO	Strafprozessordnung
s.u.	siehe unten
u.a.	unter anderem
u.ä.	und ähnliche
u.U.	unter Umständen
vgl.	vergleiche
z.B.	zum Beispiel
ZfA	Zeitschrift für Arbeitsrecht
Ziff.	Ziffer

A. Einleitung und Zielsetzung

Die Problematik der Anwendung des § 87 I Nr. 1 des Betriebsverfassungsgesetzes vom 15.1.1972[1], der wörtlich dem § 56 I lit. f des Betriebsverfassungsgesetzes vom 11.10.1952[2] entspricht und wegen der grundlegenden Bedeutung an die Spitze des Katalogs der mitbestimmungspflichtigen sozialen Angelegenheiten gestellt wurde, ist auf den ersten Blick erkennbar: der Wortlaut dieses Mitbestimmungstatbestands ist sehr weit und unbestimmt gefasst – die Bedeutung der den Tatbestand bestimmenden Begriffe „Ordnung" und „Verhalten" ist sehr vielfältig. Geht man vom umgangsprachlichen Gebrauch aus, könnte man unter „Ordnung des Betriebs" all das verstehen, was im Betrieb zu ordnen ist. Unter „Verhalten der Arbeitnehmer" könnte man all die Maßnahmen des Arbeitgebers einordnen, die den Arbeitnehmern vorschreiben, was sie zu tun oder zu unterlassen haben. Damit würde aber der Struktur des Betriebsverfassungsgesetzes zuwider fast jede Arbeitgeberregelung dem Mitbestimmungsrecht unterfallen. Wie auch bei anderen weit gefassten Normen muss deshalb der Tatbestand mittels Auslegung näher konkretisiert und eingegrenzt werden.

Das Bundesarbeitsgericht entwickelte bereits zum § 56 I lit. f BetrVG 52 Kriterien, bei deren Vorliegen die Mitbestimmungsnorm nicht anzuwenden war. Besonders sogenannte arbeitsnotwendige Maßnahmen des Arbeitgebers sollten nicht der Mitbestimmung des Betriebsrates nach § 87 I Nr. 1 unterliegen.

Nach Schaffung des neuen Betriebsverfassungsgesetzes von 1972 hatte sich das Bundesarbeitsgericht Ende der 70'er, Anfang der 80'er Jahre mehrfach mit dem Mitbestimmungsrecht des § 87 I Nr. 1 zu befassen. Dabei wurde der Mitbestimmungstatbestand auf verschiedenste Weise ausgelegt. Die Beschlüsse widersprachen sich oft innerhalb kürzester Zeit. Ergebnis dieser Kontroverse war letztlich die Entwicklung von Voraussetzungen des § 87 I Nr. 1, die vom Bundesarbeitsgericht in ständiger Rechtsprechung bis heute der Anwendung des § 87 I Nr. 1 zugrunde gelegt werden.

Wesen dieser Rechtsprechung ist die Reduktion des Tatbestands des § 87 I Nr. 1. Nach Ansicht des Bundesarbeitsgerichts sind die beiden Tatbestandsteile „Ordnung des Betriebs" und „Verhalten der Arbeitnehmer im Betrieb" aufeinander bezogen und bilden entgegen der formalen Wortlautdeutung einen einheitlichen Tatbestand. Diese Reduktion führt nach Meinung des Bundesarbeitsgerichts dazu, dass all die Arbeitgebermaßnahmen aus dem Regelungsbereich des § 87 I Nr. 1 fallen, die sich auf das bilaterale Verhältnis des Arbeitgebers zu den Ar-

---

1 BGBl I, S. 13 – im folgenden sind alle §§ ohne nähere Gesetzesbezeichnung Vorschriften aus diesem Gesetz.

2 BGBl I, S. 681 – im folgenden BetrVG 52.

beitnehmern beziehen bzw. nicht lediglich das Zusammenwirken und Zusammenleben der Arbeitnehmer untereinander betreffen. Der Umfang des Anwendungsbereichs des § 87 I Nr. 1 ergebe sich aus der Abgrenzung des sogenannten mitbestimmungspflichtigen Ordnungsverhaltens vom sogenannten mitbestimmungsfreien Arbeitsverhalten.

Obwohl das Bundesarbeitsgericht bis heute immer wieder Schwierigkeiten hat, die Frage der Mitbestimmungspflicht einer Arbeitnehmeranordnung mittels dieser Kriterien eindeutig zu klären, werden die Anfang der 80'er Jahren entwickelten Mitbestimmungsvoraussetzungen des § 87 I Nr. 1 vorbehaltlos und ohne kritische Hinterfragung einer jeden Entscheidung vorangestellt.

Die vorliegende Arbeit setzt an diesem Punkt an. Sie zeigt zunächst die Entwicklung der Rechtsprechung, primär des Bundesarbeitsgerichts, im Hinblick auf das Mitbestimmungsrecht des § 87 I Nr. 1 auf, um danach einzelne Entscheidungen auf ihre Stimmigkeit und Widerspruchsfreiheit hin zu untersuchen. Im Rahmen dieser Untersuchung wird nachzuweisen sein, dass die seit mittlerweile zwei Jahrzehnten vom Bundesarbeitsgericht verwendete Abgrenzungsformel nicht zu eindeutigen widerspruchsfreien Ergebnissen führt und es damit nie genau vorhersehbar ist, wie das höchste deutsche Arbeitsgericht entscheiden wird.

Ziel dieser Arbeit ist es, durch eigene Auslegung der Mitbestimmungsnorm einen Kriterienkatalog zu erstellen, mittels dessen Maßnahmen des Arbeitgebers eindeutig auf ihre Mitbestimmungspflicht nach § 87 I Nr. 1 hin beurteilt werden können. Dazu erscheint es angebracht, vorab in ausführlicher Form die in der Literatur und Rechtsprechung vertretenen Meinungen zum Umfang des Anwendungsbereichs der Mitbestimmungsnorm darzustellen, da diese Anhalts- und Orientierungspunkte für die eigene Auslegung geben können.

Die eigene Auslegung wird sich schwerpunktmäßig mit der Abgrenzungsformel des Bundesarbeitsgerichts befassen. Mittels der üblichen Auslegungsmethode wird untersucht, ob eine Reduktion des Mitbestimmungstatbestands des § 87 I Nr. 1 tatsächlich geboten ist. Daneben werden alle relevanten Aspekte der Mitbestimmungsnorm erörtert und die Ergebnisse in einem Kriterienkatalog zusammengefasst.

An Hand des erstellten Kriterienkatalogs werden im letzten Teil der Arbeit praxisbedeutende und im Detail umstrittene Fallgruppen des § 87 I Nr. 1 auf ihre Mitbestimmungspflicht hin untersucht. Ausgeklammert bleiben dabei im Rahmen des § 87 I Nr. 1 kontrovers diskutierte Fragen der Betriebsjustiz, insbesondere Rechtsfragen im Zusammenhang mit den Betriebsbußen. Grund dafür ist, dass diese spezielle Fallgruppe des § 87 I Nr. 1 mit der eigentlichen Auslegungsproblematik nicht im Zusammenhang steht und einer fernab von dem entwickelten Kriterienkatalog liegenden eigenständigen Erörterung bedarf.

B. Bestimmung des Regelungsbereichs des § 87 I Nr. 1 BetrVG durch die Rechtsprechung

Da die Vorschrift des § 87 I Nr. 1, wie eingangs bereits erwähnt, wortgleich mit der Vorschrift des § 56 I lit. f BetrVG 52 ist, also unverändert in das neue Betriebsverfassungsgesetz übernommen wurde, könnte bereits die Untersuchung der Rechtsprechung zu § 56 I lit. f BetrVG 52 erste Anhaltspunkte für die nähere Bestimmung des Mitbestimmungstatbestands des § 87 I Nr. 1 liefern.

I. Die Rechtsprechung zu § 56 I lit. f BetrVG 52

Das Betriebsverfassungsgesetz von 1952 hatte insgesamt 20 Jahre lang Bestand. Trotzdem mussten sich die Gerichte zu Fragen der „Ordnung des Betriebs und Verhalten der Arbeitnehmer im Betrieb" verhältnismäßig wenig beschäftigen.

1. Die Rechtsprechung des Bundesarbeitsgerichts

Bis 1972 hatte das Bundesarbeitsgericht gerade einmal in drei Fällen Entscheidungen im Zusammenhang mit dem Mitbestimmungstatbestand des § 56 I lit. f BetrVG 52 zu treffen. Dabei sind die Beschlüsse vom 27.5.1960[1] und vom 15.12.1961[2] als Grundsatzentscheidungen anzusehen. Der Beschluss vom 18.5.1965[3] ist dagegen wenig beachtenswert.

Im ersten zu entscheidenden Fall, dem sogenannten Produktografenfall[4], war streitig, ob dem Betriebsrat ein Mitbestimmungsrecht bei der Einführung und Betätigung eines Produktografen zusteht. Bei einem Produktografen handelt es sich um ein Gerät, das die verschiedensten Werte aus dem Lauf und der Bedienung der Maschine fortlaufend mechanisch registriert und über ein Kabelnetz den Produktions- und Arbeitsablauf auf einem Diagrammträger im Betriebsbüro zentral aufzeigt. Damit ist praktisch der gesamte Produktionsablauf sofort und in allen Einzelheiten erkennbar. Bei einem Maschinenstillstand muss der Arbeiter zusätzlich mittels spezieller Tasten den Grund des Stillstandes zu erkennen geben.

Als einziger Mitbestimmungstatbestand kam für das Gericht § 56 I lit. f BetrVG 52 in Betracht. Positiv beschrieben solle der Tatbestand nur dann erfüllt sein, wenn die Ordnung des Betriebs als Gesamtorganismus und das Verhalten der Arbeitnehmerschaft als ein Ganzes betroffen sei. Zu der Ordnung gehörten nur die Vorschriften über die Arbeitsorganisation. Es würden letztlich nur allge-

---

1 BAG AP Nr. 1 zu § 56 BetrVG 1952 Ordnung des Betriebs.

2 BAG AP Nr. 3 zu § 56 BetrVG 1952 Ordnung des Betriebs.

3 BAG AP Nr. 26 zu § 56 BetrVG 1952 Ordnung des Betriebs.

4 BAG AP Nr. 1 zu § 56 BetrVG 1952 Ordnung des Betriebs.

meingültige, für alle Arbeitnehmer oder doch für Gruppen verbindliche Verhaltensregeln umfasst, ohne die nicht gewährleistet werden könne, dass das betriebliche Leben möglichst reibungslos ablaufe.

Demgegenüber solle der Tatbestand – im Sinne einer negativen Auslegung – nicht die arbeitstechnischen Bestimmungen umfassen, die den Ablauf der Arbeit des einzelnen Arbeitnehmers selbst gestalten. Die Mitbestimmung sei nicht gegeben, als es sich um die nach den Weisungen des Arbeitgebers konkretisierbare Arbeitsleistung des einzelnen Arbeitnehmers handele. Im Gegensatz zu den Regelungen bezüglich der Arbeitsorganisation stünden die Anordnungen, die sich auf den einzelnen Arbeitsplatz oder auf einzelne Arbeitsplätze beschränken und die Art und Weise der Ausführung der jeweiligen an diesen Arbeitsplätzen zu verrichtenden Arbeit regeln.

Gut ein Jahr nach dieser Entscheidung hatte das Bundesarbeitsgericht darüber zu befinden, ob ein Mitbestimmungsrecht des Betriebsrates hinsichtlich des Tragens von Mützen während der Arbeit besteht.[5] In einem Margarine herstellenden und verpackenden Betrieb bestand seit Jahren eine Arbeitsordnung, die den Arbeitnehmern vorschrieb, weiße Drillichkleidung einschließlich einer weißen Mütze zu tragen. Anlässlich einer Weigerung eines Arbeitnehmers, die Mütze aufzusetzen, musste das Gericht nun über die Mitbestimmungspflicht der Arbeitgeberanordnung entscheiden.

Das Bundesarbeitsgericht ging in seinem Beschluss von der damals allgemein anerkannten Unterscheidung der formellen und materiellen Arbeitsbedingungen aus. Unter den formellen Arbeitsbedingungen waren die primär auf die generelle Ordnung des Betriebs, unter den materiellen Arbeitsbedingungen die primär auf die Gestaltung des Inhalts der Arbeitsverhältnisse gerichteten Arbeitsbedingungen zu verstehen.[6] Letztere sollten der notwendigen Mitbestimmung des Betriebsrates entzogen sein. Dem folgend entwickelte das Gericht speziell für den Mitbestimmungstatbestand des § 56 I lit. f BetrVG 52 den Begriff der „arbeitsnotwendigen Maßnahme“. Dabei handele es sich um eine arbeitstechnische Maßnahme von solcher Wichtigkeit, dass die vertraglichen Pflichten des einzelnen Arbeitnehmers, d.h. seine Arbeitsleistungen, ohne die Beachtung der Arbeitsordnung nicht ordnungsmäßig erbracht werden könnten. Da der Arbeitgeber Verantwortung für das Arbeitsergebnis und für die Sicherheit der Arbeitnehmer trage, liege es in seinen Händen, in derartigen Fällen die Arbeitspflicht zu konkretisieren. Ein Mitbestimmungsrecht des Betriebsrates scheide aus.

Diese negative Abgrenzung führt danach zum positiven Schluss, dass eine mitbestimmungspflichtige Maßnahme dann vorliegt, wenn die geschuldete Arbeitsleistung auch erbracht werden kann, ohne dass eine bestimmte Regelung zu treffen ist

---

5 BAG AP Nr. 3 zu § 56 BetrVG 1952 Ordnung des Betriebs.

6 Hueck/Nipperdey II/2, S. 1356 ff. m.w.N.

oder im Falle ihres Vorhandenseins befolgt werden muss. Bei der Begründung dieser Abgrenzung stellte das Gericht auf das Wesen des Direktionsrechts ab. Die Ausübung des aus dem Arbeitsvertrag abgeleiteten Rechts gehöre zu den unabweisbaren Pflichten des Arbeitgebers im Interesse des Betriebsganzen oder der Arbeitnehmer. Das Bedürfnis der Zustimmung des Betriebsrates entfalle.

Im dritten Fall hatte sich das Bundesarbeitsgericht im Rahmen einer Kündigungsschutzklage mit den Voraussetzungen des § 56 I lit. f BetrVG 52 zu befassen[7]. In einem Bauunternehmen wurde den Arbeitnehmern seit Jahren gestattet, Waren über Rechnung des Arbeitgebers zu entsprechend verbilligten Preisen zu beziehen und firmeneigene Transportmittel für private Zwecke zu benutzen. Dies sollte jedoch nur nach besonderer Erlaubnis in jedem einzelnen Fall geschehen. Als nun dem Kläger – einem Arbeitnehmer – wegen Nichteinholens der vorherigen Erlaubnis gekündigt wurde, kam es u.a. darüber zum Streit, ob die Erlaubnispflicht der Mitbestimmung des Betriebsrates nach § 56 I lit. f BetrVG 52 unterliegt. Entgegen der Ansicht der Vorinstanz verneinte das Bundesarbeitsgericht diese Frage. Ein derartiger Fall der Mitbestimmung sei nur dann gegeben, wenn nach der Zahl und Art der Einzelfälle der bisher gewährten Vergünstigungen bereits allen Arbeitnehmern ein Anspruch auf Gleichbehandlung erwachsen wäre.

Der Senat bemühte sich im Gegensatz zu den beiden vorherigen Entscheidungen hier nicht, die Voraussetzungen des § 56 I lit. f BetrVG 52 vollständig darzulegen. Vielmehr stellte er allein klar, dass der Arbeitgeber nicht über die Mitbestimmung zur Erbringung von Leistungen gezwungen werden dürfe. Es handelt sich hierbei um die heute bekannte und an späterer Stelle noch zu erörternde Unterscheidung zwischen Leistungserbringung und Leistungsausgestaltung. Grundsätzliche Aussagen zum Mitbestimmungsrecht des § 56 I lit. f BetrVG 52 wurden nicht getroffen.

2. Die sonstige Rechtsprechung

Untersucht man die Rechtsprechung der Arbeits- und Landesarbeitsgerichte zu § 56 I lit. f BetrVG 52, so fällt auf, dass ebenso wie beim Bundesarbeitsgericht nur wenige Fälle mit dieser Problematik den Gerichten zur Entscheidung vorlagen.

Erstmalig beschäftigte sich das Arbeitsgericht Frankfurt 1957 mit dem Tatbestand des § 56 I lit. f BetrVG 52.[8] Es hatte über die Frage zu befinden, ob ein Mitbestimmungsrecht hinsichtlich der Festsetzung der Ladenöffnungszeiten besteht. Obwohl auch im Betriebsverfassungsgesetz von 1952 ein Mitbestimmungstatbestand bei der Festsetzung der Arbeitszeiten bestand (§ 56 I lit. a BetrVG 52), ging das Gericht nur auf § 56 I lit. f BetrVG 52 ein und verneinte die Voraussetzungen. Als Begründung führte es bezugnehmend auf die Kommentarliteratur an, dass es

7 BAG AP Nr. 26 zu § 56 BetrVG 1952 Ordnung des Betriebs.

8 ArbG Frankfurt DB 1957, 119.

sich bei § 56 I lit. f BetrVG 52 nur um Fragen handele, welche die interne Ordnung im Betrieb berührten. Ladenöffnungszeiten hätten jedoch keinen Bezug zur internen Ordnung des Betriebs.

Das Landesarbeitsgericht Düsseldorf hatte sich 10 Jahre später mit der für diesen Tatbestand weit bedeutenderen Frage der Torkontrollen zu beschäftigen.[9] Streitig war im Einzelnen, ob der Betriebsrat mitzubestimmen hat, wenn die Unternehmensleitung das Verfahren hinsichtlich des Verlassens des Betriebs ändert. Erwähnenswert ist diese Entscheidung vor allem deshalb, weil das Gericht sich intensiv um eine umfassende Auslegung des § 56 I lit. f BetrVG 52 bemühte. Ausgehend vom Wortlaut stellte es fest, dass die Begriffe „Ordnung des Betriebs“ und „Verhalten der Arbeitnehmer im Betrieb“ nur umfassend interpretiert werden könnten. Damit werde schlechthin alles angesprochen, was bei einem engen Zusammenleben von Menschen in einem Organismus notwendig sei, damit die Menschen dort miteinander leben und arbeiten könnten. Jedoch sei dieser umfassende Begriff im Hinblick auf das Mitbestimmungsrecht des Betriebsrates einzuschränken. Alle Entscheidungen, die den Arbeitsvorgang beträfen, sollten Entscheidungen des Unternehmers bleiben. Eine Begründung für diese Einschränkung bietet das Gericht aber nicht. Bemerkenswert ist im Übrigen die kritische Auseinandersetzung mit der Grundsatzentscheidung des Bundesarbeitsgerichts vom 15.12.1961. Die Unterscheidung zwischen „arbeitsnotwendiger Maßnahme“ und „nicht arbeitsnotwendiger Maßnahme“ sage nach Ansicht des Landesarbeitsgerichts über die Abgrenzung des Begriffs der „Ordnung des Betriebs“ nichts aus, da der Ordnungsbegriff umfassend sei. Im Übrigen gebe es zahlreiche nicht notwendige Maßnahmen, die nicht dem Mitbestimmungsrecht unterlägen. Vielmehr sei darauf abzustellen, ob eine arbeitstechnisch-organisatorische Maßnahme vorliege. Die Rechtfertigung für die Mitbestimmungsfreiheit liege in der Unternehmensstellung des Arbeitgebers, der das wirtschaftliche Risiko trage und deshalb einseitig anordnen könne, wie die Arbeit technisch auszuführen sei.

Bei weiteren Entscheidungen wurden traditionelle Fragen wie die Parkordnung[10], Rauch- und Alkoholverbote[11] oder die Vorschriften hinsichtlich der Dienstbekleidung[12] erörtert.

II. Die Rechtsprechung zu § 87 I Nr. 1 BetrVG

Bei Durchsicht der von den Gerichten behandelten im Zusammenhang mit dem Mitbestimmungsrecht des § 87 I Nr. 1 stehenden Fälle fällt auf, dass Probleme

---

9 LAG Düsseldorf DB 1967, 2230.

10 ArbG Siegburg DB 1966, 746 – Mitbestimmungsrecht bejaht.

11 LAG Niedersachsen ARSt 1967, 5 – Mitbestimmungsrecht verneint.

12 LAG Frankfurt zu § 66 PersVG DB 1967, 251 – Mitbestimmungsrecht verneint.

zwischen den Arbeitgebern und den Betriebsräten vor allem immer dann auftraten, wenn die Betriebsleitung die Arbeitnehmer in irgendeiner Form kontrollieren wollte. So bestand vor allem Streit über Kontrollmaßnahmen bezüglich der konkreten Arbeitsausführung, des Betretens und Verlassens des Betriebsgeländes oder – dies ist ein Problem der letzten Jahre – bezüglich der Angabe des Krankenstandes.

1. Die Rechtsprechung des Bundesarbeitsgerichts

Die Entwicklung der Rechtsprechung des Bundesarbeitsgerichts zu § 87 I Nr. 1 ist durch eine Vielzahl von Beschlüssen Anfang der 80'er Jahre geprägt. Dabei wurde der Tatbestand auf verschiedenste Weise ausgelegt – die Beschlüsse widersprachen sich, wie später noch dargestellt wird[13], des Öfteren. Nach dieser Kontroverse entwickelten sich jedoch letztlich Grundsätze, die bis heute in ständiger Rechtsprechung angewandt werden.

Die erste Entscheidung des Bundesarbeitsgerichts zu der in Frage stehenden Problematik, die erst sechs Jahre nach Inkrafttreten des neuen Betriebsverfassungsgesetzes und 13 Jahre nach dem letzten Beschluss zu § 56 I lit. f BetrVG 52 erging, ist nur in geringen Auszügen veröffentlicht[14]. Darin wurde die Mitbestimmung in einem Fall der Führung von Anwesenheitslisten bejaht, weil dort den Angestellten nach Ansicht des Gerichts ein ganz bestimmtes Verhalten mit kollektivem Bezug, z.B. sich bei Verspätung beim Listenführer zu melden, aufgegeben worden sei. Es handele sich um einen sogenannten Mischtatbestand: die Kontrollen hätten einerseits einen direkten Bezug zur Arbeitsleistung – Anwesenheit sei die elementarste Voraussetzung der Arbeit –, andererseits müsse die Anwesenheit auch zum Bereich des betrieblichen Zusammenwirkens gerechnet werden, da das Fehlen eines Arbeitnehmers in der Regel Auswirkungen auf den gesamten Arbeitsprozess der Gruppe habe. Die Rechtsprechung kann nach dieser Entscheidung dahin gehend interpretiert werden, dass § 87 I Nr. 1 bereits dann eingreift, wenn ein Verhalten jedenfalls einen nicht unerheblichen Ordnungsbezug hat.

Das Bundesarbeitsgericht verneinte die Mitbestimmungspflicht nach § 87 I Nr. 1 in seiner Entscheidung vom 23.1.1979.[15] Im der Entscheidung zugrunde liegenden Fall sollten die Arbeitnehmer Arbeitsbelege in Form von Lochkarten ausfüllen, damit der Arbeitgeber feststellen konnte, welche Zeit für die Erledigung eines Auftrags benötigt wird. Diese Lochkarten hatten für den Arbeitgeber ausschließlich einen kalkulatorischen Zweck.

---

13 Vgl. die Ausführungen im Kapitel D.

14 BAGE vom 18.7.1978 – AuR 1978, 278; erwähnt wird diese Entscheidung auch in den Entscheidungsgründen des BAG – Beschlusses vom 23.1.1979 – DB 1981, 1144.

15 BAG DB 1981, 1144.

Nach Ansicht des Gerichts solle der betreffende Arbeitnehmer nicht sein Verhalten mit kollektivem Bezug dokumentieren oder rechtfertigen. Dem Arbeitgeber gehe es allein darum, die auf die individuelle Arbeitsleistung bezogenen Daten mit Hilfe der betreffenden Arbeitnehmer selbst festzuhalten.

In der Entscheidung vom 9.12.1980[16] klingt diese Argumentation allerdings kaum noch an. Im zugrundeliegenden Sachverhalt entwarf der Arbeitgeber, der einen Zeitungsverlag betrieb, ein sogenanntes Zeitberichtsformular für Redakteure. Darin sollten Beginn und Ende der jeweils ausgeführten Arbeit sowie die Gesamtdauer und die Art der Tätigkeit eingetragen werden. Als Besonderheit ist zu erwähnen, dass die Arbeitnehmer nicht verpflichtet wurden, die Arbeits- und Tätigkeitsberichte auszufüllen. Der Arbeitgeber wollte diese Berichte aber als Nachweis geleisteter Überstunden anerkennen.

Bezugnehmend auf die Rechtsprechung des Bundesarbeitsgerichts zur gleichlautenden früheren Vorschrift des § 56 I lit. f BetrVG 52 stellte der Senat fest, dass die betriebliche Ordnung nur allgemeingültige, für die Arbeitnehmer verbindliche Verhaltensregeln zur Sicherung des ungestörten Arbeitsablaufs und des reibungslosen Zusammenlebens und Zusammenwirkens der Arbeitnehmer im Betrieb umfasse. Er betonte ausdrücklich, dass wesentliches Merkmal jeder betrieblichen Ordnung der verpflichtende Charakter für die ihr unterworfenen Belegschaftsmitglieder sei. Eine Betriebsordnung, deren Befolgung in das Belieben jedes einzelnen Mitarbeiters gestellt werde, könne ihre ordnende Funktion nicht erfüllen. Zusätzlich ging das Bundesarbeitsgericht noch auf den Gesichtspunkt der Kontrolle ein. Nicht jede Maßnahme, die auch eine Kontrolle der Arbeitnehmer ermögliche, gehöre deswegen notwendig schon zur Ordnung des Betriebs. Die Überwachung der Arbeitnehmer sei kein Tatbestandsmerkmal des § 87 I Nr. 1, sondern ein solches des § 87 I Nr. 6, wo aber nur die Überwachung durch technische Einrichtungen erfasst werde. Das Gericht lehnte deshalb ein Mitbestimmungsrecht bei der Einführung von Zeitberichtsformularen ab.

Die nächste Entscheidung des Bundesarbeitsgerichts[17] kann zu den sogenannten Grundsatzentscheidungen gezählt werden. Denn der Grundtenor spiegelt sich in vielen Entscheidungen bis in die Gegenwart wieder.

Dem Gericht lag folgender Fall vor. Ein Unternehmen veranstaltete für seine Arbeitnehmer einen Sicherheitswettbewerb. Dabei setzte es Prämien für unfallfreies Verhalten im Betrieb und auf dem Weg zur Arbeit aus. Die Teilnahme wurde jedem Mitarbeiter freigestellt. Der Betriebsrat wollte über die Frage der Ausgestaltung mitbestimmen.

Der Senat bejahte ein Mitbestimmungsrecht. Dabei wich er von der drei Monate zuvor ergangenen Entscheidung insofern ab, als er das Kriterium der Schaffung

---

16 BAG AP Nr. 2 zu § 87 BetrVG Ordnung des Betriebs.

17 BAG Beschluss vom 24.3.1981 – EzA Nr. 6 zu § 87 BetrVG 1972 Betriebliche Ordnung.

verbindlicher Verhaltensregeln wieder fallen ließ. Es genüge, wenn die Maßnahme darauf gerichtet sei, die vorgegebene Ordnung des Betriebs zu gewährleisten. Der Umfang des Mitbestimmungsrechts nach § 87 I Nr. 1 werde damit aber nicht unüberblickbar. Das Gesetz unterstelle die Fragen der Ordnung des Betriebs und die Fragen des Verhaltens der Arbeitnehmer in gleicher Weise dem Mitbestimmungsrecht des Betriebsrates. Jedoch sei nur ein Verhalten der Arbeitnehmer, durch das die Gestaltung des Zusammenlebens und Zusammenwirkens der Arbeitnehmer im Betrieb berührt werde, Gegenstand von Maßnahmen, die dem Mitbestimmungsrecht unterlägen. Es müsse sich um ein Verhalten in Bezug auf die betriebliche Ordnung handeln. Damit schieden nach Ansicht des Senats alle Maßnahmen des Arbeitgebers aus, die das Verhalten der Arbeitnehmer beträfen, das einen solchen Bezug zur betrieblichen Ordnung nicht habe, sei es, dass sich die Maßnahmen auf die Arbeitsleistung der Arbeitnehmer bezögen oder dass sie in sonstiger Weise lediglich das Verhältnis zwischen Arbeitnehmer und Arbeitgeber beträfen.

Wenn man einmal davon absieht, dass das Bundesarbeitsgericht hier bei der zweiten Alternative des § 87 I Nr. 1 auch Maßnahmen subsumiert, die unverbindliche Anordnungen des Arbeitgebers enthalten, so verschmelzen die Alternativen praktisch zu einem Tatbestand. Die „Fragen des Verhaltens der Arbeitnehmer im Betrieb“ sind also nach dieser Rechtsprechung auf Fragen der „Ordnung des Betriebs“ bezogen.

Die bereits oben angesprochene Kontroverse der Rechtsprechung des Bundesarbeitsgerichts Anfang der 80'er Jahre verdeutlicht der Beschluss vom 4.8.1981.[18] In dieser „zweiten Redakteursentscheidung“ – der Sachverhalt ist mit dem vom Bundesarbeitsgericht am 8.12.1980 entschiedenen Fall vergleichbar – kehrt der Senat wieder zum ursprünglichen Rechtszustand zurück: Zeitberichtsformulare für Redakteure, deren Ausfüllung den Redakteuren nicht zur Pflicht gemacht würden, unterfielen nicht dem § 87 I Nr. 1, da dieser nur verbindliche Verhaltensregeln umfasse. Die Arbeitgebermaßnahme unterläge daher nicht dem Mitbestimmungsrecht.

Auch bei der nächsten dem Bundesarbeitsgericht vorgelegten Streitfrage zur Problematik des § 87 I Nr. 1 war Streitgegenstand eine Kontrollmaßnahme des Arbeitgebers.[19] In einem von der Unternehmensleitung angefertigten Vordruck sollten die Arbeitnehmer ihre ausgeübten Tätigkeiten und deren Dauer eintragen. Im Gegensatz zum vorherigen Beschluss bestand dazu eine Verpflichtung – auf die Unverbindlichkeit konnte das Gericht damit nicht abstellen. Trotzdem wurde das Mitbestimmungsrecht verneint.

---

18 BAG AP Nr. 1 zu § 87 BetrVG 1972 Tarifvorgang.

19 BAGE vom 24.11. 1981 – AP Nr. 3 zu § 87 BetrVG 1972 Ordnung des Betriebs.

Der vorherigen Rechtsprechung folgend unterschied der Senat wiederum zwischen Verhaltensregeln zur Sicherung des ungestörten Arbeitsablaufs und des reibungslosen Zusammenwirkens der Arbeitnehmer im Betrieb einerseits und dem Arbeitnehmerverhalten andererseits, das sich nur auf ihre Arbeitsleistung beziehen oder das in sonstiger Weise lediglich das Verhältnis der Arbeitnehmer zum Arbeitgeber betreffen sollte. Diese Unterscheidung vorangestellt, kam das Gericht zu dem Ergebnis, dass das Ausfüllen der Zeiterfassungskarten nur Kalkulationszwecken diene und zur vertraglich geschuldeten Leistung des Arbeitnehmers gehöre. Der für § 87 I Nr. 1 vorausgesetzte Bezug zur betrieblichen Ordnung fehle. Die Tatsache, dass eine Kontrolle ermöglicht wurde, reiche nicht aus, eine Maßnahme der Ordnung des Betriebs zuzurechnen.

In der Entscheidung vom 8.12.1981[20] ging es um die Mitbestimmung bei Erlass einer Dienstreiseordnung. In dieser Reiseordnung wurde die Genehmigung von Dienstreisen und Dienstgängen, die Benutzung der möglichen Beförderungsmittel, die Kostenerstattung für Dienstreisen und das Verfahren zur Abrechnung und Erstattung der Dienstreisekosten im Einzelnen geregelt.

Ein Mitbestimmungsrecht des Betriebsrates wurde vom Bundesarbeitsgericht verneint. In der Entscheidungsbegründung bezog sich das Gericht auf die vom Senat in seiner Entscheidung vom 24.3.1981[21] aufgestellten Auslegungsgrundsätze. Das Bundesarbeitsgericht betonte erstmalig ausdrücklich die Notwendigkeit einer scharfen Trennung zwischen dem Ordnungs- und dem Arbeitsverhalten des Arbeitnehmers. Nur so werde nach Auffassung des Gerichts ermöglicht, solche das Verhalten des Arbeitnehmers in irgendeiner Weise berührende Maßnahmen des Arbeitgebers zu erfassen und der Mitbestimmung des Betriebsrates zu unterwerfen. Ein Mitbestimmungsrecht des Betriebsrates gemäß § 87 I Nr. 1 sei ausschließlich hinsichtlich dieser Maßnahmen zu gewähren. Für diese Auslegung spreche schon die Systematik des Gesetzes. Wären nämlich Gegenstand des hier in Frage stehenden Mitbestimmungstatbestands alle Maßnahmen des Arbeitgebers, die ein irgendwie geartetes Verhalten des Arbeitnehmers zum Ziel hätten oder dieses Verhalten beträfen, hätte es der anderen Mitbestimmungstatbestände in § 87 I Nr. 1 nicht bedurft.

Subsumierend unter diese Auslegungsgrundsätze kam das Gericht zur Verneinung des Vorliegens der Voraussetzungen des § 87 I Nr. 1. In der Dienstreiseordnung werde nämlich ausschließlich das Verhalten der Arbeitnehmer bei Ausführung ihrer dienstlichen Tätigkeit geregelt. Ein Bezug zur betrieblichen Ordnung bestehe nicht.

Die detaillierten Ausführungen zu den Entscheidungen des Bundesarbeitsgerichts Anfang der 80'er Jahre hinsichtlich der Problematik des § 87 I Nr. 1 machen

---

20 BAG AP Nr. 6 zu § 87 BetrVG 1972 Lohngestaltung.

21 BAG EzA Nr. 6 zu § 87 BetrVG 1972 Betriebliche Ordnung.

deutlich, wie schwer sich das Bundesarbeitsgericht damit tat, zu einer einheitlichen ständigen Rechtsprechung im Hinblick auf den Umfang des Mitbestimmungsrechts des § 87 I Nr. 1 zu kommen. Bei Durchsicht aller Entscheidungen bis zur heutigen Zeit fällt auf, dass die vom Bundesarbeitsgericht in seinem Beschluss vom 24.3.1981 entwickelten Grundsätze zur Auslegung des § 87 I Nr. 1 von allen Senaten, ausnahmsweise kleiner Abweichungen, übernommen wurden. Im Folgenden werden zunächst alle Beschlüsse aufgezählt. Anschließend wird auf die Entscheidungen eingegangen, bei denen es zu den erwähnten Abweichungen kam bzw. die für die Auslegung des Mitbestimmungstatbestands wichtige Ergänzungen enthalten.

Das Bundesarbeitsgericht bejahte ein Mitbestimmungsrecht nach § 87 I Nr. 1 in folgenden Fällen:

- die Frage, ob während der Arbeitszeit Radio gehört werden darf – Entscheidung vom 14.1.1986[22]
- Regelungen über ein Alkoholverbot während des Dienstes – Entscheidung vom 23.9.1986[23] und Entscheidung vom 13.2.1990[24]
- Verbot für Arbeitnehmer, während der Mittagspause den Betrieb zu verlassen – Entscheidung vom 21.8.1990[25]
- Ausgestaltung einer Dienstkleidung – Entscheidung vom 8.8.1989[26] und Entscheidung vom 1.12.1992[27]
- Führung formalisierter Krankengespräche – Entscheidung vom 8.11.1994[28]
- Einführung eines Formulars, auf dem die Arbeitnehmer die Notwendigkeit eines Arztbesuchs während der Arbeitszeit vom Arzt bescheinigen lassen sollen – Entscheidung vom 21.1.1997[29]
- Erlass eines Rauchverbots – Entscheidung vom 19.1.1999[30]
- die Anweisung, Zeiten der Arbeitsunfähigkeit unabhängig von deren Dauer generell durch eine vor Ablauf des dritten Kalendertages nach Beginn der Arbeitsunfähigkeit vorzulegende Bescheinigung nachzuweisen – Entscheidung vom 25.1.2000[31]
- Regelung der Benutzung der Kantine – Entscheidung vom 11.7.2000[32]

---

22 BAG AP Nr. 10 zu § 87 BetrVG 1972 Ordnung des Betriebs.
23 BAG AP Nr. 20 zu § 75 BPersVG.
24 BAG AiB 1991, 272 f.
25 BAG AP Nr. 17 zu § 87 BetrVG 1972 Ordnung des Betriebs.
26 BAG AP Nr. 15 zu § 87 BetrVG 1972 Ordnung des Betriebs.
27 BAG AP Nr. 20 zu § 87 BetrVG 1972 Ordnung des Betriebs.
28 BAG AP Nr. 24 zu § 87 BetrVG 1972 Ordnung des Betriebs.
29 BAG AP Nr. 27 zu § 87 BetrVG 1972 Ordnung des Betriebs.
30 BAG AP Nr. 28 zu § 87 BetrVG 1972 Ordnung des Betriebs.
31 BAG AP Nr. 34 zu § 87 BetrVG 1972 Ordnung des Betriebs.
32 BAG DB 2001, 545.

- Einführung eines Formulars, in dem Redakteure einer Wirtschaftszeitung auf Grund einer vertraglichen Nebenabrede den Besitz bestimmter Wertpapiere dem Arbeitgeber anzuzeigen haben – Entscheidung vom 28.5.2002[33]
- Anweisung an das Fahrpersonal des öffentlichen Nahverkehrs, an ihrer Dienstkleidung Namensschilder anzubringen – Entscheidung vom 11.6.2002[34]
- Anweisung an die Arbeitnehmer, sich in einem Kundenbetrieb der dort eingerichteten Zugangskontrolle (Fingerabdruckerfassung) zu unterziehen – Entscheidung vom 27.1.2004[35]

Der Tatbestand des § 87 I Nr. 1 war nach Ansicht der jeweiligen Senate des Bundesarbeitsgerichts nicht erfüllt bei:

- Aufforderung des Arbeitgebers an die Arbeitnehmer, sich einer polizeilichen Kontrolluntersuchung zu stellen – Entscheidung vom 17.8.1982[36]
- Regelungen hinsichtlich der Art und Weise der An- und Abmeldung von Betriebsratsmitgliedern – Entscheidung vom 23.6 1983[37]
- Installation eines Zugangssicherungssystems – Entscheidung vom 10.4.1984[38]
- Regelungen, in welcher Weise Mitarbeiter allgemein ihre Arbeitsaufgaben und Führungskräfte ihre Führungsaufgaben zu erledigen haben – Entscheidung vom 23.10.1984[39]
- Einsatz von Privatdetektiven zur Überwachung von Arbeitnehmern bei der Erfüllung ihrer Arbeitspflicht – Entscheidung vom 26.3.1991[40]
- Arbeitszeitmessung durch manuelle Betätigung einer Stoppuhr – Entscheidung vom 8.11.1994[41]
- Anordnung einer außerplanmäßigen Dienstreise – Entscheidung vom 23.7.1996[42]
- Regelungen, wie sich Vorgesetzte verhalten sollen, wenn sich Betriebsratsmitglieder ab- oder zurückmelden – Entscheidung vom 13.5.1997[43]
- Anweisung an Sachbearbeiter, in Geschäftsbriefen auch ihre Vornamen anzugeben – Entscheidung vom 8.6.1999[44]

---

33 BAG AP Nr. 39 zu § 87 BetrVG 1972 Ordnung des Betriebs.
34 BAG AP Nr. 38 zu § 87 BetrVG 1972 Ordnung des Betriebs.
35 BAG AP Nr. 40 zu § 87 BetrVG 1972 Überwachung.
36 BAG AP Nr. 5 zu § 87 BetrVG 1972 Ordnung des Betriebs.
37 BAG AP Nr. 45 zu § 37 BetrVG 1972.
38 BAG AP Nr. 7 zu § 87 BetrVG 1972 Ordnung des Betriebs.
39 BAG AP Nr. 8 zu § 87 BetrVG 1972 Ordnung des Betriebs.
40 BAG AP Nr. 21 zu § 87 BetrVG 1972 Überwachung.
41 BAG AP Nr. 25 zu § 87 BetrVG 1972 Überwachung.
42 BAG AP Nr. 26 zu § 87 BetrVG 1972 Ordnung des Betriebs.
43 BAG AP Nr. 119 zu § 37 BetrVG 1972.
44 BAG AP Nr. 31 zu § 87 BetrVG 1972 Ordnung des Betriebs.

Wie schwierig die Unterscheidung zwischen Arbeits- und Ordnungsverhalten ist, musste das Bundesarbeitsgericht bei seiner Entscheidung vom 23.10.1984[45] feststellen.

Streitgegenstand war vom Arbeitgeber aufgestellte Führungsrichtlinien. Darin wurden zum einem Stellenbeschreibungen für jeden Arbeitsplatz niedergelegt, die konkret arbeitsbetreffende Pflichten und den kollegialen Umgang zum Inhalt hatten. Zum anderen umschrieben sie für Vorgesetzte deren Führungsaufgaben näher, speziell den Umgang mit nachgeordneten Mitarbeitern.

Um nun feststellen zu können, ob dem Betriebsrat hinsichtlich dieser verschiedenartigen sehr detaillierten Richtlinien ein Mitbestimmungsrecht nach § 87 I Nr. 1 zusteht, musste das Gericht den Begriff des Arbeitsverhaltens näher definieren. Dazu führte es aus, dass das Arbeitsverhalten immer dann betroffen sei, wenn der Arbeitgeber in Ausübung seiner Organisations- und Leistungsmacht näher bestimme, welche Arbeiten in welcher Weise auszuführen seien. Nicht mitbestimmungspflichtig nach § 87 I Nr. 1 seien nur solche Anordnungen des Arbeitgebers, mit denen dieser die Arbeitspflicht unmittelbar konkretisiere. Unter diesem Begriff subsumierend kam der Senat zur Ablehnung des Mitbestimmungsrechts.[46]

Wie das Bundesarbeitsgericht die Begriffe Arbeits- und Ordnungsverhalten versteht, ist erkennbar an den Differenzierungen, die im Beschluss vom 14.1.1986[47] vorgenommen wurden.

Der zu entscheidende Fall beinhaltet die traditionelle Frage, ob der Betriebsrat bei einem vom Arbeitgeber ausgesprochenem Verbot des Radiohörens während der Arbeitszeit mitzubestimmen hat.

Dazu stellte der Senat fest, dass diese Anordnung jedenfalls nicht deswegen das Arbeitsverhalten des Arbeitnehmers betreffe, weil damit ein konzentriertes, zügiges und fehlerfreies Arbeiten ermöglicht werden solle. Doch seien andererseits Fälle denkbar, in denen durch das Verbot auch die Art und Weise der Verrichtung der Arbeit betroffen sei. So könne zur Kundenberatung oder -bedienung gehören, dass dabei nicht Radio gehört werde, weil dies unmittelbar die zu erbringende Dienstleistung berühre, deren Form und Inhalt der Arbeitgeber zu bestimmen habe.

Eine weitere Konkretisierung der Abgrenzung zwischen Arbeits- und Ordnungsverhalten kann man der Entscheidung vom 26.3.1991[48] entnehmen. Der Sach-

---

45 BAG AP Nr. 8 zu § 87 BetrVG 1972 Ordnung des Betriebs – im Rahmen der Entscheidungsbegründung räumte das Gericht ausdrücklich ein, dass die Unterscheidung schwierig sei.

46 Die Begründung der Entscheidung enthält im übrigen eine für die Auslegung des § 87 I Nr. 1 wichtige Auseinandersetzung mit den Kritikern der Rechtsprechung des Bundesarbeitsgericht, Weiss und Pfarr. Näher zu den Ansichten von Weiss und Pfarr im Kapitel C., II.

47 BAG AP Nr. 10 zu § 87 BetrVG 1972 Ordnung des Betriebs.

48 BAG AP Nr. 21 zu § 87 BetrVG 1972 Ordnung des Betriebs.

verhalt wies die für § 87 I Nr. 1 so kontrovers diskutierte und sehr bedeutsame Frage auf, ob die Überwachung des Arbeitsverhaltens der Arbeitnehmer der Mitbestimmung des Betriebsrates unterliegt. Konkret sollte die Überwachung in diesem Fall durch Privatdetektive erfolgen.

Nach Ansicht des Bundesarbeitsgerichts habe die Überwachung der Arbeitnehmer, gleichgültig ob durch Detektive oder Vorgesetzte, keinen Bezug zum Ordnungsverhalten der Arbeitnehmer, sondern betreffe ausschließlich ihr Arbeitsverhalten. Diese schon in früheren Beschlüssen aufgestellte Behauptung, wird durch den Senat in dieser Entscheidung in ergänzender Weise näher begründet. Mit dem Einsatz von Detektiven werde überhaupt kein Verhalten der Arbeitnehmer geregelt. Ihnen werde kein bestimmtes Verhalten aufgegeben. Zweck des Einsatzes von Detektiven wie von jeder Überwachung sei es lediglich festzustellen, ob die Arbeitnehmer sich bei der Erbringung ihrer Arbeitsleistung gemäß ihren arbeitsvertraglichen Pflichten verhielten. Der Umstand, dass Arbeitnehmer in Kenntnis der Überwachung ihren Arbeitspflichten vielleicht sorgfältiger als sonst nachkämen, führe nicht dazu, dass eine Überwachung von Arbeitnehmern bei ihrer Arbeitsleistung der Mitbestimmung unterliege. In Anlehnung an seine Entscheidung vom 23.10.1984[49] – dort wurde das Mitbestimmungsrecht bei der Überwachung der Arbeitnehmer durch Vorgesetzte verneint – räumte das Gericht ein, dass der von jeder Überwachung ausgehende Überwachungsdruck beim Einsatz von Detektiven stärker sei, als bei einer Überwachung durch Vorgesetzte und Mitarbeiter. Er möge letztlich auch stärker sein als beim Einsatz von technischen Überwachungseinrichtungen, welcher der Mitbestimmung gemäß § 87 I Nr. 6 unterliege. Jedoch rechtfertige dies nicht, die Überwachung der Arbeitnehmer dem Mitbestimmungsrecht des Betriebsrates nach § 87 I Nr. 1 zu unterwerfen.

Nicht ganz verständlich und anscheinend fehlerhaft ist die Begründung der Entscheidung vom 1.12.1992[50]. Das Bundesarbeitsgericht bejahte die Mitbestimmung des Betriebsrates bei der Ausgestaltung der Dienstkleidung mit dem Argument, dass die Festlegung der Kleiderordnung die Art und Weise der Verrichtung der Arbeit betreffe. Maßnahmen, durch die der Arbeitgeber in Ausübung seiner Ordnungsmacht bestimme, welche Arbeiten in welcher Art und Weise zu verrichten seien, unterlägen nicht dem Mitbestimmungsrecht des § 87 I Nr. 1. Mitbestimmungsfrei seien dagegen nur Maßnahmen, mit denen die Arbeitspflicht unmittelbar konkretisiert werde.

Diese Behauptungen stehen eindeutig im Widerspruch zu der bis dahin geltenden ständigen Rechtsprechung des Bundesarbeitsgerichts. Unverständlich ist, dass das Gericht hinsichtlich seiner Aussagen auf frühere Entscheidungen des Bundesarbeitsgerichts verweist, die genau gegenteilig sind. So beinhaltet gerade

---

49 BAG AP Nr. 8 zu § 87 BetrVG 1972 Ordnung des Betriebs.

50 BAG AP Nr. 20 zu § 87 BetrVG 1972 Ordnung des Betriebs.

das vom Bundesarbeitsgericht in seinem Beschluss vom 23.10.1984[51] definierte mitbestimmungsfreie Arbeitsverhalten Maßnahmen, durch die der Arbeitgeber in Ausübung seiner Organisations- und Leistungsmacht bestimmt, welche Arbeiten in welcher Weise auszuführen sind. Auch der Verweis auf einen vom Bundesarbeitsgericht entschiedenen ähnlich gelagerten Fall ist fehlerhaft. Das Mitbestimmungsrecht des Betriebsrates bei Ausgestaltung der Dienstkleidung wurde nicht deshalb bejaht, weil die Art und Weise der Verrichtung der Arbeit betroffen war. Vielmehr wurde darauf abgestellt, dass durch die Kleidung das äußere Erscheinungsbild des Unternehmens betroffen sei und gerade dies eine Frage der Ordnung des Betriebs darstelle und nicht allein oder auch nur in erster Linie eine Frage des Arbeitsverhaltens.

Da der Senat bei seinen Ausführungen zu § 87 I Nr. 1 stets frühere Entscheidungen des Bundesarbeitsgerichts zitierte und auch für seine gegenteiligen Behauptungen keine entsprechenden Begründungen lieferte, ist davon auszugehen, dass er nicht die bis dahin geltende ständige Rechtsprechung in Frage stellen wollte, sondern diese nur fehlerhaft wiedergegeben hat.

Besonders im Streit standen zwischen den Arbeitgebern und den Betriebsräten in den letzten Jahren Maßnahmen der Arbeitgeber zur Senkung des Krankenstandes. In diesen Bereich fällt die Entscheidung des Bundesarbeitsgerichts vom 8.11.1994.[52] Betriebsrat und Unternehmensleitung stritten darüber, ob dem Betriebsrat ein Mitbestimmungsrecht zusteht, wenn der Arbeitgeber mit den Arbeitnehmern sogenannte Krankengespräche führt. In den Gesprächen befragte der Personalleiter die Arbeitnehmer zu den krankheitsbedingten Ausfallzeiten der letzten drei Jahre. Den Arbeitnehmern wurden vorbereitete schriftliche Erklärungen vorgelegt, in denen sie den behandelnden Arzt von der Schweigepflicht entbinden sollten.

Das Bundesarbeitsgericht bejahte ein Mitbestimmungsrecht des Betriebsrates gemäß § 87 I Nr. 1. In der Beschlussbegründung bezog es sich auf die Auslegungskriterien der ständigen Rechtsprechung. Danach sei u.a. von dem mitbestimmungspflichtigen Ordnungsverhalten das reine Arbeitsverhalten zu unterscheiden. Durch das in ergänzender Weise erstmalig beigefügte Attribut „rein" scheint es, dass das Bundesarbeitsgericht den Bereich des Arbeitsverhaltens einengen und damit den Mitbestimmungstatbestand erweitern wollte. Für diese Vermutung spricht, dass das Gericht anschließend dem Arbeitsverhalten nur alle Regeln und Weisungen zuordnete, die bei der unmittelbaren Erbringung der Leistung „selbst" zu beachten seien.

Für die Auslegung des § 87 I Nr. 1 im Vergleich zur vorherigen ständigen Rechtsprechung neu sind zwei weitere Überlegungen des Gerichts, mit dem es

---

51 BAG AP Nr. 8 zu § 87 BetrVG 1972 Ordnung des Betriebs.
52 BAG AP Nr. 24 zu § 87 BetrVG 1972 Ordnung des Betriebs.

die Mitbestimmung bei den Krankengesprächen bejahte. Zum einen reiche allein die Tatsache, dass die Mitwirkung der Arbeitnehmer bei der Aufklärung des Krankenstandes durch Heranziehung zu den Krankengesprächen eine ihnen obliegende arbeitsvertragliche Nebenpflicht darstellt, schon aus, den Betriebsrat bei der Einführung der Krankengespräche zu beteiligen. Nach Auffassung des Gerichts sei die arbeitsvertragliche Nebenpflicht nämlich dem Bereich des Ordnungsverhaltens zuzuordnen. Zum anderen sei Voraussetzung für eine mitbestimmungsfreie Individualmaßnahme, dass sie allein durch Umstände veranlasst worden sei, die in der Person einzelner Arbeitnehmer begründet waren, ohne die übrige Belegschaft zu berühren. Diese Bedingung war im zu entscheidenden Fall nach Ansicht des Senats jedoch nicht gegeben.

In den nächsten Entscheidungen finden sich diese neuen Aspekte nur teilweise wieder. Lediglich in den Beschlüssen vom 23.7.1996[53], 13.5.1997[54] und 18.4.2000[55] wurde von der Unterscheidung zwischen mitbestimmungspflichtigen Ordnungsverhalten und „reinen" Arbeitsverhalten ausgegangen. In allen anderen Beschlüssen ist hingegen nur vom „generellen"[56] Arbeitsverhalten die Rede. Eine Tendenz der Rechtsprechung zur Erweiterung des Mitbestimmungsbereichs des § 87 I Nr. 1 besteht entgegen der Ansicht von Klebe[57] und Hunold[58] nach meiner Einschätzung nicht. Zum einen wurde die angesprochene Formulierung in den Entscheidungen nicht durchgehend verwendet. Zum anderen ist zu bedenken, dass auch das „reine" Arbeitsverhalten mit den gleichen Formulierungen näher beschrieben wurde, wie das „generelle" Arbeitsverhalten.

Auch die Behauptung des Bundesarbeitsgerichts in seiner Krankengesprächsentscheidung, dass die Erfüllung einer arbeitsvertraglichen Nebenpflicht stets dem Ordnungsverhalten zuzuordnen sei, wurde in späteren Entscheidungen nicht mehr aufgegriffen. Ganz im Gegenteil wurde die arbeitsvertragliche Nebenpflicht in der Entscheidung vom 13.5.1997 dem Arbeitsverhalten zugeordnet und war damit Begründung für die Annahme der Mitbestimmungsfreiheit.

Im Rahmen der Entscheidung vom 13.5.1997 hatte sich das Gericht mit der Frage auseinander zusetzen, ob dem Betriebsrat ein Mitbestimmungsrecht bei Maßnahmen des Arbeitgebers zusteht, die regeln, wie vorgesetzte Arbeitnehmer sich bei Ab- und Rückmeldungen ihnen unterstellter Betriebsratsmitglieder verfahren sollen.

---

53 BAG AP Nr. 26 zu § 87 BetrVG 1972 Ordnung des Betriebs.

54 BAG AP Nr. 119 zu § 37 BetrVG 1972 Ordnung des Betriebs.

55 BAG AP Nr. 33 zu § 87 BetrVG 1972 Überwachung.

56 Formulierung des Verfassers.

57 DKK-Kebe § 87 Rn. 43.

58 Hunold BB 1995, 1188, 1190.

In seiner Argumentation wies das Gericht darauf hin, dass nach ständiger Rechtsprechung des Bundesarbeitsgerichts[59] ein Betriebsratsmitglied, das zur Wahrnehmung von Aufgaben nach dem Betriebsverfassungsgesetz seinen Arbeitsplatz verlässt, aufgrund arbeitsvertraglicher Nebenpflicht sich bei seinem Arbeitgeber abzumelden habe. Insoweit habe der Arbeitgeber mit der in Frage stehenden Maßnahme keine eigenständige Regelung getroffen, sondern lediglich auf die bestehende Rechtslage hingewiesen. Die genannten Meldepflichten ergäben sich als vertragliche Nebenpflichten bereits unmittelbar aus dem Arbeitsverhältnis – die Anweisung habe für Betriebsratsmitglieder keine zusätzlichen Pflichten geschaffen. Das Ordnungsverhalten könne daher von vornherein gar nicht betroffen sein.

Diese Ansicht vertrat das Bundesarbeitsgericht auch in seiner Entscheidung vom 28.5.2002.[60] Es hatte darüber zu befinden, ob dem Betriebsrat bei der Einführung eines Formulars, in welchem Redakteure einer Wirtschaftszeitung auf Grund einer vertraglichen Nebenabrede den Besitz bestimmter Wertpapiere dem Arbeitgeber anzuzeigen hatten, ein Mitbestimmungsrecht nach § 87 I Nr. 1 zusteht. Das Gericht ging vom Bestehen der Mitbestimmungspflicht aus. In der Begründung führte es aus, dass der Arbeitgeber mit der Anordnung der Verwendung des Formblattes eine verbindliche Verhaltensregel schaffe. Er stelle es den Redakteuren nicht frei, wie sie ihrer nebenvertraglichen Mitteilungspflicht nachkämen, sondern er verlange hierfür die Verwendung eines von ihm gestalteten Formulars. Dadurch könne er die zu offenbarenden Angaben standardisiert nach eigenen Vorgaben erheben, obwohl die Erfüllung der vertraglichen Anzeigepflicht selbst nicht die Einhaltung einer bestimmten äußeren Form verlange. Der mitbestimmungspflichtige Sachverhalt bestehe darin, dass der Arbeitgeber kraft seines Direktionsrechts ein standardisiertes Vorgehen der Arbeitnehmer erreichen wolle, wenngleich dies durch die zu erfüllende arbeitsvertragliche Nebenpflicht selbst nicht vorgegeben werde.

In dieser Begründung taucht damit bezüglich der Bestimmung der Reichweite des Mitbestimmungsrechts ein weiterer Aspekt des § 87 I Nr. 1 auf, nämlich die Unterscheidung zwischen dem „Ob“ und „Wie“ der Erfüllung einer arbeitsvertraglichen Pflicht durch die Arbeitnehmer. Hinsichtlich des „Ob“, also hier hinsichtlich des bloßen Hinweises auf das Bestehen der Mitteilungspflicht, geht das Gericht von der Mitbestimmungsfreiheit aus. Hinsichtlich des „Wie“ hingegen, also hinsichtlich der Frage der praktischen Durchführung der Erfüllung der Mitteilungspflicht, solle dem Betriebsrat ein Mitbestimmungsrecht nach § 87 I Nr. 1 zustehen, da der Arbeitgeber keinen Anspruch auf eine bestimmte Art der Durchführung habe.

---

59 Zuletzt BAGE 79, 263, 267.

60 BAG AP Nr. 39 zu § 87 BetrVG 1972 Ordnung des Betriebs.

Hinsichtlich der Frage, wie die Mitbestimmungspflicht zu beurteilen ist, wenn sowohl das Ordnungs- als auch das Arbeitsverhalten der Arbeitnehmer durch die Arbeitgebermaßnahme betroffen ist, stellte das Bundesarbeitsgericht in seiner Entscheidung vom 11.6.2002[61] klar, dass allein der objektive Regelungszweck entscheidend sei. Dieser bestimme sich nach dem Inhalt der Maßnahme sowie nach der Art des zu beeinflussenden betrieblichen Geschehens. Wirke sich eine Maßnahme zugleich auf das Ordnungs- und das Arbeitsverhalten aus, so komme es darauf an, welcher Regelungszweck überwiege. Von dieser Prämisse ausgehend, nahm das Gericht die Mitbestimmungspflicht nach § 87 I Nr. 1 hinsichtlich der Anordnung des Arbeitgebers, auf der Dienstkleidung ein Namensschild zu tragen, an, da die mit der Maßnahme beabsichtigte mögliche Kommunikation der Arbeitnehmer mit Kunden nur einen Randbereich der arbeitsvertraglich geschuldeten Leistung der Arbeitnehmer betreffe und nicht das eigentliche Arbeitsprodukt.

Zusammenfassend lässt sich feststellen, dass die durch die Entscheidung vom 24.3.1981[62] entwickelten Auslegungsgrundsätze zum Mitbestimmungsrecht des § 87 I Nr. 1, abgesehen von einigen Ergänzungen, durch die jeweilige Senate im Sinne einer ständigen Rechtsprechung stets aufgegriffen wurden.

Die ständige Rechtsprechung lässt sich wie folgt zusammenfassen: Das Mitbestimmungsrecht betreffe einerseits die Gestaltung der Ordnung des Betriebs durch die Schaffung allgemeingültiger, verbindlicher Verhaltensregeln und andererseits alle – auch nicht verbindliche – Maßnahmen, durch die das Verhalten der Arbeitnehmer in Bezug auf die betriebliche Ordnung beeinflusst werden solle. Diese Maßnahmen müssten jedoch darauf gerichtet sein, die vorgegebene Ordnung des Betriebs zu gewährleisten oder aufrechtzuerhalten. Gegenstand des Mitbestimmungsrechts sei die Sicherung eines ungestörten Arbeitsablaufs und des reibungslosen Zusammenlebens und Zusammenwirkens der Arbeitnehmer im Betrieb. Zu unterscheiden sei das mitbestimmungspflichtige Ordnungsverhalten vom mitbestimmungsfreien Arbeitsverhalten. Das Arbeitsverhalten sei betroffen, wenn der Arbeitgeber in Ausübung seiner Organisations- und Leitungsmacht bestimme, welche Arbeiten in welcher Art und Weise zu verrichten seien. Mitbestimmungsfrei seien danach Maßnahmen, mit denen die Arbeitsleistung unmittelbar konkretisiert werde.

Sieht man einmal davon ab, dass das Bundesarbeitsgericht beim zweiten Tatbestandsteil auch Maßnahmen subsumiert, die nicht verbindliche Anordnungen des Arbeitgebers enthalten, so verschmelzen die beiden Tatbestandsteile des § 87 I Nr. 1 praktisch zu einem Tatbestand.

---

61 BAG AP Nr. 38 zu § 87 BetrVG 1972 Ordnung des Betriebs.

62 BAG EzA Nr. 6 zu § 87 BetrVG 1972 Betriebliche Ordnung.

2. Die sonstige Rechtsprechung

a) Ansichten der sonstigen Rechtsprechung

Die unteren Instanzen gehen naturgemäß bei ihrer Entscheidungsfindung von der Rechtsprechung des Bundesarbeitsgerichts aus. Bei Durchsicht der zu diesem Problem sehr zahlreich vorhandenen Entscheidungen sind zum Teil jedoch erhebliche Abweichungen erkennbar. Gerade in der konkreten Entscheidungsbegründung werden unterschiedliche Argumentationsschwerpunkte gesetzt. Diese werden nun im Einzelnen aufgeführt und in der späteren eigenen Auslegung des § 87 I Nr. 1 diskutiert.

Wie das Bundesarbeitsgericht gehen einige Gerichte bei der Auslegung des Mitbestimmungstatbestands vom Wortlaut aus. Das Arbeitsgericht Solingen kommt dabei zum Schluss, dass der sehr weitgehende Wortsinn nicht Maßstab für die Auslegung sein könne, denn schließlich wolle jede betriebliche Regelung ein bestimmtes Verhalten erreichen und es stelle jede Regelung ohne Rücksicht auf ihren Inhalt eine Ordnung im Betrieb her.[63] Aus der Beifügung der Worte ‚und des Verhaltens der Arbeitnehmer im Betrieb' deutet das Arbeitsgericht Berlin, dass sich die Mitbestimmung allein auf das die äußere Ordnung des Betriebs berührende Verhalten der Arbeitnehmer beziehe[64]. Das Landesarbeitsgericht Hamm stellt bei seiner Entscheidung auf die sprachliche Bedeutung des Wortes „Verhalten" ab.[65] Es führt in seiner Argumentation aus, dass sich ein Arbeitnehmer nicht in einer bestimmten Weise „verhalte", wenn er jeweils im unmittelbaren Anschluss an einzelne Arbeitsvorgänge bestimmte Aufzeichnungen im Arbeitsbuch vornähme. Auch die sprachliche Bedeutung des Wortes „Regelung" wird untersucht. Nach Ansicht des Arbeitsgerichts Solingen könne darunter nur das Aufstellen von Bestimmungen gemeint sein, die es bisher im Betrieb nicht gab, nicht aber bloße Hinweise auf bereits bestehende Regelungen.[66]

Auf die für § 87 I Nr. 1 sehr grundlegende Frage, ob der Mitbestimmungstatbestand aus zwei Tatbestandsteilen oder nur einem besteht, wird im Allgemeinen nicht direkt eingegangen. Ohne dies deutlich hervorzuheben, gehen die Gerichte zumeist dem Bundesarbeitsgericht folgend von einem einheitlichen Tatbestand aus.[67]

In Anlehnung an die Auslegungsweise des Bundesarbeitsgerichts unterscheiden auch die unteren Instanzen in der Regel beim Tatbestand des § 87 I Nr. 1 zwischen dem Arbeitsverhalten und dem Ordnungsverhalten. Diese Abgrenzung

---

63 ArbG Solingen DB 1973, 2454.

64 ArbG Berlin BB 1974, 1299.

65 LAG Hamm EzA Nr. 2 zu § 87 BetrVG 1972 Betriebliche Ordnung.

66 ArbG Solingen DB 1973, 2454.

67 Anders das ArbG Köln in seiner Entscheidung vom 13.7.1989 (EzA Nr. 14 zu § 87 BetrVG 1972 Betriebliche Ordnung), das ausdrücklich von zwei Tatbestandsteilen des § 87 I Nr. 1 ausgeht.

stellt für die Gerichte das wesentliche Kriterium zur Grenzziehung des Regelungsbereichs des § 87 I Nr. 1 dar.

Ähnlich wie beim Bundesarbeitsgericht liegt der Schwerpunkt der näheren Begriffsklärung beim Arbeitsverhalten. Es wird folglich vornehmlich negativ ausgelegt. Ein Mitbestimmungsrecht nach § 87 I Nr. 1 wird meist immer dann bejaht, wenn das Arbeitsverhalten durch die Arbeitgebermaßnahme nicht betroffen ist. Das Landesarbeitsgericht Köln unterscheidet in Anlehnung an jüngere Entscheidungen des Bundesarbeitsgerichts das Ordnungsverhalten vom „reinen" Arbeitsverhalten.[68] Dieses beträfe alle Regelungen und Weisungen, die mit der unmittelbaren Erbringung der Arbeitsleistung „selbst" zu beachten seien. Zum mitbestimmungsfreien Arbeitsverhalten zählen nach Auffassung des Landesarbeitsgerichts Schleswig-Holstein neben der Hauptleistungspflicht des Arbeitnehmers die Nebenleistungs- und Folgepflichten, die im unmittelbaren Zusammenhang mit der Hauptleistungspflicht stünden und ihr dienten.[69] Das Gericht führt weiter aus, dass es der Nebenleistungspflicht immanent sei, dass die Arbeitnehmer zum einen die geistigen und körperlichen Kräfte anzuspannen hätten, um die geschuldete Leistung erbringen zu können. Zum anderen dürfe der Arbeitnehmer während der Arbeitszeit seine Leistungsfähigkeit nicht beeinträchtigen und sein Leistungsvermögen bewusst zurückhalten. Daraus folgend könne der Arbeitgeber arbeitsbegleitende mitbestimmungsfreie Weisungen erteilen, wenn der Arbeitnehmer seine Konzentrations- und damit seine Arbeitsfähigkeit beeinträchtige.

Obwohl sich die sonstige Rechtsprechung schwerpunktmäßig darauf konzentriert, den Tatbestand des § 87 I Nr. 1 über die negative Auslegung zu konkretisieren, wird teilweise der Versuch unternommen, das Mitbestimmungsrecht positiv zu beschreiben. Derartige Ausführungen sind jedoch meist recht vage. Oft wird vom „das die äußere Ordnung des Betriebs betreffende Verhalten der Arbeitnehmer" gesprochen.[70] Auch die Formulierung „soziale Ordnung" taucht teilweise in den Beschlüssen auf.[71] Entscheidendes Kriterium für den Mitbestimmungstatbestand kann für das Arbeitsgericht Siegen nur sein, dass von der Maßnahme des Arbeitgebers im erheblichen Umfang Fragen des Verhaltens einer bestimmten Arbeitnehmergruppe in kollektiver Form unmittelbar geregelt werde.[72] Ob durch die Maßnahme auch das sogenannte Arbeitsverhalten berührt wird, spielt für das Gericht danach keine Rolle.

Nicht einheitlich beantwortet wird die Frage, inwieweit das Ordnungs- oder das Arbeitsverhalten durch die Arbeitgeberanordnung betroffen sein muss, um ein Mitbestimmungsrecht des Betriebsrates anzunehmen bzw. abzulehnen. Für das

68 LAG Köln LAGE Nr. 10 zu § 87 BetrVG 1972 Betriebliche Ordnung.
69 LAG Schleswig-Holstein LAGE Nr. 4 zu § 87 BetrVG 1972 Betriebliche Ordnung.
70 Vgl. u.a. ArbG Kiel DB 1975, 1369; LAG Frankfurt NZA 1993, 237.
71 LAG Hamm EzA Nr. 2 zu § 87 BetrVG 1972 Betriebliche Ordnung.
72 ArbG Siegen DB 1982, 439, 440.

Arbeitsgericht Frankfurt solle es ausreichen, dass die Maßnahme des Arbeitgebers das Ordnungsverhalten der Arbeitnehmer auch nur mittelbar regele.[73] Hingegen unterliege nach Ansicht des Landesarbeitsgerichts Schleswig-Holstein dem Mitbestimmungsrecht des Betriebsrates nur die Maßnahme des Arbeitgebers, die gezielt das Verhalten der Arbeitnehmer regele, soweit es die äußere Ordnung des Betriebs berühre.[74] Das Mitbestimmungsrecht nach § 87 I Nr. 1 sei gemäß der Entscheidung des Arbeitsgerichts Kiel bereits dann ausgeschlossen, wenn ‚vornehmlich' das Arbeitsverhalten betroffen sei.[75] Dagegen sei ein solcher Ausschluss nach Auffassung des Landesarbeitsgerichts Düsseldorf nur dann anzunehmen, wenn eine kollektive Maßnahme sich ausschließlich und unmittelbar auf die Arbeitspflicht und die Ausführung der Arbeit beziehe.[76]

Wie in der Rechtsprechung des Bundesarbeitsgerichts ist auch in den unteren Instanzen das Problem unterschiedlich beurteilt worden, ob die Verbindlichkeit einer Arbeitgebermaßnahme Voraussetzung des § 87 I Nr. 1 ist.[77] Dabei wurde jedoch nur selten die jeweilige Entscheidung begründet. Ein Argument für die Verbindlichkeit sah das Landesarbeitsgericht Hamm im Wortlaut der Vorschrift.[78] Eine unverbindliche Regelung stelle in Wahrheit keine ‚Regelung' dar, da es im Belieben der Arbeitnehmer stehe, ob er ihr folgen wolle oder nicht.

Das Landesarbeitsgericht Baden-Württemberg sprach in seiner Entscheidung die Frage an, welche Bedeutung das Motiv des Arbeitgebers für seine getroffene Anordnung hat.[79] Nach Meinung des Landesarbeitsgerichts solle es für das Bestehen des Mitbestimmungsrechts gemäß § 87 I Nr. 1 nicht entscheidend sein, welche Motive des Arbeitgebers für die objektiv das (Ordnungs-)Verhalten der Arbeitnehmer betreffende Maßnahme letztlich ausschlaggebend waren. So spiele es keine Rolle, wenn maßgebliches Motiv des Arbeitgebers die Leistungskontrolle der Arbeitnehmer sei und nicht der ordnende Effekt. Selbst bei § 87 I Nr. 6 solle es gemäß der Rechtsprechung des Bundesarbeitsgerichts trotz der Formulierung „dazu bestimmt" nicht auf die subjektive Motivation des Arbeitgebers ankommen, sondern auf die objektive Eignung der Maßnahme. Noch weiter geht das Landesarbeitsgericht Düsseldorf, wenn es meint, dass das Mitbestimmungsrecht nach § 87 I Nr. 1 unter Umständen auch dann in Betracht käme, wenn nur die

---

73 ArbG Frankfurt BB 1979, 1768.

74 LAG Schleswig-Holstein BB 1985, 1791, 1792.

75 ArbG Kiel DB 1975, 1369.

76 LAG Düsseldorf DB 1981, 1677.

77 Für die meisten Gerichte ist die Verbindlichkeit einer Arbeitgebermaßnahme keine Voraussetzung für die Mitbestimmung nach § 87 I Nr. 1 – vgl. u.a. LAG Hamm LAGE Nr. 3 zu § 87 BetrVG 1972 Betriebliche Ordnung; LAG Niedersachsen DB 1982, 1992.
Für die Verbindlichkeit als Mitbestimmungsvoraussetzung hingegen u.a. LAG Hamm BB 1980, 1582; LAG München NZA 1986, 577.

78 LAG Hamm BB 1980, 1582.

79 LAG Baden-Württemberg EzA Nr. 6 zu § 87 BetrVG 1972 Betriebliche Ordnung.

Möglichkeit bestehe, dass durch die Arbeitgebermaßnahme das Ordnungsverhalten betroffen sei.[80] Demgegenüber ist u.a. das Landesarbeitsgericht Schleswig-Holstein der Ansicht, dass nur diejenigen Anordnungen des Arbeitgebers dem Mitbestimmungsrecht des Betriebsrates unterlägen, die gezielt das Verhalten des Arbeitnehmers regelten, soweit es die äußere Ordnung des Betriebs berühre.[81]

Unabhängig von den Leitlinien des Bundesarbeitsgerichts sind für einige Gerichte für die Beurteilung der Mitbestimmungspflicht ganz andere Umstände maßgeblich. So sei nach Überzeugung des Arbeitsgerichts Hamburg ein Mitbestimmungsrecht bei Krankengesprächen u.a. deshalb anzunehmen, weil objektiv Drucksituationen für die Arbeitnehmer nicht auszuschließen seien. Bei der Beantwortung der Frage, ob ein Mitbestimmungsrecht bei der betriebsöffentlichen Zurverfügungstellung von Daten über krankheitsbedingte Fehlzeiten besteht, war ein Argumentationspunkt des Arbeitsgerichts Würzburg das Bestehen eines ‚Gruppenzwanges'.[82] Das Gericht führte in seiner Entscheidungsbegründung aus, dass die betriebsöffentliche Zurverfügungstellung von Daten über krankheitsbedingte Fehlzeiten geeignet sei, einen sogenannten ‚Gruppendruck' oder ‚Gruppenzwang' auf den einzelnen Arbeitnehmer hinsichtlich seines Verhaltens bei krankheitsbedingter Arbeitsunfähigkeit zu erzeugen. Das Bestehen derartiger Gruppenzwänge, die einen Arbeitnehmer dazu bestimmen könnten, sein eigenes Verhalten am Verhalten der Gruppe auszurichten, habe das Bundesarbeitsgericht hinsichtlich kleinerer und überschaubarer Arbeitsgruppen unter technischer Überwachung der Arbeitsleistung der gesamten Gruppe im Rahmen des § 87 I Nr. 6 anerkannt. Von den Leitsätzen der ständigen Rechtsprechung des Bundesarbeitsgerichts ausgehend bejahte das Landesarbeitsgericht Hamburg ein Mitbestimmungsrecht des Betriebsrates bei der Einführung von Krankengesprächen mit dem Argument, dass durch die Arbeitgebermaßnahme das ‚Arbeitsklima' und die ‚Arbeitsmoral' beeinflusst würden.[83]

Für einige untere Instanzen waren die Folgen der Arbeitgebermaßnahmen maßgebend. Werde die Ordnung des Betriebs gefährdet, habe der Betriebsrat mitzubestimmen.[84] Sei durch die Nichtbefolgung der Anordnung das Arbeitsverhältnis verletzt, so entfalle ein Mitbestimmungsrecht.[85]

Das Landesarbeitsgericht Köln lässt in seiner Entscheidungsbegründung einen bisher noch nicht angesprochenen für die Bewertung des § 87 I Nr. 1 jedoch

---

80 LAG Düsseldorf DB 1981, 849, 850.

81 LAG Schleswig-Holstein BB 1985, 1791.

82 ArbG Würzburg AiB 1996, 560.

83 LAG Hamburg BR 1990, 12 ff.

84 ArbG Hamburg BetrR 1976, 500; LAG Düsseldorf DB 1975, 556.

85 LAG Düsseldorf DB 1975, 556.

wichtigen Aspekt mit einfließen.[86] Es bejahte ein Mitbestimmungsrecht des Betriebsrates u.a. auf Grund der innerhalb dieser Norm gebotenen Interessenbewertung und -abwägung. Zu beachten sei bei jeder Entscheidung der Schutz des Persönlichkeitsrechts. Da es nach § 75 II nicht nur dem Arbeitgeber, sondern auch dem Betriebsrat obliege, das Persönlichkeitsrecht der im Betrieb beschäftigten Arbeitnehmer zu schützen, müsse dem Betriebsrat gemäß § 87 I Nr. 1 ein obligatorisches Mitbestimmungsrecht in denjenigen Angelegenheiten eingeräumt werden, in denen eine das Verhalten der Arbeitnehmer im Betrieb regelnde Maßnahme die Verletzung deren Persönlichkeitsrecht zur Folge haben könne.

Den Aspekt des Persönlichkeitsrechts führte auch das Hessische Landesarbeitsgericht in seiner das Bestehen eines Mitbestimmungsrechts nach § 87 I Nr. 1 bejahenden Argumentation an.[87] Die Entscheidung enthält des Weiteren einen Beitrag zur näheren Bestimmung des positiven Regelungsbereichs des § 87 I Nr. 1. Das Landesarbeitsgericht führte im Rahmen seiner Subsumtion unter die der Entscheidung zugrunde gelegten Leitlinien der ständigen Rechtsprechung des Bundesarbeitsgerichts aus, dass die Verfahrensweise des Arbeitgebers außerhalb der unmittelbaren Arbeitspflicht eine ‚betriebliche Regelung' begründe und den betroffenen Arbeitnehmern ein ‚bestimmtes regelgerechtes Verhalten' abverlange und deshalb das Ordnungsverhalten betroffen werde. Ferner taucht der Begriff des „Gestaltungsspielraums" in der Entscheidungsbegründung auf. Da nach Auffassung des Gerichts im zu entscheidenden Fall ein solcher bestehe, sei das Mitbestimmungsrecht nicht von vornherein ausgeschlossen.

b) *Entscheidungen der sonstigen Rechtsprechung*

Bei den Entscheidungen der sonstigen Rechtsprechung im Bereich des § 87 I Nr. 1 nehmen die traditionellen Probleme den größten Raum ein:
- Vorschriften hinsichtlich der Dienstkleidung[88]
- Rauch – und Alkoholverbote[89]

---

86 LAG Köln LAGE Nr. 5 zu § 87 BetrVG 1972 Betriebliche Ordnung – auch das Hessische Landesarbeitsgericht, Hessisches LAG NZA-RR 2004, 211, 212, betont im Rahmen seiner Begründung einer nach § 87 I Nr. 1 gegebenen Mitbestimmungspflicht einen vermeintlich bestehenden tiefgreifenden Eingriff in die Persönlichkeitsrechte der Arbeitnehmer.

87 Hessisches LAG LAGE Nr. 13 zu § 87 BetrVG 1972 Betriebliche Ordnung.

88 Mitbestimmungsrecht bejaht: LAG Frankfurt vom 13.8.1977 – BB 1978, 810; LAG Köln vom 8.6.1988 – LAGE Nr. 5 zu § 87 BetrVG 1972 Betriebliche Ordnung; ArbG Frankfurt vom 8.8.1988 – AiB 1989, 17.
Mitbestimmungsrecht verneint: LAG Hamm vom 22.10.1991 – LAGE Nr. 11 zu § 611 BGB Direktionsrecht.

89 Mitbestimmungsrecht bejaht: LAG München vom 30.10.1975 – BB 1976, 465; LAG Baden-Württemberg vom 9.12. 1977 – DB 1978, 213; ArbG Bamberg vom 12.2.1979 – ARSt 1979, 158; LAG München vom 30.10.1985 – NZA 1986, 577.
Mitbestimmungsrecht verneint: LAG Frankfurt vom 6.7.1989 – DB 1990, 1193.

- Tätigkeitsberichte[90]
- Parkplatzordnung[91]
- An- und Abmeldung von Betriebsratsmitgliedern[92]
- Einführung von Anwesenheitslisten – Anwesenheitskontrolle[93]
- Zutrittskontrollen[94]
- Walkman- oder Radiohören im Betrieb[95].

Gerade in den letzten Jahren hatten sich die Gerichte mit vielfältigen Fragen im Zusammenhang mit den von den Arbeitgebern durchgeführten Maßnahmen zur Senkung des Krankenstandes zu beschäftigen:

- Einführung eines Krankenformulars[96]
- Durchführung von Krankengesprächen[97]
- Regelung der Anzeige- und Nachweispflicht für Erkrankungen[98]

---

90 Mitbestimmungsrecht bejaht: ArbG Frankfurt vom 4.7.1979 – BB 1979, 1768; LAG Düsseldorf vom 21.8.1980 – BB 1981, 322; LAG Düsseldorf vom 28.1.1981 – DB 1981, 849.
Mitbestimmungsrecht verneint: LAG Düsseldorf vom 17.1.1975 – DB 1975, 556; LAG Hamm vom 12.11.1976 – EzA Nr. 2 zu § 87 BetrVG Betriebliche Ordnung; LAG Düsseldorf vom 14.6.1978 – zitiert nach Klebe AiB 1981, 109, 111; LAG Hamm vom 23.9.1981 – DB 1982, 385; ArbG Düsseldorf vom 1.6.1983 – BB 1984, 210; ArbG Solingen vom 28.5.1984 – AuR 1985, 292.

91 Mitbestimmungsrecht bejaht: LAG Düsseldorf vom 12.5.1977 – DB 1977, 1754; LAG Hamm vom 11.6.1986 – NZA 1987, 35.
Mitbestimmungsrecht verneint: ArbG Wuppertal vom 7.1.1975 – BB 1975, 561; LAG Düsseldorf vom 20.6.1978 – DB 1979, 115; LAG Baden-Württemberg vom 4.11.1986 – NZA 1987, 428.

92 Mitbestimmungsrecht bejaht: ArbG Solingen vom 31.8.1973 – DB 1973 2306; LAG Baden-Württemberg vom 1.6.1976 – DB 1976, 1820.
Mitbestimmungsrecht verneint: LAG Berlin vom 10.10.1980 – DB 1980, 1416; LAG Hamm vom 28.10.1980 – DB 1982, 1173; LAG Düsseldorf vom 9.8.1985 – DB 1985, 2463.

93 Mitbestimmungsrecht bejaht: LAG Baden-Württemberg vom 9.6.1989 – LAGE Nr. 6 zu § 87 BetrVG 1972 Betriebliche Ordnung.
Mitbestimmungsrecht verneint: ArbG Kiel vom 29.5.1975 – DB 1975, 1369; ArbG Duisburg vom 11.10.1978 – DB 1979, 460.

94 Mitbestimmungsrecht bejaht: LAG Köln vom 3.11.1983 – 10 Ta BV 19/83.

95 Mitbestimmungsrecht bejaht: ArbG Berlin EzA vom 19.11.1990 – EzA Nr. 17 zu § 87 BetrVG 1972 Betriebliche Ordnung.
Mitbestimmungsrecht verneint: LAG Schleswig-Holstein vom 24.8.1988 – NZA 1989, 690.

96 Mitbestimmungsrecht bejaht: LAG Düsseldorf vom 27.4.1981 – DB 1981, 1677.
Mitbestimmungsrecht verneint: LAG Köln vom 15.5.1996 – LAGE Nr. 10 zu § 87 BetrVG 1972 Betriebliche Ordnung; LAG Hamm vom 16.4.1986 – BB 1986, 1359; ArbG Berlin vom 3.4.1974 – DB 1974, 1167.

97 Mitbestimmungsrecht bejaht: LAG Hamburg LAGE Nr. 8 zu § 87 BetrVG 1972 Betriebliche Ordnung.
Mitbestimmungsrecht verneint: LAG Baden-Württemberg vom 5.3.1991 – NZA 1992, 184; LAG Frankfurt/Main vom 24.3.1992 – NZA 1993, 237.

– Anordnung genereller ärztlicher Eignungsuntersuchungen[99]
– Anordnung der Untersuchung durch einen Vertrauensarzt[100]

Neben diesen praxisbedeutenden Themen wurden noch verschiedene Einzelthemen von den unteren Instanzen behandelt, wie z.B.:

– Geheimhaltungspflicht[101]
– Einsichtnahme in Personalakten[102]
– Mitnahme von Arbeitsunterlagen[103]
– Aufsuchen von Arbeitnehmern am Arbeitsplatz durch den Betriebsrat[104]
– Organisation des Werkschutzes[105]
– Einführung von Kontrollkarten für Überstunden[106]
– Unterschriftenaktion, bei der die Arbeitnehmer die Einhaltung der Geheimhaltungspflicht versichern sollen[107]
– Auslobung von Prämien für die Meldung von Personen, die Sachen zerstören oder stehlen[108]
– Genehmigung von Personaleinkäufen[109]
– Herausgabe von Werbegeschenken[110]
– Anordnung und Durchführung von Multimomentaufnahmen[111]
– Einsatz von Privatdetektiven[112]
– Regelung der Nutzung von Diensttelefonen[113]
– Verbot, im Betrieb Plaketten zu tragen[114]
– Aushang eines Personalplaners[115]

---

98 Mitbestimmungsrecht bejaht: LAG Frankfurt/ Main vom 30.10.1990 – DB 1991, 920; LAG Hamm vom 19.9.1995 – NZA 1995, 335.

99 Mitbestimmungsrecht bejaht: ArbG München vom 3.12.1980 – AuR 1981, 284; ArbG Offenbach vom 20.6.1990 – DB 1991, 554.

100 Mitbestimmungsrecht bejaht: ArbG Frankfurt vom 28.6.1988 – AiB 1989, 17.

101 ArbG Solingen vom 31.8.1973 – DB 1973, 2454 – Mitbestimmungsrecht bejaht.

102 LAG Saarland vom 31.1.1974 – AuR 1974, 217 – Mitbestimmungsrecht bejaht.

103 ArbG Hamburg vom 24.8.1976 – BR 1976, 500 – Mitbestimmungsrecht bejaht.

104 ArbG Berlin vom 16.6.1980 – AuR 1981, 92 – Mitbestimmungsrecht bejaht.

105 LAG Hamm vom 13.8.1980 – DB 1981, 851 – Mitbestimmungsrecht verneint.

106 ArbG Osnabrück vom 3.10.1980 – ARSt 1981, 132 – Mitbestimmungsrecht bejaht.

107 LAG Hamm vom 17.12.1980 – DB 1981, 1336 – Mitbestimmungsrecht bejaht.

108 LAG Niedersachsen vom 4.2.1982 – DB 1982, 1992 – Mitbestimmungsrecht verneint.

109 ArbG Hamm vom 14.7.1982 – DB 1982, 2632 – Mitbestimmungsrecht verneint.

110 LAG Köln vom 20.6.1984 – DB 1984, 2202 – Mitbestimmungsrecht bejaht.

111 LAG Schleswig-Holstein vom 4.7.1985 – BB 1985,1791 – Mitbestimmungsrecht bejaht.

112 LAG Hamm vom 28.5.1986 – LAGE Nr. 3 zu § 87 BetrVG 1972 Betriebliche Ordnung – Mitbestimmungsrecht verneint.

113 LAG Nürnberg vom 29.1.1987 – NZA 1987, 572 – Mitbestimmungsrecht verneint.

114 LAG Berlin vom 21.12.1987 – 5 Sa 119/87 – Mitbestimmungsrecht bejaht.

115 ArbG Wetzlar vom 4.3.1988 – 1 BV 12/87 – Mitbestimmungsrecht bejaht.

- Umwidmung eines Besucheraufzugs[116]
- Anweisung, sich stehend im Geschäft aufzuhalten[117]
- Anordnung, dass Arbeitnehmer ihr Arbeitsergebnis mit einer Erkennungsnummer zu versehen haben[118]
- Festlegung der Umgangssprache im Betrieb[119]
- Regelung des Wohnsitzes und Bereitschaftsdienstes von Feuerwehrleuten[120]
- Anweisung an bestimmte Arbeitnehmer, sich für Sicherheitsüberprüfungen Fingerabdrücke nehmen zu lassen[121]
- Firmenwagenbenutzung[122]
- Veröffentlichung von individuellen Fehlzeiten[123]
- Verkürzung des Vorlagezeitraums für ärztliche Bescheinigungen gemäß § 5 I 3 EFZG[124]
- Mitarbeitergespräche mit Zielvereinbarung[125]
- Verbot der Nutzung von in Dienstfahrzeugen eingebauten Mobiltelefonen[126]
- Einführung von Desk-Sharing-Arbeit[127]
- Verbot, eigenes Bargeld mit an den Arbeitsplatz zu nehmen[128]
- Regelung der Entgeltabrechnung[129]
- Regelungen zum Thema „Mobbing“[130]
- Unterbringung von auswärts beschäftigten Monteuren in Doppel- bzw. Einzelzimmern[131].

III. Zusammenfassung

Insgesamt ergibt sich, dass die vom Bundesarbeitsgericht entwickelten und in ständiger Rechtsprechung allen Entscheidungen des Bundesarbeitsgerichts

---

116 LAG Frankfurt/Main vom 28.7.1988 – BB 1988, 2460 – Mitbestimmungsrecht verneint.
117 ArbG Köln vom 13.7.1989 – AiB 1990, 73 – Mitbestimmungsrecht bejaht.
118 LAG Hamm vom 16.10.1990 – LAGE Nr. 7 zu § 87 BetrVG 1972 Betriebliche Ordnung – Mitbestimmungsrecht verneint.
119 LAG Frankfurt/Main vom 22.10.1990 – Ta BV 92/91 – Mitbestimmungsrecht bejaht.
120 LAG München vom 9.1.1991 – NZA 1991, 821 – Mitbestimmungsrecht verneint.
121 LAG Rheinland-Pfalz vom 8.3.1991 – PersR 1991, 383 – Mitbestimmungsrecht bejaht.
122 ArbG Hamburg vom 7.7.1994 – AiB 1994, 760 – Mitbestimmungsrecht bejaht.
123 ArbG Würzburg vom 14.11.1995 – AiB 1996, 560 – Mitbestimmungsrecht bejaht.
124 ArbG Bielefeld vom 27.11.1996 – 4 Ca 1174/96 – Mitbestimmungsrecht bejaht.
125 VG Karlsruhe – RDV 1998, 31 – Mitbestimmungsrecht bejaht.
126 ArbG Celle vom 11.12.2002 – Az: 2 BV 4/02 – Mitbestimmungsrecht verneint.
127 ArbG Frankfurt vom 8.1.2003 – AiB 2003, 697 – Mitbestimmungsrecht bejaht.
128 Hessisches LAG vom 15.1.2004 – NZA-RR 2004, 211 – Mitbestimmungsrecht bejaht.
129 Hessisches LAG vom 22.1.2004 – Az: 5 TaBV 81/03 – Mitbestimmungsrecht bejaht.
130 LAG Düsseldorf vom 22.7.2004 – Az: 5 TaBV 38/04 – Mitbestimmungsrecht bejaht.
131 LAG Hamm vom 26.7.2004 – Az: 10 TABV 73/04 – Mitbestimmungsrecht bejaht.

zugrunde gelegten Voraussetzungen des Mitbestimmungsrechts des § 87 I Nr. 1, insbesondere die Abgrenzung des mitbestimmungspflichtigen Ordnungsverhaltens vom mitbestimmungsfreien Arbeitsverhalten, von allen Instanzen kritiklos übernommen wurden. Insofern ist eine Kontinuität in den Entscheidungen der Rechtsprechung erkennbar. Dies hat jedoch keineswegs zur Folge, dass die Gerichte innerhalb gleicher Fallkonstellationen stets zu gleichen Ergebnissen kommen. Grund dafür ist, wie im Anschluss ausführlich aufgezeigt wird, dass die Abgrenzung, so wie von der Rechtsprechung vorgenommen, oftmals verschiedenen Ergebnisvarianten offen steht.

Auch wenn die unteren Instanzen ihren Entscheidungen die vom Bundesarbeitsgericht entwickelten Mitbestimmungsvoraussetzungen zugrunde legen, setzen sie im Rahmen ihrer Argumentation im Hinblick auf die Konkretisierung des Mitbestimmungsrechts des § 87 I Nr. 1 hin und wieder eigene Akzente. So spielen teilweise das Persönlichkeitsrecht der Arbeitnehmer, der Einfluss einer Arbeitgebermaßnahme auf Arbeitsmoral und -klima oder das Auslösen einer Drucksituation bei der Bestimmung der Mitbestimmungspflicht eine besondere Rolle.

C. Widersprüche und Unstimmigkeiten im Bereich der Entscheidungskette des Bundesarbeitsgerichts

Das Bundesarbeitsgericht wendet, wie gezeigt, bei allen seinen Entscheidungen im Bereich des § 87 I Nr. 1 die von ihm entwickelte Abgrenzungsformel – die Unterscheidung zwischen Arbeits- und Ordnungsverhalten – an. Viele Autoren, selbst allgemeine Befürworter der Bundesarbeitsgerichts-Rechtsprechung[1], bewerten einige Entscheidungen als widersprüchlich. Es wird die Meinung vertreten, dass es bei der Anwendung der Abgrenzungsformel zu kaum lösbaren Abgrenzungsschwierigkeiten und damit zu willkürlichen Ergebnissen komme.[2] Dieser Zustand sei vor allem deshalb unbefriedigend, weil oftmals bereits die Geltendmachung eines Mitbestimmungsrechts unterbleibe, wenn Betriebsräte eine oft langwierige gerichtliche Klärung aus Gründen des friedlichen Miteinanders scheuten.[3] Hierdurch werde aber das Mitbestimmungsrecht insgesamt ausgehöhlt[4]. Leßmann meint, dass auch die neueren Entscheidungen gezeigt hätten, dass erstens eine Prognose, wie die Rechtsprechung eine Maßnahme beurteilen werde, nicht möglich sei und zweitens die Ergebnisse der Entscheidungen nicht durch juristische Gedankenführung, sondern durch schlichte Wertungen beeinflusst seien.[5] Sehr weit in seiner Kritik geht Wolter, wenn er behauptet, dass die Rechtsprechung auf Grund der widersprüchlichen Entscheidungen dahin tendiere, so gut wie gar nicht mehr kalkulierbar zu sein oder zur Geheimwissenschaft auszuarten.[6]

Im Folgenden werden die Entscheidungen des Bundesarbeitsgerichts zum Mitbestimmungstatbestand des § 87 I Nr. 1 auf ihre Stimmigkeit hin untersucht. Dabei wird zum einen festzustellen sein, ob die Entscheidungen untereinander widerspruchsfrei sind. Zum anderen ist zu ergründen, ob die einzelne Entscheidung auf Grund der Anwendung der Abgrenzungsformel wirklich nur die vom Bundesarbeitsgericht getroffene Entscheidung zuließ.

---

1 Hanau SAE 1983, 74, 75; Wittke S. 50; Henssler SAE 1990, 343, 344.

2 Hanau SAE 1983, 74, 75; Wittke S. 50; Mletzko AiB 2003, 630; Henssler SAE 1990, 343, 344; Schlüter/Belling SAE 1982, 206, 208; Heese AuR 2003, 234.

3 Mletzko AiB 2003, 630.

4 Mletzko AiB 2003, 630.

5 Leßmann S. 115.

6 Wolter S. 108.

I. Widersprüche und Unstimmigkeiten

Einen Fall von unstimmiger Bundesarbeitsgerichts – Rechtsprechung zeigt der Vergleich der Entscheidungen zum Sicherheitswettbewerb[7] und zur Meldepflicht bei Verspätung[8] mit der Entscheidung zu den arbeitsbegleitenden Papieren[9].

Dem Betriebsrat solle nach Ansicht des Bundesarbeitsgerichts sowohl beim Sicherheitswettbewerb, bei dem der Arbeitgeber Prämien für unfallfreies Verhalten im Betrieb aussetzte, als auch bei dem bereits dargestellten Fall der Anwesenheitskontrolle ein Mitbestimmungsrecht nach § 87 I Nr. 1 zustehen. Dagegen wurde die Mitbestimmung bei der Einführung eines arbeitsbegleitenden Formulars abgelehnt, in dem die Arbeitnehmer die ausgeführten Tätigkeiten und deren Dauer einzutragen hatten.

Diese Entscheidungen erscheinen insofern unstimmig, als dass es auch in den Fällen des Sicherheitswettbewerbs und der Anwesenheitskontrolle um das Verhältnis des Arbeitgebers zu den Arbeitnehmern geht, speziell darum, ob der Arbeitnehmer seine arbeitsvertraglich geschuldete Pflicht auch erfüllt.[10] Besonders zum Sicherheitswettbewerb ist dabei festzustellen, dass auf der einen Seite Arbeitsunfälle sicher Wirkungen weit über den betroffenen Arbeitnehmer hinaus haben können. Auch ist mit einer Prämienregelung immer ein gewisser Konkurrenzdruck verbunden und damit das Zusammenleben der Arbeitnehmer beeinflusst. Auf der anderen Seite muss jedoch beachtet werden, dass die Unfallverhütung der Vertragspflicht immanent ist.[11] Eine diesbezügliche Regelung betrifft damit auch das Verhältnis des Arbeitgebers zu den Arbeitnehmern.

Dass nun bei den arbeitsbegleitenden Papieren der Bezug zur Erbringung der Arbeitsleistung stärker sein soll, als beim Sicherheitswettbewerb und bei der Anwesenheitskontrolle, ist nicht zwingend anzunehmen. Im Übrigen kann man davon ausgehen, dass die Erfassungsbögen letztlich mehr Transparenz in den Arbeitsablauf bringen und dem „reibungslosen Zusammenwirken" der Arbeitnehmer dienen.[12]

Im Widerspruch zu vielen anderen Entscheidungen stehen die Ausführungen des Bundesarbeitsgerichts zur Problematik des vom Arbeitgeber ausgesprochenen Verbots des Radiohörens im Betrieb. In der Entscheidung vom 14.1.1986[13] heißt es:

---

7 BAG EzA Nr. 6 zu § 87 BetrVG 1972 Betriebliche Ordnung.

8 BAG AuR 1978, 278.

9 BAG EzA Nr. 7 zu § 87 BetrVG 1972 Betriebliche Ordnung.

10 So auch Weiss Anmerkung zu BAG EzA Nr. 7 zu § 87 BetrVG 1972 Betriebliche Ordnung.

11 Hanau SAE 1983, 73, 75.

12 So auch DKK-Klebe § 87 Rn. 43.

13 BAG EzA Nr. 11 zu § 87 BetrVG 1972 Betriebliche Ordnung.

„Das Verbot, Radio zu hören, betrifft nicht die Frage, in welcher Weise bestimmte Arbeiten auszuführen sind...denn der Arbeitnehmer ist schon aufgrund seines Arbeitsvertrages verpflichtet, die übertragene Arbeit unter Anspannung der ihm möglichen Fähigkeiten ordnungsgemäß zu verrichten, d.h. konzentriert und sorgfältig zu arbeiten und die Arbeit nicht zu unterbrechen, um private Interessen nachzugehen. Der Arbeitnehmer, der seine Arbeit konzentriert, zügig und fehlerfrei verrichtet, erfüllt seine Arbeitspflicht, auch wenn er daneben Radio hört. Arbeitet er ohne die erforderliche Konzentration und deshalb fehlerhaft, verstößt er gegen seine arbeitsvertraglichen Pflichten. Die Feststellung einer solchen Pflichtverletzung ist nicht davon abhängig, ob das fehlerhafte Verhalten auf das Radiohören zurückzuführen ist."

Hätte das Bundesarbeitsgericht auch in anderen von ihm entschiedenen Fällen, wie der Anordnung des Mützetragens bei der Margarineherstellung[14] oder der An- und Abmeldepflicht von Betriebsratmitgliedern[15], so argumentiert, dann hätte das Gericht auch in diesen Fällen ein Mitbestimmungsrecht des Betriebsrates bejahen können.

Das Mitbestimmungsrecht beim Mützetragen könnte dann damit begründet werden, dass die Anordnung, bei der Herstellung von Margarine Mützen zu tragen, nicht die Frage betrifft, in welcher Weise bestimmte Arbeiten auszuführen sind.[16] Denn der Arbeitnehmer ist schon aufgrund des Arbeitsvertrages verpflichtet, die Margarine nicht zu verunreinigen. Vermeidet der Arbeitnehmer durch sein Verhalten eine Verunreinigung, so erfüllt er seine Arbeitspflicht, auch wenn er keine Mütze trägt. Treten Verunreinigungen auf, so verletzt er seine arbeitsvertraglichen Pflichten. Einer auf das Direktionsrecht gestützten Weisung, eine Mütze zu tragen, bedarf es daher nicht.

Die Entscheidungsgründe im Fall der An- und Abmeldepflicht von Betriebsratsmitgliedern stehen offensichtlich im Widerspruch zur Argumentation des Bundesarbeitsgerichts beim Radiohören. Bejaht das Bundesarbeitsgericht das Mitbestimmungsrecht im Fall des Radiohörens einerseits deshalb, weil es keiner im Direktionsrecht des Arbeitgebers begründeten Weisung an den Arbeitnehmer bedürfe, um dessen Vertragspflicht, konzentriert, zügig und sorgfältig zu arbeiten, zu begründen, so verneint es andererseits das Mitbestimmungsrecht bei der Einführung einer An- und Abmeldepflicht von Betriebsratsmitgliedern mit genau diesem Argument. Durch die Anordnung des Arbeitgebers würden nur Pflichten beschrieben, die bereits unabhängig von einer solchen Anweisung bestünden. Die Pflicht des Betriebsratsmitglieds, sich beim Verlassen des Arbeitsplatzes zur Wahrnehmung betriebsverfassungsgesetzlicher Aufgaben abzumelden, ergebe sich bereits aus der arbeitsvertraglichen Nebenpflicht.

---

14 BAGE 12, 124 ff.

15 BAG NZA 1997, 1062 ff.

16 Leßmann S. 116.

Neben dem Beleg für sich widersprechende Bundesarbeitsgerichts-Rechtsprechung ist der Fall des Radiohörens auch ein Beispiel dafür, wie schwer es ist, mit der Abgrenzungsformel des Bundesarbeitsgerichts zu einem klaren und zweifelsfreien Ergebnis zu kommen.[17] Auf der einen Seite erfordert das Radiohören von den Arbeitnehmern ein aufeinander abgestimmtes Verhalten, z.B. dass sie untereinander Art der Musik oder Lautstärke festlegen müssen. Auch muss es nicht immer sein, dass Einigkeit über die allgemeine Benutzung des Radiogerätes besteht – die Musik kann unter Umständen einige Arbeitnehmer generell bei der Arbeit stören. Mit dem Verbot des Radiohörens wird damit vom Arbeitgeber auf das Zusammenleben und Zusammenwirken der Arbeitnehmer Einfluss genommen. Das Ordnungsverhalten ist also betroffen. Auf der anderen Seite könnte man, legt man die entsprechende Definition des Bundesarbeitsgerichts zugrunde, auch zur Bejahung des Arbeitsverhaltens kommen.[18] Durch das Verbot des Radiohörens bestimmt der Arbeitgeber nämlich, unter welchen Umständen die Arbeitnehmer die Arbeit ausführen sollen.

Mittels der Abgrenzungsformel sind Regelungen des Arbeitgebers schwierig zu beurteilen, durch die die Arbeitnehmer verpflichtet werden sollen, sich beim Verlassen des Betriebs während der Arbeitszeit bei einer vom Arbeitgeber benannten Stelle abzumelden. Das Bundesarbeitsgericht hat diese Fallkonstellation in zwei Entscheidungen unterschiedlich beurteilt. In seiner sogenannten Redakteursentscheidung[19] vertrat das Gericht unter Bezugnahme auf einen Beschluss vom 18.7.1978[20], deren Entscheidungsgründe unveröffentlicht blieben, die Ansicht, dass eine die betriebliche Ordnung betreffende und damit der Mitbestimmung nach § 87 I Nr. 1 unterfallende Maßnahme vorliege, wenn der Arbeitgeber zur Pünktlichkeitskontrolle Anwesenheitskontrollen einführe und anordne, dass zu spät kommende Arbeitnehmer sich zur Eintragung in die Liste beim Listenführer melden müssten. Hingegen verneinte das Bundesarbeitsgericht die Mitbestimmungspflicht von Anwesenheitskontrollen im Rahmen seiner bereits oben angesprochenen Entscheidung zur Ab- und Rückmeldepflicht von Betriebsratsmitgliedern.[21]

Das Problem der Anwesenheitskontrolle zeigt deutlich die Schwächen der Abgrenzungsformel auf. Einerseits handelt es sich bei diesen Maßnahmen des Arbeitgebers nicht unmittelbar um Anweisungen, welche Arbeitspflicht selbst – bezogen auf die Art und Weise der Erbringung der geschuldeten Arbeitsleistung – betreffen. Andererseits betrifft die Frage, ob ein Arbeitnehmer seine Pflichten

---

17 Hromadka DB 1986, 1573, 1574.

18 So im Ergebnis v. Hoyningen-Huene Anmerkung zu BAG AP Nr. 8 zu § 87 BetrVG 1972 Ordnung des Betriebs.

19 BAG AP Nr. 2 zu § 87 BetrVG 1972 Ordnung des Betriebs.

20 BAG AuR 1978, 278 f.

21 BAG AP Nr. 119 zu § 37 BetrVG 1972.

aus dem Arbeitsvertragsverhältnis erfüllt, lediglich das Verhältnis des Arbeitgebers zum Arbeitnehmer. Das Mitbestimmungsrecht könnte dann nur mit der Begründung bejaht werden, dass das Verlassen des Arbeitsplatzes auch das Zusammenwirken des Arbeitnehmers berühre, der seinen Arbeitsplatz verlasse, mit den übrigen Arbeitnehmern und damit den geordneten Arbeitsablauf insgesamt. Eine eindeutige Einordnung der Arbeitgebermaßnahme zum Arbeits- oder Ordnungsverhalten ist kaum möglich.

Im Ergebnis wenig einleuchtend sind zwei Entscheidungen des Bundesarbeitsgerichts zur Art und Weise des Betretens und Verlassens des Betriebsgeländes.[22] Gemäß der Entscheidung vom 16.12.1986[23] solle die Einführung, Ausgestaltung und Nutzung eines Werksausweises der Mitbestimmung nach § 87 I Nr. 1 unterliegen. Mit Beschluss vom 10.4.1984[24] wurde dagegen das Mitbestimmungsrecht bei der Installation eines Zugangssicherungssystems, das bei der Präsentation von codierten Ausweiskarten den Ein- und Ausgang zu den Betriebsräumen freigibt, verneint.

Diese unterschiedliche Beurteilung ist nicht verständlich. Zweck des Zugangssystems ist es, die Zugänge zum Betriebsgelände geschlossen halten zu können und ein Öffnen der Türen durch Präsentation der Ausweiskarte vor dem Sensor zu ermöglichen. Damit kommt der codierten Ausweiskarte lediglich die Funktion eines Schlüssels zum Öffnen der Tür zu – der Besitzer kann mittels der Karte den Betriebsraum betreten. Nicht anders ist die Situation, wenn beim Betreten und Verlassen des Betriebsgeländes das Vorzeigen des Werksausweises verlangt wird. Auch hier hat der Werksausweis letztlich die Funktion eines Schlüssels, denn ohne Werksausweis kann das Eingangstor nicht passiert werden. Damit wird in beiden Fällen der Zugang gleichermaßen kontrolliert und der Betriebsinhaber vor dem Eintritt Unbefugter geschützt. Demnach muss auch die Frage der Mitbestimmung des Betriebsrates einheitlich erfolgen.

Ein weiteres Beispiel für die Schwierigkeit der Anwendung der Abgrenzungsformel bietet der vom Bundesarbeitsgericht am 23.10.1984 entschiedene Fall hinsichtlich der Einführung von Führungsrichtlinien.[25] Das Bundesarbeitsgericht ordnete die Richtlinien dem mitbestimmungsfreien Arbeitsverhalten zu. Warum dies zweifelsfrei so sein muss, ist nicht nachvollziehbar. Die Führungsmethoden legen u.a. verbindliche Normen für das Verhalten von Vorgesetzten gegenüber ihnen untergebenen Arbeitnehmern fest. Das Verhalten der Mitarbeiter untereinander und gegenüber ihren Vorgesetzten wird verbindlich definiert.

---

22 Ausführlich dazu im Kapitel E. II. 1. b) aa).

23 BAG AP Nr. 13 zu § 87 BetrVG 1972 Ordnung des Betriebs.

24 BAG AP Nr. 7 zu § 87 BetrVG 1972 Ordnung des Betriebs.

25 BAG AP Nr. 8 zu § 87 BetrVG 1972 Ordnung des Betriebs – ausführlich zur Mitbestimmungspflicht bei Führungsrichtlinien im Kapitel E., II., 7.

Es kann nicht ernsthaft bestritten werden, dass die Führungsmethoden damit auch Verhaltensregeln für ein Kollektiv von Arbeitnehmern aufstellen und somit auf das Zusammenleben und Zusammenwirken der Arbeitnehmer einwirken. Ein Bezug zur betrieblichen Ordnung besteht folglich.[26] Nach meiner Auffassung ist es folglich zumindest falsch, wenn behauptet wird, dass eine Subsumtion unter die Abgrenzungsformel zweifellos zur Zuordnung der Führungsmethoden zum mitbestimmungsfreien Arbeitsverhalten führen muss.

Auch das in der heutigen Zeit viel diskutierte Problem der Durchführung von Krankengesprächen[27] kann mit der Abgrenzungsformel der Rechtsprechung nicht eindeutig gelöst werden.

Das Bundesarbeitsgericht hatte in seiner Entscheidung vom 8.11.1994[28] ein Mitbestimmungsrecht des Betriebsrates gemäß § 87 I Nr. 1 angenommen. Dabei ging es davon aus, dass umstrittener Regelungsgegenstand nicht das „Krankheitsverhalten" sei, sondern das Verhalten der Arbeitnehmer bei der Führung der Gespräche selbst. Dieses gehöre aber nicht unmittelbar zur Erbringung der Arbeitsleistung. Würden die Gespräche in einer generalisierten Art und Weise durchgeführt, handele es sich ferner um einen kollektiven Tatbestand, der einer generellen Regelung zugänglich sei und die Mitbestimmung des Betriebsrates erforderlich mache. Dies sei bei den Krankengesprächen schon deshalb der Fall, da bereits die Auswahl der Arbeitnehmer, die zu den Gesprächen herangezogen werden, nach einer abstrakten Regel erfolge. Auch wegen des formalisierten Ablaufs der Gespräche bestehe ein Bedürfnis nach einer allgemeinen Regelung, an der der Betriebsrat zu beteiligen sei. Des Weiteren argumentiert das Bundesarbeitsgericht mit der Besonderheit des Gesprächsgegenstandes. Dieser betreffe die Privatsphäre der befragten Arbeitnehmer. Gerade im Hinblick auf den Schutz des Persönlichkeitsrechts müsse dem Betriebsrat ein Mitbestimmungsrecht eingeräumt werden.

Diese Argumentation führt meines Erachtens zu der Frage, unter welchen Auslegungskriterien das Bundesarbeitsgericht diesen Fall subsumiert hat. Obwohl das Gericht bei seinen Entscheidungsgründen am Anfang klarstellt, es werde der bisherigen Bundesarbeitsgerichts-Rechtsprechung folgen und die Abgrenzungsformel insofern in aller Ausführlichkeit darstellt, wird eine klare Einordnung der Arbeitgebermaßnahme zum Arbeits- oder Ordnungsverhalten nicht vorgenommen. Man kann sich des Eindrucks nicht ganz erwehren, dass das Gericht zur Bejahung des Mitbestimmungsrechts kommen wollte, dies aber mit der Anwendung der Abgrenzungsformel nicht konnte und deshalb nach entsprechenden anderen Argumenten suchte. Das Bundesarbeitsgericht setzt sich dabei in Widerspruch zu seinen früheren Entscheidungen, wenn es als mitbestimmungspflichtigen Regelungsgegenstand das Gesprächsverhalten der Mitarbeiter ansieht. Ge-

---

26 Bieding AiB 1983, 12, 14.

27 Ausführlich dazu im Kapitel E. II. 6. a).

28 BAG AP Nr. 24 zu § 87 BetrVG 1972 Ordnung des Betriebs.

genstand von Mitbestimmungsrechten ist nämlich, und davon ging auch das Bundesarbeitsgericht bisher aus, das Arbeitgeber- und nicht das Mitarbeiterverhalten. Des Weiteren ist nicht verständlich, warum das Gericht unter Beachtung seiner Abgrenzungskriterien die Einordnung der Gespräche zum Arbeitsverhalten nicht erwog. Geht es doch letztlich bei der Arbeitgebermaßnahme um die Frage, warum der einzelne Mitarbeiter seine Arbeitspflicht während der Fehlzeiten nicht erfüllt hat und ob es auch in Zukunft zu krankheitsbedingten Ausfällen kommt. Inhalt der Krankengespräche ist zumeist in erster Linie die Untersuchung der Leistungsfähigkeit der Arbeitnehmer zur Erbringung der geschuldeten arbeitsvertraglichen Pflicht. Die Krankengespräche betreffen somit lediglich das Verhältnis des Arbeitgebers zu den Arbeitnehmern. Die Regelung dieses Verhältnisses soll aber nach der Abgrenzungsformel des Bundesarbeitsgerichts gerade nicht dem mitbestimmungspflichtigen Ordnungsverhalten zugeordnet werden.

Wenn man überhaupt mit den Auslegungskriterien des Bundesarbeitsgerichts zu einem Mitbestimmungsrecht des Betriebsrates kommen will, so muss man schon ähnlich wie das Hessische Landesarbeitsgericht argumentieren. Nach Ansicht des Landesarbeitsgerichts werde das Ordnungsverhalten durch die Krankengespräche deshalb berührt, da die Gespräche auch dazu dienten, das Krankfeiern und damit einen Störfaktor in der betrieblichen Zusammenarbeit zurückzudrängen.[29] Es gehe nicht nur um die Verbesserung der Arbeitsleistung des einzelnen Arbeitnehmers, sondern zugleich um die Aufrechterhaltung des Betriebsfriedens.

Ähnlich unstimmig und ungenau ist die Entscheidung des Bundesarbeitsgerichts, dass das Verlangen des Arbeitgebers von den Arbeitnehmern, bei Verhinderung der Erbringung der Arbeitsleistung von nicht länger als drei Tagen eine ärztliche Bescheinigung der Arbeitsunfähigkeit vorzulegen, nach § 87 I Nr. 1 mitbestimmungspflichtig ist.[30] Sicher ist, dass die Anordnung der Vorlage der Bescheinigung nicht der Konkretisierung der unmittelbaren Arbeitsleistung dient.[31] Auf der anderen Seite dient sie jedoch aber auch nicht dazu, ein sonstiges Verhalten der Arbeitnehmer zu koordinieren.[32] Die Anordnung betrifft einzig den Nachweis eines Befreiungsgrundes von der Arbeitspflicht, und kann insoweit nichts koordinieren. Dies wird in aller Regel vom Arbeitgeber auch gar nicht bezweckt. Viel eher soll sie eine Vorlagepflicht bewirken, dass der Arbeitnehmer manche Tage arbeitet, an denen er ohne Vorlagepflicht nicht gearbeitet

29 Entscheidungsgründe wiedergegeben im Rahmen der BAG Entscheidung – AP Nr. 24 zu § 87 BetrVG 1972 Ordnung des Betriebs.

30 BAG AP Nr. 34 zu § 87 BetrVG 1972 Ordnung des Betriebs.

31 Rebhahn SAE 2002, 139.

32 Rebhahn SAE 2002, 139.

hätte.[33] Eine Zuordnung dieser Arbeitgebermaßnahme erscheint weder zum Arbeits- noch zum Ordnungsverhalten möglich.[34]

Unterschiedlich wird das Verhältnis der §§ 87 I Nr. 1 und Nr. 6 vom Bundesarbeitsgericht beurteilt. Während das Bundesarbeitsgericht in seiner Entscheidung vom 28.11.1989[35] ausführt, das Mitbestimmungsrecht des Betriebsrats nach § 87 I Nr. 1 erstrecke sich nicht auf die Einführung technischer Kontrolleinrichtungen – deren Mitbestimmung sei in § 87 I Nr. 6 abschließend geregelt – prüft und bejaht das Gericht in seiner Entscheidung 27.1.2004[36] die beiden Mitbestimmungstatbestände nebeneinander. Diese jüngere Entscheidung betraf die Anweisung einer Arbeitgeberin an ihre Arbeitnehmer, sich der in einem Kundenbetrieb eingerichteten biometrischen Zugangskontrolle zu unterwerfen und Fingerabdrücke zu hinterlegen. In konsequenter Fortführung seiner Rechtsprechung im Hinblick auf das Verhältnis der §§ 87 I Nr. 1 und Nr. 6 hätte das Bundesarbeitsgericht zwischen der Mitbestimmungspflicht bezüglich der biometrischen Zugangskontrolle und der Hinterlegungspflicht von Fingerabdrücken unterscheiden müssen.[37] Die biometrische Zugangskontrolle wäre danach allein nach § 87 I Nr. 6 mitbestimmungspflichtig, die Hinterlegungspflicht von Fingerabdrücken nach § 87 I Nr. 1.[38]

II. Schlussfolgerung

Wenn das Bundesarbeitsgericht in seiner Entscheidung vom 23.10.1984 davon spricht, dass eine Grenzziehung im Bereich des § 87 I Nr. 1 mit der Abgrenzungsformel teilweise schwierig ist, so ist diese Aussage nicht ganz korrekt. Anhand der dargestellten Beispiele wird deutlich, dass eine Grenzziehung mit der besagten Formel teilweise sogar unmöglich ist.

Da in einigen Fällen eine klare Zuordnung der jeweils in Frage stehenden Arbeitgebermaßnahme zum Arbeits- oder Ordnungsverhalten gar nicht vorgenommen werden kann, kommt das Bundesarbeitsgericht immer wieder zu sich widersprechenden Entscheidungen. Letztlich ist auf Grund dieses Misstandes nie genau vorhersehbar, wie das höchste deutsche Arbeitsgericht entscheiden wird.

Es wird deutlich, dass die Abgrenzungsformel so, wie vom Bundesarbeitsgericht formuliert und in ständiger Rechtsprechung angewendet, nicht als Auslegungsrichtlinie für den § 87 I Nr. 1 anerkannt werden kann. Es besteht Bedarf, Kriterien zu entwickeln, nach denen für jedermann eine klare Bestimmung des Mitbestimmungsrechts möglich ist.

---

33 Rebhahn SAE 2002, 139.
34 Rebhahn SAE 2002, 139.
35 BAG AP Nr. 4 zu § 87 BetrVG 1972 Initiativrecht.
36 BAG AP Nr. 40 zu § 87 BetrVG 1972 Überwachung.
37 Wiese Anmerkung zu BAG AP Nr. 40 zu § 87 BetrVG 1972 Überwachung.
38 Wiese Anmerkung zu BAG AP Nr. 40 zu § 87 BetrVG 1972 Überwachung.

D. Bestimmung des Regelungsbereichs des § 87 I Nr. 1 BetrVG durch die Literatur

Wie die Rechtsprechung beschränkt sich der Großteil der Autoren in der Literatur schwerpunktmäßig darauf, den Umfang des Mitbestimmungsrechts des Betriebsrates nach § 87 I Nr. 1 mit Hilfe einer negativen Auslegung zu bestimmen. Während nur in groben Zügen dargestellt wird, was alles zum Regelungsbereich gehört, wird die Frage der Ausgrenzung von Maßnahmen in Bezug auf die Arbeitsleistung ausführlich behandelt.

Die Entwicklung des Meinungsstandes ist eng verbunden mit der Entwicklung der Rechtsprechung des Bundesarbeitsgerichts. Bis 1980 gab es Ausführungen zum Mitbestimmungsrecht nach § 87 I Nr. 1 hauptsächlich nur in Kommentaren und Grundrissen. Als sich jedoch Anfang der 80'er Jahre das Bundesarbeitsgericht mit einer Vielzahl von Fällen zu diesem Problemkreis beschäftigen musste und es zu einer Vielzahl von kontroversen sich teilweise widersprechenden Entscheidungen kam, befasste sich auch die monografische und Aufsatzliteratur mit der Frage, was zum Regelungsbereich des § 87 I Nr. 1 gehört. Gerade die drei Entscheidungen hinsichtlich der Kontrolle der Arbeitsleistung[1] und die grundlegende „Sicherheitswettbewerb – Entscheidung“[2] lösten in der Literatur unterschiedliche Reaktionen aus. Vordergründig diskutiert wurden dabei nicht die Probleme des speziellen Einzelfalls. Es entstand vielmehr eine Kontroverse über den generellen Umfang der Norm.

Im umfangreichen Maße wurden in den letzten Jahren Maßnahmen des Arbeitgebers zur Senkung des Krankenstandes erörtert. Auch diese Diskussion gab vielen Autoren Anlass, grundlegend den Umfang des Mitbestimmungsrechts nach § 87 I Nr. 1 zu erörtern.

Versucht man, die verschiedenen Auffassungen zu systematisieren, so gelingt dies am ehesten, wenn man sich anschaut, wie die einzelnen Autoren der mittlerweile ständigen Rechtsprechung des Bundesarbeitsgerichts gegenüberstehen. Dabei lassen sich in Bezug auf die Grundauffassung des Bundesarbeitsgerichts – der Tatbestand des § 87 I Nr. 1 enthalte nur einen Regelungsbereich – zwei Strömungen unterscheiden. Die herrschende Literaturansicht[3] erkennt diesen

---

1 BAG EzA Nr. 5 zu § 87 BetrVG 1972 Betriebliche Ordnung; AP Nr. 1 zu § 87 BetrVG 1972 Tarifvorrang; EzA Nr. 7 zu § 87 BetrVG 1972 Betriebliche Ordnung.

2 BAG EzA Nr. 6 zu § 87 BetrVG 1972 Betriebliche Ordnung.

3 Vgl. u.a. GK-Wiese § 87 Rn. 171; Richardi § 87 Rn. 174; Stege/ Weinspach § 87 Rn. 43; Galperin/ Löwisch § 87 Rn. 59; Hess/ Schlochauer/ Worzalla/ Glock § 87 Rn. 99; Neumann-Duesberg S. 486; Dietz/ Richardi § 87 Rn. 139; auch Fitting/ Engels/ Schmidt/ Trebinger/ Linsenmaier seit der 22. Auflage (zitiert die 23. Auflage), § 87 Rn. 66; MünchArbR-Matthes § 333 Rn. 2; Raab NZA 1993, 193, 198 ff.; Thalhofer S. 154 ff.; Hergenröder AR-Blattei

Grundsatz an. Nach der abweichenden Meinung[4] enthält § 87 I Nr. 1 zwei Regelungsbereiche.

Eine neuere nicht in diese Kategorie einordbare Auffassung vertritt Leßmann[5].

I. Die herrschende Literaturmeinung: § 87 I Nr. 1 BetrVG hat einen Regelungsbereich

Gemein ist der herrschenden Literaturmeinung die Auffassung, dass die beiden Tatbestandsteile des § 87 I Nr. 1 – ‚Fragen der Ordnung des Betriebs' und ‚Fragen des Verhaltens der Arbeitnehmer im Betrieb' – im Kontext eines Regelungsbereichs zu verstehen sind. Der Ansicht des Bundesarbeitsgerichts wird also grundsätzlich zugestimmt.

Sowohl bei der positiven Bestimmung des Umfangs des Mitbestimmungsrechts als auch bei der negativen Ausgrenzung kommt es im Detail jedoch zu teilweise erheblichen Abweichungen.

1. Gründe für die Restriktion

Die grundlegende Haltung der herrschenden Meinung zum Umfang des Mitbestimmungsrechts nach § 87 I Nr. 1 aber auch generell zur Mitbestimmung im Bereich der sozialen Angelegenheiten nach § 87 I wird verständlich, wenn man sich zunächst die Argumente anschaut, mit welchen sie das Vorliegen nur eines Regelungsbereichs begründet.

Gehe man wie üblicherweise bei der Auslegung vom Wortlaut aus, so scheine er darauf hinzuweisen, dass zwei selbständige Mitbestimmungstatbestände zu unterscheiden seien, nämlich die ‚Ordnung des Betriebs' und das ‚Verhalten der Arbeitnehmer im Betrieb'.[6] Indessen ergebe sich aus dem Bedeutungszusammenhang und dem Zweck, dass die Norm einen einheitlichen Regelungsbereich

---

SD 1855, Rn. 118; Henssler SAE 1990, 343, 344; v. Hoyningen-Huene Anmerkung zu BAG AP Nr. 8 zu § 87 BetrVG 1972 Ordnung des Betriebs; Birk S. 328 f.; Kreutz SAE 1986, 21, 22.

4 Fitting/ Kaiser/ Heither/ Engels/ Schmidt (21. Auflage) § 87 Rn. 64 ff.; Weiss/ Weyand § 87 Rn. 19; Gnade/ Kehrmann/ Schneider/ Blanke § 87 Rn. 40; DKK-Klebe § 87 Rn. 43 ff.; Weiss Anmerkung zu BAG EzA Nr. 7 zu § 87 BetrVG 1972 Betriebliche Ordnung; Pfarr Anmerkung zu BAG AP Nr. 2 zu § 87 BetrVG 1972 Ordnung des Betriebs; Lappe JArbR Bd. 16, S. 55, 57; Martin, Arbeitsordnung und betriebliche Mitbestimmung, S. 84 ff.; Bieding AiB 1983, 13; Rosendahl BetrR 1993, Fachbeilage Nr. 1, 1 ff.; Kreuder BetrR 1993, 75, 76; Ossenberger, S. 137 f.; Weingart S. 52 ff.

5 Leßmann S. 119 f.

6 v. Hoyningen-Huene Anmerkung zu BAG AP Nr. 8 zu § 87 BetrVG 1972 Ordnung des Betriebs – hingegen ist nach Ansicht von Wiese (Anmerkung zu BAG EzA Nr. 13 zu § 87 BetrVG 1972 Betriebliche Ordnung) der Wortlaut für die rechtliche Interpretation durchaus offen.

betreffe. Der Gesetzgeber, so wird unterstellt, wollte weder die Ordnung des Betriebs noch das Verhalten der Arbeitnehmer im Betrieb insgesamt der notwendigen Mitbestimmung unterwerfen. Darauf weise schon das § 87 I zugrundeliegende Enumerationsprinzip hin[7]. Die meisten der in dieser Vorschrift genannten Tatbestände beträfen unterschiedliche Regelungsbereiche der betrieblichen Ordnung. Diese detaillierten gesetzlichen Regelungen wären überflüssig, wenn nach § 87 I Nr. 1 die gesamte Ordnung des Betriebs der Mitbestimmung unterläge. Wäre die Ordnung des Betriebs ein selbständiger Mitbestimmungstatbestand, so liefe das auf eine unbegrenzte Generalklausel hinaus, die im Wertungswiderspruch zum Betriebsverfassungsgesetz stünde.[8] Besonders die in diesem Bereich problematische Abgrenzung der §§ 87 I Nr. 1. und Nr. 6 könne nur auf dieser Weise gerechtfertigt werden.[9] Neben diesen teleologischen und systematischen Argumenten wird bei der Begründung teilweise auch auf die geschichtliche Entwicklung dieses Mitbestimmungstatbestands verwiesen, nach der eine andere Auslegung nicht vertretbar sei.[10]

Daher erfasse auch § 87 I Nr. 1 nur einen Ausschnitt der betrieblichen Ordnung, nämlich das Verhalten der Arbeitnehmer, soweit die Ordnung des Betriebs davon berührt werde.

2. Positive Bestimmung des Regelungsbereichs des § 87 I Nr. 1 BetrVG

Dem Bundesarbeitsgericht in seiner restriktiven Auslegung folgend sind nach Ansicht der herrschenden Literaturmeinung alle Verhaltensregeln zur Sicherung des ungestörten Arbeitsablaufs und zur Gestaltung des Zusammenlebens und Zusammenwirkens der Arbeitnehmer im Betrieb Gegenstände des Mitbestimmungsrechts nach § 87 I Nr. 1.[11] Der Begriff Ordnung des Betriebs sei nur auf das Verhalten der Arbeitnehmer im Betrieb zu beziehen. Das Verhalten der Arbeitnehmer unterliege nur insoweit der Mitbestimmung nach § 87 I Nr. 1, als dieses in Be-

---

7 Hess/Schlochauer/Worzalla/Glock § 87 Rn. 98.

8 GK-Wiese § 87 Rn. 172; Hess/Schlochauer/Worzalla/Glock § 87 Rn. 98.

9 v. Hoyningen-Huene Anmerkung zu BAG AP Nr. 8 zu § 87 BetrVG 1972 Ordnung des Betriebs.

10 Kreutz SAE 1986, 21, 22.

11 Vgl. u.a. Galperin/Löwisch § 87 Rn. 59; Stege/Weinspach § 87 Rn. 43; Richardi § 87 Rn. 174 f.
Für Wiese (GK-Wiese § 87 Rn. 176) ist diese Definition insofern unbefriedigend, als zu sehr die Gestaltung der Arbeitnehmer zueinander betont werde, während Bezugspunkt der Betrieb und die hierauf bezogene Regelung des Verhaltens der Arbeitnehmer sei und nur insoweit auch die Beziehungen der Arbeitnehmer zueinander von Bedeutung seien.
Für den Kommentar von Hess/Schlochauer/Worzalla/Glock (§ 87 Rn. 99) wäre die Definition klarer, wenn die Formulierung „Sicherung des Arbeitsablaufs" durch die Formulierung „Sicherung des Betriebsablaufs" ersetzt würde.

zug auf die betriebliche Ordnung geregelt werden solle.[12] Dies zusammengefasst bedeute, dass § 87 I Nr. 1 alle Regelungen über das Verhalten der Arbeitnehmer betreffe, soweit die Ordnung des Betriebs davon berührt werde.[13]

Höchst umstritten ist innerhalb der herrschenden Literaturmeinung, ob eine Anordnung des Arbeitgebers gegenüber dem Arbeitnehmer verbindliche Wirkung haben muss. Nach einer stark vertretenen Ansicht unterliegen nicht verbindliche und nicht verpflichtende Regelungen nicht dem Mitbestimmungsrecht[14], da ein wesentliches Merkmal jeder betrieblichen Ordnung ihr verpflichtender Charakter für die ihr unterworfenen Arbeitnehmer sei.[15]

Die überwiegende Literaturmeinung erkennt die Mitbestimmungspflicht nicht nur bei verbindlichen Verhaltensregeln an, sondern auch bei allen sonstigen auf das Ordnungsverhalten bezogenen Maßnahmen ohne verpflichtenden Charakter.[16] Es genüge, wenn Anreize zur Befolgung der Ordnung gegeben oder Sanktionen für Verstöße gegen diese Ordnung angedroht oder ergriffen werden sollen.[17] Dass die Mitbestimmung nach § 87 sich nicht nur auf verbindliche Verhaltensweisen beziehe, zeigten § 87 I Nr. 7, der an die faktische Umgestaltung der Arbeitsbedingungen anknüpfe, und § 87 I Nr. 12, der nicht die Verpflichtung zu Verbesserungsvorschlägen zum Gegenstand habe, sondern deren Behandlung durch den Arbeitgeber, falls sie gemacht würden.[18] Ebenso wie in diesen Fällen könne auch durch faktische Veränderungen oder andere Maßnahmen das Verhalten der Arbeitnehmer in Bezug auf die betriebliche Ordnung beeinflusst werden.[19]

Wie schwer sich letztlich die herrschende Meinung mit der Beschreibung dessen, was unter ‚Ordnung des Betriebs und Verhalten der Arbeitnehmer im Betrieb' fällt, tut, zeigt sich vor allem in der Austauschbarkeit von Attributen, die der näheren positiven Umschreibung des Mitbestimmungstatbestands dienen sollen. So sprechen manche von der „äußeren" Ordnung[20], andere dagegen von der „inneren sozialen"[21] oder nur von der „sozialen" Ordnung[22]. Auch von „genereller

---

12 Vgl. u.a. Hess/ Schlochauer/ Worzalla/ Glock § 87 Rn. 99; Dietz/ Richardi § 87 Rn. 139; Galperin/Löwisch § 87 Rn. 59 f.

13 Hess/ Schlochauer/ Worzalla/ Glock § 87 Rn. 99; Stege/ Weinspach § 87 Rn. 43; Galperin/ Löwisch § 87 Rn. 59; Richardi § 87 Rn. 176.

14 Vgl. u.a. Stege/ Weinspach § 87 Rn. 44 f.; Harmsen BB 1980, 1219, 1220; Etzel Rn. 588.

15 Stege/ Weinspach § 87 Rn. 44; Etzel Rn 588.

16 Vgl. u.a. GK-Wiese § 87 Rn. 178; Hess/ Schlochauer/ Worzalla/ Glock § 87 Rn. 100; Galperin/ Löwisch § 87 Rn. 59 b; MünchArbR-Matthes § 333 Rn. 3.

17 MünchArbR-Matthes § 333 Rn. 3; Dörner/Luczak/Wildschütz S. 1830 f.

18 GK-Wiese § 87 Rn. 179.

19 GK-Wiese § 87 Rn. 179.

20 v. Hoyningen-Huene S. 249; Hunold S. 27; Brecht § 87 Rn. 12; Wester/ Schlüpers/ Oehmen S. 89.

21 Löwisch/Kaiser § 87 Rn. 40.

22 Richardi § 87 Rn. 176; Hess/ Schlochauer/ Worzalla/ Glock § 87 Rn. 107a; Neumann-Duesberg S. 486; Galperin/Löwisch § 87 Rn. 59.

betrieblicher" Ordnung[23] oder „disziplinärer" Ordnung[24] ist teilweise die Rede. Ein inhaltlicher Unterschied ist dabei nicht erkennbar. All diese Kennzeichen erscheinen vielmehr inhaltsleer und austauschbar und haben für die positive Bestimmung des Regelungsbereichs des § 87 I Nr. 1 wenig Aussagekraft.[25]

3. Beschränkung des Regelungsbereichs des § 87 I Nr. 1 BetrVG

Nach Ansicht der herrschenden Meinung sei bei der Frage der Mitbestimmungspflicht einer Arbeitgebermaßnahme nach § 87 I Nr. 1 allein der Bezug der Maßnahme zur betrieblichen Ordnung für die Bejahung eines entsprechenden Mitbestimmungsrechts des Betriebsrates nicht ausreichend. Es müsse vielmehr daneben geklärt werden, ob die Angelegenheit nicht einen Bereich betreffe, der von § 87 I Nr. 1 nicht mit umfasst werde. Innerhalb der herrschenden Meinung wurden in vielfältiger Form Kriterien zur Beschränkung des Regelungsbereichs des § 87 I Nr. 1 entwickelt. Dabei wurden in erster Linie Maßnahmen des Arbeitgebers, welche die Arbeitspflicht der Arbeitnehmer konkretisieren, von der Mitbestimmungspflicht nach § 87 I Nr. 1 ausgenommen, unter a). Zum Teil wird jedoch auch vertreten, dass Arbeitgeberanordnungen mitbestimmungsfrei sein müssten, die entweder auf Grundlage arbeitsvertraglicher Ansprüche des Arbeitgebers gegenüber seinen Arbeitnehmern ergehen, unter b) oder auf der Sachherrschaft an den Betriebsmitteln bzw. der Betriebseinrichtung beruhen, unter c).

a) Maßnahmen des Arbeitgebers bezogen auf die Arbeitspflicht

Die herrschende Meinung ist sich darin einig, dass Maßnahmen des Arbeitgebers, welche einen Bezug zur Arbeitspflicht der Arbeitnehmer haben, von der Mitbestimmungspflicht nach § 87 I Nr. 1 ausgenommen werden müssten. Wie konkret dieser Bezug sein muss, ist bis heute innerhalb der herrschenden Meinung im Detail umstritten.

Einige Autoren folgten der Ansicht des Bundesarbeitsgerichts zum damaligen gleichlautenden Tatbestand des § 56 I lit. f BetrVG 52, nach der die Mitbestimmung für den Fall ausgeschlossen sein solle, dass es sich um eine sogenannte arbeitsnotwendige Maßnahme handele.[26] Diese Auffassung hat das Bundesarbeitsgericht aufgegeben und nicht zur Grundlage der Bestimmung der Reichweite des Regelungsbereichs des § 87 I Nr. 1 gemacht. Auch innerhalb der Literatur gibt es heute kaum noch Stimmen, die allein auf das Kriterium der Arbeitsnotwendigkeit abstellen. Grund dafür ist, dass mittels dieser Ausgrenzung eine Rei-

---

23 Wittke S. 49.

24 Gaul Einigungsstelle, S. 102.

25 GK-Wiese § 87 Rn. 177.

26 BAG AP Nr. 3 zu § 56 BetrVG 1952 Ordnung des Betriebs (vgl. dazu die Ausführungen im Kapitel B. I. 1.) – dem BAG folgend u.a.: Dietz § 56 Rn. 162; Nikisch III, S. 413 ff.; Neumann-Duesberg DB 1966, 74.

he von Fällen nicht abgegrenzt werden können.[27] Zudem setzte sich diese Ansicht dem Einwand aus, dass jede Anordnung dadurch gerechtfertigt sein muss, dass ein ungestörter Arbeitsablauf sie erforderlich macht, weil ansonsten ein Verstoß gegen § 75 II vorliegt.[28]

Die überwiegende Anzahl von Autoren folgt der mittlerweile ständigen Rechtsprechung. Nach dieser ergeht eine Maßnahme des Arbeitgebers mitbestimmungsfrei, wenn sie das sogenannte Arbeitsverhalten der Arbeitnehmer regelt.[29]

Daneben gibt es Autoren, die beide Abgrenzungsmodelle verwenden.[30] So seien nach Matthes[31] arbeitsnotwendige Maßnahmen Teil von mitbestimmungsfreien Anweisungen im Hinblick auf das Arbeitsverhalten. Das Mitbestimmungsrecht setze erst dann ein, wenn über das Arbeitsnotwendige hinaus allgemeine Verhaltensregeln für alle Arbeitnehmer gegeben werden. Entscheidend sei, ob die konkrete Arbeit ein bestimmtes Verhalten bei dieser Arbeit erfordere, auch wenn das gleiche Verhalten bei anderen Arbeitnehmern dem Ordnungsverhalten zuzurechnen wäre.

Im Folgenden wird nur auf die Ausgrenzung des sogenannten Arbeitsverhaltens eingegangen.

aa) Abgrenzung des mitbestimmungsfreien Arbeitsverhaltens vom mitbestimmungspflichtigen Ordnungsverhalten

Die herrschende Literaturansicht unterscheidet wie das Bundesarbeitsgericht in ständiger Rechtsprechung zwischen Arbeitgeberanordnungen, die das sogenannte Arbeitsverhalten der Arbeitnehmer regeln und Anordnungen des Arbeitgebers, die sich auf das sogenannte Ordnungsverhalten der Arbeitnehmer beziehen. Zur Bestimmung des Regelungsbereichs des Mitbestimmungstatbestands des § 87 I Nr. 1 ist diese Meinungsgruppe entsprechend gehalten, das Arbeitsverhalten vom Ordnungsverhalten abzugrenzen.

Diese Abgrenzung hat, wie Wiese meint, in der Vergangenheit besondere Schwierigkeiten bereitet.[32] Daran hat sich nach meiner Einschätzung bis heute wenig geändert.

Überwiegend wird sich der vom Bundesarbeitsgericht in ständiger Rechtsprechung verwendeten Formulierung angeschlossen. Nach Ansicht des Bundesar-

---

27 Richardi § 87 Rn. 179; Hess/ Schlochauer/ Worzalla/ Glock § 87 Rn. 108; DKK-Klebe § 87 Rn. 43; Galperin/Löwisch § 87 Rn. 61.

28 Galperin/ Löwisch § 87 Rn. 61; DKK-Klebe § 87 Rn. 43; Däubler Das Arbeitsrecht 1, Rn. 962.

29 Vgl. dazu die Ausführungen im Kapitel B., II, 1.

30 Löwisch/ Kaiser § 87 Rn. 49 f.; MünchArbR-Matthes § 333 Rn. 16; Hunold S. 35; Mummenhoff RdA 1976, 364, 368; Fuchs BB 1977, 299, 302.

31 MünchArbR-Matthes § 325 Rn. 16.

32 GK-Wiese § 87 Rn. 195.

beitsgerichts seien dem mitbestimmungspflichtigen Ordnungsverhalten der Arbeitnehmer die Maßnahmen des Arbeitgebers zuzuordnen, die sich auf die Sicherung des ungestörten Arbeitsablaufs und die Gestaltung des Zusammenlebens und Zusammenwirkens der Arbeitnehmer im Betrieb bezögen.[33] Hingegen solle das mitbestimmungsfreie Arbeitsverhalten betroffen sein, wenn die Maßnahmen das Verhalten des Arbeitnehmers ohne Bezug zur betrieblichen Ordnung beträfen, weil sie sich entweder auf die Arbeitsleistung bezögen oder in sonstiger Weise lediglich das Verhältnis des Arbeitgebers zu den Arbeitnehmern beträfen.

Die weitestgehend unkritische Wiedergabe dieser Formulierung ist insofern verwunderlich, als trotz grundsätzlicher Zustimmung eingeräumt wird, dass auch die Anwendung dieser Formel schwierig sei und nicht in allen Einzelfällen eine klare Lösung zulasse.[34] In der konkreten Anwendung mangele es ihr an „Griffigkeit".[35] Ein wenig resignierend und im oberflächlichen bleibend wirkt die Aussage Hensslers, der die Defizite der Abgrenzungsformel sieht, die verbleibenden Abgrenzungsprobleme jedoch pauschal unter „Beachtung des Regelungszwecks" lösen will.[36]

Allein mittels der vorgenannten Abgrenzungsformel nicht lösbar sind Fälle, in denen eine Maßnahme des Arbeitgebers sowohl der Regelung des Arbeitsverhaltens als auch gleichzeitig der Regelung des Ordnungsverhaltens dient. Wie ein derartiger Mischtatbestand zu behandeln ist, wird innerhalb der herrschenden Meinung unterschiedlich beurteilt.

Die überwiegende Ansicht stellt auf das Kriterium der Unmittelbarkeit ab.[37] Die Abgrenzung müsse danach vorgenommen werden, ob die Maßnahme des Arbeitgebers unmittelbar die Arbeitsleistung und den Arbeitsablauf betreffe – dann scheide ein Mitbestimmungsrecht aus – oder ob sie ihm lediglich mittelbar diene.

Das Kriterium der Unmittelbarkeit verwendet auch Hunold.[38] Jedoch bezieht er dieses nicht auf den Ausschluss des Mitbestimmungsrechts sondern auf dessen Bestehen. Ein Mitbestimmungsrecht nach § 87 I Nr. 1 bestehe nach seiner Auf-

---

33 Vgl. dazu die Ausführungen im Kapitel B., II, 1.

34 Ehmann SAE 1984, 104, 105; Kreutz SAE 1986, 21, 22; Fecker S. 250; Hanau SAE 1983, 74, 75; Henssler SAE 1990, 343, 344; Wittke S. 50.

35 Fecker S. 251.

36 Henssler SAE 1990, 343, 344.

37 GK-Wiese § 87 Rn. 199; Stege/ Weinspach § 87 Rn. 47; Hess/ Schlochauer/ Worzalla/ Glock § 87 Rn. 107 a; Galperin/Löwisch § 87 Rn. 60 f.; Dietz/Richardi § 87 Rn. 143. In seiner Anmerkung zur Entscheidung des Bundesarbeitsgerichts hinsichtlich des Bestehens eines Mitbestimmungsrechts bei der Einführung von Ethikregeln für Redakteure einer Wirtschaftszeitung, BAG AP Nr. 39 zu § 87 BetrVG 1972 Ordnung des Betriebs, stellt Wiese, AR-Blattei ES Soziale Angelegenheiten Nr. 157, im Rahmen der Bejahung des Mitbestimmungsrechts nach § 87 I Nr. 1 darauf ab, dass die in Frage gestandenen Ethikregeln „zur Konkretisierung der Arbeitsleistung nicht unabdingbar geboten" waren.

38 Hunold NZA 2004, 1206, 1207.

fassung nur dann, wenn die fragliche Arbeitgebermaßnahme ausschließlich und unmittelbar das Ordnungsverhalten berühre, also keinen Bezug zur Erfüllung der Haupt- und Nebenpflichten der Arbeitnehmer aus dem Arbeitsverhältnis habe. Mit dieser Ansicht wird der Regelungsbereich des § 87 I Nr. 1 augenscheinlich stark eingegrenzt.

Demgegenüber will u.a. Ehmann bei der Lösung derartiger Fälle fragen, welchem Zweck die Maßnahme „schwerpunktmäßig" dient.[39] Immer wenn eine Wirkung auf verschiedenen Ursachen beruhe oder eine Maßnahme verschiedenen Zwecken diene und einer Ursache oder einem Zweck zugerechnet werden müsse, sei die ‚Lehre von der causa proxima' (die Lehre von der wesentlichen Bedingung) die hilfreichere Vorstellung als das nichts sagende Unmittelbarkeitskriterium, das nur auf Grund eines guten Judizes der entscheidenden Richter zum richtigen Ergebnis führe.[40] Hanau kritisiert ergänzend, dass die Abgrenzung nach unmittelbarer und mittelbarer Beeinflussung des Arbeitsablaufs keinen inneren Grund für eine entsprechende Differenzierung der Mitbestimmung erkennen lasse.[41] Herschel als Befürworter des Unmittelbarkeitskriteriums meint dagegen, dass das Wort „schwerpunktmäßig" der Fantasie eine zu große Bewegungsfreiheit einräume.[42] Es mache nicht einmal deutlich, ob es subjektiv – nach der gewollten Stoßrichtung – oder objektiv – nach dem Erfolg – oder ob es quantitativ – nach der Häufigkeit oder qualitativ – nach der Gewichtung des Falles – verstanden werden solle.[43]

Eine andere Beurteilung von Mischtatbeständen schlägt Natzel vor. Handle es sich um einen einheitlichen Regelungstatbestand, der zwar einen Doppelcharakter in sich berge, aber nur als untrennbares Ganzes angeordnet werden könne, richte sich die Mitbestimmung des Betriebsrates danach, ob die Regelung des Ordnungsverhaltens das Interesse des Arbeitgebers an der Festlegung der Leistungspflicht der Arbeitnehmer überwiege.[44] Wie weit damit das Mitbestimmungsrecht eingeschränkt wird, macht sein angeführtes Beispiel deutlich. Könne der Arbeitnehmer nur deswegen seine Arbeitsleistung nicht erbringen, weil er durch das Radiohören seiner Kollegen gestört werde und könne entsprechend seine mangelnde Vertragserfüllung auch nicht abgemahnt werden, so könne der Arbeitgeber dennoch mitbestimmungsfrei das störende Verhalten der Kollegen verbieten, auch wenn dadurch gleichzeitig die betriebliche Ordnung gestaltet werde.[45]

---

39 Ehmann SAE 1984, 104, 105 f.
40 Ehmann SAE 1984, 104, 105 f.
41 Hanau SAE 1983, 74, 76.
42 Herschel Anmerkung zu BAG AP Nr. 3 zu § 87 BetrVG 1972 Ordnung des Betriebs.
43 Herschel Anmerkung zu BAG AP Nr. 3 zu § 87 BetrVG 1972 Ordnung des Betriebs.
44 Natzel SAE 1987, 42, 44.
45 Natzel SAE 1987, 42, 44.

bb) Umfang des mitbestimmungsfreien Arbeitsverhaltens

Auch wenn der vom Bundesarbeitsgericht in ständiger Rechtsprechung vorgenommenen Unterscheidung zwischen Arbeits- und Ordnungsverhalten von der herrschenden Literaturansicht grundsätzlich zugestimmt wird, bedeutet dies nicht gleichzeitig, dass Einigkeit hinsichtlich der detaillierteren Bestimmung des Begriffs Arbeitsverhalten besteht.

Ausgangspunkt für die nähere Bestimmung des Begriffs Arbeitsverhalten ist für die herrschende Literaturmeinung die vom Bundesarbeitsgericht entwickelte und in ständiger Rechtsprechung verwendete Definition.[46] Danach sei das von der Mitbestimmung des Betriebsrates nach § 87 I Nr. 1 ausgenommene Arbeitsverhalten betroffen, wenn der Arbeitgeber bestimme, welche Arbeiten in welcher Art und Weise auszuführen seien. Das Arbeitsverhalten betreffe Anordnungen des Arbeitgebers, die dieser in Ausübung seines Direktionsrechts treffe, d.h. des Rechtes, die Arbeitspflicht des Arbeitnehmers zu konkretisieren.

Diesen Ausgangspunkt lassen die meisten Autoren in der Aufsatz- und Kommentarliteratur für die Beurteilung von Einzelfällen genügen.

Einige andere Verfasser versuchen darüber hinaus das Arbeitsverhalten noch näher zu konkretisieren. Dabei beschäftigen sie sich vor allem mit der Frage, ob bzw. inwieweit arbeitsvertragliche Nebenpflichten der Arbeitnehmer dem mitbestimmungsfreien Arbeitsverhalten zuzuordnen sind.

Die Beantwortung der Frage, ob die Erfüllung einer arbeitsvertraglichen Nebenpflicht dem mitbestimmungspflichtigen Ordnungsverhalten oder dem mitbestimmungsfreien Arbeitsverhalten zuzuordnen ist, hat erhebliche Bedeutung für den Umfang des Mitbestimmungsrechts nach § 87 I Nr. 1. Innerhalb der dem Bundesarbeitsgericht in seinen grundsätzlichen Auslegungsleitlinien folgenden herrschenden Literaturansicht gibt es diesbezüglich sich teilweise stark unterscheidende Ansichten. Dies verwundert insofern, als dass all diese Autoren von der grundsätzlichen Unterscheidung zwischen Arbeits- und Ordnungsverhalten ausgehen und auch die Definition des Arbeitsverhaltens durch das Bundesarbeitsgericht anerkennen. Fecker meint dazu, dass daran die fehlende Griffigkeit der Abgrenzungsformel in der konkreten Anwendung erkennbar werde.[47]

Das Bundesarbeitsgericht hatte in seiner Entscheidung vom 8.11.1994[48] bei der Beurteilung der Mitbestimmung des Betriebsrates hinsichtlich der Führung von Krankengesprächen festgestellt, dass die Erfüllung einer arbeitsvertraglichen Nebenpflicht dem Ordnungsverhalten zuzuordnen sei. Damit ist das Arbeitsverhalten auf die reine Arbeitsleistung reduziert und alles andere Ordnungsverhalten.

---

46 Vgl. die Ausführungen im Kapitel B., II., 1.

47 Fecker S. 251.

48 BAG AP Nr. 24 zu § 87 BetrVG 1972 Ordnung des Betriebs.

Diese Ansicht halten die meisten Vertreter der herrschenden Literaturansicht für falsch.

Nach Hunold gehören zumindest die Nebenpflichten zum Arbeitsverhalten, die sich entweder auf die Arbeit oder sonst auf das Verhältnis des Arbeitgebers zu den Arbeitnehmern beziehen, z.B. alle Ausflüsse der Treuepflicht.[49]

Andere Autoren beschränken den Umfang des Mitbestimmungsrechts nach § 87 I Nr. 1 noch weiter, indem sie pauschal formulieren, dass mitbestimmungsfrei Anordnungen des Arbeitgebers seien, die sich auf die geschuldete Arbeitsleistung oder Nebenpflichten aus dem Arbeitsvertrag bezögen.[50]

Wie weit auslegbar das vom Bundesarbeitsgericht definierte Arbeitsverhalten ist, zeigen die Ausführungen von v. Hoyningen-Huene[51]. Ansatzpunkt für seine Auslegung ist der Arbeitsvertrag. Inhalt des Arbeitsvertrages sei die Pflicht zu arbeiten. Andere Tätigkeiten, die nicht der Erbringung der Arbeitsleistung dienten, z.B. auch das Radiohören, seien während der Arbeitszeit grundsätzlich nicht zulässig. Danach stelle sich jede Regelung, die arbeitsbegleitende Tätigkeiten gestatte oder untersage, als eine Konkretisierung der Art und Weise der Arbeitserbringung und damit als Regelung des Arbeitsverhaltens dar. Kernpunkt des betrieblichen Wirkens der Arbeitnehmer sei die Erfüllung ihrer Arbeitspflicht, und daher beeinflusse jede Regelung des Arbeitsverhaltens mittelbar auch das Zusammenwirken der Arbeitnehmer. Damit werde jedoch eine Konkretisierung der Arbeitspflicht nicht zur Regelung der betrieblichen Ordnung. Entscheidend für die Anwendung des § 87 I Nr. 1 sei nicht jede mittelbare Beeinflussung, sondern nur eine unmittelbare das betriebliche Zusammenleben der Arbeitnehmer regelnde und darauf abzielende Maßnahme. Im Übrigen müsse zwischen arbeitsbegleitendem Verhalten und Freizeitverhalten getrennt werden. Dabei umfasse das Freizeitverhalten die außerhalb eines räumlichen und zeitlichen Zusammenhangs mit der Arbeitserbringung liegenden Tätigkeiten des Arbeitnehmers. Dieses Freizeitverhalten unterliege keinen Weisungen des Arbeitgebers und ebenso wenig einer Mitwirkung des Betriebsrates. Liege die Ursache der mangelnden Arbeitsleistung in einem arbeitsbegleitendem, während der Arbeitszeit und im Betrieb angesiedelten Verhalten der Arbeitnehmer und greife der Arbeitgeber diesbezüglich lenkend ein, so handle es sich insoweit um eine Regelung der Art und Weise der Erbringung der Arbeitsleistung. Es gehe um eine Konkretisierung der arbeitsvertraglichen Pflichten des Arbeitnehmers und damit um den klassischen Fall der vom Direktionsrecht des Arbeitgebers gedeckten Anweisung. Nach dieser den Umfang des Mitbestimmungsrechts nach § 87 I Nr. 1 sehr zurückdrängende Auslegung des Begriffs Arbeitsverhalten kommt

---

49 Hunold BB 1995, 1188, 1191.

50 Kasseler Handbuch-Etzel Rn. 431; MünchArbR-Matthes § 333 Rn. 11; Schaub § 235 I 1 a.

51 v. Hoyningen-Huene Anmerkung zu BAG AP Nr. 8 zu § 87 BetrVG 1972 Ordnung des Betriebs.

v. Hoyningen-Huene zum Ergebnis, dass es sich beim Verbot des Radiohörens während der Arbeitszeit um eine Konkretisierung der Art und Weise der Arbeitserbringung handele, d.h. um eine vom Direktionsrecht umfasste und damit insoweit mitbestimmungsfreie Regelung des Arbeitsverhaltens. Mit dieser Ansicht liegt er als grundsätzlicher Befürworter der Rechtsprechung des Bundesarbeitsgerichts konträr zur herrschenden Literaturansicht.[52]

Ähnlich weit wie v. Hoyningen-Huene versteht Natzel den Begriff des Arbeitsverhaltens.[53] Der Arbeitspflicht sei als Nebenleistungspflicht immanent, dass der Arbeitnehmer von sich aus all seine geistigen und körperlichen Kräfte anspanne, um die von ihm geschuldete Arbeitsleistung zu erbringen. Das bedeute, dass der Arbeitnehmer seine Leistungsfähigkeit während der Arbeit selbst nicht beeinträchtigen dürfe, ebenso wie er nicht berechtigt sei, sein Leistungsvermögen bewusst zurückzuhalten. Der Arbeitgeber könne daher mitbestimmungsfrei Weisungen an Arbeitnehmer erteilen, wenn diese während der Arbeit ihre Konzentrations- und damit Arbeitsfähigkeit beeinträchtigten. Das Bundesarbeitsgericht, so Natzel, fasse den mitbestimmungsfreien Rahmen zu eng, wenn es ihn auf die Fälle beschränke, in denen der Arbeitnehmer seine Arbeitsleistung nicht mehr ordnungsgemäß und daher vertragswidrig erbringe. Nur dann, wenn unter keinen objektiv fassbaren Umständen die Arbeitsleistung durch verschiedene Nebentätigkeiten, z.B. durch das Radiohören, beeinträchtigt werden könne, bestehe für den Betriebsrat ein ausfüllbarer Gestaltungsspielraum.

b) Maßnahmen des Arbeitgebers, die auf Grundlage arbeitsvertraglicher Ansprüche des Arbeitgebers gegenüber den Arbeitnehmern ergehen

Einige Autoren vertreten die Auffassung, dass diejenigen Maßnahmen des Arbeitgebers mitbestimmungsfrei sein müssten, die zwar die Arbeitnehmer zu einem auf die Ordnung des Betriebs bezogenen Verhalten verpflichten, jedoch auf Grundlage arbeitsvertraglicher Ansprüche des Arbeitgebers gegenüber den Arbeitnehmern ergehen.[54]

Differenzierend bewertet vor allem Wiese diese Fälle. Er meint, dass hier die Mitbestimmung nicht von vornherein zu verneinen sei, weil sonst eine Mitbestimmung des Betriebsrates so gut wie nie gegeben sei.[55] Es gehöre zu den vertraglichen Verpflichtungen des Arbeitnehmers, rechtmäßig erlassene Vorschriften über die betriebliche Ordnung nicht zu verletzen. Zur Lösung dieser Fälle solle ein neues Kriterium – der sogenannte Regelungsspielraum – entscheidend

---

52 Vgl. die Nachweise im Kapitel E., II., 4., a).

53 Natzel SAE 1987, 42, 43 f.

54 GK-Wiese § 87 Rn. 208; Hess/ Schlochauer/ Worzalla/ Glock § 87 Rn. 109; Hanau SAE 1983, 74, 76.

55 GK-Wiese § 87 Rn. 209; ihm folgend: Dietz/Richardi § 87 Rn. 144; Wittke S. 51.

sein[56]. Er sei zu verneinen, wenn der Betriebsrat keine abweichende Regelung verlangen könne.[57] Dem Betriebsrat sei daher die aufgrund der Treuepflicht bestehende Verpflichtung des Arbeitnehmers, nicht gegen die betriebliche Ordnung zu verstoßen, vorgegeben.[58] Er könne nur den verbleibenden Regelungsspielraum mitgestalten. Geböten beispielsweise Hygienevorschriften das Tragen von Kopfbedeckungen am Arbeitsplatz, so sei die bloße Anweisung, eine Kopfbedeckung zu tragen, mitbestimmungspflichtig, da anders nicht gearbeitet werden könne, ohne gegen gesetzliche Vorschriften zu verstoßen.[59] Werde jedoch das Tragen einer betriebseinheitlichen Kleidung und Kopfbedeckung verlangt, bestehe für deren Gestaltung ein Regelungsspielraum.[60] Die Anordnung unterliege der Mitbestimmung.

c) Maßnahmen des Arbeitgebers, die auf seiner Sachherrschaft an den Betriebsmitteln bzw. der Betriebseinrichtung beruhen

Innerhalb der herrschenden Literaturmeinung wird teilweise über die Ausklammerung von Maßnahmen, die das Arbeitsverhalten von Arbeitnehmern betreffen, hinaus die Ansicht vertreten, dass die Mitbestimmung des Betriebsrates auch ausscheide, soweit der Arbeitgeber lediglich Ansprüche aus seiner Sachherrschaft an den Betriebsmitteln geltend mache.[61] Grund dafür sei, dass durch diese Maßnahmen keine neuen Verpflichtungen des Arbeitnehmers begründet würden.[62] Danach könne der Unternehmer mitbestimmungsfrei verlangen, dass sein Eigentum weder beschädigt, zerstört, gefährdet noch unbefugt in Anspruch genommen werde.[63] Des Weiteren könne er daher z.B. auch ein Rauchverbot aussprechen, wenn keine feuerpolizeilichen Vorschriften bestünden.[64] Voraussetzung sei nur, dass ein Rauchverbot zum Schutze der Betriebsmittel unbedingt erforderlich sei, weil eine konkrete Gefährdung zu besorgen sei.[65]

Nach Ansicht von Wiese sei die Mitbestimmung allerdings gegeben, falls bei Ansprüchen aus der Sachherrschaft ein Regelungsspielraum verbleibe, der durch zu-

56 GK-Wiese § 87 Rn. 209; Richardi § 87 Rn. 187; Wittke S. 51; Henssler SAE 1990, 343, 344; HdA-Maus, Kommentar zu § 87 Rn. 12.

57 GK-Wiese § 87 Rn. 209.

58 GK-Wiese § 87 Rn. 209.

59 GK-Wiese § 87 Rn. 210.

60 GK-Wiese § 87 Rn. 210.

61 GK-Wiese § 87 Rn. 185; Stege/ Weinspach § 87 Rn. 49; Hess/ Schlochauer/ Worzalla/ Glock § 87 Rn. 106; Wittke S. 54 f.; Natzel SAE 1987, 42, 42 – a.A.: Galperin/ Löwisch § 87 Rn. 65a; MünchArbR § 333 Rn. 8; Dietz/Richardi § 87 Rn. 150.

62 Wittke S. 54.

63 GK-Wiese § 87 Rn. 186; Wittke S. 54; Natzel SAE 1987, 42.

64 GK-Wiese § 87 Rn. 186; Wittke S. 54.

65 Wittke S. 54; GK-Wiese § 87 Rn. 186.

sätzliche Verhaltensregeln ausgefüllt werden solle.[66] Solange der Arbeitgeber nur den entsprechenden Unterlassungsanspruch geltend mache und es den Arbeitnehmern überlasse, wie sie der ihnen obliegenden Verpflichtung nachkämen, handle er im Rahmen seiner bestehenden Rechte und treffe keine mitbestimmungspflichtige Regelung.[67] Spreche er jedoch im Interesse der Ordnung des Betriebs weitergehende Verbote aus oder ordne er über den Unterlassungsanspruch hinaus zusätzliche Verhaltensregelungen an, so habe der Betriebsrat mitzubestimmen.[68]

II. Die Minderansicht: § 87 I Nr. 1 BetrVG hat zwei Regelungsbereiche

Im Gegensatz zur herrschenden Literaturmeinung und zur ständigen Rechtsprechung des Bundesarbeitsgerichts hat nach Auffassung einer stark vertretenen Minderansicht das Mitbestimmungsrecht nach § 87 I Nr. 1 zwei Regelungsbereiche.[69] Das Mitbestimmungsrecht beziehe sich sowohl auf die Ordnung des Betriebs als auch auf das Verhalten der Arbeitnehmer im Betrieb. Folglich komme es nicht allein darauf an, ob durch das Verhalten die Ordnung des Betriebs betroffen werde. Maßgebend sei vielmehr, dass die Arbeitgebermaßnahme entweder Fragen des Verhaltens der Arbeitnehmer im Betrieb oder der Ordnung des Betriebs regele.[70]

Die Argumentation der Minderansicht ist von der Kritik an der ständigen Rechtsprechung des Bundesarbeitsgerichts geprägt. Am deutlichsten Stellung bezieht Wolter, wenn er die Resultate, Argumentationsgänge und Methoden der Rechtsprechung des Ersten Senats des Bundesarbeitsgerichts nach 1980 mit den Worten „rigider Formalismus“, „leeres Versichern und Realitätsverleugnung“, „restriktive Begriffsjurispudenz“, „überraschende Wendungen“ und „unsoziale Auslegung“ charakterisiert.[71]

---

66 GK-Wiese § 87 Rn. 187 – auch Natzel SAE 1987, 42.

67 GK-Wiese § 87 Rn. 187.

68 GK-Wiese § 87 Rn. 187.

69 DKK-Klebe § 87 Rn. 43 ff.; Fitting/ Kaiser/ Heither/ Engels/ Schmidt (21. Auflage) § 87 Rn. 64 ff.; Weiss/ Weyand § 87 Rn. 19; Gnade/Kehrmann/Schneider/Blanke § 87 Rn. 40; Lappe JArbR Bd. 16, 55, 57; Rosendahl BetrR 1993, Fachbeilage Nr. 1, S. 1, 5; Pfarr Anmerkung zu BAG AP Nr. 2 zu § 87 BetrVG 1972 Ordnung des Betriebs; Martin, Arbeitsordnung und betriebliche Mitbestimmung, S. 84 ff.; Weiss Anmerkung zu BAG EzA Nr. 7 zu § 87 BetrVG 1972 Betriebliche Ordnung; Bieding AiB 1983, 12, 13; Weingart S. 54 f.; Kreuder BetrR 1993, 75, 76; Wolter S.101 ff.; Schneider AIB 1984, 143; Schuster AuA 1993, 168, 169; Heese AuR 2003, 234; Mletzko AiB 2003, 630; wohl auch Siebert/ Becker § 87 Rn. 14.

70 Gnade/Kehrmann/Schneider/Blanke § 87 Rn. 40.

71 Wolter S. 101.

1. Gründe gegen die Restriktion

Ebenso wie bei der Darstellung der herrschenden Literaturmeinung erscheint es auch bei der Darstellung der Minderansicht sinnvoll, kurz auf die von ihr angeführten Argumente gegen eine restriktive Auslegung des Mitbestimmungstatbestands des § 87 I Nr. 1 einzugehen.

Gegen die Restriktion ließe sich nach Ansicht der Autoren dieser Meinungsgruppe bereits der Wortlaut anführen.[72] Das „Verhalten der Arbeitnehmer im Betrieb“ stehe selbständig neben „Fragen der Ordnung des Betriebs“. Gerade diese Gegenüberstellung spreche gegen eine Beziehung des Verhaltens auf die Ordnung des Betriebs.[73] Zudem beschränke der Begriff „Verhalten“ ebenso wenig wie der Zusatz „im Betrieb“ die sprachliche Interpretation auf eine „betriebliche Gemeinschaft“ oder auf die „betriebliche Organisation“.[74] Verhalten könne ebenso gut als „Verhalten bei der Arbeit“ im Gegensatz zum privatem Verhalten interpretiert werden.[75]

Außer dem Wortlaut spreche auch der Zweck der Vorschrift gegen eine restriktive Auslegung. § 87 solle das Direktionsrecht des Arbeitgebers einschränken und die Arbeitnehmer durch die Mitbestimmung des Betriebsrates in dem Bereich besonders schützen, in dem der Arbeitgeber allein entscheidet.[76] Vor diesem Hintergrund mache es keinen Sinn, das Mitbestimmungsrecht erst dann anzuerkennen, wenn Maßnahmen die Arbeitnehmer untereinander beträfen, Maßnahmen im Verhältnis zum Arbeitgeber aber auszuklammern.[77] Es stelle sich die Frage, wem gegenüber denn überhaupt die Schutzbedürftigkeit bestehen solle, wenn die Mitbestimmung nur in den Fällen eingreifen solle, in denen die Arbeitnehmer nicht nur mit dem Arbeitgeber, sondern auch miteinander zusammenwirken.[78] Werde die Ausübung des Direktionsrechts auch dann nicht der Mitbestimmung unterworfen, wenn für sie kollektive Regelungen eingeführt

---

72 DKK-Klebe § 87 Rn. 44; Fitting/ Kaiser/ Heither/ Engels/ Schmidt (21. Auflage) § 87 Rn. 66; Wolter S. 103; Weiss Anmerkung zu BAG EzA Nr. 7 zu § 87 BetrVG 1972 Betriebliche Ordnung; Pfarr Anmerkung zu BAG AP Nr. 2 zu § 87 BetrVG 1972 Ordnung des Betriebs; Lappe JArbR Bd. 16, 55, 57; Bieding AiB 1983, 12, 13.

73 DKK-Klebe § 87 Rn. 44.

74 DKK-Klebe § 87 Rn. 44; Pfarr Anmerkung zu BAG AP Nr. 2 zu § 87 BetrVG 1972 Ordnung des Betriebs.

75 DKK-Klebe § 87 Rn. 44; Pfarr Anmerkung zu BAG AP Nr. 2 zu § 87 BetrVG 1972 Ordnung des Betriebs; Rosendahl BetrR 1993, Fachbeilage Nr. 1, S. 1, 5.

76 Fitting/ Kaiser/ Heither/ Engels/ Schmidt (21. Auflage) § 87 Rn. 66; DKK-Klebe § 87 Rn. 45; Pfarr Anmerkung zu BAG AP Nr. 2 zu § 87 BetrVG 1972 Ordnung des Betriebs; Weingart S. 54; Kreuder BetrR 1993, 75, 76.

77 DKK-Klebe § 87 Rn. 45; Pfarr Anmerkung zu BAG AP Nr. 2 zu § 87 BetrVG 1972 Ordnung des Betriebs; Kreuder BetrR 1993, 75, 76; Weingart S. 54; Schneider AiB 1984, 142, 143.

78 Kreuder BetrR 1993, 75, 76; Pfarr Anmerkung zu BAG AP Nr. 2 zu § 87 BetrVG 1972 Ordnung des Betriebs.

werden, werde ein Bereich dem Schutz durch die Mitbestimmung des Betriebsrates entzogen, der für die Arbeitnehmer von existentieller Bedeutung sei und deren adäquate Regelung die Arbeitnehmer für sich nicht zu beeinflussen vermögen, da sie sich dem Arbeitgeber gegenüber in der schwächeren Position befänden.[79] Beschränke man die Mitbestimmung des Betriebsrates auf das Ordnungsverhalten, würde die auch den Intentionen des historischen Gesetzgebers des Betriebsverfassungsgesetzes von 1972 entsprechende Schutzfunktion erheblich ausgehöhlt.[80]

Für die Auslegung des § 87 I Nr. 1 als einen zweigliedrigen Tatbestand, d.h. mit zwei nebeneinander stehenden Tatbestandsteilen, spreche nach Ansicht einiger Vertreter dieser Meinungsgruppe ferner die Bestimmung des § 75 II.[81] Mit Rücksicht auf den in dieser Norm für das gesamte Betriebsverfassungsrecht zur verbindlichen Richtschnur erklärten Persönlichkeitsschutz solle der Schutz der Arbeitnehmer und damit das diesen Schutz gewährleistende Mitbestimmungsrecht des Betriebsrates möglichst weit ausgedehnt werden.[82]

Im Übrigen sei eine Verknüpfung der beiden Tatbestandsteile auch gar nicht erforderlich, um einen kollektiven Bezug herzustellen. Bereits die Verwendung des Plurals „Verhalten der Arbeitnehmer" mache ausreichend deutlich, dass nicht die Anweisung an nur einen Arbeitnehmer Regelungsgegenstand sein solle, sondern nur diejenigen Maßnahmen, die abstrakt-generell eine Mehrzahl von Arbeitnehmern beträfen.[83]

Dem Hauptargument der herrschenden Literaturmeinung, andere Tatbestände des § 87, insbesondere § 87 I Nr. 6, verlören durch eine nicht restriktive Auslegung ihre Berechtigung, wird entgegnet, dass es keineswegs selten sei, dass ein und derselbe Lebenssachverhalt von mehreren Vorschriften erfasst werde.[84] In diesen Fällen werde sich üblicherweise damit beholfen, dass die speziellere Regelung angewendet werde.[85] Nummer sechs ließe sich somit als Spezialvorschrift zu Nummer eins verstehen, die bei technischer Überwachung jeden Ein-

---

79 Pfarr Anmerkung zu BAG AP Nr. 2 zu § 87 BetrVG 1972 Ordnung des Betriebs.

80 Weingart S. 54 f.

81 DKK-Klebe § 87 Rn. 45; Pfarr Anmerkung zu BAG AP Nr. 2 zu § 87 BetrVG 1972 Ordnung des Betriebs; Weiss Anmerkung zu BAG EzA Nr. 7 zu § 87 BetrVG 1972 Betriebliche Ordnung; Rosendahl BetrR 1993, Fachbeilage Nr. 1, S. 1, 5; Heese AuR 2003, 234.

82 Pfarr Anmerkung zu BAG AP Nr. 2 zu § 87 BetrVG 1972 Ordnung des Betriebs; Rosendahl BR 1993, Fachbeilage Nr. 1, S. 1, 5.

83 Pfarr Anmerkung zu BAG AP Nr. 2 zu § 87 BetrVG 1972 Ordnung des Betriebs.

84 DKK-Klebe § 87 Rn. 45; Fitting/ Kaiser/ Heither/ Engels/ Schmidt (21. Auflage) § 87 Rn. 69; Kreuder BetrR 1993, 75, 76 – gegen die systematische Argumentation des herrschenden Literarturmeinung auch Pfarr Anmerkung zu BAG AP Nr. 2 zu § 87 BetrVG 1972 Ordnung des Betriebs; Rosendahl BetrR 1993, Fachbeilage Nr. 1, S. 1, 5; Weingart S. 54.

85 DKK-Klebe § 87 Rn. 45; Fitting/ Kaiser/ Heither/ Engels/ Schmidt (21. Auflage) § 87 Rn. 69; Kreuder BetrR 1993, 75, 76.

zelfall erfasse, ohne dass eine Reglementierung des Verhaltens erforderlich wäre.[86] Im Übrigen beträfen auch eine Reihe von Tatbeständen des § 87 weder das Arbeits- noch das Ordnungsverhalten der Arbeitnehmer.[87] Die Zuweisung und Festlegung der Nutzungsbedingungen von Wohnräumen (§ 87 I Nr. 9) etwa hätten damit wenig zu tun, ebenso wenig wie die Tatbestände der Nummern 4 und 8 usw.

Die Minderansicht hält es für verfehlt, die Einschränkung des Mitbestimmungsbereichs von § 87 I Nr. 1 mit einer historischen Auslegung zu begründen.[88] Hätten sich die Rahmenbedingungen in verfassungsrechtlicher, arbeitsrechtlicher und gesellschaftspolitischer Hinsicht fundamental geändert, so könne dieser Auslegung allenfalls die Bedeutung eines ersten Anhaltspunktes beigemessen werden.[89]

2. Positive Bestimmung des Regelungsbereichs des § 87 I Nr. 1 BetrVG

Ähnlich wie bei der herrschenden Literaturmeinung sind auch die Formulierungen bei den Vertretern der Minderansicht hinsichtlich der Bestimmung des positiven Anwendungsbereichs des § 87 I Nr. 1 sehr allgemein gehalten.

Nach Klebe und Pfarr sollten alle Anordnungen des Arbeitgebers hinsichtlich der Arbeitsleistung mitbestimmungspflichtig sein, wenn mittelbar oder direkt eine Reglementierung des Arbeitnehmerverhaltens bzw. ein einheitliches Verhalten der Arbeitnehmer erreicht werden solle.[90]

Ähnlich wird im Kommentar von Fitting, Kaiser, Heither, Engels und Schmidt (bis 21. Auflage) formuliert. Danach unterfielen auch alle abstrakt-generellen Regelungen dem Bereich der mitbestimmungspflichtigen Angelegenheiten, die das Verhalten der Arbeitnehmer bei der Ausübung ihrer dienstlichen Tätigkeiten, der Erbringung der Arbeitsleistung und ihrer Umstände beträfen.[91]

---

86 Fitting/ Kaiser/ Heither/ Engels/ Schmidt (21. Auflage) § 87 Rn. 69; DKK-Klebe § 87 Rn. 45; Weiss Anmerkung zu BAG EzA Nr. 7 BetrVG 1972 Betriebliche Ordnung; Kreuder BetrR 1993, 75, 76; Pfarr Anmerkung zu BAG AP Nr. 2 zu § 87 BetrVG 1972 Ordnung des Betriebs.

87 Fitting/Kaiser/Heither/Engels/Schmidt (21. Auflage) § 87 Rn. 69; DKK-Klebe § 87 Rn. 45; Kreuder BetrR 1993, 75, 76; Wolter S. 103.

88 DKK-Klebe § 87 Rn. 44; Weiss Anmerkung zu BAG EzA Nr. 7 zu § 87 BetrVG 1972 Betriebliche Ordnung; Pfarr Anmerkung zu BAG AP Nr. 2 zu § 87 BetrVG 1972 Ordnung des Betriebs.

89 DKK-Klebe § 87 Rn. 44; Weiss Anmerkung zu BAG EzA Nr. 7 zu § 87 BetrVG 1972 Betriebliche Ordnung; Pfarr Anmerkung zu BAG AP Nr. 2 zu § 87 BetrVG 1972 Ordnung des Betriebs; Weingart S. 53.

90 DKK-Klebe § 87 Rn. 46; Pfarr Anmerkung zu BAG AP Nr. 2 zu § 87 BetrVG 1972 Ordnung des Betriebs.

91 Fitting/Kaiser/Heither/Engels/Schmidt (21. Auflage) § 87 Rn. 66.

Sehr weit interpretierbar ist die Formulierung von Rosendahl. Von § 87 I Nr. 1 seien nach seiner Ansicht alle Maßnahmen erfasst, welche die allgemeine Ordnung und/oder das Verhalten der Arbeitnehmer regelten.[92]

3. Beschränkung des Regelungsbereichs des § 87 I Nr. 1 BetrVG

Untersucht man die Ausführungen der Autoren der Minderansicht im Hinblick auf die Abgrenzung der mitbestimmungspflichtigen von den mitbestimmungsfreien Maßnahmen des Arbeitgebers, so fällt auf, dass auf diesen Problemkreis im Vergleich zur herrschenden Literaturmeinung wenig, zum Teil gar nicht eingegangen wird.

Die Abgrenzung zwischen Arbeits- und Ordnungsverhalten wird in konsequenter Fortführung der Auffassung, dass § 87 I Nr. 1 aus zwei Tatbestandsteilen besteht, abgelehnt.

Trotz gemeinsamer Ablehnung der restriktiven Auslegung besteht im Detail darüber Uneinigkeit, wann das Mitbestimmungsrecht des Betriebsrates bei Anordnungen des Arbeitgebers ausgeschlossen sein soll.

Nach Ansicht von Pfarr sei der mitbestimmungsfreie Raum durch Negation der Ausführungen zum positiven Anwendungsbereich bestimmbar.[93] Danach seien Anordnungen des Arbeitgebers mitbestimmungsfrei, wenn sie die Arbeitsleistung der Arbeitnehmer beträfen und mit ihnen kein einheitliches Verhalten der Arbeitnehmer erreicht werden solle.[94]

Nach Lappe unterlägen Einzelmaßnahmen zur Konkretisierung der sich aus dem Arbeitsvertrag ergebenen Arbeitspflicht dem mitbestimmungsfreien Direktionsrecht des Arbeitgebers.[95] Diese Formulierung ähnelt dem von der herrschenden Meinung definierten mitbestimmungsfreien Arbeitsverhalten.

Gemäß Kreuder seien solche Handlungen und Weisungen des Arbeitgebers mitbestimmungsfrei, die sich auf das individuelle Arbeitsverhältnis und Arbeitsverhalten einzelner Arbeitnehmer bezögen.[96]

Ähnlich formuliert es Klebe. Nach seiner Auffassung unterlägen die auf die arbeitsvertragliche Tätigkeit des Arbeitnehmers bezogenen Einzelanweisungen des Arbeitgebers nicht der Mitbestimmung, durch welche die Arbeitnehmer z.B. aufgefordert werden, ihre sich aus dem Arbeitsvertrag ergebenden individualrechtlichen Pflichten zu erfüllen.[97]

---

92 Rosendahl BetrR 1993, Fachbeilage Nr. 1, S. 1, 5.

93 Pfarr Anmerkung zu BAG AP Nr. 2 zu § 87 BetrVG 1972 Ordnung des Betriebs.

94 Pfarr Anmerkung zu BAG AP Nr. 2 zu § 87 BetrVG 1972 Ordnung des Betriebs.

95 Lappe JArbR Bd. 16, 55, 58.

96 Kreuder AuR 1993, 316, 324.

97 DKK-Klebe § 87 Rn. 47.

Siebert/ Becker machen bei ihrer Abgrenzung den Unterschied zwischen mitbestimmungspflichtigen und mitbestimmungsfreien Einzelmaßnahmen des Arbeitgebers deutlich.[98] Dem Arbeitgeber sei es unbenommen, einem einzelnen Arbeitnehmer eine auf dessen Tätigkeit bezogene Einzelanweisung mitbestimmungsfrei zu geben: „Erledigen Sie zunächst den Auftrag Mayer und dann den Auftrag Schulte".[99] Demgegenüber seien Einzelanweisungen, mit denen insgesamt ein Verhalten der Arbeitnehmer oder eine bestimmte Art von Ordnung für alle Arbeitnehmer bzw. bestimmten Gruppen erreicht werden könne, mitbestimmungspflichtig.[100]

III. Die neuere Ansicht von Leßmann

Leßmann geht bei der Auslegung des § 87 I Nr. 1 einen anderen Weg.[101] Die Abgrenzung der mitbestimmungsfreien von der mitbestimmungspflichtigen Anordnung solle nach seiner Ansicht im Rahmen des § 87 I Nr. 1 nach den im Bereich der Betriebsbuße entwickelten Kriterien erfolgen. Eine nach überwiegender Auffassung mitbestimmungspflichtige Betriebsbuße komme in Abgrenzung zur mitbestimmungsfreien Abmahnung nur dann in Betracht, wenn ein Verstoß eines Arbeitnehmers ein gemeinschaftswidriges Verhalten darstelle und damit ein kollektiver Bezug vorhanden sei. Der kollektive Bezug als maßgeblicher Anknüpfungspunkt solle auch bei der hier in Frage stehenden Abgrenzung maßgebliches Kriterium sein. Dies folge, so Leßmann, schon aus dem Wortlaut des Gesetzes, denn durch den Betrieb einerseits und die Verwendung des Plurals (Verhalten der Arbeitnehmer) andererseits werde das Mitbestimmungsrecht eindeutig auf das Kollektiv bezogen.

Danach sei eine Maßnahme des Arbeitgebers mitbestimmungspflichtig, wenn das von der Maßnahme betroffene Verhalten einen kollektiven Bezug habe. Ausschlaggebend für den kollektiven Bezug müsse dabei die Frage sein, ob die Anordnung im Verhältnis lediglich eines Arbeitnehmers zum Arbeitgeber noch von Bedeutung sei.

Die Auswirkungen seiner Auslegung auf den Umfang des Mitbestimmungsrechts nach § 87 I Nr. 1 werden anhand der aufgeführten Beispiele deutlich.[102] So habe, nach Ansicht Leßmanns, ein Rauchverbot im Kundenverkehr keinen kollektiven Bezug und sei damit mitbestimmungsfrei, wenn nur ein Arbeitnehmer Kundenkontakt habe. Denn die Anordnung sei im Verhältnis des Arbeitge-

---

98 Siebert/Becker § 87 Rn. 14.

99 Siebert/Becker § 87 Rn. 14 – so auch Fitting/Kaiser/Heither/Engels/Schmidt (21. Auflage) § 87 Rn. 67.

100 Siebert/ Becker § 87 Rn. 14.

101 Leßmann S. 119 f.

102 Leßmann S. 120.

bers zum Arbeitnehmer von Bedeutung. Dagegen verliere eine einheitliche Dienstkleiderordnung ihre Bedeutung, wenn nur ein Arbeitnehmer betroffen sei, da die Einheitlichkeit immer kollektiven Bezug habe. Ein Mitbestimmungsrecht des Betriebsrates bestehe deshalb.

Einen eigenen Weg geht Leßmann auch bei der Beurteilung des Mitbestimmungsrechts beim Radioverbot. Ein Verbot, Radio zu hören, könne mitbestimmungsfrei erlassen werden, wenn die abstrakte Möglichkeit der Ablenkung bestehe. Komme dagegen eine Ablenkung des einzelnen Arbeitnehmers nach der Art der Tätigkeit nicht in Betracht, sondern nur eine Belästigung anderer Arbeitnehmer, weise das Verhalten einen kollektiven Bezug auf. Ein Verbot unterliege damit der Mitbestimmung.

Interessant ist schließlich die von Leßmann vorgenommene Differenzierung beim absoluten Alkoholverbot für Kraftfahrer. Dieses habe nach seiner Meinung einen kollektiven Bezug, wenn das Verbot für den öffentlichen Straßenverkehr gelte, dagegen nicht für den Werksverkehr, denn dort sollten auch die übrigen Arbeitnehmer geschützt werden.

Die Ansicht Leßmanns ist bereits an dieser Stelle abzulehnen. Denn das Abgrenzungskriterium „kollektiver Bezug" ähnelt sehr dem ohnehin notwendigen Erfordernis einer kollektiven Regelung.[103] Typischerweise haben Kollektivbezug per definitionem Regelungen, die regelmäßig gegenüber einem Kollektiv von Arbeitnehmern eingreifen sollen.[104] Das bereits angesprochene Kernproblem des Mitbestimmungstatbestands des § 87 I Nr. 1 wird damit von Leßmann nicht gelöst.

IV. Zusammenfassung

Der dargestellte Meinungsstreit lässt erkennen, wie schwierig es ist, den Umfang des Mitbestimmungsrechts nach § 87 I Nr. 1 zu bestimmen. Da der Wortlaut der Norm sehr unbestimmt ist, bedarf es zur näheren Konkretisierung des Regelungsbereichs einer intensiven Auseinandersetzung mit der geschichtlichen Entwicklung des Mitbestimmungstatbestands, der Systematik des Gesetzes sowie dem Sinn und Zweck der Regelung. Gerade im Rahmen der teleologischen Auslegung hängt das Ergebnis insbesondere von grundlegenden Ansichten zu Problemen des gesamten Betriebsverfassungsrechts ab. Welche Aufgabe hat die Beteiligung des Betriebsrates bei Maßnahmen des Arbeitgebers? Gibt es einen Bereich unternehmerischer Entscheidungsfreiheit? Welche Rolle spielt das im § 75 II geregelte Persönlichkeitsrecht der Arbeitnehmer bei der Auslegung von Mitbestimmungstatbeständen? All dies sind Fragen, bei denen sich innerhalb der

---

103 Ausführlich zum „Kollektivbezug" als allgemeine Voraussetzung des Mitbestimmungsrechts des § 87 I Nr. 1 im Kapitel E. I. 1. a).

104 Zur Kritik an Leßmann auch Felderhoff S. 100.

Autorenschaft verschiedene Grundpositionen gegenüberstehen. Je nach Beantwortung der einzelnen Fragen kommt man zu einer extensiven oder reduktiven Auslegung des § 87 I Nr. 1. Nur so ist erklärbar, dass es zum Umfang des Mitbestimmungsrechts solch weitgehend unterschiedliche Auffassungen gibt. Bei der nachfolgenden eigenen Auslegung müssen deshalb auch grundlegende Fragen des Betriebsverfassungsgesetzes geklärt werden.

E. Eigene Auslegung

Die Problematik der Anwendung des § 87 I Nr. 1 ist auf den ersten Blick erkennbar. Der Tatbestand der Norm ist sehr weit und unbestimmt gefasst. Auch andere Normen, wie die polizeiliche Generalklausel oder der Treu-und-Glauben Tatbestand des § 242 BGB zeichnen sich durch ein hohes Maß an Unbestimmtheit aus. Mit dem Ziel der Rechtssicherheit hat man auf unterschiedlichen Wegen versucht, diese unbestimmten Tatbestände näher zu konkretisieren und die Reichweite zu begrenzen. Am häufigsten werden dazu in der Praxis Fallgruppen gebildet. Besondere methodische Grundsätze für die Erarbeitung einzelner Fallgruppen gibt es allerdings nicht. Mit Hilfe der allgemeinen Auslegungsmethode soll im Folgenden versucht werden, den Inhalt des § 87 I Nr. 1 näher zu bestimmen. Dabei werden auch die verschiedenen von der Rechtsprechung und der Literatur entwickelten Voraussetzungen des § 87 I Nr. 1 untersucht.

I. Voraussetzungen des Mitbestimmungsrechts nach § 87 I Nr. 1 BetrVG

§ 87 I Nr. 1 ist Teil des Mitbestimmungskataloges des § 87 I. Für die enumerativ aufgezählten Mitbestimmungsrechte des § 87 I wurden in der Literatur und Rechtsprechung allgemeine Voraussetzungen entwickelt, um die Reichweite der einzelnen Tatbestände zu begrenzen. Bei der Frage der Mitbestimmungspflicht einer Arbeitgebermaßnahme ist daher unabhängig von den speziellen Voraussetzungen jedes Mitbestimmungsrechts des § 87 I vorab zu klären, ob das Mitbestimmungsrecht nicht schon aufgrund dieser allgemeinen Voraussetzungen ausgeschlossen ist.

Wenn auch in der Frage ob der Notwendigkeit allgemeiner Voraussetzungen Einigkeit innerhalb der Literatur und Rechtsprechung herrscht, ist der Inhalt der allgemeinen Voraussetzungen höchst umstritten. Streitpunkte sind hauptsächlich die Fragen, ob die Mitbestimmung des Betriebsrates von vornherein ausscheidet, wenn eine sogenannte Einzelmaßnahme des Arbeitgebers vorliegt und ob es einen Vorbehalt unternehmerischer Entscheidungsfreiheit gibt.

Vor der Entwicklung spezieller Voraussetzungen des § 87 I Nr. 1 gilt es folglich, den konkreten Inhalt der allgemeinen Voraussetzungen der Mitbestimmungsrechte des § 87 I herauszuarbeiten.

1. Allgemeine Voraussetzungen des Mitbestimmungsrechts des § 87 I Nr. 1 BetrVG

a) Kollektiverfordernis

Für die Reichweite der Mitbestimmung nach § 87 I Nr. 1 von maßgeblicher Bedeutung ist die Frage, ob die Mitbestimmung des Betriebsrates im Bereich der sozialen Angelegenheiten bereits dann ausscheidet, wenn eine Einzelmaßnahme des Arbeitgebers vorliegt. Dieses Problem ist seit jeher in der Rechtsprechung und Literatur höchst umstritten.

aa) Meinungsstand

Zum § 56 des Betriebsverfassungsgesetzes von 1952 bestand trotz unterschiedlicher Ausgangspunkte weitgehend Übereinstimmung in der Annahme, dass sich die Beteiligung des Betriebsrates nicht auf Individualmaßnahmen beziehe, sondern dass es sich immer um eine Kollektivmaßnahme handeln müsse.[1]

Auch heute noch ist die überwiegende Anzahl der Autoren in der Literatur dieser Ansicht.[2] Unterschiede ergeben sich, wie später noch gezeigt wird, bei der Abgrenzung der Kollektivmaßnahmen von den Individualmaßnahmen.

Das Bundesarbeitsgericht hat speziell für den Tatbestand der vorübergehenden Verlängerung der betriebsüblichen Arbeitszeit anerkannt, dass er nur bei Vorliegen einer kollektiven Maßnahme erfüllt sei.[3] Eine generelle Festlegung für alle Tatbestände des § 87 hat es jedoch bisher vermieden.

Nach der Neufassung der Mitbestimmungstatbestände im § 87 des Betriebsverfassungsgesetzes von 1972, wo nach dem Wortlaut zweifelsfrei nach den Nummern 5 und 9 die Mitbestimmung auch im Einzelfall eingreift, hat sich eine starke Meinungsgruppe gebildet, die annimmt, dass die These der Begrenzung auf kollektive Maßnahmen nicht geeignet sei, eine sinnvolle Grenze der Mitbestimmungsrechte im Bereich der sozialen Angelegenheiten zu ziehen.[4] Das Mitbe-

---

1 BAG AP Nr. 4 zu § 56 BetrVG 1952 Entlohnung; Nikisch Bd. 3, III, S. 368 f.; Neumann-Duesberg S. 462; Adomeit Regelungsabrede, S. 41 ff., 59 ff.; Fitting/ Kraegeloh/ Auffahrt (9. Auflage) § 56 Rn. 5.

2 Vgl. u.a. Böhm BB 1974, 372, 373 ff.; Brecht § 87 Rn. 3 f.; Galperin/ Löwisch § 87 Rn. 6 ff.; Hanau RdA 1973, 281, 287; Löwisch AuR 1978, 97, 101; Zöllner/ Loritz § 47 IV, 2, 3; Stege/ Weinspach § 87 Rn. 16 ff.; Reuter SAE 1981, 242; Fitting/ Engels/ Schmidt/Trebinger/Linsenmaier (23. Auflage) § 87 Rn. 15; Säcker ZfA 1972, Sonderheft, S. 41, 61 f.; Meisel Anmerkung zu BAG AP Nr. 3 zu § 87 BetrVG 1972 Arbeitszeit.

3 BAG vom 16.7.1991 – BB 1991, 2156; vom 10.6.1986 – EzA Nr. 18 zu § 87 BetrVG 1972 Arbeitszeit; vom 22.2.1983 – DB 1983, 1926; vom 21.12. 1982 – DB 1983, 611; vom 6.6.1982 – DB 1982, 2356; vom 2.3.1982 – DB 1982, 1115; vom 18.11. 1980 – EzA Nr. 8 zu 87 BetrVG 1972 Arbeitszeit.

4 Söllner § 21, III, 2; Weiss/ Weyand § 87 Rn. 3; DKK-Klebe § 87 Rn. 16; Hess/ Schlochauer/ Worzalla/ Glock § 87 Rn. 17 ff.; Dietz/ Richardi § 77 Rn. 70, § 87 Rn. 17 ff.; Galperin Leitfaden, S. 103; Richardi DB 1971, 612, 626.

stimmungsrecht des Betriebsrates bestehe unabhängig davon, ob die Maßnahme alle Arbeitnehmer des Betriebs, eine Gruppe, einzelne oder auch nur einen einzelnen Arbeitnehmer betreffe.[5]

bb) Stellungnahme

(1) Genereller Ausschluss der Mitbestimmung bei Einzelmaßnahmen

Die Beschränkung der Mitbestimmung des Betriebsrates auf kollektive Maßnahmen könnte mit dem Willen des Gesetzgebers und der Gesetzgebungsgeschichte begründet werden.[6] Die Vorschläge des Deutschen Gewerkschaftsbundes zur Novellierung des Betriebsverfassungsgesetzes[7] und ihm folgend der SPD-Entwurf[8] sahen ausdrücklich vor, dass das Mitbestimmungsrecht sich auch auf Maßnahmen erstrecken soll, die nur einzelne Arbeitnehmer betreffen. Der Regierungsentwurf[9] und der Entwurf der CDU/CSU[10] schlossen sich dieser Forderung nicht an. Der Regierungsentwurf übernahm in § 87 I Regierungsentwurf die Formulierung des § 56 I BetrVG 52: der Betriebsrat habe in den dort genannten Angelegenheiten mitzubestimmen, ohne zu konkretisieren, was man darunter zu verstehen hat. Der CDU/CSU Entwurf bestimmte in § 29 I, dass die dort genannten Angelegenheiten von Arbeitgeber und Betriebsrat nur gemeinsam geregelt werden können. Im Bericht des zuständigen Bundestagsausschusses für Arbeit- und Sozialordnung[11] hieß es schließlich, dass in Übereinstimmung mit dem Regierungsentwurf und der Oppositionsvorlage daran festgehalten werde, dass sich die Mitbestimmung grundsätzlich nur auf generelle Tatbestände und nicht auf Regelung von Einzelfällen bezieht.

Es wäre jedoch voreilig, aus diesen Umständen abzuleiten, dass das Mitbestimmungsrecht nur bei Kollektivmaßnahmen besteht. Zum einen ist das vom Ausschuss verwendete Wort „grundsätzlich" im juristischen Sprachgebrauch mehrdeutig und deshalb zur Stützung der These von der Beschränkung des Mitbestimmungsrechts auf generelle Tatbestände wenig geeignet. Zum anderen ist nach der Neufassung der Mitbestimmungstatbestände im § 87 dem Wortlaut dieser Vorschriften zweifelsfrei zu entnehmen, dass nach Nummer 5 und Nummer 9 die Mitbestimmung auch im Einzelfall eingreift. Nach Nummer 5 besteht ein Mitbestimmungsrecht bei der Festsetzung der zeitlichen Lage des Urlaubs für ‚einzelne' Arbeitnehmer. In Nummer 9 ist festgelegt, dass der Betriebsrat bei der Zuweisung und Kündigung von Wohnräumen (Werkswohnungen) für jeweils ‚einzelne' Ar-

---

5 Dietz/Richardi § 87 Rn. 17.
6 So GK-Wiese § 87 Rn. 18.
7 Vgl. zum genauen Inhalt RdA 1967, 462, 465, RdA 1970 237, 244.
8 BT-Drucksache V/36,58,12 = RdA 1969, 35, 40.
9 BT-Drucksache VI/1786.
10 BT-Drucksache VI/1806.
11 BT-Drucksache VI/2729,4.

beitnehmer mitbestimmen kann. Das Gesetz bringt damit zum Ausdruck, dass auch Einzelmaßnahmen dem Mitbestimmungsrecht unterliegen können.[12]

Nach allem kann also dem Willen des Gesetzgebers und der Gesetzgebungsgeschichte nicht entnommen werden, dass eine generelle Mitbestimmungsfreiheit bei Einzelmaßnahmen des Arbeitgebers gegeben ist.

Gegen die generelle Beschränkung der Mitbestimmung auf kollektive Maßnahmen könnte sprechen, dass die Ausklammerung von Einzelmaßnahmen aus der notwendigen Mitbestimmung ein weites Feld für Umgehungsstrategien eröffnen würde.[13] Die Ebenen lassen sich schnell wechseln. Was man durch Widerstand des Betriebsrates im Kollektiven nicht erreicht, versucht man im Individuellen. Es kommt zum Abschluss gleichlautender Einzelverträge und zu Änderungskündigungen. Weil das Gesetz bei kollektiven Maßnahmen ein bestimmtes Verfahren zwingend vorschreibt, weicht man auf die Ebene aus, die eine derartige Kontrolle nicht vorschreibt.[14]

Diese durchaus gegebene Gefahr kann jedoch nicht als Argument für die Ablehnung der generellen Beschränkung der Mitbestimmung auf die kollektiven Arbeitgebermaßnahmen gelten. Vielmehr ist der Gefahr mit einer entsprechend konkretisierten Abgrenzung der Kollektivmaßnahmen von den Einzelmaßnahmen entgegenzuwirken.

Der Einbeziehung von Einzelmaßnahmen des Arbeitgebers in das Mitbestimmungsrecht des Betriebsrates könnte jedoch vor allem der Sinn und Zweck der Betriebsvereinbarung bzw. der Mitbestimmung des Betriebsrates in sozialen Angelegenheiten entgegenstehen. Es ist nicht Aufgabe des Betriebsrates, an Stelle des einzelnen Arbeitnehmers dessen individuelle Arbeitsbedingungen mit dem Arbeitgeber auszuhandeln. Wer diese Forderung erhebt, überzieht die Schutzfunktion und provoziert zu Recht das böse Wort von der Kuratel des Betriebsrates.[15] Das den Tatbeständen des § 87 I gemeinsame Merkmal besteht darin, dass es sich um Gegenstände des gemeinsamen Interesses der Belegschaft handelt. Ziel der Mitbestimmung ist die Vorgabe einer unter Beteiligung des Betriebsrates zustande kommenden betrieblichen Ordnung der sozialen Angelegenheiten, an der sich die Einzelarbeitsverhältnisse auszurichten haben[16]. In der Beschränkung auf kollektive Maßnahmen bleibt durch die Mitbestimmung die Vertragsfreiheit der Arbeitnehmer grundsätzlich unangetastet.[17]

---

[12] DKK-Klebe § 87 Rn. 16; Dietz/Richardi § 87 Rn. 15; Hess/Schlochauer/Worzalla/Glock § 87 Rn. 19.

[13] Weiss/Weyand § 87 Rn. 4.

[14] Weiss/Weyand § 87 Rn. 4.

[15] Böhm BB 1974, 372, 374.

[16] GK-Wiese vor § 87 Rn. 8.

[17] GK-Wiese § 87 Rn. 25; Hess/Schlochauer/Worzalla/Glock § 87 Rn. 18; Jahnke Tarifautonomie, S. 140.

Demzufolge kann Gegenstand der Betriebsvereinbarung nur eine abstrakte Regelung, nicht aber das konkrete Arbeitsverhältnis sein.

Eine Begrenzung der Mitbestimmung auf kollektive Tatbestände ist ferner gerade im Hinblick auf die von der ganz herrschenden Meinung anerkannte Theorie der notwendigen Mitbestimmung[18] zu bejahen. Nach dieser ist die Mitbestimmung des Betriebsrates Wirksamkeitsvoraussetzung für die Regelung einer mitbestimmungspflichtigen Angelegenheit.[19] Es wäre unpraktikabel, bei jeder individuellen Abrede oder jeder Weisung des Arbeitgebers erst die Zustimmung des Betriebsrates einzuholen.

(2) Abgrenzung der Kollektiv- von den Einzelmaßnahmen

Die somit notwendige Abgrenzung der Kollektiv- von Einzelmaßnahmen ist allerdings problematisch.

Zur Abgrenzung werden in der Literatur und Rechtsprechung verschiedene Auffassungen vertreten. Diese werden im Folgenden untersucht.

Nach einer Ansicht ist maßgeblich, ob der Arbeitgeber eine Einzelfallmaßnahme oder eine generelle Regelung anstrebt. Ziele er auf eine generelle Regelung, so handle es sich um einen Kollektivtatbestand, selbst wenn das Ziel durch Abschluss entsprechender Einzelverträge erreicht werden solle.[20]

Gegen diesen Abgrenzungsversuch spricht, dass das angestrebte Ziel der Arbeitgebermaßnahmen meist schwerlich festzustellen ist.[21] Im Übrigen können – und dies berücksichtigt diese Meinung nicht – kollektive Interessen der Arbeitnehmer auch von Einzelmaßnahmen berührt sein, wenn es z.B. um die Frage geht, nach welchen Gesichtspunkten einzelne Arbeitnehmer zur Leistung von Überstunden herangezogen werden sollen.[22]

Dieser Auffassung kann deshalb nicht gefolgt werden.

Eine andere Auffassung – sie wurde hauptsächlich von der herrschenden Meinung zum Betriebsverfassungsgesetz von 1952 vertreten – nimmt einen Kollektivtatbestand dann an, wenn von einer Arbeitgebermaßnahme eine größere, näm-

---

18 Vgl. nur GK-Wiese § 87 Rn. 98 – mit weiteren Nachweisen.

19 Nach Ansicht von Wiese (GK § 87 Rn. 25) führt die Einbeziehung individueller Tatbestände in die Mitbestimmung zur Ablehnung der Theorie der notwendigen Mitbestimmung – diesen Weg gehen u.a. konsequenterweise auch Dietz/Richardi (§ 87 Rn. 24), die die Unterscheidung zwischen Regelung und Einzelfall aufgeben und auf die Mitbestimmung als Wirksamkeitsvoraussetzung weitgehend verzichten.

20 Stege/Weinspach § 87 Rn. 16; Galperin/Löwisch § 87 Rn. 6 ff.; Kammann/Hess/Schlochauer § 87 Rn. 10.

21 Hess/Schlochauer/Worzalla/Glock § 87 Rn. 21a.

22 Jahnke SAE 1983, 145, 146; Hess/Schlochauer/Worzalla/Glock § 87 Rn. 21a; Wiese SAE 1983, 325, 328.

lich im Verhältnis zur Gesamtzahl nicht unerhebliche Anzahl von Arbeitnehmern erfasst wird.[23]

Auch diese Ansicht setzt sich schwerwiegenden Einwänden aus. So ist es offensichtlich, dass die Formulierung des Maßstabes – „nicht unerhebliche Anzahl von Arbeitnehmer" – für die betrieblich Praxis zu unsicher ist. Des weiteren wird diese Abgrenzung dem Zweck des Mitbestimmungsrechts nicht gerecht. Ob das Gesamtinteresse der Belegschaft berührt ist, kann nicht von einer zufälligen Anzahl der von einer Maßnahme betroffenen Arbeitnehmer abhängen.[24] Quantitative Kriterien können allenfalls ein Indiz für das Vorliegen eines Kollektivtatbestands sein.[25]

Aus diesen Gründen ist auch diese Meinung abzulehnen.

Nicht zu überzeugen vermag ferner die Ansicht des Bundesarbeitsgerichts, im Falle des § 87 I Nr. 3 sei ein kollektiver Tatbestand jedenfalls dann gegeben, wenn ein zusätzlicher Arbeitskräftebedarf regelmäßig auftrete und vorhersehbar sei.[26] Die regelmäßige Wiederkehr des Falles und die Vorhersehbarkeit sind als Unterscheidungsmerkmale wenig geeignet. Das Merkmal der regelmäßigen Wiederkehr des Falles ist nämlich auch in Bezug auf einzelne Arbeitnehmer möglich, etwa einem Spezialisten, der allein für die Deckung eines häufigen zusätzlichen Arbeitsbedarfes in Betracht kommt.[27] Auch die Vorhersehbarkeit kann bei typischen Individualfällen gegeben sein, z.B. bei dem Spezialisten oder einer Arbeitnehmerin, die eine veränderte Arbeitszeit wünscht, um ihr Kind vor Arbeitsbeginn in die Schule zu fahren.[28]

Zuzustimmen ist der Ansicht, die das Vorliegen eines „qualitativen" Kollektivtatbestands fordert.[29] Nur diese Auffassung ist von schwerwiegenden Einwänden frei und wird dem Schutzzweck der Mitbestimmungsrechte in sozialen Angelegenheiten gerecht. Der Kollektivtatbestand ist danach immer dann gegeben, wenn eine Angelegenheit nach ihrem Gegenstand einen kollektiven Bezug hat, weil sie kollektive Interessen der Arbeitnehmer im Betrieb berührt. Eine Angelegenheit darf sich nicht nur auf das Verhältnis zwischen dem Arbeitgeber und

---

23 BAG vom 1.2.1957 – DB 1957, 262; LAG Niedersachsen DB 1980, 1849; Siebert/Hilger BB 1955, 670; Strasser RdA 1956, 448, 449.

24 GK-Wiese § 87 Rn. 26; Dietz/Richardi § 77 Rn. 70; Hess/Schlochauer/Worzalla/Glock § 87 Rn. 22.

25 Dietz/Richardi § 77 Rn. 70; Hess/Schlochauer/Worzalla/Glock § 87 Rn. 22.

26 BAG AP Nr. 3, Nr. 6, Nr. 7, Nr. 9 zu § 87 BetrVG 1972 Arbeitszeit, AP Nr. 2 zu § 23 BetrVG 1972.

27 GK-Wiese § 87 Rn.22; Hess/Schlochauer/Worzalla/Glock § 87 Rn.26; Jahnke SAE 1983, 145, 146 f.

28 Wiese SAE 1983, 325, 327; Hess/Schlochauer/Worzalla/Glock § 87 Rn. 28.

29 BAG vom 10.6.1986 – DB 1986, 2391; vom 22.2.1983 – DB 1983, 1926; vom 21.12. 1982 – DB 1983, 611; GK-Wiese § 87 Rn. 30 ff.; Reuter SAE 1981, 241; Jahnke SAE 1983, 145, 146.

dem einzelnen Arbeitnehmer auswirken, sondern muss auch das Belegschaftsinteresse berühren. Bezieht sich eine Arbeitgebermaßnahme abstrakt auf den ganzen Betrieb oder auf eine Gruppe von Arbeitnehmern oder einen Arbeitsplatz, so ist sie dem kollektiven Tatbestand zuzuordnen. Dagegen gehören nicht zu den mitbestimmungspflichtigen generellen Regelungen im Rahmen des Direktionsrechts getroffene Anordnungen und Vereinbarungen des Arbeitgebers, die durch besondere Umstände des einzelnen individuellen Arbeitsverhältnisses bedingt sind. Nur Vereinbarungen, die den individuellen Besonderheiten einzelner Arbeitsverhältnisse Rechnung tragen und deren Auswirkungen sich auf das Arbeitsverhältnis dieses Arbeitnehmers beschränken, sind mitbestimmungsfrei.

cc) Ergebnis

Festzuhalten bleibt nach diesen Ausführungen, dass den Mitbestimmungsrechten in sozialen Angelegenheiten der Kollektivtatbestand als allgemeine Voraussetzung gemein ist.

Vor Überprüfung der speziellen Voraussetzungen des § 87 I Nr. 1 ist dementsprechend zu fragen, ob die betreffende Arbeitgebermaßnahme – unabhängig davon, ob sie sich an einen oder mehrere Arbeitnehmer richtet – das Belegschaftsinteresse berührt. Trägt sie hingegen den individuellen Besonderheiten eines einzelnen Arbeitsverhältnisses Rechnung und beschränken sich alle damit verbundenen Auswirkungen auf das Arbeitsverhältnis dieses Arbeitnehmers, so ist die Mitbestimmung des Betriebsrates von vornherein ausgeschlossen.

b) Vorbehalt der unternehmerischen Entscheidungsfreiheit

In der Literatur und Rechtsprechung ist, wie bereits dargestellt, höchst streitig, inwieweit der Betriebsrat bei Maßnahmen des Arbeitgebers betreffend die Arbeitsleistung der Arbeitnehmer mitbestimmen kann. Diese Problematik ist eng verbunden mit der Frage, in welchem Verhältnis die betriebliche Mitbestimmung zur unternehmerischen Entscheidungsfreiheit steht. Bis heute gehört dieses Thema zu den umstrittensten Problemen des Betriebsverfassungsrechts. Für die Auslegung des § 87 I Nr. 1 ist die Klärung des genannten Verhältnisses insofern bedeutsam, als die überwiegende Ansicht innerhalb der Literatur davon ausgeht, dass die Mitbestimmung des Betriebsrates im Falle einer unternehmerischen Entscheidung des Arbeitgebers eingeschränkt oder ausgeschlossen werden müsse. Danach bestünde eine immanente Schranke, die bei der Ermittlung der Reichweite des § 87 I Nr. 1 zu beachten wäre.

Im folgenden ist daher zu untersuchen, ob ein unternehmerischer Entscheidungsvorbehalt besteht.

aa) Die unbestrittene Ausgangsbasis

Es war unzweifelhaft Wille des Gesetzgebers, über die Mitbestimmungs- und Mitwirkungsrechte des Betriebsrates keine (paritätische) Mitbestimmung bei unternehmerischen Entscheidungen einzuführen. Dem Betriebsrat sollten unmittelbare Eingriffe über ein erzwingbares Mitbestimmungsrecht in die wirtschaftlich-unternehmerische Entscheidungsfreiheit des Arbeitgebers nicht möglich sein. Dies geht schon aus der amtlichen Begründung zum Regierungsentwurf des Betriebsverfassungsgesetzes von 1972 hervor: „Da die Unternehmensverfassung aus rechtssystematischen Gründen nicht in das Betriebsverfassungsgesetz passt, enthält der Gesetzesentwurf keine Regelung der Mitbestimmung der Arbeitnehmer in den Unternehmensorganen".[30] Damit wird der von der Mitbestimmungskommission in ihrem Bericht „Mitbestimmung im Unternehmen"[31] entwickelten Unterscheidung gefolgt, nach der die Mitbestimmung im Unternehmen und bei der Wahrnehmung der unternehmerischen Planungs- und Leitungsmacht von der Mitbestimmung im Betrieb abzugrenzen ist, welche auf die Ausübung der arbeitsrechtlichen Direktions- und Weisungsrechte des Arbeitgebers ausgerichtet ist. Die vom Betriebsverfassungsgesetz begründeten paritätischen Mitbestimmungsrechte sollen sich nicht – dies stellt das Bundesverfassungsgericht in seinem grundlegenden Mitbestimmungsurteil ausdrücklich klar – auf unternehmerische Grundsatzentscheidungen, sondern nur auf die „Einzelheiten ihrer Ausgestaltung im Sinne einer angemessenen Berücksichtigung der sozialen und wirtschaftlichen Interessen der Arbeitnehmer des Betriebs beziehen".[32]

Nach dem Sinn und Zweck des Betriebsverfassungsgesetzes ist also grundsätzlich eine Beteiligung des Betriebsrates an unternehmerischen Entscheidungen nicht vorgesehen. Die Frage, ob nun darüber hinaus ein Leitprinzip erkennbar wird, das sich auch auf den Umfang der Mitbestimmungsrechte auswirkt, ist Gegenstand und Ausgangsposition des Meinungsstreits über eine etwaige Eingrenzung der betrieblichen Mitbestimmung unter dem Aspekt einer von der Mitbestimmung freizuhaltenden unternehmerischen Entscheidungsebene.

bb) Darstellung und Bewertung der verschiedenen Ansichten zur Berücksichtigung unternehmerischer Entscheidungen des Arbeitgebers im Zusammenhang mit der Mitbestimmung nach § 87 I BetrVG

Eine Ansicht im Schrifttum tritt dafür ein, bei unternehmerischen Entscheidungen des Arbeitgebers die Form der Ausübung der Mitbestimmung, also das Initiativrecht des Betriebsrates, zu beschränken.[33] Von dieser Prämisse ausgehend soll

30 BT-Drucksache VI/1786, 31.

31 BT-Drucksache VI/334, 59 ff.

32 BVerfGE 50, 290, 327.

33 Rüthers ZfA 1973, 417 ff.; Boewer DB 1973, 522 ff.; Wiese Anmerkung zu BAG AP Nr. 3 zu § 87 BetrVG 1972 Kurzarbeit Bl. 139 ff.; Hanau RdA 1973, 281 ff.

nach Wiese bei unmittelbaren Eingriffen in die unternehmerische Entscheidungsfreiheit das Initiativrecht entfallen[34], nach Rüthers der Wegfall des Initiativrechts eintreten, wenn durch das Initiativrecht der Kernbereich der unternehmerischen Entscheidungsfreiheit in wirtschaftlichen Angelegenheiten von grundlegender unternehmenspolitischer Bedeutung verletzt werde[35] und nach Meinung von Hanau eine Einschränkung des Initiativrechts bei unangemessenen Ausgestaltungen wirtschaftlicher Unternehmensentscheidungen vorgenommen werden.[36]

Argumentiert wird vornehmlich aus gesetzessystematischer Sicht. So zeige das Regelungsmodell der §§ 111 ff. für die Mitbestimmung in wirtschaftlichen Angelegenheiten bei Betriebsänderungen, dass die wirtschaftliche Kernentscheidung über die Betriebsänderung selbst nicht Gegenstand der Mitbestimmung sei. Deshalb könne nicht unter dem „Deckmantel“ der sozialen Angelegenheiten des § 87 I eine darüber hinaus gehende und dann doch in wirtschaftliche und unternehmerische Dimensionen hineinreichende Mitbestimmung gewährt werden[37]. Auch sei dem Wortsinn des § 87 I, nach welchem der Betriebsrat „mitzubestimmen“ habe, lediglich eine nicht zwingende Indizwirkung für die Inkorporation des Initiativrechts beizumessen.[38] Im Übrigen sei weder einer historischen noch einer teleologischen Auslegung zu entnehmen, dass das Initiativrecht stets mit der Mitbestimmung nach § 87 I verbunden sein müsse.[39] Schließlich führt Wiese an, dass von den Gerichten nicht immer bei Bestehen eines Mitbestimmungsrechts auch ein Initiativrecht mit bejaht worden sei.[40]

Gegen die These der Einschränkung des Initiativrechts wird zutreffend eingewandt, dass sie auf die materiellen Arbeitsbedingungen fixiert ist und die zu einschneidenden Auswirkungen auf unternehmerische Entscheidungen fähigen formellen Arbeitsbedingungen außer acht lässt.[41] Damit ist sie für die Lösung des Interessenskonflikts zwischen betrieblicher und unternehmerischer Entscheidungsfreiheit ungeeignet. Des weiteren gebietet der Sinn und Zweck der betrieblichen Mitbestimmung die Zweiteilung der echten Mitbestimmung in unterschiedliche Kategorien des Mitbestimmungsrechts nicht. Diese zu einer Zementierung des status quo führende Konzeption verhindert, im Falle veränderter Rahmenbedingungen, wie z.B. veränderter Marktsituationen, flexibel auf diese

---

34 Wiese Anmerkung zu BAG AP Nr. 3 zu § 87 BetrVG 1972 Kurzarbeit Bl. 144.

35 Rüthers ZfA 1973, 417, 420.

36 Hanau RdA 1973, 281, 286 f.

37 Rüthers ZfA 1973, 417, 418 f.

38 Wiese Anmerkung zu BAG AP Nr. 3 zu § 87 BetrVG 1972 Kurzarbeit Bl. 140.

39 Wiese Anmerkung zu BAG AP Nr. 3 zu § 87 BetrVG 1972 Kurzarbeit Bl. 141 f.; Boewer DB 1973, 522, 527.

40 Wiese Anmerkung zu BAG AP Nr. 3 zu § 87 BetrVG 1972 Kurzarbeit Bl. 140 f.

41 Moll S. 181; Richardi Anmerkung zu BAG EzA Nr. 13 zu § 87 BetrVG 1972 Arbeitszeit Bl. 102 i; Weingart S. 87 f.

neue Situation reagieren zu können.[42] Gerade die Unternehmer sind bei Verschlechterung der wirtschaftlichen Gesamtsituation durch die beschriebene Absicherung des status quo vor einschneidenden Beeinträchtigungen der Unternehmensfreiheit nicht geschützt.[43] Dem Hauptanliegen der betrieblichen Mitbestimmung in Gestalt einer flexiblen, kontinuierlichen Weiterentwicklung der sozialen Arbeitnehmerrechte wird nicht Rechnung getragen. Schließlich können die gesetzessystematischen und am Wortlaut des § 87 I orientierten Argumente der Vertreter dieser These nicht überzeugen. Wenn die Argumentation auf das Regelungsmodell der §§ 111 ff. abstellt, so wird dabei übersehen, dass die Vorschrift des § 112 II 2 über die Mitbestimmung beim Sozialplan ebenso wie die Mitbestimmung in sozialen Angelegenheiten als Teilaspekt des Gesamtmitbestimmungsrechts das Initiativrecht beinhaltet.[44] Selbst wenn man in den Vorschriften über die Sozialplanmitbestimmung die Einräumung einer mitbestimmungsfreien unternehmerischen Vorentscheidung sieht, so lässt sich aus dem Vergleich mit diesen Vorschriften eine Beschränkung des Initiativrechts nicht herleiten.[45] Im Falle der Wortlautauslegung spricht die Formulierung des § 87 I – dies gibt auch Wiese im Ausgangspunkt zu – gegen eine teilweise Trennung von Mitbestimmung und Initiativrecht.

Nach allem kann daher der These der Einschränkung des Initiativrechts nicht gefolgt werden.

Ausgehend von der Tatsache, dass die rechtliche Wirkung des Initiativrechts – im Gegensatz zum sogenannten Vetorecht – nicht automatisch durch dessen Wahrnehmung, sondern vielmehr erst mit der Entscheidung der Einigungsstelle eintritt, folgern einige Autoren im Schrifttum, dass eine Einschränkung der Mitbestimmung im Bereich der unternehmerischen Entscheidung methodisch bei den Kompetenzen der Einigungsstelle und nicht des Betriebsrates angesiedelt werden müsse.[46] Die Einigungsstelle solle an Maßstäben gebunden sein, welche die Beachtung der Unternehmerfreiheit sicherstellen.[47] Auch für den Fall, dass formell die Voraussetzungen des Mitbestimmungsrechts vorliegen, müsse die Einigungsstelle unter Berücksichtigung der Tatbestandsmerkmale des § 76 V 3 die „Belange des Betriebs“ und damit die unternehmerischen Entscheidungsgründe in ihre Entscheidungsfindung mit einbeziehen.[48] Erst auf der Ebene der Einigungsstelle finde damit die inhaltliche Abwägung statt, ob die Unternehmensfreiheit unzulässigerweise berührt sei.[49]

---

42 Reuter ZfA 1981, 165, 175 f.
43 Weingart S. 88 f.
44 Darauf weist Reuter in ZfA 1981, 165, 175 zutreffend hin.
45 Reuter ZfA 1981, 165, 175.
46 Blomeyer ZfA 1975, 243 ff.; Moll S. 200 ff.
47 Blomeyer ZfA 1975, 243, 294; Moll S. 202, 212 ff.
48 Blomeyer ZfA 1975, 243, 294; Moll S. 202.
49 Blomeyer ZfA 1975, 243, 294; Moll S. 202.

Der These der Berücksichtigung der unternehmerischen Entscheidungsfreiheit im Rahmen des Ermessens der Einigungsstelle gemäß § 76 V 3 kann insofern nicht gefolgt werden, als sie den Sinn und Zweck des Verfahrens vor der Einigungsstelle verkennt. Unzweifelhaft kommt der Einigungsstelle nach dem Betriebsverfassungsgesetz die Funktion einer innerbetrieblichen Schiedsstelle zu. Als solche hat sie vornehmlich die Aufgabe, gescheiterte Verhandlungen des Arbeitgebers mit dem Betriebsrat über eine beabsichtigte Maßnahme mit dem damit verbundenen Patt aufzulösen.[50] Priorität hat die Einigung der Betriebsverfassungsparteien im Verhandlungswege. Diesem Regelungssystem widerspricht das von den Anhängern dieser These aufgestellte Modell, nachdem die Einigungsstelle im Vergleich zu den vorhergegangenen Einigungsversuchen des Arbeitgebers und Betriebsrates in einem anderen rechtlichen Rahmen entscheiden kann. Es verkennt den Sinn und Zweck des Konfliktlösungsmodells der Einigungsstelle, welches einen unterschiedlich ausgestalteten rechtlich gesetzten Rahmen nicht gebietet. Durch die Mehrausstattung der Befugnisse erlangt die Einigungsstelle hinsichtlich der Auflösung der Pattsituation eine Bedeutung, die ihr nach dem Gebot der Priorität der Herbeiführung einer Einigung auf dem Verhandlungswege nicht zusteht.[51] Auch aus denklogischer und pragmatischer Sicht erscheint es wenig sinnvoll, warum dem Betriebsrat zunächst Rechte zugestanden werden, die er im Falle des Konflikts mit dem Arbeitgeber letztlich aber nicht durchsetzen kann, da sie ihm Rahmen des Verfahrens vor der Einigungsstelle wieder entzogen werden.[52]

Eine Einschränkung der Mitbestimmungsrechte bei unternehmerischen Entscheidungen hat somit nicht im Wege des Einigungsstellenverfahrens gemäß § 76 V 3 zu erfolgen.

Es ist ferner nicht gerechtfertigt, das Bestehen eines unternehmerischen Entscheidungsvorbehaltes mit dem Argument zu begründen, dass Mitbestimmungsrechte in sozialen Angelegenheiten auf formelle Arbeitsbedingungen beschränkt seien. Diese Ansicht vertraten das Bundesarbeitsgericht und die herrschende Meinung des Schrifttums unter Geltung des Betriebsverfassungsgesetzes von 1952.[53] Im neuen heute geltenden Betriebsverfassungsgesetz von 1972 wurden Mitbestimmungstatbestände wie z.B. §§ 87 I Nr. 3, 10 und 11 aufgenommen, die zweifellos auch materielle Arbeitsbedingungen regeln. Die Unterscheidung zwischen formellen und materiellen Arbeitsbedingungen hinsichtlich einer Be-

---

50 Löwisch Arbeitsrecht, Rn. 572 f.

51 Weingart S. 94.

52 Ähnlich Joost DB 1983, 1818, 1819; Richardi Anmerkung zu BAG EzA Nr. 13 zu § 87 BetrVG 1972 Arbeitszeit Bl. 102; Wiese Anmerkung zu BAG AP Nr. 3 zu § 87 BetrVG 1972 Kurzarbeit Bl. 142.

53 Vgl. dazu die umfangreichen Nachweise bei Moll S. 158 ff.

grenzung der Mitbestimmungsrechte wurde damit bedeutungslos.[54] Daneben sei erwähnt, dass auch formelle Arbeitsbedingungen gleich intensiv Einfluss auf die unternehmerische Entscheidungsfreiheit haben können und damit die angesprochene Unterscheidung kein taugliches Mittel zum Schutz der Freiheit darstellt.[55]

Im Gegensatz zu den bisher erörterten Auffassungen scheint die von einer Vielzahl von Autoren vertretene Meinung, den Arbeitgebern bei Maßnahmen im Bereich der unternehmerischen Ebene, welche die obligatorische Mitbestimmung in sozialen Angelegenheiten nach § 87 betreffen, eine Entscheidungsprärogative zuzugestehen[56], dazu geeignet, den Interessenkonflikt zwischen Unternehmensfreiheit und betrieblicher Mitbestimmung zumindest aus Sicht der Unternehmer zu lösen.

Ausgangspunkt für die Beschränkung des Mitbestimmungsrechts des Betriebsrates sei nach dieser Ansicht die Inkompetenz und Unzuständigkeit der Einigungsstelle, Fragestellungen, welche die Anforderungen des Marktes an das Unternehmen betreffen, verbindlich zu entscheiden.[57] Die Schranke der Mitbestimmung stelle insoweit eine rechtsdogmatisch begründete Folge dar.[58]

Die Vertreter dieser These sehen ihre Meinung im Besonderen in den unterschiedlichen Formulierungen der §§ 76 V 3 und 112 V 1 bestätigt.[59] Nach § 76 I 3 fasse die Einigungsstelle „ihre Beschlüsse unter angemessener Berücksichtigung der Belange des Betriebs." Hingegen habe die Einigungsstelle bei der Sozialplanmitbestimmung gemäß § 112 V 1 „auf die wirtschaftliche Vertretbarkeit ihrer Entscheidung für das Unternehmen zu achten". Der Gesetzgeber habe also bewusst zwischen den arbeitsrechtlich definierten Begriffen Betrieb und Unternehmen[60] unterschieden und den Betriebsbegriff der Ebene der Entscheidungen der Einigungsstelle nach § 76 zugeordnet. Die Einigungsstelle sei damit im Bereich der unternehmerischen Entscheidungen an die Vorgaben der Betriebsleitung gebunden. Daneben führt insbesondere Reuter zur Begründung auch teleologische

---

54 So die heute allgemein vertretene Ansicht – vgl. u.a. GK-Wiese § 87 Rn. 34 ff.; Fitting/Engels/Schmidt/Trebinger/Linsenmaier (23. Auflage) § 87 Rn. 21; Schaub § 230, II, 2.

55 Moll S. 180 f.

56 Reuter ZfA 1981, 165 ff.; Dietz/Richardi § 87 Rn. 30; Richardi Anmerkung zu BAG EzA Nr. 13 zu § 87 BetrVG 1972 Arbeitszeit; Lieb DB 1981 Beilage Nr. 17, S. 8; ähnlich Beuthin ZfA 1988, 1 ff.; Martens RdA 1989, 164 ff.

57 Reuter ZfA 1981, 165, 202 f.; Lieb DB 1981, Beilage Nr. 17, S. 8.

58 Richardi Anmerkung zu BAG EzA Nr. 13 zu § 87 BetrVG 1972 Arbeitszeit Bl. 102 f; Reuter ZfA 1981, 165, 186.

59 So vor allem Reuter ZfA 1981, 165, 202 f.; Richardi Anmerkung zu BAG EzA Nr. 13 zu § 87 BetrVG 1972 Arbeitszeit Bl. 102 f, 102 g.

60 Zum Verständnis: unter dem arbeitsrechtlichen Betriebsbegriff ist eine organisatorische Einheit zu verstehen, innerhalb derer der Arbeitgeber mit den Arbeitnehmern bestimmte arbeitstechnische Zwecke verfolgt (Dietz/ Richardi § 1 Rn. 52) – im Gegensatz dazu ist das Unternehmen als wirtschaftliche Einheit zu definieren (Dietz/Richardi § 1 Rn. 52).

Gesichtspunkte an.[61] So könne die Einigungsstelle durch einzelne den Unternehmensbereich betreffende Entscheidungen die jeweils betroffenen Unternehmen derart belasten, dass deren Wettbewerbssituation nicht hinreichend beachtet werde.[62] Die Einzelentscheidungen seien nämlich nur individuelle Sonderbelastungen und keine für alle Unternehmen geltenden wirtschaftlichen Rahmendaten.[63] Selbst wenn ein in dieser Weise durch die Einigungsstelle belastetes Unternehmen den ihm zustehenden gerichtlichen Rechtsschutz wahrnehme, so sei dieser Schutz jedoch nicht vollends gewährleistet, da die Gerichte angesichts der Nichtprognostizierbarkeit der individuellen Wettbewerbssituation keine Kriterien der Nachprüfbarkeit der Entscheidungen der Einigungsstelle hätten.[64]

Ansatzpunkt für die kritische Auseinandersetzung mit dieser These ist die bestehende Gefahr, dass der Vorbehalt der unternehmerischen Entscheidungsfreiheit im Bereich der sozialen Angelegenheiten zu einer mittelbaren Erdrosselung der Mitbestimmung des Betriebsrates führen kann.[65] Der Arbeitgeber hat die Möglichkeit, eine zunächst die Voraussetzungen eines Mitbestimmungstatbestands erfüllende Maßnahme so zu begründen, dass keine Zweifel in der Annahme einer unternehmerischen Vorentscheidung bestehen.[66] Es bliebe für den Betriebsrat nur die Regelung unbedeutender Detailfragen.[67] Als Beispiele sollen für § 87 I Nr. 1 typische Arbeitgeberanordnungen dienen. Die Einführung einer einheitlichen Arbeitskleidung betrifft nach allgemeiner Auffassung grundsätzlich die Frage der Ordnung des Betriebs und das Verhalten der Arbeitnehmer im Betrieb. Begründet der Arbeitgeber die Einführung jedoch nun damit, dass das Tragen einer besonders attraktiven Arbeitskleidung durch Verkaufsangestellte einzig dem Zweck der Umsatzsteigerung dient, würde diese unbestreitbar unternehmensrelevante Entscheidung das nach § 87 I Nr. 1 gegebene Mitbestimmungsrecht ausschließen. Ähnlich so kann es sich beim Alkoholverbot als ein für § 87 I Nr. 1 exemplarisches Beispiel der Mitbestimmung verhalten. Auch in diesem Bereich könnte der Arbeitgeber als Begründung des Verbots anführen, dass er sich damit eine effektivere Arbeitsweise erhofft, die zu einer Produktivitäts- und damit Umsatzsteigerung führt – die Maßnahme als sich darstellende unternehmerische Vorentscheidung würde das hier allgemein anerkannte Mitbestimmungsrecht ausschließen. Wollte

---

61 Reuter ZfA 1981, 165, 203.

62 Reuter ZfA 1981, 165, 203.

63 Reuter ZfA 1981, 165, 203.

64 Reuter ZfA 1981, 165, 203.

65 Das Bestehen dieser Gefahr wird von Reuter (ZfA 1981, 165, 203) eingeräumt. Er will dieser Gefahr jedoch mit einer Missbrauchskontrolle nach dem Vorbild der gerichtlichen Kontrolle unternehmerischer Vorentscheidungen im Zusammenhang mit der betriebsbedingten Kündigung entgegenwirken.

66 BAG AP Nr. 8 zu § 87 BetrVG 1972 Arbeitszeit Bl. 1014.

67 BAG AP Nr. 8 zu § 87 BetrVG 1972 Arbeitszeit Bl. 1014.

man all dies bejahen, dann stünde das Mitbestimmungsrecht zur Disposition des Arbeitgebers.[68]

In diesem Zusammenhang sei erwähnt, dass eine wechselseitige Interdependenz zwischen der unternehmerischen Ebene und der betrieblichen Ebene besteht.[69] Durch die zwangsläufig wechselseitige Abhängigkeit insbesondere in sozialen Angelegenheiten besteht damit die Gefahr, dass die Einräumung einer Entscheidungsprärogative für eine der beiden Ebenen die jeweils andere Ebene ins Leere laufen lässt.[70] Auf der einen Seite könnte der Unternehmer seine Unternehmerfreiheit nicht realisieren, wenn er bindend jedes Ergebnis einer Mitbestimmung in sozialen Angelegenheiten hinnehmen müsste. Auf der anderen Seite bliebe folgerichtig kein Raum für die betriebliche Mitbestimmung, wenn eine zwingende Bindung an die unternehmerische Vorentscheidung bestünde.

Des weiteren bestehen Bedenken darüber, ob sich die These des Vorbehalts der Unternehmerentscheidung aus dem Sinn und Zweck des Betriebsverfassungsgesetzes begründen lässt. Eine inhaltliche Analyse des Gesetzes zeigt, dass der Funktionsbereich des Betriebsrates auch Entscheidungen des Arbeitgebers umfasst, die außerhalb der rein arbeitstechnischen Zielsetzungen liegen, also unternehmerischer Natur sind. Dies gilt zum einen für die bloßen Mitwirkungsrechte nach §§ 106, 111, zum anderen gerade für die obligatorische Mitbestimmung nach §§ 112 IV, 87 I Nr. 3, 10 und 11, §§ 92, 95 II sowie für die freiwillige Mitbestimmung (§ 88 Nr. 3). Bei dieser großen Anzahl von Beispielen wäre es fehlerhaft, diese als Ausnahmen zu bezeichnen.[71] Vielmehr geben die genannten Beteiligungsrechte des Betriebsrates, so wie es Joost zutreffend ausdrückt, den zeitgemäßen Stand der Entwicklung des Betriebsverfassungsrechts wieder und prägen die funktionale Stellung des Betriebsrates mit.[72] Ein betriebsverfassungsrechtliches Prinzip des Vorbehalts der Unternehmerentscheidungen bei gleichzeitiger Beschränkung Beteiligungsrechte ist nicht erkennbar.[73]

Beachtlich ist die am Gesetzeswortlaut orientierte Argumentation Reuters, nach der sich der Vorbehalt unternehmerischer Entscheidungen aus den unterschiedlichen Formulierungen der §§ 76 V 3 und 112 V 1 herleiten lasse.[74]

---

68 BAG AP Nr. 8 zu § 87 BetrVG 1972 Arbeitszeit Bl. 1014.

69 Diese Abhängigkeit wird auch von den Befürwortern des Vorbehalts der Unternehmensfreiheit gesehen – vgl. Moll S. 201; Lieb DB 1981, Beilage Nr. 17, S. 8 zum Sonderfall der Mitbestimmung nach § 87 I, Nr. 2; Richardi Anmerkung zu BAG EzA Nr. 13 zu § 87 BetrVG 1972 Arbeitszeit, Bl. 102 g.

70 Weingart S. 106.

71 Joost DB 1983, 1818, 1819.

72 Joost DB 1983, 1818, 1819.

73 BVerfG AP Nr. 15 zu § 87 BetrVG 1972 Arbeitszeit; BAG AP Nr. 8 zu § 87 BetrVG 1972 Arbeitszeit; Joost DB 1983 1818, 1819.

74 Reuter ZfA 1981, 165, 202 f.

In der Tat ist die Gegenüberstellung der Begriffe Betrieb und Unternehmen durch das Gesetz nicht zu verkennen. Ob man dies jedoch als entscheidendes Argument für die Annahme einer Entscheidungsprärogative des Unternehmers ansehen kann, erscheint im Hinblick auf die Reichweite dieses Grundsatzes für die Auslegung des gesamten Betriebsverfassungsgesetzes fraglich. Gerade angesichts der vorstehend aufgeführten Zweifel bezüglich der Vereinbarkeit der These mit dem Sinn und Zweck des Betriebsverfassungsgesetzes wird der gewählte Anknüpfungspunkt der Formulierungsdifferenz zwischen §§ 76 V 3 und 112 V 1 überbewertet.[75] Dies zeigt schon die Tatsache, dass es nach § 76 I auch unternehmens- und sogar konzernweite Einigungsstellen gibt, die bei der Schlichtung von Streitigkeiten des Unternehmers mit dem Gesamt- oder Konzernbetriebsrat einen Prüfungsrahmen haben, der auch Auswirkungen auf der unternehmerischen Ebene hat.[76]

Nach allem muss die These des Vorbehalts der Unternehmerentscheidung trotz des durchaus beachtenswerten Gesetzeswortlautarguments aufgrund der Nichtvereinbarkeit mit dem Sinn und Zweck des Betriebsverfassungsgesetzes sowie aufgrund der mit dem Vorbehalt verbundenen Gefahr der mittelbaren Erdrosselung der Mitbestimmungsrechte des Betriebsrates abgelehnt werden.

Einen Vorrang der unternehmerischen Entscheidungsfreiheit in jeglicher Hinsicht lehnt schließlich eine letzte Meinungsgruppe ab. Ausgehend von der allgemeinen Methodenlehre zur Gesetzesauslegung soll vor allem nach Ansicht des Bundesverfassungsgerichts[77] und des Bundesarbeitsgerichts[78] aber auch einzelner Autoren im Schrifttum[79] die Ermittlung der Reichweite der betriebsverfassungsrechtlichen Mitbestimmung durch Auslegung jedes einzelnen Mitbestimmungstatbestands unter Berücksichtigung der gesetzlichen Gesamtregelung und des darin zum Ausdruck kommenden Gesetzeszweckes erfolgen. Die Unantastbarkeit der unternehmerischen Entscheidungsfreiheit könne nicht als immanente Schranke der Mitbestimmungsrechte gelten.

Dem Bundesarbeitsgericht muss zugestimmt werden, wenn es in seiner Argumentation erkennt, dass die Systematik des Gesetzes den Anhaltspunkt dafür liefert,

---

75 Joost DB 1983, 1818, 1819; Weingart S. 101.

76 Joost DB 1983, 1818, 1819, Fn. 18; Weingart S. 101.

77 BVerfG AP Nr. 15 zu § 87 BetrVG 1972 Arbeitszeit.

78 BAG AP Nr. 8 zu § 87 BetrVG Arbeitszeit – in dem sogenannten „Kaufhausfall" hatte das Bundesarbeitsgericht folgenden Sachverhalt zu beurteilen: Der Betriebsrat eines Kaufhausunternehmens verlangte eine Vorverlegung der Arbeitszeit für alle im Verkauf beschäftigten Arbeitnehmer und rief, da eine Einigung mit dem Arbeitgeber nicht zustande kam, die Einigungsstelle an. Diese entschied, dass die Arbeitszeit für die Tage von Montag bis Freitag um 15 Minuten und für den langen Samstag um 55 Minuten zu kürzen sei.

79 Buschmann DB 1983, 1059, 1061; Joost DB 1983, 1818, 1820; Hinrichs AiB 1986, 142; Kissel RdA 1988, 193, 198 ff.; Weingart S. 122.

dass sich der Gesetzgeber über die wechselseitige Abhängigkeit zwischen unternehmerischer Entscheidungsfreiheit und betrieblicher Mitbestimmung bewusst war.[80] Er hat nämlich ein differenziertes System von Beteiligungsrechten des Betriebsrates geschaffen.[81] So gibt es bloße Unterrichtungs- und Informationsrechte, aber auch Anhörungs-, Beratungs- und Widerspruchsrechte, schließlich sogar erzwingbare Mitbestimmungsrechte. In Bereichen, in denen dem Gesetzgeber die Erhaltung der unternehmerischen Entscheidungsfreiheit ganz oder im größeren Umfange geboten erschien, gewährte er dem Betriebsrat nur ein schwächeres, wenig intensives Beteiligungsrecht. Dagegen ist der Betriebsrat an weniger schutzwürdigen Unternehmerentscheidungen stärker partizipiert.[82] Falsch ist es damit zu behaupten, die Beschränkung der Mitbestimmungsrechte ergebe sich aus einer Beeinträchtigung der unternehmerischen Entscheidungsfreiheit in einem den Grundentscheidungen des Betriebsverfassungsgesetzes widersprechenden Umfang. Die Vielzahl der auf unternehmerische Fragen bezogenen Mitbestimmungsrechte stellen vielmehr den zeitgemäßen Stand der Entwicklung des Betriebsverfassungsrechts dar und prägen die funktionale Stellung mit.[83] Fehlerhaft wäre es im Übrigen, den Regierungsentwurf und die Äußerungen während der parlamentarischen Beratung des Betriebsverfassungsgesetzes von 1972, wonach in die „eigentlichen unternehmerischen Entscheidungen" nicht eingegriffen werden dürfe, überzubewerten. Zuzustimmen ist insoweit Joost, der diese Aussagen als „reine Verbalkosmetik" bezeichnet, „welche die Bedeutung des Gesetzes etwas herunterspielt, seinen Inhalt aber nicht klarstellt".[84] Zum einen enthalten die Äußerungen keine Erläuterungen der inhaltlichen Konzeption des Gesetzes, wenn sie nicht erläutern, was die eigentlichen unternehmerischen Entscheidungen überhaupt sind. Zum anderen beweist gerade das beschriebene Gesamtmodell des Betriebsverfassungsgesetzes mit seinen teilweise in die Unternehmerfreiheit eingreifenden Mitbestimmungsrechten, dass man nicht von einem ausnahmslos geltenden Grundsatz sprechen kann.

Folglich verbleibt es dabei, dass sich die Reichweite der betrieblichen Mitbestimmung durch Auslegung der einzelnen Mitbestimmungsrechte ergibt.

cc) Einfluss der Grundrechte des Unternehmers in „gravierenden" Fällen

Kritisch muss jedoch die Aussage des Bundesarbeitsgerichts beurteilt werden, nach welcher der durch den Gesetzgeber gelöste Wertungswiderspruch zwischen unternehmerischer Entscheidungsfreiheit und betrieblicher Mitbestimmung selbst

80 BAG AP Nr. 8 zu § 87 BetrVG 1972 Arbeitszeit Bl. 1013.
81 BAG AP Nr. 8 zu § 87 BetrVG 1972 Arbeitszeit Bl. 1013.
82 BAG AP Nr. 8 zu § 87 BetrVG 1972 Arbeitszeit Bl. 1013.
83 Joost DB 1983, 1818, 1819.
84 Joost DB 1983, 1818, 1819.

in „gravierenden Fällen“ von den Gerichten nicht korrigierbar sei.[85] Die Frage, wann die unternehmerische Entscheidungsfreiheit in ihrem Kernbereich berührt werde oder was eine unternehmerische Entscheidung von besonderem Gewicht sei, lasse sich, so das Bundesarbeitsgericht, verlässlich nicht beantworten[86]. Wie unhaltbar diese Behauptung ist, wird deutlich, wenn man den vom Bundesarbeitsgericht in seiner Kaufhausentscheidung[87] entschiedenen Fall abwandelt. Es ist wohl unzweifelhaft, dass die Einigungsstelle nicht verbindlich festlegen kann, dass das Kaufhaus, beispielsweise werktags schon um 15 oder 16 Uhr, zu schließen hat. Ebenso verhält es sich in einem noch „gravierenderen Fall“, wenn der Betriebsrat bei einem als Nachtlokal betriebenen Restaurant die Verlegung der Arbeitszeit auf die Vormittagsstunden durchsetzen will.[88] Das Bundesarbeitsgericht kann unmöglich behaupten, dass derartige Regeln mit den Grundsätzen des Betriebsverfassungsgesetzes vereinbar seien. Andernfalls wäre der Unternehmer zweifellos in seinen Grundrechten verletzt, der Mitbestimmungstatbestand also verfassungswidrig.

Die verfassungsrechtliche Kernfrage jeder Mitbestimmungsordnung besteht darin, den richtigen verfassungskonformen Ausgleich zwischen den unternehmerischen Vermögens- und Entscheidungsrechten und den arbeitnehmerischen Mitbestimmungsrechten zu finden. Die für die Verfassungsmäßigkeit einer jeden Mitbestimmungsordnung maßgebenden Grundrechte binden das Betriebsverfassungsgesetz sowie die aus ihm abgeleiteten Zuständigkeiten. Das Bundesverfassungsgericht hat in seinem für die verfassungsrechtliche Beurteilung von Mitbestimmungsregelungen bedeutsamen Urteil vom 1.3.1979[89] – dem sogenannten Mitbestimmungsurteil – die maßgebenden grundrechtlichen Positionen zur Verfassungsmäßigkeit einer jeden Mitbestimmung mit den Grundrechten aus Art. 2 I, 9 I, III, 12 und 14 GG benannt.

Der Verfassungsmäßigkeit des Betriebsverfassungsgesetzes stehen grundsätzlich keine Bedenken entgegen.[90] Problematisch ist hingegen, ob das Betriebsverfassungsgesetz in seiner konkreten Anwendung bezüglich der gegenständlich aus ihm abzuleitenden Mitbestimmungs- und Entscheidungsbefugnis verfassungsgemäß ist. Um die Verfassungsmäßigkeit zu gewährleisten, muss jeder Mitbestim-

---

85 BAG AP Nr. 8 zu § 87 BetrVG 1972 Arbeitszeit Bl. 1013.

86 BAG AP Nr. 8 zu § 87 BetrVG 1972 Arbeitszeit Bl. 1013.

87 Vgl. Fn. 58, S. 83.

88 Vgl. Richardi Anmerkung zu BAG EzA Nr. 13 zu § 87 BetrVG 1972 Arbeitszeit B. 102 c.

89 BVerfGE 50, 290, 341 ff. = NJW 1979, 699 ff. – Der vom Gericht entschiedene Fall beinhaltete zwar nur die Prüfung des Mitbestimmungsgesetzes. Das Bundesverfassungsgericht hat jedoch in seiner Urteilsbegründung Grundsätze aufgestellt, die für jede Mitbestimmungsordnung gelten und demgemäss bei der Beurteilung des hiesigen Problems maßgebend sind – vgl. Scholz NJW 1986, 1587, 1589.

90 Scholz NJW 1986, 1587, 1588.

mungstatbestand verfassungskonform ausgelegt werden.[91] Ein unverhältnismäßiger verfassungswidriger Eingriff in den Schutzbereich der einschlägigen Grundrechte muss vermieden werden.

Bei der Auslegung einer Mitbestimmungsnorm ist im Besonderen das Grundrecht des Arbeitgebers aus Art.14 GG zu beachten.[92] Für den Grundrechtsträger besteht danach Schutz vor einem unverhältnismäßigen Eingriff in sein Eigentum. Es wird ihm ein Freiheitsraum auf vermögensrechtlicher Ebene gesichert und damit eine eigenverantwortliche Gestaltung des Lebens ermöglicht.[93] Dabei schützt Art. 14 GG nur Rechtspositionen, die einem Rechtssubjekt bereits zugeordnet sind, dagegen nicht in der Zukunft liegende Chancen und Verdienstmöglichkeiten.[94] Nach ständiger Rechtsprechung des Bundesverfassungsgerichts sichert die Eigentumsgarantie eigens im wirtschaftlichen Bereich die eigenverantwortliche und ökonomisch autonome Betätigung nach den Prinzipien der Privatnützigkeit und der grundsätzlichen freien Verfügungsbefugnis.[95] In der Begründung seines Mitbestimmungsurteils führte das Bundesverfassungsgericht aus, dass die Eigentumsgarantie des Art. 14 GG jeder Mitbestimmungsordnung dort Grenzen setzt, wo die Funktionsfähigkeit des Unternehmens und seiner wirtschaftlichen Leitung auf der Ebene der unternehmerischen Betätigungsfreiheit durch den Eigentumsinhaber bzw. Anteilseigner vereitelt wird.[96] Dabei soll nicht jede Dispositionsbefugnis von Unternehmensinhabern unter dem Schutz der eigentumsrechtlichen Funktionsfähigkeit stehen, sondern vielmehr die typische, für das jeweilige Unternehmen bzw. die jeweilige Unternehmensbranche wesensmäßige Form ökonomisch sinnvoller und rentabler Eigentumsnutzung.[97] Diese differenzierte Betrachtungsweise ist vor allem bei der Überprüfung einzelner Mitbestimmungsbefugnisse auf ihre Verfassungsmäßigkeit vorzunehmen.

dd) Ergebnis

Ein grundsätzlicher aus dem Betriebsverfassungsgesetz abzuleitender Vorbehalt unternehmerischer Entscheidungsfreiheit besteht nicht. Die Reichweite der betriebsverfassungsrechtlichen Mitbestimmung ist durch verfassungskonforme

---

91 Scholz NJW 1986, 1587, 1588.

92 Art. 9 GG und Art. 2 I GG spielen bei der verfassungsmäßigen Betrachtung nur eine untergeordnete Rolle (vgl. Scholz NJW 1986, 1587, 1589) – die verfassungsmäßige Beurteilung aus der Sicht des Art. 12 I GG kann, da Art. 12 I und Art. 14 I GG „funktionell aufeinander bezogen sind" keine andere als die aus der Sicht des Art. 14 I GG sein (BVerfGE 50, 290, 365).

93 Vgl. u.a. BVerfGE 24, 367, 389; 50, 290, 339; 53, 257, 290; 68, 361, 374 f.

94 Vgl. u.a. BVerfGE 30, 292, 334 f.; 39, 210, 237; 45, 272, 296; 65, 196, 209.

95 Vgl. u.a. BVerfGE 31, 229, 240 ff.; 37, 132, 140; 42, 263, 294; 49, 382, 392; 50, 290, 339 ff.; 53, 257, 290; 68, 361, 367 f.

96 BVerfGE 50, 290, 352.

97 Scholz NJW 1986, 1587, 1589.

Auslegung jedes einzelnen Mitbestimmungstatbestands unter Berücksichtigung der gesetzlichen Gesamtregelung und des darin zum Ausdruck kommenden Gesetzeszweckes zu bestimmen. Bei der Ausübung der Mitbestimmung müssen im Besonderen die Grundrechte des Unternehmers beachtet werden. Unter Berücksichtigung der Eigentumsgarantie des Art. 14 GG gilt es, die Funktionsfähigkeit der Unternehmen nicht zu vereiteln.

2. Spezielle Voraussetzungen des Mitbestimmungsrechts des § 87 I Nr. 1 BetrVG

Nach der Entwicklung der allgemeinen Voraussetzungen gilt es nun, den Besonderheiten des Mitbestimmungsrechts des § 87 I Nr. 1 gerecht zu werden und entsprechend spezielle Voraussetzungen zu entwickeln. Schwerpunktmäßig soll im Rahmen dieser Untersuchung die Frage beantwortet werden, ob das Mitbestimmungsrecht des Betriebsrates gemäß § 87 I Nr. 1 ausgeschlossen ist, wenn die Arbeitgebermaßnahme das bilateral Verhältnis des Arbeitgebers zu den Arbeitnehmern regelt.

a) Mitbestimmung bei einer Arbeitgebermaßnahme betreffend das bilaterale Verhältnis des Arbeitgebers zu den Arbeitnehmern

Dieses elementare Problem des § 87 I Nr. 1 ist mit der Frage verbunden, ob die Norm aus zwei Tatbestandsteilen besteht oder ob der 2. Tatbestandsteil, „Verhalten der Arbeitnehmer im Betrieb“, auf den ersten Tatbestandsteil, „Ordnung des Betriebs“, bezogen ist. Die vom Bundesarbeitsgericht in ständiger Rechtsprechung und weiten Teilen der Literatur vorgenommene Reduktion des Tatbestands zu einem einheitlichen Tatbestand führt zum Ausschluss der Mitbestimmung bei Arbeitgebermaßnahmen, welche das Verhältnis des Arbeitgebers zu den Arbeitnehmern regeln.[98]

aa) Wörtliche Auslegung

(1) Verständnis der einzelnen Begriffe des § 87 I Nr. 1 BetrVG

Die beiden den Tatbestand des § 87 I Nr. 1 bestimmenden Begriffe „Ordnung“ und „Verhalten“ zeichnen sich durch einen außerordentlich hohen Abstraktionsgrad

98 Die Kommentar von Fitting/Kaiser/Heither/Engels/Schmidt (21. Auflage) (§ 87 Rn. 66) stellt insoweit klar, dass „durch die Zusammenfassung zweier auch nach dem Wortlaut unterschiedlicher Regelungsbereiche zu einem mitbestimmungspflichtigen Tatbestand alle abstrakt generellen Regelungen aus dem Bereich der mitbestimmungspflichtigen Angelegenheiten herausgenommen werden, die das Verhalten der Arbeitnehmer bei der Ausübung ihrer dienstlichen Tätigkeiten, die Erbringung ihrer Arbeitsleistung und ihrer Umstände betreffen“.

aus. Ihre Bedeutung ist umfassend. Diese Aussage wird bestätigt, wenn man nach Begriffserläuterungen in den einschlägigen deutschen Wörterbüchern sucht.

So ist zum Begriff der Ordnung nirgendwo eine einheitliche Definition zu finden. Grund dafür ist, dass die ‚Ordnung' im deutschen Sprachgebrauch verschiedene Bedeutungen haben kann.

Üblicherweise bezeichnet die Ordnung das Geordnetsein bzw. einen geregelten Zustand.[99] In diesem Sinne fallen umgangssprachliche Wendungen wie „es ist alles in bester und schönster Ordnung" oder „eine Sache in Ordnung bringen". Mit Hilfe dieses Begriffs soll damit letztlich auf die Funktionstüchtigkeit einer Sache oder die Normalität eines Zustandes hingewiesen werden. Wann ein solcher Zustand erreicht ist, besagt der Begriff jedoch nicht. Zur Feststellung, ob irgendetwas der Ordnung dient, wird ein Maßstab gebraucht. Der Maßstab für einen ordentlichen Zustand muss von anderer Seite vorgegeben werden. Damit bleibt der Begriff für die Mitbestimmung inhaltsleer.

Genau dieser Maßstab, der für die Konkretisierung des geordneten Zustandes erforderlich ist, wird teilweise auch als Ordnung bezeichnet. Das Wort Ordnung kann neben der Bedeutung ‚geordneter Zustand' umgangssprachlich auch die Bedeutung ‚Regelwerk' haben. Diese Wortauslegung könnte relevant sein, da die Ordnung gerade in juristischen Gesetzestexten in diesem Sinne häufig gebraucht wird. Insbesondere Verfahrensgesetze, wie z.B. die Zivilprozessordnung, Strafprozessordnung oder Verwaltungsgerichtsordnung, werden oft als Ordnung bezeichnet. Jedoch auch andere Gesetze, wie z.B. die Gewerbeordnung, die Grundbuchordnung oder die Vergleichsordnung tragen diese Bezeichnung. Läge man diese Bedeutung der Ordnung i.S.d. § 87 I Nr. 1 zugrunde, so hieße dies, dass der Betriebsrat bei der Aufstellung eines Regelwerkes mitzubestimmen hätte. Ein Regelwerk im vorgenannten Sinne ist auch eine Arbeitsordnung. Arbeitsordnungen enthalten gewöhnlich Regelungen, die einen Bezug zum Mitbestimmungstatbestand des § 87 I Nr. 1 haben.[100] Das nach einer derartigen Interpretation nun der Betriebsrat bei der Aufstellung von Arbeitsordnungen mitbestimmen kann, ist für die nähere Bestimmung des Tatbestands des § 87 I Nr. 1 jedoch nicht relevant. Da es keine eine Arbeitsordnung näher definierende gesetzliche Regelung gibt, ist das Wort Arbeitsordnung für sich inhaltsleer. Es stellt ein Regelwerk dar, dessen Inhalt speziell in jedem Betrieb durch den Arbeitgeber und dem Betriebsrat vorgegeben wird. Ein Mitbestimmungsrecht kann sich jedoch nicht auf ein inhaltsleeres Regelwerk beziehen.

Ähnlich dem Verständnis der Ordnung als Regelwerk ist die Deutung der Ordnung als Aufbau einer inneren Struktur, einem System von wirtschaftlichen, sozialen, politischen u.a. Verhältnissen (Markt-, Wirtschafts-, Gesellschaftsordnung)

---

99 Brockhaus Bd. 4.

100 GK-Wiese § 87 Rn 169.

sowie von Werten und Normen oder als Aufbau, Organisation und Anordnung der Teile eines Ganzen (innere Ordnung eines Systems, Rang- oder Sitzordnung). Jedoch trägt auch diese Auslegung wenig zur näheren Konkretisierung der zu untersuchenden Tatbestandsvoraussetzung bei, da auch den Systemen und Strukturen vorab ein Inhalt gegeben werden muss die so definierte Ordnung ist für sich inhaltsleer und damit für eine nähere Auslegung des § 87 I Nr. 1 wenig relevant.

Es zeigt sich, dass der Ordnungsbegriff zu abstrakt ist, als dass man mit Hilfe der Wortlautauslegung diese Tatbestandsvoraussetzung auf einen für die Auslegung notwendiges Maß näher konkretisieren kann.

Allerdings ist der Ordnung eine nähere Bestimmung vorgegeben. Bei der Ordnung muss es sich um eine Ordnung ‚des Betriebs' handeln. Daraus geht hervor, dass nicht die Ordnung der einzelnen Arbeitsverhältnisse geregelt werden soll, sondern die über diese Verhältnisse hinausgehende Organisation des Betriebs. Nur die organisatorische Einheit soll einem ordnenden System unterworfen werden.

Alles in allem kann somit mit Hilfe der verschiedenen Deutungsmöglichkeiten höchstens eine grobe Eingrenzung vorgenommen werden.

Ebenso abstrakt und für eine nähere Konkretisierung des Mitbestimmungstatbestands wenig brauchbar sind die Definitionen zum Begriff Verhalten. Das Wort Verhalten drückt im deutschen Sprachgebrauch die Art und Weise aus, wie sich ein Lebewesen verhält.[101] In der Rechtssprache bedeutet es jedes Tun, Dulden oder Unterlassen. Der auch im § 87 I Nr. 6 enthaltene Verhaltensbegriff wird vom Bundesarbeitsgericht als individuell steuerbares Tun verstanden.[102] Damit sind sowohl verpflichtende als auch verbietende Maßnahmen des Arbeitgebers gegenüber den Arbeitnehmern diesem Tatbestandsteil zuzuordnen.

Ebenso wie die Ordnung ist auch das Verhalten näher bestimmt. Es muss sich um ein Verhalten der Arbeitnehmer im Betrieb handeln. Dieser Tatbestandsteil ist danach räumlich begrenzt. Maßnahmen des Arbeitgebers, die das Verhalten der Arbeitnehmer im privaten Bereich regeln, fallen deshalb nicht unter diese Vorschrift. Wohl unzweifelhaft kann als räumliche Grenze die Begrenzung des Betriebsgeländes angesehen werden. Mit Eintritt der Arbeitnehmer auf das Betriebsgelände unterliegt nach dem Wortlaut jede verpflichtende oder verbietende Maßnahme des Arbeitgebers dem Mitbestimmungsrecht des Betriebsrates nach § 87 I Nr. 1.

Schließlich bleibt zu klären, was das Wort „Fragen" im Tatbestand des § 87 I Nr. 1 zu bedeuten hat. Aus der Formulierung und den Umständen können keine Folgerungen gezogen werden. Auch in den einschlägigen Kommentaren wird auf diesen Begriff nicht eingegangen. Aus dem Sinnzusammenhang des § 87 kann das Wort „Fragen" nur als Synonym für die Formulierung „Maßnahmen des Arbeitgebers" gedeutet werden. Die Vorschrift könnte danach auch lauten: „Maßnahmen des

---

101 Duden Die Deutsche Rechtschreibung, 2001.

102 BAG vom 11.3.1986, AP Nr. 14 zu § 87 BetrVG 1972 Überwachung.

Arbeitgebers hinsichtlich der Ordnung des Betriebs und des Verhaltens der Arbeitnehmer im Betrieb".

(2) Bedeutung der „Und-Verbindung" aus sprachlicher Sicht

Fraglich ist, wie die Verbindung der Tatbestandsteile „Ordnung des Betriebs" und „Verhalten der Arbeitnehmer im Betrieb" durch das Wort „und" aus sprachlicher Sicht, gerade mit Blick auf die Frage, ob eine Reduktion des Tatbestands des § 87 I Nr. 1 geboten ist, beurteilt werden muss.

Das Wort „und" ist grammatikalisch gesehen eine Konjunktion. Konjunktionen dienen dazu, Wörter, Satzteile oder ganze Sätze miteinander zu verbinden.[103] Die Konjunktion „und" signalisiert zumeist gemeinsame Geltung gehäufter Elemente[104]. Diese zusammengefassten Elemente beziehen sich auf eine Größe, wenn die gehäuften Elemente gleichrangig sind.[105] Gleichrangig sind Elemente beliebigen Umfangs, die von einem und demselben Wort unmittelbar abhängen oder in gleicher Weise unabhängig sind.[106] Genau diese grammatikalische Wendung enthält die Vorschrift des § 87 I Nr. 1. Durch die Konjunktion „und" wird der gleichwertige Charakter der verknüpften Glieder „Ordnung im Betrieb" und „Verhalten der Arbeitnehmer im Betrieb" signalisiert. Beide Satzglieder sind unabhängig. Ihnen steht nur die übergeordnete Aussage vor, dass der Betriebsrat ein Mitbestimmungsrecht hat. Die „Und-Verbindung" spricht dafür, dass der Begriff „Verhalten" nicht in abhängiger Beziehung zur ‚Ordnung des Betriebs' steht. Der Formulierung „Verhalten der Arbeitnehmer im Betrieb" kommt eine eigenständige Bedeutung zu.

Zuzugeben ist Wiese[107], dass sich die durch „und" verbundenen Satzteile sowohl auf unterschiedliche Sachverhalte beziehen als auch Komponenten ein und desselben Sachverhaltes sein können. Die mögliche Mehrdeutigkeit der „Und-Verbindung" verdeutlicht folgender Beispielsatz: „Boris spielt gegen Anke und Steffi Tennis". Dieser Satz lässt zwei verschiedene Deutungsmöglichkeiten zu. Boris könnte zum einen zwei Einzel gegen Anke und Steffi spielen. Die Satzteile Anke und Steffi beziehen sich auf unterschiedliche Sachverhalte. Boris könnte zum anderen aber auch Doppel gegen Anke und Steffi spielen. Die Satzteile Anke und Steffi wären Komponenten des übergeordneten Sachverhaltes Doppel.

Einen derartigen übergeordneten Sachverhalt hat der Tatbestand des § 87 I Nr. 1 jedoch nicht. Den beiden Tatbestandsteilen ist lediglich die Aussage übergeordnet, dass der Betriebsrat ein Mitbestimmungsrecht hat.

---

103 Duden Die Grammatik, Bd. 4, Rn. 683.

104 Engel Deutsche Grammatik, S. 746.

105 Engel Deutsche Grammatik, S. 746.

106 Engel Deutsche Grammatik, S. 794.

107 Wiese Anmerkung zu BAG AP Nr. 13 zu § 87 BetrVG 1972 Ordnung des Betriebs.

Zudem ist zu bedenken, dass nach herrschender Meinung der Satzteil „Verhalten der Arbeitnehmer im Betrieb“ auf den ersten Teil „Ordnung des Betriebs“ bezogen sei. Die herrschende Meinung geht also gar nicht von der Existenz eines den beiden Teilen übergeordneten Sachverhaltes aus.

Raab ist der Ansicht[108], dass der Wortlaut trotz Verwendung der „Und-Konjunktion“ in der dargestellten Weise für eine Vereinheitlichung des Tatbestands spricht. Gerade die Erwähnung von betrieblicher Ordnung und Verhalten der Arbeitnehmer in einem Tatbestand deute darauf hin, dass die Begriffe nicht beziehungslos nebeneinander gestellt werden sollten, sondern damit eine Verbindung zwischen beiden Bereichen zum Ausdruck gebracht werden solle. Dieser wechselseitige Bezug komme zudem dadurch zum Ausdruck, dass vom Verhalten der Arbeitnehmer ‚im Betrieb‘ die Rede sei. Diese Formulierung im unmittelbaren syntaktischen Zusammenhang mit dem Begriff der betrieblichen Ordnung lasse erkennen, dass nicht das Verhalten der Arbeitnehmer ganz allgemein, sondern gerade in Bezug auf die betriebliche Ordnung gemeint sei.

Diese Argumentation kann nicht überzeugen. Warum die Erwähnung der Elemente betriebliche Ordnung und Verhalten der Arbeitnehmer im Betrieb in einem Tatbestand dazu führen soll, dass sie aufeinander bezogen sind, ist unklar. Wie schon gezeigt, haben beide Begriffe ganz unterschiedliche Bedeutungen. Aus den Begriffserklärungen zeichnet sich in keiner Weise ein Zusammenhang ab. Auch Raab belässt es bei dieser These und zeigt einen etwaigen Zusammenhang nicht auf.

Ebenso verfehlt ist die Annahme eines wechselseitigen Bezuges der Tatbestandsteile auf Grund der Formulierung „Verhalten der Arbeitnehmer im Betrieb“. Sowohl der Ordnung als auch dem Verhalten ist durch den Zusatz „des Betriebs“ bzw. „im Betrieb“ nur eine nähere Bestimmung bzw. Eingrenzung beigegeben. Der Begriff „Verhalten“ beschränkt ebenso wenig wie der Zusatz „im Betrieb“ die sprachliche Interpretation auf eine „betriebliche Gemeinschaft“ oder auf die „betriebliche Organisation“. Die Interpretation „Verhalten bei der Arbeit“ im Gegensatz zum „Verhalten in der Privatsphäre“ liegt deshalb näher, da auch bei Tätigkeiten außerhalb des Betriebs Ordnungsregeln gelten.[109]

Der deutschen Grammatik widersprechend ist die Argumentation von Küchenhoff[110]. Er weist darauf hin, dass die beiden Satzteile durch „und“ verbunden, nicht durch „oder“ getrennt sind. Dadurch werde eine Gesamterscheinung umschrieben.

---

108 Raab NZA 1993, 193, 199.

109 Pfarr Anmerkung zu BAG AP Nr. 2 zu § 87 BetrVG 1972 Ordnung des Betriebs; DKK-Klebe § 87 Rn. 44.

110 Küchenhoff Anmerkung zu BAG AP Nr. Nr. 3 zu § 56 BetrVG 1952 Ordnung des Betriebs.

Ebenso wie „und" ist „oder" eine nebenordnende Konjunktion und wird gebraucht, um Wörter oder Wortgruppen miteinander zu verbinden.[111] Durch „oder" wird nur ausgedrückt, dass von zwei oder mehr Möglichkeiten nur eine in Betracht kommt, während bei „und" – Konjunktionen durchaus zwei Möglichkeiten betroffen sein können.

Somit lässt sich feststellen, dass der Wortlaut insoweit klar formuliert ist, als dass die Tatbestandsteile „Ordnung des Betriebs" und „Verhalten der Arbeitnehmer im Betrieb" gleichberechtigt nebeneinander stehen. Mittels einer sprachlich-grammatikalischen Interpretation lässt sich ein Bezug des zweiten Tatbestandsteiles auf den ersten Tatbestandsteil nicht erklären. Versuche einzelner Vertreter der herrschenden Meinung, die Reduktion des Tatbestands mit Hilfe des Wortlautes der Vorschrift zu begründen, wirken gekünstelt. So ist es auch nicht verwunderlich, dass selbst aus dieser Meinungsgruppe die meisten Autoren zugeben, dass der Mitbestimmungstatbestand des § 87 I Nr. 1 nach wörtlicher Auslegung zwei Tatbestandsteile enthält.[112]

(3) Ergebnis

Die Deutung des Ordnungs- und Verhaltensbegriffs liefert keine Hinweise darauf, ob eine Reduktion des § 87 I Nr. 1 zu erfolgen hat. Nach Auslegung des sprachlichen Sinngehaltes dieser Begriffe ist sowohl denkbar, dass vom Mitbestimmungsrecht Arbeitgebermaßnahmen erfasst werden, die die sogenannte soziale Ordnung, also das Zusammenleben und Zusammenwirken der Arbeitnehmer untereinander regeln, als auch Maßnahmen des Arbeitgebers, die Arbeitsbedingungen zum Regelungsgegenstand haben, welche sich nur auf das Verhältnis des Arbeitgebers zum Arbeitnehmer beziehen.

Hingegen spricht die „Und"-Verbindung eindeutig gegen die Annahme, dass sich der zweite Tatbestandsteil auf den ersten bezieht.

Eine Reduktion des Tatbestands ist damit aus sprachlicher Sicht nicht geboten. Diese Erkenntnis kann jedoch nicht als endgültiges Ergebnis der Auslegung angesehen werden. Denn ob der Wortlaut wirklich klar ist, kann nämlich nach Prüfung der drei anderen Auslegungskriterien durchaus zweifelhaft sein.[113]

Die Begriffe Ordnung und Verhalten lassen im Übrigen durch ihre Abstraktheit und Umfassendheit nur eine grobe Konkretisierung zu. Nach dem Ordnungsbegriff muss eine Maßnahme des Arbeitgebers im weitesten Sinne das Miteinander einzelner Komponenten des Betriebs regeln oder einen unübersichtlichen Zustand klären, um die organisatorische Einheit des Betriebs herzustellen. Der

---

111 Duden Die Grammatik, Bd. 4, Rn. 717.

112 Vgl. u.a. Henssler SAE 1990, 340, 343; v. Hoyningen-Huene Anmerkung zu BAG AP Nr. 8 zu § 87 BetrVG 1972 Ordnung des Betriebs.

113 Wank Die Auslegung von Gesetzen, S. 60.

Verhaltensbegriff gibt vor, dass die Arbeitgebermaßnahme ein Tun, Dulden oder Unterlassen der Arbeitnehmer regeln muss.

Ferner ergibt sich aus der Wortlautbetrachtung, dass eine strikte Zuordnung einer Arbeitgebermaßnahme zu dem einen oder anderen Tatbestandsteil schwer möglich ist, da sich die Begriffe Ordnung und Verhalten nicht eindeutig trennen lassen.[114] Die meisten Maßnahmen, für die sich ein Mitbestimmungsrecht nach § 87 I Nr. 1 ergeben könnte, können rein formal sowohl die Ordnung des Betriebs als auch das Verhalten der Arbeitnehmer im Betrieb betreffen. Es zeichnet sich deshalb ab, dass eine Konkretisierung des Inhalts der Norm nicht in der Form vorgenommen werden kann, dass die beiden Tatbestandsteile im einzelnen ausgelegt werden. Respektive ist der Inhalt des Mitbestimmungsrechts mittels der anderen Auslegungsmethoden im gesamten zu bestimmen. Eine solche Vorgehensweise ist nicht untypisch für Normen, deren Inhalt durch unbestimmte Rechtsbegriffe bestimmt ist.

Dem Wortlaut kann schließlich unzweifelhaft zumindest eine räumliche Beschränkung des Mitbestimmungsrechts des § 87 I Nr. 1 entnommen werden. Maßnahmen des Arbeitgebers, die das Verhalten der Arbeitnehmer im privaten Bereich regeln, fallen nicht unter diese Vorschrift, wobei als räumliche Grenze die Begrenzung des Betriebsgeländes anzusehen ist.

bb) Historische Auslegung

§ 87 I Nr. 1 basiert, wie bereits mehrfach dargelegt, auf der Vorschrift des § 56 I lit. f des Betriebsverfassungsgesetzes von 1952. Auch diese Norm beruft sich auf frühere Gesetze.[115] Aus der Vorgeschichte des § 87 I Nr. 1 könnten deshalb wichtige Erkenntnisse hinsichtlich der Bestimmung der Reichweite des Mitbestimmungsrechts gewonnen werden.

Auch die Entstehungsgeschichte des Mitbestimmungstatbestands im engeren Sinne könnte entsprechende Hinweise liefern. Es gilt, auch das Gesetzgebungsverfahren zum Betriebsverfassungsgesetz von 1972 zu untersuchen.

(1) Vorgeschichte

Der Mitbestimmungstatbestand des § 87 I Nr. 1 ist die wichtigste Rechtsgrundlage für die Aufnahme von Vorschriften in eine Arbeitsordnung.[116] Die Vorgeschichte dieser Norm ist damit eng verknüpft mit der Vorgeschichte der Arbeitsordnung verknüpft.

---

114 Gnade/Kehrmann/Schneider/Blanke § 87 Rn. 40.

115 So auch das BAG in AP Nr. 1 zu § 56 BetrVG 52 Ordnung des Betriebs.

116 GK-Wiese § 87 Rn. 169.

Bei der Untersuchung der Geschichte der Arbeitsordnung ist bis in das Jahr 1891 zurückzugehen. Am 1.6.1891 wurde das Gesetz zur Abänderung der Gewerbeordnung (GewO 1891) – auch Arbeiterschutzgesetz oder Lex Berlepsch genannt – beschlossen, welches im § 134 a vorsah, dass in Fabriken mit mindestens 20 Arbeitern eine Arbeitsordnung zu erlassen ist. Der Gesetzgeber verfolgte damit zum einen den Zweck, dass durch die Aufstellung gewisser Bedingungen der Abschluss des Arbeitsvertrages mit einzelnen Arbeitern erleichtert wird.[117] Zum anderen dienten die Vorschriften der Arbeitsordnung der technischen und wirtschaftlichen Ordnung des Betriebs. Alles in allem sei die Regelung, so der Bericht des deutschen Reichstages, geeignet, zur Erhaltung eines friedlichen Verhältnisses zwischen Arbeitgeber und Arbeitnehmer beizutragen.

Für die Arbeitnehmer hatte die Pflicht des Arbeitgebers zum Erlass einer Arbeitsordnung eine verhältnismäßig geringe Schutzwirkung. Dem Arbeitgeber wurde nämlich im § 134 b GewO 1891 nur vorgegeben, welche groben Themenbereiche die Arbeitsordnung enthalten müsse. Den genauen Inhalt konnten die Betriebsinhaber selbst festlegen. Ein Mitwirkungsrecht der Arbeitnehmer bzw. der Arbeiterausschüsse wurde nach § 134 d GewO 1891 nur in der Form gewährt, dass vor Erlass der Arbeitsordnung der genaue Inhalt den Arbeitern bzw. Arbeiterausschüssen vorgelegt werden musste und diese Gelegenheit hatten, sich dazu zu äußern. Dieses Anhörrecht begründete aber noch keine Verpflichtung der Arbeitgeber, die Beschwerden und Wünsche auch zu erfüllen. Zwar waren der zuständigen Ortspolizeibehörde der Inhalt der Arbeitsordnung und die schriftlich fixierten Wünsche der Arbeiter oder ihrer Vertreter mitzuteilen, doch prüfte diese nur, ob die Arbeitsordnung den gesetzlichen Bestimmungen entsprach. Damit kann als einziger Schutz die durch die Arbeitsordnung geschaffene Publizität der Arbeitsbedingungen angesehen werden. Da die Vorschriften der Arbeitsordnung gemäß § 134 c I GewO 1891 für alle rechtsverbindlich waren, konnte der einzelne Arbeitnehmer auf die Gültigkeit der ihm bekannten Arbeitsbedingungen vertrauen. Diese für die Arbeitnehmer positive Tatsache wurde noch zusätzlich dadurch verstärkt, dass der Arbeitgeber gemäß § 134 a III IV, e, f GewO 1891 gehindert war, kurzfristige inhaltliche Änderungen vorzunehmen.

Die zu behandelnden Themenbereiche der Arbeitsordnung können nach der Ausgestaltung der Pflicht des Arbeitgebers differenziert werden. Es gab einerseits Vorschriften, die in jeder Arbeitsordnung enthalten sein mussten (obligatorische Bestimmungen). Diese waren im § 134 b I GewO 1891 numerisch aufgezählt. Dazu gehörten Regelungen über die tägliche Arbeitszeit (inklusive der Pausen), über die Zeit und Art der Lohnabrechnung, über die Fristen und Gründe hinsichtlich einer Entlassung von Arbeitnehmern sowie über die Art und Höhe der vom Arbeitgeber vorgesehenen Strafen. Neben diesen Bestimmungen, die

---

[117] Vgl. die Gesetzesbegründung im Stenografischen Bericht Deutscher Reichstag, 8. Legislaturperiode, 1. Session, 1890/91, 1. Anlagen-Bd., Akten-Stück Nr. 4, S. 21.

jede Arbeitsordnung enthalten musste, gab es andererseits Bestimmungen, bei denen es dem Arbeitgeber freigestellt war, sie in die Arbeitsordnung mit aufzunehmen (fakultative Bestimmungen). So blieb es dem Betriebsinhaber überlassen, neben den in Absatz 1 unter den Nummern 1 bis 5 bezeichneten, noch weitere die Ordnung des Betriebs und das Verhalten der Arbeitnehmer im Betrieb betreffende Bestimmungen in die Arbeitsordnung aufzunehmen. Damit taucht der Tatbestand des § 87 I Nr. 1 an dieser Stelle zum ersten mal im arbeitsrechtlichen Bereich auf. Was alles der Ordnung im Betrieb und dem Verhalten der Arbeitnehmer im Betrieb zugeordnet werden kann, ist jedoch auch nach dieser Vorschrift unklar. Wohl auf Grund der rechtlich geringen Bedeutung der Norm ist weder in der Rechtsprechung noch in der Literatur eine genauere Interpretation zu finden. Zwar könnte aus der Tatsache, dass Bezugspunkt des in § 134 b GewO 1891 erwähnten Verhaltens die Arbeitsordnung war, der Schluss gezogen werden, dass unter solchem Verhalten zumindest damals nicht das „Leistungs- und Arbeitsverhalten“ zu verstehen gewesen ist. Jedoch wird diese Annahme sofort widerlegt, wenn man sich anschaut, auf welche Bestimmungen dieser Tatbestand ausdrücklich Bezug nimmt. So konnte bei den in der Arbeitsordnung gemäß § 134 b I Nr. 3 GewO 1891 festzulegenden Entlassungsgründen auch auf Verfehlungen abgestellt werden, die mit der Erbringung der geschuldeten Leistung zu tun hatten. Dem Betriebsinhaber stand es nach § 134 b III 2 GewO 1891 ferner frei, in die Arbeitsordnung „Vorschriften über das Verhalten der Arbeiter bei der Benutzung der zu ihrem Besten getroffenen mit dem Betriebe verbundenen Einrichtungen sowie Vorschriften über das Verhalten der minderjährigen Arbeiter außerhalb des Betriebs“ zu erlassen. Da der Erlass abhängig von der Zustimmung des Arbeiterausschusses war, kann diese Norm als erste Beschränkung der Arbeitgeberbefugnisse durch eine Arbeitnehmervertretung angesehen werden. Der Rahmen der Beschränkung war jedoch insofern sehr bescheiden, als dass der Betriebsbezug ausdrücklich betont wurde, ein funktioneller Bezug nicht ausreichen sollte.

Alles in allem blieb die Entscheidung über die Festsetzungen der Bedingungen des Arbeitsverhältnisses weiterhin grundsätzlich dem Unternehmer vorbehalten. Es lag in seinem Gewissen und in seiner Moral, ob er sich nach den Wünschen und Beschwerden der Arbeiter richtete oder nicht.

Den nächsten großen Einschnitt in der Geschichte der Arbeitsordnung und damit des Mitbestimmungstatbestands des § 87 I Nr. 1 brachte das Betriebsrätegesetz von 1920 (BRG 1920). Der auch schon in der Gewerbeordnung von 1891 enthaltene Gedanke der sozialen Gleichberechtigung wurde nun durch ein in den §§ 78 Nr. 3, 80 BRG 1920 festgeschriebenes Mitbestimmungsrecht der Arbeiter – und Angestelltenräte mehr verwirklicht. Die Arbeitsordnung war fortan ein

Vertrag zwischen dem Arbeitgeber und seiner Arbeitnehmerschaft – ein Unterfall der Betriebsvereinbarung.[118]

Vom Reichsarbeitsminister wurde daneben eine Musterarbeitsordnung erstellt. Diese enthielt in ihren 25 Paragraphen im wesentlichen die in der Gewerbeordnung von 1891 und im Betriebsrätegesetz von 1920 angesprochenen Punkte, erweitert durch ein paar unbedeutende Ordnungsvorschriften. Brisantere Themen wie Rauch- und Alkoholverbote, Durchsuchung von Arbeitnehmern, Betriebsstrafen und Lohnverwirkung wurden lediglich in Anmerkungen als zusätzliche Möglichkeiten erwähnt. Als bloße Empfehlung waren sie im Übrigen rechtlich unbedeutend.

Nach Durchsicht der Rechtsprechung und den Veröffentlichungen in der Literatur kann wiederum festgestellt werden, dass es keine großen Schwierigkeiten bei der Anwendung dieser Normvorschriften gab. Trotz des relativ weit interpretierbaren Wortlauts wurden die Mitbestimmungsbefugnisse nicht weiter ausgedehnt. Grund dafür war vermutlich die allgemeine Akzeptanz der in den Jahren zuvor vom Arbeitgeber gefassten Regelungstatbestände der Arbeitsordnung.

Nach der Machtübernahme durch die Nationalsozialisten wurden im 1934 neu geschaffenen Arbeitsordnungsgesetz (AOG 1934) die Mitbestimmungsbefugnisse der Arbeitnehmervertretungen bei Erstellung einer Arbeitsordnung wieder verworfen. Der Betriebsinhaber war wieder der letztliche Alleinentscheider. Der Arbeitsordnung wurde die Rolle zugedacht, die vorher Tarifverträge, Arbeitsordnung und Dienstvorschriften gemeinsam gespielt hatten. Demgemäss konnte sie neben den obligatorischen Bestimmungen, neben weiteren „Bestimmungen über die Ordnung des Betriebs, das Verhalten der Arbeitnehmer im Betrieb und über die Verhütung von Unfällen" (§ 27 III 2. Halbsatz AOG 1934) auch „Bestimmungen über die Höhe des Arbeitsentgelts und über sonstige Arbeitsbedingungen" (§ 27 III 1. Halbsatz AOG 1934) enthalten.

Daraus wird deutlich, dass auch in der vom Arbeitsordnungsgesetz von 1934 näher beschriebenen Arbeitsordnung nicht nur ordnungsrechtliche, sondern auch das einzelne Arbeitsverhältnis betreffende Fragen geklärt wurden.

Entgegen dem Regierungsentwurf[119], welcher der Betriebssatzung – so wurde die Arbeitsordnung genannt – in Anlehnung an die Gewerbeordnung von 1891 und dem Arbeitsordnungsgesetz von 1934 wieder einen obligatorischen und einen fakultativen Inhalt gab, erwähnte das im Jahre 1952 in Kraft getretene Betriebsverfassungsgesetz weder die Arbeitsordnung noch die Betriebsordnung, sondern gestattete dem Arbeitgeber und dem Betriebsrat ganz allgemein den Abschluss von

---

118 Flatow S. 11 f., Anm. 20.

119 §§ 61, 62 des Entwurfes der Bundesregierung eines Gesetzes über die Neuordnung der Beziehungen von Arbeitnehmern und Arbeitgebern in den Betrieben – abgedruckt in RdA 1950, 343 ff.

Betriebsvereinbarungen. Der Gesetzgeber nannte dabei ausdrücklich die Angelegenheiten, in denen der Betriebsrat ein Mitbestimmungsrecht hatte. In der historischen Kontinuität bleibend stimmte der Mitbestimmungskatalog des § 56 BetrVG 52 im Kern mit den Materien überein, die im Betriebsrätegesetz von 1920 und in der Gewerbeordnung von 1891 Gegenstand der Arbeitsordnung und nach dem Arbeitsordnungsgesetz von 1934 Gegenstand der Betriebsordnung waren. Es liegt somit die Vermutung nahe, dass § 56 BetrVG 52 aus den aufgehobenen Vorschriften über die Arbeitsordnung hervorgegangen ist. Diese Beziehung erkennt auch das Bundesarbeitsgericht in seiner Produktografenentscheidung, wenn es dort feststellt, dass der Tatbestand des § 56 I lit. f BetrVG 52 mit der historischen Arbeitsordnung identisch sei[120].

Der noch unter der Gewerbeordnung von 1891 zu den fakultativen Bestimmungen zählende Bereich der ,Ordnung des Betriebs und des Verhaltens der Arbeitnehmer im Betrieb' wurde in den Mitbestimmungskatalog aufgenommen und im § 56 I BetrVG 52 unter dem Buchstaben f geregelt.

Wie schon aus der Darstellung der Ansichten der Rechtsprechung und der Literatur hervorgeht, gab es auch zu dieser Vorschrift keine großen Kontroversen. Das Bundesarbeitsgericht hatte sich bis 1972 insgesamt nur in drei Entscheidungen mit dem Mitbestimmungstatbestand des § 56 I lit. f BetrVG 52 zu befassen. Problematisch war dabei einzig die Einordnung der Maßnahmen des Arbeitgebers, die auch Einfluss auf die Arbeitsleistung der Arbeitnehmer hatten. Welche Bedeutung die vom Bundesarbeitsgericht im Rahmen der Entscheidungsbegründung verschiedentlich getätigte Abgrenzung von mitbestimmungspflichtigen und mitbestimmungsfreien Maßnahmen auf die Auslegung des § 87 I Nr. 1 hat, soll an anderer Stelle geklärt werden[121].

Im Jahre 1972 wurde schließlich das auch noch heute Bestand habende Betriebsverfassungsgesetz erlassen. Auch dieses Gesetz zählt die Mitbestimmungstatbestände numerisch auf. § 87 I Nr. 1 entspricht wortgleich dem § 56 I lit. f BetrVG 52.

(2) Bedeutung der Vorgeschichte für die Auslegung des § 87 I Nr. 1 BetrVG

Fraglich ist, welchen Einfluss die geschilderte Vorgeschichte auf die Auslegung des § 87 I Nr. 1 hat.

Die Entwicklung des Tatbestands ,Ordnung des Betriebs und Verhalten der Arbeitnehmer im Betrieb' von der ersten Erwähnung in der Gewerbeordnung von 1891 bis zum jetzigen Betriebsverfassungsgesetz zeigt, wie stark der Bezug zur Arbeitsordnung ist. Diese ordnungsrechtliche Herkunft könnte für die Auffassung der herrschenden Meinung sprechen, Maßnahmen des Arbeitgebers das bilaterale Verhältnis betreffend von der Mitbestimmung nach § 87 I Nr. 1 auszunehmen.

---

120 BAG AP Nr. 1 zu § 56 BetrVG 1952 Ordnung des Betriebs.

121 Vgl. dazu die Ausführungen im Kapitel E. I. 3. a) bb) (3).

Auf der anderen Seite geht aus keiner Bestimmung der verschiedenen Gesetze hervor, dass die einheitlich geregelte Beziehung zwischen Arbeitgeber und Arbeitnehmer bei der Erbringung der Arbeitspflichten nicht erfasst sein sollte.

Aber selbst wenn man die Arbeitsordnung nur im rein ordnungsrechtlichen Bereich angesiedelt sieht, die als aufgestellte Regel für das Zusammenleben und Zusammenarbeiten der Arbeitnehmer im Betrieb notwendig ist, so kann dies trotzdem kein Argument für die herrschende Meinung sein. Im Gegensatz zum kontinuierlichen Bezug des Mitbestimmungstatbestands zur Arbeitsordnung weist nämlich weder das verfassungsrechtliche und gesellschaftspolitische noch das arbeitsrechtliche Umfeld Kontinuität auf. Es dürfte wohl kaum zu bestreiten sein, dass die Gesetzgeber zu Zeiten des Erlasses der Gewerbeordnung von 1891, des Betriebsrätegesetzes von 1920 oder des Arbeitsordnungsgesetzes von 1934, in denen eine ganz andere staatliche Grundordnung herrschte, in denen insbesondere eine rechtstaatliche Demokratie nach heutigem Verständnis nicht vorhanden war, einen anderen Gesetzeszweck verfolgten, als der Gesetzgeber bei der Schaffung des heute geltenden Betriebsverfassungsgesetzes im Jahre 1972.

In bedeutender Form änderte sich im Übrigen auch das arbeitsrechtliche Umfeld. Dies geschah insbesondere durch den Wegfall der Pflicht zum Erlass einer Arbeitsordnung. Dazu verengte sich der Aufgabenbereich der Betriebsvereinbarung in einem komplizierten Entwicklungsprozess durch Ausweitung der Tarifautonomie. Verschiedene in §§ 134 a-h GewO 1891 geregelte allgemeine Arbeitsbedingungen wurden der Regelungsbefugnis der Tarifpartner zugesprochen. Schon das Betriebsrätegesetz von 1920 statuierte den Vorrang des Tarifvertrages auch gegenüber Betriebsvereinbarungen. Ferner ist mit Erlass des neuen Betriebsverfassungsgesetzes von 1972 die Unterscheidung zwischen formellen und materiellen Arbeitsbedingungen hinfällig geworden[122]. Dies ist in diesem Zusammenhang insofern von Bedeutung, als dass für die Auslegung des § 56 I lit. f BetrVG 52 die Zuordnung einer Regelung arbeitsvertraglicher Pflichten zu den von § 56 BetrVG 52 nicht erfassten materiellen Arbeitsbedingungen prägend war.

So gesehen ist die Vorgeschichte des § 87 I Nr. 1 für dessen Auslegung nur unter Beachtung der Veränderung des verfassungsrechtlichen, gesellschaftspolitischen und vor allem arbeitsrechtlichen Umfeldes von Bedeutung[123]. Aus der geschichtlichen Entwicklung allein können keine Schlüsse für die Interpretation der Norm gezogen werden.

---

122 Fitting/ Engels/ Schmidt/ Trebinger/ Linsenmaier (23. Auflage) § 87 Rn. 21; GK-Wiese § 87 Rn. 24 ff.; ErfK-Hanau/ Kania § 87 Rn. 3; Hess/ Schlochauer/ Worzalla/ Glock § 87 Rn. 12; Galperin/Löwisch § 87 Rn. 27 – vgl. dazu auch die Ausführungen im Kapitel E. I. 1. b) bb).

123 Martin, Arbeitsordnung und betriebliche Mitbestimmung, S. 59.

(3) Das Gesetzgebungsverfahren zum Betriebsverfassungsgesetz von 1972

Betrachtet man das Gesetzgebungsverfahren zum Betriebsverfassungsgesetz von 1972, so spricht zunächst einiges dafür, dass nach dem Willen des Gesetzgebers Maßnahmen des Arbeitgebers, die sich auf die Verrichtung der Arbeit der Arbeitnehmer beziehen, von der Mitbestimmung nach § 87 I Nr. 1 ausgenommen werden sollten.

Sowohl der SPD-Entwurf hinsichtlich des Mitbestimmungstatbestands des § 87 I Nr. 1 im neuen Betriebsverfassungsgesetz[124] als auch der FDP-Entwurf[125] enthielten einen Zusatz, der den Einschluss arbeitstechnischer bzw. arbeitstechnologischer Maßnahmen vorsah. Diese Entwürfe kann man als deutliche Reaktion auf die Rechtsprechung des Bundesarbeitsgerichts zum § 56 I lit. f BetrVG 52 werten, nach der sogenannte arbeitsnotwendige Arbeitgebermaßnahmen nicht der Mitbestimmung nach § 87 I Nr. 1 unterlagen.[126] Die vorgeschlagenen Hinzufügungen wurden in den Gesetzestext jedoch nicht mit aufgenommen. Es wurde vielmehr gemäß dem Regierungsentwurf zum Betriebsverfassungsgesetz von 1972[127] die Formulierung aus dem Betriebsverfassungsgesetz von 1952 wörtlich übernommen. Die Beibehaltung der Formulierung legt den Schluss nahe, dass der Gesetzgeber des Betriebsverfassungsgesetzes von 1972 in Kenntnis der Auslegung der Vorschrift durch die Rechtsprechung keine inhaltliche Änderung beabsichtigte, da man an ansonsten eine eindeutige Korrektur des Normtextes hätte erwarten dürfen.

Andererseits ist jedoch zu beachten, dass die damalige Rechtsprechung des Bundesarbeitsgerichts nicht unumstritten war. Wenn es nun tatsächlich Wille des Gesetzgebers gewesen wäre, ein Mitbestimmungsrecht des Betriebsrates bei der auf die Verrichtung der Arbeit sich beziehenden Maßnahmen des Arbeitgebers auszuschließen, hätte er dies zur Vermeidung von Auslegungsschwierigkeiten, die bereits zur Zeit der Geltung des § 56 I lit. f BetrVG 52 bestanden, im Gesetzestext eindeutig formulieren können. Zumindest kann man davon ausgehen, dass der Gesetzgeber eine eindeutige Stellungnahme zugunsten der Auffassung des Bundesarbeitsgerichts abgegeben hätte.[128] Eine solche Stellungnahme ist jedoch in den Materialien des Gesetzgebungsverfahrens nicht zu finden.

Die Frage, ob es Wille des Gesetzgebers war, Arbeitgeberanordnungen bezogen auf die Verrichtung der Arbeit durch die Arbeitnehmer nicht dem Mitbestimmungsrecht des § 87 I Nr. 1 zu unterstellen, kann nach allem mittels einer Analyse des Gesetzgebungsverfahrens nicht eindeutig beantwortet werden. Das Gesetzge-

124 BT-Drucksache V/3658, § 56 I lit. i.

125 BT-Drucksache V/4011, § 56 I lit. h.

126 Vgl. Ausführungen im Kapitel B. I. 1.

127 BT-Drucksache VI/1786, § 87 I Nr. 1.

128 BAG AP Nr. 8 zu § 87 BetrVG 1972 Ordnung des Betriebs; Raab NZA 1993, 193, 199; Thalhofer S. 155 f.

bungsverfahren bietet hinsichtlich einer Reduktion des Mitbestimmungstatbestands keine Argumente. Die Tatsache, dass der Gesetzgeber trotz vorhandener Auslegungsschwierigkeiten die weite Formulierung des § 56 I lit. f BetrVG 52 im neuen Betriebsverfassungsgesetz übernommen hat, diesen Tatbestand wegen seiner Bedeutung sogar an die Spitze des Mitbestimmungskatalogs des § 87 stellte, spricht dafür, dass er von der Mitbestimmungsnorm eine Vielzahl von Arbeitgebermaßnahmen erfasst haben wollte. Es besteht zumindest ein Indiz gegen die Annahme, dass das Mitbestimmungsrecht des Betriebsrates nach § 87 I Nr. 1 nur bei Maßnahmen das Verhältnis der Arbeitnehmer untereinander betreffend gegeben sein soll.

(4) Ergebnis

Weder die Untersuchung der Vorgeschichte noch die Analyse der Entstehungsgeschichte im engeren Sinne geben eindeutige Hinweise darauf, dass eine Reduktion des Mitbestimmungstatbestands des § 87 I Nr. 1 geboten ist. Ganz im Gegenteil sind dem Gesetzgebungsverfahren sogar Indizien zu entnehmen, die gegen diese Annahme sprechen.

Bei der Betrachtung der historischen Entwicklung des Mitbestimmungstatbestands des § 87 I Nr1 fällt im Übrigen auf, dass bislang im Rahmen der praktischen Anwendung der Bestimmung nicht versucht wurde, Arbeitgebermaßnahmen einem der beiden Tatbestandsteile konkret zuzuordnen. Vielmehr wurde die Vorschrift, unabhängig von der Frage, wie die beiden Tatbestandsteile zueinander stehen, als Ganzes betrachtet.

cc) Der Anwendungsbereich gemäß einer systematischen Auslegung

Im Wege der systematischen Auslegung soll im folgenden untersucht werden, ob auf Grund des Zusammenhanges des Gesetzes eine Reduktion des § 87 I Nr. 1 auf Maßnahmen des Arbeitgebers betreffend das Verhältnis der Arbeitnehmer untereinander geboten ist bzw. ob gegebenenfalls eine Einschränkung der Mitbestimmung nach § 87 I Nr. 1 hinsichtlich Maßnahmen das Verhältnis des Arbeitgebers zum Arbeitnehmer betreffend vorgenommen werden muss.

Zu unterscheiden ist die Analyse der äußeren Systematik von der inneren Systematik. Während bei der äußeren Systematik rein äußerliche Gesichtspunkte, wie z.B. Überschrift der Norm oder Stellung der Norm im Gesetz, eine Rolle spielen, kommt es bei der inneren Systematik maßgeblich darauf an, dass die Einzelnormen des Gesetzes innerlich aufeinander abgestimmt sind.[129]

[129] Wank S. 63 ff.

(1) Äußere Systematik

Erkenntnisse für die nähere Inhaltsbestimmung des § 87 I Nr. 1 könnten aus der Normüberschrift „Mitbestimmungsrechte" sowie aus der Betitelung des dritten Abschnittes des vierten Teils des Betriebsverfassungsgesetzes „soziale Angelegenheiten" gewonnen werden.

(a) Normüberschrift: „Mitbestimmungsrechte"

Bei der Untersuchung der Bedeutung der Normüberschrift ist zunächst vom Wortlaut auszugehen. Es ist zu fragen, was mit der Bezeichnung Mitbestimmung gemeint ist. Da es im Betriebsverfassungsrecht noch andere Mitbestimmungsrechte gibt, stellt sich daneben die Frage, ob jenen ein gesetzgeberisches Konzept zugrunde liegt. Dieses könnte entsprechend für die nähere Bestimmung des Anwendungsbereichs des § 87 I Nr. 1 genutzt werden.

(aa) Mitbestimmung

Im allgemeinen Sprachgebrauch wird unter Mitbestimmung das Teilhaben an einem Entscheidungsprozess verstanden. In welcher Form die Beteiligung zu erfolgen hat, geht daraus nicht hervor.

Erkenntnisse für die Auslegung könnten jedoch aus dem Bestandteil „Bestimmung" gezogen werden. Bestimmen besagt, dass jemand etwas festsetzt, entscheidet oder anordnet. Derjenige der bestimmt, kann bewirken, dass ein anderer etwas tut. Gerade im umgangssprachlichen Bereich wird der bestimmenden Person meist unterstellt, dass sie die Befugnis oder Autorität hat, etwas anzuordnen. Man könnte daraus den Schluss ziehen, dass zur Mitbestimmung stets das Recht zur Bestimmung gehört.

Im arbeitsrechtlichen Bereich besitzt der Arbeitgeber ein Bestimmungsrecht in Form des Direktionsrechts. Der vorangestellten Wortlautdeutung folgend hieße dies, dass eine Mitbestimmung des Betriebsrates immer nur dann in Betracht käme, wenn dem Arbeitgeber ein Direktionsrecht zusteht.[130] Ob diese Schlussfolgerung gezogen werden kann, soll eine historische Betrachtung des Gebrauchs des Wortes Mitbestimmung sowie ein Blick auf den Regelungsinhalt der den Begriff Mitbestimmung enthaltenen Normen des Betriebsverfassungsgesetzes zeigen.

Sowohl in der Gewerbeordnung von 1891, als auch im Betriebsrätegesetz von 1920 und im nationalistischen Arbeitsordnungsgesetz von 1934 waren keine Normen enthalten, in denen das Wort „Mitbestimmung" enthalten war. Daher hatte sich weder die Rechtsprechung noch die Literatur mit der Auslegung dieses Begriffs zu befassen. Erstmalig tauchte im Betriebsverfassungsgesetz von 1952 die Bezeichnung „Mitbestimmung" auf. Das Gesetz selbst definierte diesen Begriff nicht. Deshalb bemühten sich die Gerichte und die Autoren in der

---

[130] So u.a. Söllner, Leistungsbestimmung, S. 12 f.; Luhmann S. 65.

Literatur um eine nähere Eingrenzung. Dies geschah zumeist im Zusammenhang mit der Abgrenzung der Mitbestimmung zum ebenfalls im Gesetz enthaltenen Mitwirkungsbegriff. Die unterschiedlichen Abgrenzungsversuche bezogen sich jedoch nur auf die Stärke der Beteiligung des Betriebsrates, nicht aber auf die Zielrichtung. Ein unmittelbarer Zusammenhang der Mitbestimmung zum Direktionsrecht des Arbeitgebers wurde nicht gesehen. Erklärung dafür ist, dass nach Meinung der Autoren der Mitbestimmungstatbestand des § 56 BetrVG 52 Fälle enthielt, die nicht in Beziehung mit dem Direktionsrecht stehen.

Auch im heute geltenden Betriebsverfassungsgesetz von 1972 spricht der Gesetzestext in einigen Normen von Mitbestimmung, wo eindeutig keine ursprüngliche Verbindung zum Direktionsrecht gegeben ist. So beziehen sich im § 87 I einige Tatbestände auch auf materielle Arbeitsbedingungen, die unstreitig nicht vom Arbeitgeber einseitig festgelegt werden dürfen. Des weiteren sind u.a. die der Mitbestimmung gemäß der §§ 99 und 102 unterworfenen Arbeitgeberrechte – „Mitbestimmung" ist dort jeweils in der Normüberschrift enthalten – nicht aus dem Direktionsrecht hergeleitet. Sie stellen vielmehr eigenständige Gestaltungsrechte dar.

Auf Grund der dargelegten Gesetzeslage beziehen sich auch die Beschreibungen des Ausdrucks „Mitbestimmung" durch einzelne Autoren in der Literatur nicht auf die Zielrichtung, sondern nur auf die Stärke der Beteiligung.

Folglich kann weder aus historischer noch aus gesetzessystematischer Sicht die Auslegung des die Überschrift des § 87 bildenden Mitbestimmungsbegriffs für die nähere Bestimmung des § 87 I Nr. 1 etwas beitragen.

(bb) Gesetzgeberisches Konzept für die Mitbestimmungsrechte

Die Beteiligungsrechte des Betriebsrates sind im Hinblick auf seine Einflussmöglichkeiten bezüglich Arbeitgeberentscheidungen unterschiedlich stark ausgebildet. Grundsätzlich wird zwischen Mitwirkungs- und Mitbestimmungsrechten unterschieden. Während die Mitwirkungsrechte die Entscheidungskompetenz des Arbeitgebers unberührt lassen und u.a. nur einen Anspruch auf Anhörung, Einbringung von Vorschlägen oder Beratung gewähren, umfasst die Gruppe der Mitbestimmungsrechte hingegen jene Beteiligungsrechte, die dem Betriebsrat eine Kompetenz zur Mitentscheidung einräumen. Sie reichen von Widerspruchsrechten wie z.B. § 102 III, V, welche die vorläufige Blockierung einer Arbeitgebermaßnahme ermöglichen, über Zustimmungsrechte, die die Wirksamkeit einer Arbeitgebermaßnahme an die Zustimmung des Betriebsrates binden, wie z.B. §§ 99 II, 94 I, 95 I, 103, bis hin zu Initiativrechten, aufgrund derer der Betriebsrat eine bestimmte Maßnahme erzwingen kann.

Der Betriebsrat hat im Rahmen seines Mitbestimmungsrechts nach § 87 I Nr. 1 ein Initiativrecht. Außerhalb des § 87 gibt es nur wenige Mitbestimmungstatbestände, die dem Betriebsrat ein Initiativrecht zugestehen. Es stellt sich folglich die Frage, warum der Gesetzgeber nun gerade bei diesen dort geregelten Materien dem Betriebsrat das stärkste Beteiligungsrecht zugestand. Ließe sich diese Frage beantworten, so könnten sich daraus Schlussfolgerungen für die Auslegung des § 87 I Nr. 1 ergeben.

Ein Initiativrecht enthalten neben § 87 die Regelung der Sprechstunde des Betriebsrates gemäß § 39 I, die Regelung der Mitgliederzahl des Gesamtbetriebsrates gemäß § 47, des Konzernbetriebsrates gemäß § 55 IV und der Gesamtjugendvertretung gemäß § 72 V, die Regelung der Gestaltung von Arbeitsplätzen, Arbeitsabläufen und der Arbeitsumgebung gemäß § 91, die Auswahlrichtlinien in Betrieben mit mehr als 1000 Arbeitnehmern gemäß § 95 II, sowie die Regelung der betrieblichen, beruflichen und sonstigen Bildung gemäß § 98 I, IV. Vom Verfahrensweg mit den soeben aufgezählten Mitbestimmungsrechten nicht identisch ist die Regelung des Sozialplans, die im Endeffekt jedoch auch eine für den Betriebsrat erzwingbare Betriebsvereinbarung vorsieht (§ 112 I 2, IV).

Betrachtet man diese Mitbestimmungsrechte, so lässt sich auf den ersten Blick nicht feststellen, warum der Betriebsrat nun gerade in diesen Materien sein Recht mittels Ausübung des Initiativrechts durchsetzen kann. Zwar fällt auf, dass es sich zum größten Teil um organisatorische Fragen handelt. Die betriebliche, berufliche und sonstige Bildung oder das Mitbestimmungsrecht nach § 91 können zweifelsfrei jedoch nicht dazu gezählt werden. Bei der Suche nach einem gesetzgeberischen Konzept muss damit die Entstehungsgeschichte des Betriebsverfassungsgesetzes näher betrachtet werden.

Wie bereits dargelegt wurde[131], gab es bis zum Betriebsverfassungsgesetz von 1972 verschiedene die Mitbestimmung des Betriebsrates regelnde Gesetze. In den jeweils neueren wurden die Mitbestimmungstatbestände stets ergänzt oder modifiziert. Das System der Mitbestimmungsrechte des Betriebsverfassungsgesetzes von 1972 ist also eine Mischung verschiedener Beteiligungskonzepte der älteren Vorschriften. Die Frage, warum der Betriebsrat nun gerade im Bereich des § 87 I Nr. 1 ein Initiativrecht hat, lässt sich folglich sehr schwer beantworten.

Erstmalig wurde einer Arbeitnehmervertretung in der Gewerbeordnung von 1891 das Recht auf Mitbestimmung bei Maßnahmen des Arbeitgebers eingeräumt. Gemäß § 134 b III 2 GewO 1891 konnten mit Zustimmung eines ständigen Arbeiterausschusses in die Arbeitsordnung[132] Vorschriften über das Verhalten der Arbeiter bei Benutzung der zu ihrem Besten getroffenen mit dem Betriebe verbundenen Einrichtungen sowie Vorschriften über das Verhalten der minderjährigen Arbeiter außerhalb des Betriebs aufgenommen werden. Konnte der Arbeitgeber vorher in das persönliche Leben der Arbeitnehmer einseitig eingreifen, so wurde ihm dies nun versagt. Die Mitbestimmungsmöglichkeit blieb je-

---

131 Vgl. die Ausführungen im Kapitel E., I., 2., a), bb), (1).

132 Die Arbeitsordnung wurde, wie im Kapitel E., I., 2., a), bb), (1) bereits dargestellt, einseitig vom Arbeitgeber erlassen.

doch auf Arbeitgebermaßnahmen, die direkt mit dem Betrieb nicht im Zusammenhang standen, reduziert. Anordnungen des Arbeitgebers in Bezug auf das gesamte betriebliche Leben waren nach wie vor mitbestimmungsfrei.

Konnte der Arbeitgeber nach der Gewerbeordnung von 1891 die Arbeitsordnung einseitig erlassen, so war er im Betriebsrätegesetz von 1920 auf die Zustimmung des Betriebsrates angewiesen. Da die Arbeitsordnung alle für das Arbeitsleben elementar wichtige Fragen regelte, bezog sich der mitbestimmungspflichtige Bereich nun auch auf Maßnahmen des Arbeitgebers, die das Arbeitsverhältnis betrafen. Dabei wurde zwischen den Bereichen unterschieden, die zwingend durch die Arbeitsordnung zu regeln waren (obligatorische Bestimmungen) und denen, deren Mithineinahme in die Arbeitsordnung dem Arbeitgeber und der Arbeitnehmervertretung freigestellt wurde (fakultative Bestimmungen). Zu den obligatorischen Bestimmungen zählten u.a. die Regelung der Arbeitszeit, die Art der Lohnabrechnung, Fristen und Gründe für Arbeitnehmerentlassungen oder Art und Höhe von Strafen. Schaut man sich diese Bereiche an, so ist ein gesetzgeberisches Konzept für die zwingenden mitbestimmungspflichtigen Regelungen nicht erkennbar. Vielmehr wurde von den Verfassern des Betriebsrätegesetzes von 1920 pauschal die in der Gewerbeordnung von 1891 näher ausgestaltete Arbeitsordnung der Mitbestimmung der Arbeitnehmervertretung unterstellt.

Neben den obligatorischen Bestimmungen der Arbeitsordnung erfasste das Mitbestimmungsrecht gemäß §§ 66 Nr. 5, 78 Nr. 3 BRG 1920 auch allgemeine Dienstvorschriften. Nach allgemeiner Auffassung beinhalteten diese Vorschriften die fakultativen Bestimmungen der Arbeitsordnung[133], also auch die Regelung der Ordnung des Betriebs und des Verhaltens der Arbeitnehmer im Betrieb.

Im Betriebsverfassungsgesetz von 1952 wurden die Mitbestimmungsrechte in einem Katalog zusammengefasst. Der Katalog des § 56 I BetrVG 52 enthielt viele grundlegende in jedem Betrieb zu regelnde Fragen, die schon Bestandteil der Arbeitsordnung waren.

Eine besonders starke Anlehnung ist zum Betriebsrätegesetz von 1920 erkennbar. Vergleicht man die Mitbestimmungsbereiche beider Gesetze, so fällt auf, dass letztlich bis auf § 56 I lit. e BetrVG 52 (Verwaltung von Wohlfahrtseinrichtungen)[134] alle Vorschriften des § 56 I BetrVG 52 im § 78 BRG 1920 Vorgänger hatten. Trotzdem gab es einige nicht unbedeutende Abweichungen. So wurde als einziger im § 78 Nr. 2 BRG 1920 geregelte Bereich der „Festsetzung der Arbeitszeit, insbesondere bei Verlängerungen und Verkürzungen der regelmäßigen Arbeitszeit", nicht Bestandteil des § 56 BetrVG 52. Des weiteren wurden einige

---

133 Hueck/Nipperdey II, 2. Halbband, S. 1253.

134 Diese Vorschrift ist angelehnt an § 66 Nr. 9 BRG 1920, wonach der Betriebsrat die Aufgabe hat, „an der Verwaltung von Pensionskassen und Werkswohnungen sowie sonstiger Betriebswohlfahrtseinrichtungen mitzuwirken …". Der Abschluss von Betriebsvereinbarungen war auch hier möglich. Normative Wirkungen hatten sie jedoch nicht.

Vorschriften des § 78 Nr. 2 BRG 1920 nicht inhaltlich gleich vom § 56 BetrVG 52 übernommen. Während sich beispielsweise § 78 Nr. 2 BRG 1920 auch auf die Urlaubsdauer bezog, regelte § 56 I lit. c BetrVG 52 nur die Koordination des Urlaubs der Arbeitnehmer im Betrieb. Ferner konnte der Betriebsrat nach § 78 Nr. 2 BRG 1920 konkret bei der Festsetzung der Akkordsätze mitbestimmen, hingegen sich sein Recht in diesem Bereich im § 56 I lit. f BetrVG 52 auf die Regelung der Akkordsätze beschränkte.

Bei all diesen Abänderungen fällt auf, dass es sich um materielle Arbeitsbedingungen handelt, die nicht dem Mitbestimmungsrecht des Betriebsrates unterliegen sollten. Es ist anzunehmen, dass der Gesetzgeber diese Materie den Tarifvertragsparteien überlassen wollte. Gemein war den von § 78 Nr. 2 BRG 1920 übernommenen Tatbeständen, dass sie die Interessen der Arbeitnehmer koordinierten.

Obwohl sich das Betriebsverfassungsgesetz von 1952 stark auf die Arbeitsordnung und die Regelungen des Betriebsrätegesetzes von 1920 bezog, ist bis auf die zum Schluss gemachten Feststellungen kein konkretes gesetzgeberisches Konzept hinsichtlich der Mitbestimmungstatbestände des Betriebsverfassungsgesetzes von 1952 erkennbar.

Das 1972 in Kraft getretene Betriebsverfassungsgesetz enthielt keine strukturellen Änderungen des Systems der Mitbestimmungsrechte, sondern es baute vielmehr auf dem Betriebsverfassungsgesetz von 1952 auf. Dabei wurden die Mitbestimmungsrechte des Betriebsrates insgesamt erweitert. So unterstellt das Gesetz neue Bereiche der Mitbestimmung, wie z.B. die Regelungen der §§ 87 I Nr. 6, 7 und 12, §§ 91 und 94 II. Andere Tatbestände wie die §§ 87 Nr. 3, 10 und 11 wurden erweitert.

Warum gerade diese Themenbereiche neu in das Gesetz aufgenommen bzw. erweitert wurden, erscheint fraglich, wenn man sich die Schutzbedürftigkeit der Arbeitnehmer in den einzelnen Mitbestimmungstatbeständen anschaut. Ist sie bei der technischen Kontrolle des Arbeitnehmers (§ 87 I Nr. 6) oder bei Maßnahmen des Arbeitgebers bezüglich besonders starken Änderungen der Arbeitsplätze, des Arbeitsablaufs und der Arbeitsumgebung (§ 91) besonders groß, so trifft dies beispielsweise bei der Regelung der Grundsätze des betrieblichen Vorschlagswesens (§ 87 I Nr. 12) nicht zu.

Den Neuerungen lag also insgesamt kein einheitliches Motiv zugrunde. Man gewinnt vielmehr den Eindruck, dass über jedes im Betrieb auftretende Problem hinsichtlich der Mitbestimmungspflicht entschieden wurde. Dabei wich man sogar von der grundsätzlichen Entscheidung des Gesetzgebers von 1952 ab, materielle Arbeitsbedingungen vom Mitbestimmungsrecht des Betriebsrates auszunehmen.[135]

---

135 Vgl. die Ausführungen im Kapitel E., I., 1., b), bb).

Die Untersuchung des Gesetzes nach einem gesetzgeberischen Konzept der Mitbestimmungsrechte bringt damit keine Erkenntnisse für die Auslegung des § 87 I Nr. 1.

(b) Abschnittsüberschrift: ,Soziale Angelegenheiten'

Im vierten Teil des Betriebsverfassungsgesetzes, der die Mitwirkung und Mitbestimmung regelt, trägt der dritte Abschnitt die Überschrift: ,Soziale Angelegenheiten'. Er umfasst den bereits eingängig erörterten Katalog der Gegenstände des § 87, die beispielhafte Aufzählung möglicher Gegenstände freiwilliger Betriebsvereinbarungen im § 88 sowie die Beteiligung des Betriebsrates bei der Durchführung des Arbeitsschutzes nach § 89. Gemessen an der praktischen Bedeutung einer Mitbestimmung des Betriebsrates in sozialen Angelegenheiten – der dritte Abschnitt wird noch immer als Kernbereich der Mitwirkung und Mitbestimmung der Arbeitnehmer angesehen[136] – ist die gesetzliche Regelung knapp und unvollständig.[137] Aus der systematischen Stellung des § 87 im dritten Abschnitt lässt sich deshalb kaum etwas für die Auslegung des § 87 I Nr. 1 gewinnen.

Aufschlussreicher könnte hingegen die Interpretation der Abschnittsüberschrift „Soziale Angelegenheiten" sein. Das Betriebsverfassungsgesetz von 1972 enthält ebenso wie das Betriebsverfassungsgesetz von 1952 und dessen Vorbilder[138] keine Begriffsbestimmung der sozialen Angelegenheiten. Im Sprachgebrauch wird das Adjektiv ,sozial' verwendet, um etwas die menschliche Gemeinschaft oder Gesellschaft betreffendes und dazu gehörendes auszudrücken.[139] Dieses Verständnis auf das Betriebsverfassungsgesetz übertragen, könnte bedeuten, dass die sozialen Angelegenheiten Regelungen hinsichtlich des gemeinschaftlichen Miteinanders der Arbeitnehmer und des Arbeitgebers im Betrieb umfassen sollen.

Die herrschende Meinung greift diesen Ansatz auf, wenn sie die sozialen Angelegenheiten allgemein als Arbeitsbedingungen versteht.[140] Problematisch ist jedoch, dass der Bereich der Arbeitsbedingungen im eigentlichen Sinne, also der Bedingungen, die das Einzelarbeitsverhältnis bestimmen, bei den Sozialeinrichtungen (§ 87 I Nr. 8 und § 88 Nr. 2) sowie bei den Wohnungen, die den Arbeitnehmern mit Rücksicht auf das Bestehen eines Arbeitsverhältnisses vermietet werden (§ 87 I Nr. 9), überschritten wird.[141] Dennoch gehört auch dieser Bereich zu den sozialen

---

136 Vgl. u.a. GK-Wiese Vor § 87 Rn. 1; Fitting/Engels/Schmidt/Trebinger/Linsenmaier (23. Auflage) § 87 Rn. 2; Hess/Schlochauer/Worzalla/Glock § 87 Rn. 1.

137 Wittke S. 11.

138 §§ 34, 35 Hessisches BRG vom 31.5.1948 und § 27 Schleswig-Holsteinisches BRG vom 3.5.1950.

139 Duden, Bd. 1.

140 Vgl. u.a. GK-Wiese Vor § 87 Rn. 3; Richardi Vor § 87 Rn. 3; MünchArbR-Matthes § 332 Rn. 1; Wittke S. 14

141 Dietz/Richardi Vor § 87 Rn. 1.

Angelegenheiten. Die herrschende Meinung spricht deshalb von Arbeitsbedingungen im weitesten Sinne, gleichgültig, ob sie primär den Inhalt des Arbeitsverhältnisses oder die Ordnung des Betriebs betreffen.[142] Ist nun der Begriff der ‚Arbeitsbedingung' für sich schon sehr weit interpretierbar, so führt die Erweiterung zu einer derartigen Unschärfe, dass es unmöglich erscheint, Hinweise für die Auslegung des § 87 I Nr. 1 der Überschrift des dritten Abschnittes des vierten Teils des Betriebsverfassungsgesetzes gewinnen zu können.[143]

Einen besonderen Erklärungswert kann man damit der Begriffsbestimmung der ‚sozialen Angelegenheiten' nicht entnehmen.[144] Für den Bereich der sozialen Angelegenheiten ist damit allein die gesetzliche Zuweisung maßgebend.

(2) Innere Systematik

Gemäß dem Leitgedanken der „Einheit der Rechtsordnung" müssen alle Einzelnormen einer Rechtsordnung innerlich aufeinander abgestimmt sein[145]. Es darf keine Widersprüche im Text oder in den Wertungen geben. Dementsprechend ist von verschieden vertretbaren Auslegungsmöglichkeiten diejenige zu wählen, bei der die Norm keinen Widerspruch mit einer anderen aufweist.

Davon ausgehend ist zu untersuchen, ob die Reduktion des Mitbestimmungstatbestands auf Grund des gesetzlichen Zusammenhangs geboten ist. Bei dieser Prüfung ist zwischen der Systematik des § 87 und der Systematik des Betriebsverfassungsgesetzes zu unterscheiden.

(a) Systematik des § 87 BetrVG

Die Bestimmung des § 87 enthält in einem umfassenden Katalog die sozialen Angelegenheiten, in denen der Betriebsrat mitzubestimmen hat. Die Aufzählung der einzelnen Mitbestimmungsbereiche ist abschließend.[146] Wie der Obersatz im § 87 I deutlich macht, wonach der Betriebsrat „in folgenden Angelegenheiten mitzubestimmen hat", handelt es sich um einen Katalog von enumerativ aufgeführten Regelungstatbeständen. Die Gesetzestechnik der enumerativen Aufzählung hat zur Folge, dass grundsätzlich alle Nummern erfüllt sein können.

Auf Grund des sehr weit gefassten Wortlautes könnte § 87 I Nr. 1 als Generalnorm oder in Bezug auf die übrigen Bestimmungen des § 87 I Nr. 2 bis 12 als

---

142 GK-Wiese Vor § 87 Rn. 3; Richardi § 87 Rn. 3; MünchArbR-Matthes § 332 Rn. 1.

143 Wittke S. 14.

144 Allenfalls kommt ihr Bedeutung für die Abgrenzung der Regelungsbefugnis des Betriebsrats bei freiwilligen Betriebsvereinbarungen nach § 88 zu, da dem Betriebsrat hier eine umfassende funktionelle Zuständigkeit zur Regelung sozialer Angelegenheiten zugestanden wird – so auch u.a. GK-Wiese § 88 Rn. 7; Richardi § 88 Rn. 6; Wittke S. 14.

145 Zur Systematik des Gesetzes vgl. Schmalz Methodenlehre, Rn. 70 ff.

146 Fitting/Engels/Schmidt/Trebinger/Linsenmaier (23. Auflage) § 87 Rn. 4.

Auffangnorm angesehen werden.[147] Dann käme es jedoch zu einem Widerspruch mit dem § 87 zugrunde liegenden Enumerationsprinzip. Hätte der Gesetzgeber tatsächlich im Gefüge der Mitbestimmungstatbestände des § 87 eine Generalnorm schaffen wollen, hätte er den mitbestimmungspflichtigen Bereich des § 87, wie etwa beim Zuständigkeitskatalog des Wirtschaftsausschusses im § 106 III, anders geordnet. Dort formulierte er unter der den Katalog abschließenden Nummer 10, dass wirtschaftliche Angelegenheiten auch „sonstige Vorgänge und Vorhaben“ sein können.

Um festzustellen, ob § 87 I Nr. 1 ohne Reduktion bezogen auf Maßnahmen das Verhältnis der Arbeitnehmer untereinander betreffend eine systemwidrige Generalnorm ist, muss im folgenden untersucht werden, in welchem Verhältnis dieser Mitbestimmungstatbestand zu den anderen im § 87 aufgezählten Mitbestimmungstatbeständen steht. Wirklich problematisch ist dabei, dies zeigt schon die Argumentation der Gerichte und Autoren, in erster Linie das Verhältnis des § 87 I Nr. 1 zu den Mitbestimmungstatbeständen der Nummern 6 und 7.

Das Erfordernis einer Reduktion des Tatbestands des § 87 I Nr. 1 könnte sich aus dem Verhältnis zum § 87 I Nr. 6 ergeben. Nach § 87 I Nr. 6 hat der Betriebsrat bei der Einführung und Anwendung von technischen Einrichtungen mitzubestimmen, die dazu bestimmt sind, das Verhalten oder die Leistung der Arbeitnehmer zu überwachen. Überwachungsmaßnahmen des Arbeitgebers können auch das Verhalten der Arbeitnehmer im Betrieb beeinflussen und damit nach § 87 I Nr. 1 mitbestimmungspflichtig sein. Dem steht bei erster Betrachtung nicht entgegen, dass die Überwachung der Arbeitnehmer kein Tatbestandsmerkmal des § 87 I Nr. 1 ist, sondern ein solches des § 87 I Nr. 6, wo aber nur die Überwachung durch technische Einrichtungen erfasst wird.[148] Im Gegensatz zu § 87 I Nr. 6 kommt es bei § 87 I Nr. 1 nicht darauf an, dass die Überwachung mittels technischer Einrichtungen erfolgt. Vielmehr kann dem Wortlaut nach auch durch eine „mechanische“ Kontrollmaßnahme das Mitbestimmungsrecht nach § 87 I Nr. 1 gegeben sein. Dies könnte dazu führen, dass der Mitbestimmungstatbestand des § 87 I Nr. 6 seinen Sinn verliert.

Um dies zu verhindern, ist zu erwägen, sämtliche Kontrollmaßnahmen aus dem Anwendungsbereich des § 87 I Nr. 1 herauszunehmen. Die Erörterung der Mitbestimmungspflicht von Kontrollmaßnahmen soll jedoch an späterer Stelle wegen der Umfassendheit des Problems unter einem eigenständigen Prüfungspunkt erfolgen.[149] An dieser Stelle kann jedoch bereits festgestellt werden, dass das Konkurrenzverhältnis der §§ 87 I Nr. 1 und 6 jedenfalls keine Reduktion des

---

[147] BAG AP Nr. 6 zu § 87 BetrVG 1972 Lohngestaltung; GK-Wiese § 87 Rn. 172; Hess/ Schlochauer/ Worzalla/ Glock § 87 Rn. 98; Raab NZA 1993, 193, 199; Gaul Einigungsstelle, S. 104.

[148] So aber BAG AP Nr. 2 zu § 87 BetrVG 1972 Ordnung des Betriebs.

[149] Vgl. die Ausführungen im Kapitel E., II, 1.

Mitbestimmungstatbestands des § 87 I Nr. 1 rechtfertigt. Selbst wenn man im Rahmen der Auslegung zum Ergebnis kommen sollte, dass sämtliche Kontrollmaßnahmen des Arbeitgebers nicht unter § 87 I Nr. 1 zu subsumieren sind, so wäre dies kein Argument dafür, den Tatbestand des § 87 I Nr. 1 auf Maßnahmen des Arbeitgebers betreffend das Verhältnis der Arbeitnehmer untereinander zu reduzieren bzw. Arbeitgeberanordnungen betreffend das Verhältnis des Arbeitgebers zu seinen Arbeitnehmern generell von der Mitbestimmung nach § 87 I Nr. 1 auszunehmen.[150] Vielmehr hat dann mittels einer Abgrenzung der beiden Mitbestimmungstatbestände eine Beschränkung des Regelungsbereichs des § 87 I Nr. 1 bezogen auf Kontrollmaßnahmen zu erfolgen.[151]

Gleiches gilt für das Verhältnis des § 87 I Nr. 1 zum Mitbestimmungsrecht des § 87 I Nr. 7. Auch Regelungen des Arbeitsschutzes können vom Regelungsbereich des § 87 I Nr. 1 erfasst sein. Insoweit hat also eine entsprechende Abgrenzung zu erfolgen.[152]

(b) Systematik des Betriebsverfassungsgesetzes

Eine Reduktion des Mitbestimmungstatbestands des § 87 I Nr. 1 könnte jedoch auf Grund der Systematik des Betriebsverfassungsgesetzes, insbesondere auf Grund der Systematik der verschiedenen Mitwirkungs- und Mitbestimmungsrechte, geboten sein.

Diese Argumentation bereit jedoch große Schwierigkeiten. Es können nämlich mehrere Normen auf den gleichen Sachverhalt insbesondere auch dann anwendbar sein, wenn sich aus ihnen verschiedene, aber miteinander vereinbare Rechtsfolgen ergeben. Maßgebend ist, ob die Rechtsfolgen der spezielleren Norm für deren Anwendungsbereich die der allgemeineren Norm nach der Regelungsabsicht nur ergänzen, sie modifizieren oder an ihre Stelle treten sollen.[153] Nur dann, wenn die Rechtsfolgen sich ausschließen, führt das logische Verhältnis der Spezialität notwendig zur Verdrängung der allgemeineren Norm, da im umgekehrten Fall die spezielle Norm überhaupt keinen Anwendungsbereich hätte[154].

Auf Grund der sehr weit interpretierbaren Begriffe der Ordnung und des Verhaltens kann das Mitbestimmungsrecht des § 87 I Nr. 1 Maßnahmen des Arbeitgebers erfassen, die sich auf die Arbeitsleistung der Arbeitnehmer beziehen. Arbeitsbezogene Maßnahmen werden auch von den Sondervorschriften der §§ 90 f., 106 III Nr. 5 und 111 erfasst. Zu prüfen ist, ob diese Normen die Anwendung des § 87 I Nr. 1 ausschließen und sich daraus folgend ein Gebot zur Reduktion der Mitbestimmungsnorm ergibt.

---

150 So aber argumentiert ein Tei der herrschende Meinung – vgl. Kapitel C. I. 1.

151 Zur Abgrenzung vgl. die Ausführungen im Kapitel E. I. 2. f) bb).

152 Vgl. die Ausführungen im Kapitel E. I. 2. f) aa).

153 Schmalz Methodenlehre, Rn. 85 ff.

154 Schmalz Methodenlehre, Rn. 85.

(aa) Verhältnis des § 87 I Nr. 1 zu den §§ 90 f. BetrVG

Das Betriebsverfassungsgesetz ordnet im § 90 I Nr. 3 ein Mitwirkungsrecht des Betriebsrates bei Arbeitgebermaßnahmen an, die sich auf das Arbeitsverfahren und den Arbeitsablauf beziehen.

Nimmt der Arbeitgeber Einfluss auf das Arbeitsverfahren und den Arbeitsablauf, so wird dadurch – zumindest nach dem bisher erarbeiteten Verständnis der Begriffe – die Ordnung des Betriebs und das Verhalten der Arbeitnehmer im Betrieb berührt. Die Maßnahme müsste gemäß § 87 I Nr. 1 dem Mitbestimmungsrecht des Betriebsrates unterliegen. Dieses Ergebnis könnte jedoch in einem Wertungswiderspruch zum § 90 stehen, nach welchem dem Betriebsrat in den angesprochenen Fragen lediglich ein Unterrichtungsrecht zusteht. Um derartiges zu verhindern, müsste § 87 I Nr. 1 eingeschränkt werden. Fraglich ist aber, ob überhaupt ein zur Reduktion zwingender Wertungswiderspruch vorliegt.

Zwischen den §§ 87 und 90 besteht ein grundlegender Unterschied im Hinblick auf den Zeitpunkt des Eingreifens der Mitwirkungs- bzw. Mitbestimmungsrechte. § 87 setzt vollendete Tatsachen voraus. Hingegen greift das Recht des Betriebsrates bei § 90 schon im Planungsstadium ein. Gemäß der Begründung des Regierungsentwurfes[155] soll durch das Beteiligungsrecht nach § 90 sichergestellt werden, dass bei der technischen und organisatorischen Gestaltung der Arbeitsplätze die arbeitswissenschaftlichen Erkenntnisse über die menschengerechte Gestaltung der Arbeit berücksichtigt werden. Schon im Planungsstadium sind die berechtigten Belange der Arbeitnehmer hinsichtlich der Art der Arbeit und ihrer Anforderungen zu beachten.[156] Daraus ergibt sich also nicht zwingend, dass ein Mitbestimmungsrecht des Betriebsrates gemäß § 87 nach Abschluss der Planung mit Durchführung der Arbeitgebermaßnahme ausgeschlossen wird. Dies wird vor allem im Bereich des Arbeitsschutzes deutlich. Gemäß § 87 I Nr. 7 steht dem Betriebsrat dort ein Mitbestimmungsrecht zu. Nach dem Bericht des Bundestagsausschusses für Arbeit- und Sozialordnung[157] soll mit § 90 „ein Bereich erfasst werden, der zwar nicht durch arbeitsschutzrechtliche Bestimmungen geregelt ist, dem aber im Vorfeld des Arbeitsschutzes eine erhebliche Bedeutung für die Gesundheit der Arbeitnehmer zukommt". Der Betriebsrat kann damit das Mitbestimmungsrecht des § 87 I Nr. 7 optimal ausüben, es müssen etwaige Auseinandersetzungen nicht erst nach Beendigung der Gestaltungsmaßnahme ausgetragen werden.[158]

Auf Grund des unterschiedlichen Zeitpunktes des Eingreifens der Mitwirkungs- bzw. Mitbestimmungsrechte besteht folglich rein gesetzessystematisch kein

[155] BT-Drucksache VI/1786, S. 31 f.

[156] BT-Drucksache VI/1786, S. 49.

[157] BT-Drucksache VI/2729 S. 5.

[158] Fitting/Engels/Schmidt/Trebinger/Linsenmaier (23. Auflage) § 90 Rn. 4.

Wertungswiderspruch. Eine Reduktion des Tatbestands des § 87 I Nr. 1 ist nicht auf Grund des Verhältnisses zu § 90 I Nr. 4 gerechtfertigt.

Der Anwendungsbereich des § 87 I Nr. 1 könnte jedoch durch die Vorschrift des § 91 einzuschränken sein. Regelungsgegenstände der Norm sind wie bei § 90 der Arbeitsplatz und der Arbeitsablauf. Diese können auch Fragen der Ordnung des Betriebs und des Verhaltens der Arbeitnehmer im Betrieb betreffen.[159] Anders als § 90 ist das erzwingbare Mitbestimmungsrecht des § 91 aber nicht auf die Planung bezogen, sondern setzt wie § 87 vollendete Tatsachen voraus.

Im Gegensatz zu § 87 kann der Betriebsrat bei § 91 jedoch erst dann sein Mitbestimmungsrecht geltend machen, wenn der Arbeitgeber die Arbeitsplätze und den Arbeitsablauf ändert. Bestehende Anlagen bzw. gleich bleibende Verhältnisse, welche die Voraussetzungen der Vorschrift erfüllen, werden demnach nicht erfasst.[160] Ein Initiativrecht steht ihm nicht zu. Zu einer Überschneidung der Anwendung der §§ 87 I Nr. 1 und 91 kommt es also bei Änderungsmaßnahmen des Arbeitgebers.

Das Konkurrenzverhältnis des § 87 I Nr. 1 zu § 91 muss aus zweifachem Grund gelöst werden. Zum einen ist der Tatbestand des § 91 durch eine zweifache Einschränkung sehr eng gefasst. So muss die Änderung „den gesicherten arbeitswissenschaftlichen Kenntnissen über die menschengerechte Gestaltung der Arbeit offensichtlich widersprechen“ und die Arbeitnehmer in einer besonderen Weise belasten. Zum anderen enthalten die beiden Vorschriften unterschiedliche Regelungsziele. Im Gegensatz zur Mitbestimmung nach § 87 I Nr. 1 kann der Betriebsrat bei Vorliegen der Voraussetzungen die Änderungsmaßnahme nicht im Ganzen ablehnen, sondern nur angemessene Maßnahmen zur Abwendung, Milderung oder zum Ausgleich der Belastung verlangen.

Zu bedenken ist jedoch, dass das nach seiner Rechtsfolge schwächere Mitbestimmungsrecht des § 91 das stärkere Mitbestimmungsrecht des § 87 nicht grundsätzlich ausschließt.[161] So bestehen die Mitbestimmungsrechte des § 87 z.B. bei Einführung von Pausen (§ 87 I Nr. 2), bei Einführung und Anwendung von technischen Überwachungseinrichtungen (§ 87 I Nr. 6) oder bei der Festsetzung der Akkord- und Prämiensätze sowie vergleichbarer leistungsbezogener Entgelte (§ 87 I Nr. 11) neben dem Mitbestimmungsrecht des § 91. Diesen auf-

---

159 Der daneben in § 91 noch erwähnte Regelungsgegenstand der „Arbeitsumgebung“ hat für diese Erörterung keine Bedeutung. Unter „Arbeitsumgebung“ sind nämlich nur alle äußeren Gegebenheiten zu verstehen, die von Einfluss auf den Arbeitnehmer an seinem Arbeitsplatz sind, z.B. Licht- und Luftverhältnisse oder Raumgestaltung (vgl. GK-Wiese § 91 Rn. 5). Diese werden nach dem bis hierher erarbeiteten Verständnis nicht vom Ordnungs- und Verhaltensbegriff erfasst.

160 Ganz h.M. – vgl. u.a. LAG Düsseldorf DB 1981, 1676; Fitting/Engels/Schmidt/Trebinger/Linsenmaier (23. Auflage) § 91 Rn. 8 ff.; DKK-Klebe § 91 Rn. 4; Galperin/Löwisch § 91 Rn. 2; Weiss/Weyand § 91 Rn. 3; Hofe S. 77 ff.

161 Schmalz Methodenlehre, Rn. 85 ff.

gezählten Rechten ist gemein, dass sie zum einen anderen Zweck als die ergonomische Gestaltung der Arbeit verfolgen, zum anderen nur einen Teilbereich des Tatbestands des § 91 erfassen. § 91 behält also einen eigenen Regelungsbereich. Demgegenüber werden mit Regelung der Arbeitsplätze und des Arbeitsablaufs stets auch die Ordnung des Betriebs und das Verhalten der Arbeitnehmer im Betrieb berührt. Ließe man in diesen Fällen die gegenüber § 91 weitergehende Rechtsfolge des § 87 I Nr. 1 eingreifen, so hätte das Mitbestimmungsrecht des § 91 keine Bedeutung. Die reagierenden Maßnahmen könnte der Betriebsrat dann immer zur Voraussetzung seiner Zustimmung machen. Demnach ist ein Wertungswiderspruch gegeben, der nur durch eine Einschränkung des Anwendungsbereichs des § 87 I Nr. 1 verhindert werden kann.

Nach dieser systematischen Auslegung fallen also Maßnahmen des Arbeitgebers in Bezug auf die Gestaltung von Arbeitsplätzen und des Arbeitsablaufs aus dem Regelungsbereich des § 87 I Nr. 1 heraus.

Zu klären bleibt, was diese beiden Ausdrücke im einzelnen bedeuten. Sowohl mit dem Begriff des Arbeitsablaufs als auch mit dem des Arbeitsplatzes passt das Gesetz die Terminologie an den Sprachgebrauch der Arbeitswissenschaft an. Der Arbeitsablauf ist danach die räumliche und zeitliche Folge des Zusammenwirkens von Mensch, Arbeitsmittel, Stoff, Energie und Information in einem Arbeitssystem[162]. Angesprochen ist also insbesondere die organisatorische, räumliche und zeitliche Gestaltung des Arbeitsprozesses im Sinne der Erfüllung der Arbeitsaufgabe unter Berücksichtigung der sich dabei insgesamt ergebenden Beanspruchungen der Arbeitnehmer.[163] Im einzelnen geht es z.B. um die Einführung von Fließband-, Gruppen- oder Einzelarbeit, Rationalisierungsmaßnahmen, das Ausgliedern von internen Arbeitsbereichen oder die Einführung und Anwendung von Qualitätsmanagement-Systemen.[164]

Der Arbeitsplatz ist der räumlich-funktionale Bereich, in dem der Arbeitnehmer im Rahmen seiner Arbeitsaufgabe mit Arbeitsmitteln und Arbeitsgegenständen in einem bestimmten Arbeitssystem tätig wird.[165] Damit werden über die Gestaltung von Arbeitsverfahren und Arbeitsabläufen hinaus auch Maßnahmen des Arbeitgebers in Bezug auf die Ausgestaltung der einzelnen Arbeitsplätze, insbesondere die räumliche Anordnung und Gestaltung der Maschinen und Werkzeuge sowie die Anbringung sonstiger Arbeitsmittel und die Arbeitsumgebung er-

---

162 Nach DIN 33400 Nr. 2.4; so auch u.a. LAG Hamm EzA Nr. 1 zu § 90 BetrVG 1972; GK-Wiese § 90 Rn. 17; Hess/Schlochauer/Worzalla/Glock § 90 Rn. 7; Fitting/Engels/Schmidt/Trebinger/Linsenmaier (23. Auflage) § 90 Rn. 24.

163 GK-Wiese § 90 Rn. 17.

164 Fitting/Engels/Schmidt/Trebinger/Linsenmaier (23. Auflage) § 90 Rn. 25.

165 So die Definition der ganz h.M. – vgl. u.a. LAG Frankfurt LAGE Nr. 32 zu § 23 BetrVG 1972; GK-Wiese § 90 Rn.20; DKK-Klebe § 90 Rn. 15; Hess/Schlochauer/Worzalla/Glock § 90 Rn. 9; Dietz/Richardi § 90 Rn. 12; Hofe S. 66; Natzel DB 1972, Beilage Nr. 24, S. 6.

fasst.[166] An Beispielen sind zu erwähnen: die räumliche Anordnung und Gestaltung der Maschinen und sonstiger Betriebsmittel, der Raumbedarf der Arbeitnehmer entsprechend der Raumsituation, Verminderung zu schneller Arbeitstakte oder die gerade aus arbeitsschutzrechtlicher Sicht wichtigen Fragen über Beeinträchtigungen der Arbeitnehmer am Arbeitsplatz durch Licht, Vibrationen, Nässe, Gase, Dämpfe, Hitze, Kälte, Lichtmangel oder Blendung.

(bb) Verhältnis des § 87 I Nr. 1 zu § 106 III Nr. 5 BetrVG

Neben § 91 könnte der Anwendungsbereich des § 87 I Nr. 1 durch § 106 einzuschränken sein.

Nach § 106 I 2 hat der Wirtschaftsausschuss die Aufgabe, mit dem Unternehmer wirtschaftliche Angelegenheiten zu beraten und den Betriebsrat zu unterrichten. Zu den wirtschaftlichen Angelegenheiten gehören gemäß § 106 III Nr. 5 Fabrikations- und Arbeitsmethoden, insbesondere die Einführung neuer Arbeitsmethoden.

Ob ein für die Reduktion vorausgesetzter Wertungswiderspruch vorliegt, ist schon deshalb fraglich, da Wirtschaftsausschuss und Betriebsrat zwei unterschiedliche Gremien der Arbeitnehmer sind. Der Wirtschaftsausschuss ist kein Mitbestimmungsorgan, sondern nach der gesetzlichen Konstruktion ein Hilfsorgan des Betriebsrates, dessen Aufgabe in der Beratung wirtschaftlicher Angelegenheiten mit dem Unternehmen einerseits und der Unterrichtung des Betriebsrates über die erhaltenen Informationen andererseits zu sehen ist.[167] Auch als Hilfsorgan des Betriebsrates besitzt der Ausschuss eine gewisse Eigenständigkeit. Er wird nämlich grundsätzlich nicht für den Betrieb, sondern für das gesamte Unternehmen gebildet.[168] Maßgeblich für den Ausschuss ist die Vertretung der Interessen der Arbeitnehmer mit dem Unternehmen.[169] Seine Mitwirkung an den Entscheidungen des Arbeitgebers ist damit auf einer ganz anderen Ebene angesiedelt. Zu Kompetenzkonflikten zwischen Betriebsrat und Wirtschaftsausschuss kann es wegen dieser unterschiedlichen Ausgestaltung der Mitwirkungskompetenz nicht kommen.[170] Treten Überschneidungen auf, so sind sie unschädlich.[171] Eine Reduktion des Tatbestands des § 87 I Nr. 1 muss deshalb nicht auf Grund von § 106 III Nr. 5 erfolgen. Man kann das Verhältnis zu § 106 III Nr. 5 allenfalls als Indiz für eine Ein-

---

166 OVG Münster CR 1994, 240; Galperin/Löwisch § 90 Rn. 4; GK-Wiese § 90 Rn. 20; Fitting/ Engels/ Schmidt/ Trebinger/ Linsenmaier (23. Auflage) § 90 Rn. 30 f.; Hess/ Schlochauer/ Worzalla/Glock § 90 Rn. 9.

167 DKK-Däubler § 106 Rn. 2; Fitting/Engels/Schmidt/Trebinger/Linsenmaier (23. Auflage) § 106 Rn. 5.

168 DKK-Däubler § 106 Rn. 5; Fitting/Engels/Schmidt/Trebinger/Linsenmaier (23. Auflage) § 106 Rn. 5.

169 Fitting/Engels/Schmidt/Trebinger/Linsenmaier (23. Auflage) § 106 Rn. 5.

170 Weiss/Weyand § 106 Rn. 18.

171 Weiss/Weyand § 106 Rn. 18.

schränkung des Anwendungsbereichs des § 87 I Nr. 1 werten. Direkten Einfluss auf dessen Auslegung hat § 106 III Nr. 5 jedoch nicht.

(cc) Verhältnis des § 87 I Nr. 1 zu § 111 2 Nr. 5 BetrVG

Eine Reduktion des Tatbestands des § 87 I Nr. 1 könnte sich schließlich aus § 111 ergeben. Nach § 111 1 steht dem Betriebsrat bei vom Unternehmer geplanten Betriebsänderungen, „die wesentliche Nachteile für die Belegschaft oder erhebliche Teile der Belegschaft zur Folge haben können“, ein umfassendes Unterrichtungs- und Beratungsrecht zu. Zu den Betriebsänderungen gehören gemäß § 111 2 Nr. 5 die Einführung grundlegend neuer Arbeitsmethoden und Fertigungsverfahren. Arbeitsmethoden und Fertigungsverfahren stehen im Zusammenhang mit der Arbeitsleistung der Arbeitnehmer. Fraglich ist, ob sie deshalb aus dem Anwendungsbereich des § 87 I Nr. 1 ausgegliedert werden müssen.

Das Mitwirkungsrecht des § 111 ist Teil der in den §§ 111-113 formulierten abgestuften Mitwirkungs- und Mitbestimmungsrechte des Betriebsrates bei geplanten Betriebsänderungen des Unternehmers. Einzig in dem dort geregelten Bereich der wirtschaftlichen Angelegenheiten ist eine Beteiligung des Betriebsrates vorgesehen. Die Beteiligung bezieht sich dabei auf zwei unterschiedliche Mitwirkungs- und Mitbestimmungsbereiche. Zu unterscheiden ist zwischen dem nach §§ 111, 112 anzustrebenden Interessensausgleich über die Betriebsänderung und der Einigung über den Ausgleich oder die Milderung der wirtschaftlichen Nachteile, die den Arbeitnehmern infolge der geplanten Betriebsänderung entstehen (Sozialplan). Der erste Bereich betrifft die unternehmerisch-wirtschaftliche Entscheidung als solche. Der Betriebsrat kann die berechtigten Interessen der Arbeitnehmer vortragen, um letztlich zusammen mit dem Unternehmer zu einer Lösung zu gelangen, die sowohl den wirtschaftlichen Interessen des Unternehmers als auch den sozialen Belangen der Arbeitnehmer gerecht wird. Kommt es nach Ausschöpfung aller Verständnismöglichkeiten nicht zu einem Interessensausgleich, so entscheidet der Unternehmer letztlich allein. Wie wenig es dem Zweck des Gesetzes entspricht, die Unternehmerinitiative einzuschränken, kommt weiterhin auch darin zum Ausdruck, dass selbst dann, wenn der Unternehmer über die Betriebsänderung freiwillig eine Einigung herbeigeführt hat, er von diesem Interessenausgleich mit sich daraus ergebenen sozialen Auswirkungen (§ 113) abweichen kann.[172] Lediglich beim zweiten Bereich, der die sozialen Auswirkungen der unternehmerischen Maßnahme betrifft, steht dem Betriebsrat nach § 112 ein volles Mitbestimmungsrecht zu.

Diese Ausführungen bringen deutlich zum Ausdruck, dass der Gesetzgeber zumindest bei der Frage, „ob“ die Maßnahme hinsichtlich der Betriebsänderung getroffen wird, den Betriebsrat ausschließen wollte. Würde man nun alle im Zusammenhang mit der Arbeitsleistung stehenden Maßnahmen dem Mitbestim-

---

172 Dietz/Richardi § 111 Rn. 4.

mungsrecht des Betriebsrates nach § 87 I Nr. 1 zuordnen, so wäre damit das erläuterte Gefüge der §§ 111 ff. durchbrochen. Um diesen Rechtsbruch zu vermeiden, müssen die unter § 111 2 Nr. 5 aufgezählten, die Arbeitsleistung der Arbeitnehmer berührenden Betriebsänderungen aus dem Tatbestand des § 87 I Nr. 1 ausgegliedert werden. Die Einführung neuer Arbeitsmethoden und Fertigungsverfahren betrifft deshalb nicht die Ordnung des Betriebs und das Verhalten der Arbeitnehmer im Betrieb im Sinne des § 87 I Nr. 1.

Sucht man nach einer näheren Konkretisierung der beiden Tatbestandsteile des § 111 2 Nr. 5, so kann beim Begriff der Arbeitsmethode auf die Definition der Arbeitswissenschaft zurückgegriffen werden. Danach ist unter Arbeitsmethoden die Art und Weise zu verstehen, wie die menschliche Arbeit zur Erfüllung des technischen Betriebszwecks arbeitstechnisch eingesetzt wird.[173] Maßgebend ist also die Beschreibung des Vorgehens bei der Gütererzeugung unter dem arbeitswissenschaftlichen Gesichtspunkt der menschlichen Arbeitskraft.[174] Erfasst wird also auch der schon näher beschriebene Arbeitsablauf.[175] Als Beispiele können die Einführung von Fließbandarbeit und die Frage des „0b" und „Wie" des Einsatzes technischer Hilfsmittel angeführt werden. Im Gegensatz zu den Arbeitsmethoden sind die Fertigungsverfahren, die begrifflich mit den in § 106 III Nr. 5 genannten Fabrikationsmethoden übereinstimmen[176], mehr aus technischer Sicht zu definieren.[177] Der Begriff des Fertigungsverfahrens beschreibt das planmäßige Vorgehen bei der Gütererzeugung.[178] Maßgebend ist der Ablauf der Gütererzeugung unter technischen Gesichtspunkten.[179] Dazu gehört insbesondere das Verfahren, nach dem produziert wird. Des weiteren gehören hierher auch Fragen der Serienproduktion oder Einzelherstellung und alles, was die technische Grundlage der Produktion darstellt.

(3) Ergebnis

Die Untersuchung des inneren Gefüges der Normen des Betriebsverfassungsgesetzes hat ergeben, dass der Anwendungsbereich des § 87 I Nr. 1 einzuschränken ist. Diese Einschränkung hat auf Grund des Verhältnisses dieses Mitbestimmungstatbestands zu den Rechten des Betriebsrates gemäß §§ 91 und 111 2 Nr. 5 zu erfolgen. Arbeitgeberanordnungen in Bezug auf die Arbeitsplätze, den Arbeitsablauf, die Arbeitsmethode und das Fertigungsverfahren beziehen sich da-

173 Hackstein Arbeitswissenschaft, S. 503.
174 Fitting/Engels/Schmidt/Trebinger/Linsenmaier (23. Auflage) § 106 Rn. 42.
175 Galperin/Löwisch § 106 Rn. 53; Gnade/Kehrmann/Schneider/Blanke § 106 Rn. 33.
176 GK-Fabricius/Oetker § 111 Rn. 125; Dietz/Richardi § 111 Rn. 72.
177 Dietz/Richardi § 106 Rn. 40.
178 Fitting/Engels/Schmidt/Trebinger/Linsenmaier (23. Auflage) § 106 Rn. 42.
179 Fitting/Engels/Schmidt/Trebinger/Linsenmaier (23. Auflage) § 106 Rn. 42.

mit nicht auf die Ordnung des Betriebs und das Verhalten der Arbeitnehmer im Betrieb im Sinne des § 87 I Nr. 1.

Jedoch wäre es verfehlt, daraus die Schlussfolgerung zu ziehen, dass das Verhalten der Arbeitnehmer stets einen Bezug zur betrieblichen Ordnung haben muss. Die Reduktion des § 87 I Nr. 1 durch die herrschende Meinung geht vom Maß der Tatbestandseinschränkung viel weiter, als die hier festgestellte. § 91 und § 111 2 Nr. 5 führen nicht dazu, den zweigliedrig formulierten Tatbestand auf einen zu reduzieren und Arbeitgebermaßnahmen, welche das Verhältnis des Arbeitgebers zu den Arbeitnehmern betreffen, insgesamt von der Mitbestimmung nach § 87 I Nr. 1 auszunehmen. Mit der Herausnahme der Arbeitsplätze, des Arbeitsablaufs, der Arbeitsmethode und der Fertigungsverfahren aus dem Mitbestimmungstatbestand hat lediglich eine nähere Konkretisierung des Mitbestimmungsrechts des § 87 I Nr. 1 stattgefunden.

dd) Der Anwendungsbereich gemäß einer teleologischen Auslegung

Für die Auslegung einer Norm besteht auf Grundlage der heute herrschenden Interessens- bzw. Wertungsjurisprudenz weitgehend Einigkeit darüber, dass neben dem Wortlaut, der historischen Entwicklung und des gesetzessystematischen Zusammenhangs letztlich der Sinn und Zweck einer Vorschrift entscheidend sein muss.[180] Dieser Überlegung steht die Gefahr der rein subjektiven Bestimmung und Gewichtung der ausschlaggebenden Wertungen durch den Wertenden entgegen – das Ergebnis wird also durch ihn letztlich bestimmt.[181] Jedoch kann diese Gefahr nicht zur Nichtberücksichtigung der teleologischen Argumente führen. Vielmehr kann sie dadurch reduziert werden, dass die Wertungsargumente mit den Ergebnissen der wörtlichen, historischen und systematischen Auslegung überprüft und kontrolliert werden.[182] Denn entscheidend für das letztliche Auslegungsergebnis ist der Konsens zwischen den einzelnen Auslegungsmitteln.

An dieser Stelle sei schon einmal darauf hingewiesen, dass bei der Begrenzung der Reichweite einer Norm entgegen dem Wortlaut die entsprechende Begründung immer auch aus dem Telos zu erfolgen hat.[183] Zweifellos gebietet schon das rechtsstaatliche Prinzip der Rechtssicherheit, dass der Gesetzeswortlaut die oberste Leitlinie der Gesetzesanwendung bleibt, die nur in seltenen Ausnahmefällen verlassen werden darf.[184]

---

180 Vgl. u.a. Bydlinski S. 123 ff.; Fikentscher S. 405 ff.; 676 ff. m.w.N.

181 Auf Grund dieser bestehenden Gefahr lehnt Säcker (Münchener Kommentar Einleitung, Rn. 81 ff., 105 ff.) die objektiv-teleologische Auslegung als „subjektiv" ab.

182 Kreutz Betriebsautonomie, S. 149 f.

183 Pfarr Anmerkung zu BAG AP Nr. 2 zu § 87 BetrVG 1972 Ordnung des Betriebs.

184 Erdmann S. 91.

Da § 87 I Nr. 1 Teil der enumerativen Aufzählung des § 87 I ist, steht der Zweck des § 87 I Nr. 1 in einem engen Zusammenhang mit dem Sinn und Zweck aller Mitbestimmungsrechte des § 87 I. Es gilt folglich, vorab den Zweck der Mitbestimmung nach § 87 I zu ermitteln.

(1) Zweck der Mitbestimmung nach § 87 I BetrVG

Die Untersuchung des Sinn und Zweckes der Mitbestimmungsrechte des § 87 I steht im engen Zusammenhang mit der Frage, welche Bedeutung die Mitbestimmungsrechte des Betriebsverfassungsgesetzes grundsätzlich haben, da die einzelnen Tatbestände der notwendigen Mitbestimmung sich am Zweck der gesamten Mitbestimmung orientieren.[185] Deshalb wird sich nachfolgend mit den einzelnen Meinungen der Literatur und Rechtsprechung zum Sinn und Zweck der Mitbestimmungsrechte auseinandergesetzt.

(a) Gesetzgeberischer Grund für die Regelung der Mitbestimmungsrechte in sozialen Angelegenheiten

Ausgangspunkt jeder Untersuchung nach dem Sinn und Zweck der Mitbestimmung in sozialen Angelegenheiten muss dasjenige Organisationsproblem sein, das für den Gesetzgeber Anlass für die Regelung der Mitbestimmung des Betriebsrates innerhalb der Betriebsverfassung war. Dieses Organisationsproblem ist gekennzeichnet durch den besonderen rechtlichen, wirtschaftlichen und sozialen Charakter des Arbeitsverhältnisses, als dem rechtlichen Ausdruck jeder Arbeitsteilung.[186] Im arbeitsvertraglichen Verhältnis verpflichtet sich der Arbeitnehmer zur Übernahme einer bestimmten Funktion gegen Vergütung innerhalb der vom Arbeitgeber organisierten Arbeitsteilung. Den besonderen Charakter erhält dieses Schuldverhältnis durch die Eingliederung des Arbeitnehmers in dem vom Arbeitgeber organisierten und damit fremdbestimmten arbeitsteiligen Organismus. Der Arbeitnehmer hat sich durch Abschluss des Arbeitsvertrages in eine persönliche Abhängigkeit zum Arbeitgeber begeben.[187] Wesentliche Einzelkriterien der persönlichen Abhängigkeit sind nach Ansicht der Rechtsprechung des Bundesarbeitsgerichts vor allem die Weisungsgebundenheit des Arbeitnehmers hinsichtlich der Zeit, des Ortes, der Art der Arbeitsdurchführung sowie der betrieblichen und organisatorischen Eingliederung.[188]

---

185 Jahnke Tarifautonomie, S. 131.

186 Dzikus S. 25.

187 Die persönliche Abhängigkeit ist Merkmal des von der h.M. vertretenen Arbeitnehmerbegriffs (vgl. u.a. BAG AP Nr. 42, 44 zu § 611 BGB Abhängigkeit; AP Nr. 42 zu § 611 BGB Lehrer, Dozenten; Erman-Hanau § 611 Rn. 56; RGRK-Schliemann § 611 Rn. 991 ff.; Zöllner/Loritz § 4 III).

188 BAG AP Nr. 42, 44 zu § 611 BGB Abhängigkeit; AP Nr. 42 zu § 611 BGB Lehrer, Dozenten.

Die im Einzelfall vom Arbeitgeber an den Arbeitnehmer erteilten Weisungen sind in der Regel nicht konkret im Arbeitsvertrag festgelegt, da im Arbeitsvertrag zumeist nur Vereinbarungen über die funktionsbezogene Arbeitspflicht des Arbeitnehmers und die Lohnzahlungspflicht des Arbeitgebers getroffen werden. Das Recht zur Erteilung von Weisungen leitet der Arbeitgeber aus dem ihm zustehenden Direktionsrecht ab.[189] Als Direktionsrecht bezeichnet man das Recht des Arbeitgebers, die im Arbeitsvertrag nur rahmenmäßig umschriebene Leistungspflicht des Arbeitnehmers einseitig zu bestimmen.[190] Kraft seines Direktionsrechts bestimmt der Arbeitgeber die näheren Einzelheiten der Erbringung der geschuldeten Arbeitsleistung, vor allem deren Ort, Zeit und ihren näheren Inhalt.[191] Welchen Umfang das Direktionsrecht hat, hängt insbesondere von der Erfassung des Einzelarbeitsvertrages ab. Je weniger konkret die Arbeitsleistung nach Art, Inhalt und Zeit darin bestimmt ist, desto weitgehender ist das Direktionsrecht des Arbeitgebers.[192]

Die Weisungsgebundenheit der Arbeitnehmer allein kann jedoch nicht Anlass für den Gesetzgeber gewesen sein, die Mitbestimmung des Betriebsrates im Betriebsverfassungsgesetz zu regeln. Denn dieses Merkmal ist bei anderen Schuldverhältnissen, z.B. beim Auftrag, sogar teilweise stärker ausgeprägt. Ausschlaggebend muss vielmehr die Tatsache gewesen sein, dass die Arbeitnehmer dem Arbeitgeber weisungsgebunden in einem fremden Lebensbereich sind, der nicht ihrer Selbstbestimmung, sondern ursprünglich allein der Disposition des Arbeitgebers unterliegt.[193] In diesem Bereich hat der Arbeitnehmer sich einzuordnen – er gibt seine Selbständigkeit auf.

Die Rechtsordnung und damit verbunden die höchstrichterliche Rechtsprechung erkennt die freie menschliche Persönlichkeit und ihre Würde als höchsten Rechtswert an.[194] Sie bestätigt für das Privatrecht die Privatautonomie mit der ihr imma-

---

[189] Die Herleitung des Direktionsrechts ist umstritten: die Rechtsprechung führt ohne Begründung aus, dass sich das Direktionsrecht aus der Natur der Sache ergibt (vgl. nur BAG AP Nr. 26 zu § 611 Direktionsrecht); eine Ansicht innerhalb der Literatur leitet das Direktionsrecht aus dem Eigentum des Arbeitgebers an den Produktionsmitteln her (Sinzheimer Grundzüge des Arbeitsrechts, S. 25, 146 ff.); nach einer anderen Meinung gründet sich das Recht auf einem Akt staatlicher Verleihung (Stein Wirtschaftsaufsicht, S. 58); nach der herrschenden Meinung hat die Herleitung aus dem Rechtsgeschäft zu erfolgen (vgl. u.a.: Söllner, Einseitige Leistungsbestimmung, S. 44 ff.; ders. Arbeitsrecht, S. 210 ff.; Zöllner Arbeitsrecht, S. 136 ff.).

[190] BAG AP Nr. 17 und 26 zu § 611 BGB Direktionsrecht; Palandt-Putzo § 611 Rn.45; RGRK-Schliemann § 611 Rn.1351; Münchener Kommentar-Müller-Glöge § 611 Rn. 417; Richter DB 1989, 2378.

[191] Palandt-Putzo § 611 Rn.45; RGRK-Schliemann § 611 Rn.1351; Münchener Kommentar-Müller-Glöge § 611 Rn. 417.

[192] RGRK-Schliemann § 611 Rn. 1352.

[193] GK-Wiese Einleitung Rn. 71.

[194] Ständige Rechtsprechung des BVerfG seit BVerfGE 12, 45, 51, 53.

nenten Selbstbestimmung des Einzelnen als maßgebendes Grundprinzip. Dementsprechend muss es Aufgabe und Ziel der Rechtsordnung sein, die vorgehend beschriebene Abhängigkeit der Arbeitnehmer vom Arbeitgeber zu begrenzen.[195]

Von dieser grundsätzlichen, allgemein anerkannten Zielsetzung ausgehend sind im folgenden die verschiedenen Meinungen in der Literatur und Rechtsprechung zur Zweckbestimmung der Mitbestimmung des Betriebsrates in sozialen Angelegenheiten zu untersuchen.

(b) Ordnungszweck

Einige Autoren in der Literatur gehen davon aus, dass die Mitbestimmung in sozialen Angelegenheiten einen Ordnungszweck erfüllt.[196] Sinn der Mitbestimmung sei es, dass eine unter Beteiligung des Betriebsrates zustande gekommene betriebliche Ordnung der sozialen Angelegenheiten vorgegeben werde.[197] Die Rechtfertigung der Beteiligungsrechte des Betriebsrates beruhe u.a. in der Ordnungsfunktion gegenüber dem Betrieb als Gemeinschaft.[198] Rüthers als Vertreter dieser Meinung ist der Ansicht, dass im Rahmen des Mitbestimmungsrechts nach § 56 BetrVG 52 die Belange der betrieblichen Ordnung generell Vorrang vor den Individualinteressen hätten, wenn ausreichend sachliche Gesichtspunkte eine kollektive Regelung der betrieblichen Ordnung erforderlich erscheinen ließen.[199]

Für die Annahme eines solchen Zweckes der Mitbestimmung nach § 87 spricht, dass die Ordnung traditionell mit den sozialen Angelegenheiten verknüpft ist[200] und im Rahmen des § 87 – man beachte nur den Tatbestand des § 87 I Nr. 1 – auch ihre Bedeutung hat.

Als eigenständiger Selbstzweck kann sie jedoch nur dann angesehen werden, wenn es Ziel des Gesetzgebers war, eine einheitliche und rechtsverbindliche Regelung bedeutender Arbeitsbedingungen obligatorisch zu machen.[201] Ein derartiges Ziel hatte, wie bereits dargestellt, der Vorläufer des heutigen Betriebsverfassungsgesetzes – die Gewerbeordnung von 1891.[202] Nach § 134 GewO 1891 bestand für den Arbeitgeber in Betrieben mit mehr als 20 Arbeitern die Pflicht zur Aufstellung einer Arbeitsordnung. Auch im Betriebsrätegesetz von 1920 wurde diese Pflicht beibehalten. Demgegenüber ist in den Betriebsverfassungsgesetzen von 1952 und 1972 eine Arbeitsordnung nicht mehr obligatorisch vorgeschrieben.

---

195 GK-Wiese Einleitung Rn. 71.

196 Rüthers/Boldt S. 34; Galperin/Löwisch § 87 Rn. 6; Löwisch DB 1983, 1709, 1710.

197 Galperin/Löwisch § 87 Rn. 6.

198 Rüthers/Boldt S. 34.

199 Rüthers/Boldt S. 34.

200 Vgl. die Ausführungen im Kapitel E. II. 1. a) bb) (1).

201 Kreutz zur Parallelproblematik bei Betriebsvereinbarungen (Betriebsautonomie, S. 198 ff., 225 ff., 239).

202 Vgl. die Ausführungen im Kapitel E. I. 2. a) bb) (1).

Tragendes Ziel der Mitbestimmung in sozialen Angelegenheiten ist nicht die Herstellung einer einheitlichen betrieblichen Ordnung, sondern die Beteiligung der Arbeitnehmer an der inhaltlichen Gestaltung der zu treffenden Arbeitgebermaßnahme.[203] Maßgebend für die Regelung des § 87 ist, dass die Wahrnehmung der Arbeitnehmerinteressen gesichert wird.[204] Das Bedürfnis seitens des Arbeitgebers, z.B. aus organisatorischen Gründen, und das Bedürfnis des Betriebsrates, z.B. aus Schutzgesichtspunkten, in einigen Fällen eine einheitliche Regelung herbeizuführen, kann für die Bejahung eines eigenständigen Ordnungszweckes nicht ausreichen.[205]

Schließlich spricht gegen diese Auffassung, dass auch in Betrieben ohne Betriebsrat die betriebliche Ordnung ohne weiteres verwirklicht wird. Die Mitbestimmung des Betriebsrates ist also keine Voraussetzung für die Herstellung einer Ordnung.[206]

Deshalb kann das Ordnungsprinzip kein selbständiger Zweck der Mitbestimmung in sozialen Angelegenheiten sein.

(c) Schutzzweck

Da der Schutz der Arbeitnehmer als wichtigstes Gestaltungsziel des heutigen Arbeitsrechts angesehen werden kann[207], liegt es nahe, auch die Mitbestimmung des Betriebsrates im Betrieb aus dem Schutzgedanken abzuleiten.

Dies wird schon bei erster Betrachtung einiger Einzelregelungen im Betriebsverfassungsgesetz deutlich.[208] So sind z.B. nach § 75 II die Betriebsverfassungsparteien verpflichtet, die freie Entfaltung der Persönlichkeit der im Betrieb beschäftigten Arbeitnehmer zu schützen.

Vor allem an Hand der historischen Entwicklung des Arbeitsrechts ist erkennbar, dass der Schutzgedanke stets mit der Mitbestimmung verbunden war.[209] Anlass für die Schaffung arbeitsrechtlicher Vorschriften war bei allen Vorgängergesetzen des Betriebsverfassungsgesetzes zweifellos der notwendige Schutz des

---

203 GK-Wiese Einleitung Rn. 73; Adomeit Regelungsabrede, S. 51; Dzikus, S. 28; Hurlebaus S. 78 f.

204 Hurlebaus S. 78 f.

205 So auch Hurlebaus S. 78 f.

206 Hess/Schlochauer/Worzalla/Glock § 87 Rn. 8.

207 Vgl. u.a. GK-Wiese Einleitung, Rn. 76; Dütz S. 1; Hueck/Nipperdey I, S. 25 ff.; Nikisch I, S. 12, 39 f., 496 f.; Zöllner/Loritz Arbeitsrecht, § 1, I – abzulehnen ist der Einwand Wiethölters (Rechtswissenschaft, S. 289), die herrschende Lehre würde „Arbeitsrecht mit Arbeiterschutz verwechseln, also mögliche Subjektpositionen der Arbeitnehmer… vereiteln und damit die Objektsituation des abhängigen Arbeitnehmers erhalten (ähnlich Ramm Kritische Justiz 1970, 175, 180 f.) – Wiethölter verkennt, dass die herrschende Lehre den Zweck nicht nur im Schutz der Arbeitnehmer sieht, sondern komplexere Zweckangaben vorlegt (siehe dazu die nachfolgenden Ausführungen).

208 Jahnke S. 130 f.

209 Ausführlich Hurlebaus S. 57 ff.

Arbeitnehmers vor den verschiedenen Gefahren seiner Tätigkeit und den sozialen Nachteilen seiner Stellung im Arbeitsleben.[210]

Nun ist für die weitere Auslegung jedoch noch nicht viel gewonnen, wenn pauschal als Zweck der Mitbestimmung der Schutz der Arbeitnehmer angenommen wird. Es hat eine weitere Konkretisierung in der Hinsicht zu erfolgen, wie der Schutzzweck inhaltlich ausgestaltet ist und wie weit der Schutz reicht. Diese Frage wird vielfach in der Kommentarliteratur und in der Rechtsprechung unbeantwortet gelassen.

Die Konkretisierung des Schutzzweckes hängt eng mit dem Problem der Schutzbedürftigkeit der Arbeitnehmer zusammen.[211] Schutz bedeutet nichts anderes als die Kompensation von Schutzbedürftigkeit. Fehlt das Schutzbedürfnis, so kann eine Regelung nicht dem Schutz dienen – ein Schutzzweck ist also nicht gegeben.[212]

Ausgangspunkt der Untersuchung des Problems der Schutzbedürftigkeit ist die schon eingangs gemachte Ausführung zum Wesen des Arbeitsverhältnisses. Danach könnte der Arbeitnehmer insofern schutzbedürftig sein, als er in diesem Verhältnis in verschiedenen Formen abhängig ist und daraus folgend ein Ungleichgewicht im Vertragsverhältnis besteht. Des weiteren könnte sich ein Schutzbedürfnis aus der Tatsache ergeben, dass dem Arbeitgeber im Arbeitsverhältnis die einseitige Regelungsmacht zusteht.

(aa) Schutz der Arbeitnehmer vor einer eingeschränkten Arbeitsvertragsfreiheit

Nach Ansicht der modernen Vertragslehre ist das Gleichgewicht der Vertragspartner, die sogenannte Vertragsparität, Voraussetzung der Einzelvertragsfreiheit.[213] Der Gesetzgeber hat durch Schaffung von Rahmenbedingungen dafür zu sorgen, dass unter Beachtung der Vertragsfreiheit die freie Selbstbestimmung der Vertragspartner gewährleistet ist. Dies vorausgesetzt bedeutet, nachfolgend die durch die Abhängigkeit des Arbeitnehmers entstandene Vertragsimparität aufzuzeigen.

Eine Abhängigkeit des Arbeitnehmers könnte sich zunächst daraus ergeben, wenn man mit der herrschenden Lehre annimmt, dass seitens des Arbeitgebers ein wirtschaftliches Übergewicht[214] im Arbeitsverhältnis besteht und der Arbeitnehmer deshalb in seiner freien Selbstbestimmung eingeschränkt wird.

---

210 Wiese ZfA 1989, 645, 650 – vgl. auch die Ausführungen im Kapitel E., I., 2., a), bb), (1).

211 Kreutz Betriebsautonomie, S. 155.

212 Kreutz Betriebsautonomie, S. 155.

213 Ausführlich zur Vertragsgerechtigkeit Larenz BGB-AT, § 2 Rn. 21 ff.; Hönn S. 9 ff. – jeweils mit weiteren Nachweisen.

214 Wenn von einigen Autoren auch von einem intellektuellen und sozialen Übergewicht gesprochen wird, so erscheint dieser Aspekt für das zu erörternde Problem wenig relevant – zum einen ist schon fraglich, nach welchen Gesichtspunkten im intellektuellen und sozialen

Das Übergewicht erscheint auf den ersten Blick unzweifelhaft, gerade wenn man bedenkt, dass der Arbeitgeber Eigentümer der Produktionsmittel ist und der Arbeitnehmer im Übrigen darauf angewiesen ist, seinen Lebensunterhalt mit Arbeit zu verdienen. Nimmt man dies pauschal an, so wird dabei jedoch die Wettbewerbssituation auf dem Arbeitsmarkt verkannt. Gegen die generell angenommene wirtschaftliche Abhängigkeit könnte sprechen, dass in Zeiten länger anhaltender Vollbeschäftigung und dem damit verbundenen Arbeitskräftemangel die Arbeitnehmer sich gegenüber dem Arbeitgeber in einer starken Position befinden.[215] Diese starke Position ist auch dann gegeben, wenn Arbeitnehmer sich etwa durch eine umfangreiche Spezialisierung unentbehrlich machen.[216] Von einer typischen Vertragsimparität kann also in diesen Fällen keineswegs gesprochen werden. Im Übrigen muss beachtet werden, dass sich im Verlaufe der historischen Entwicklung des Arbeitsrechts die Position des Arbeitnehmers gegenüber dem Arbeitgeber auf Grund von neuen Vorschriften, man denke nur an Schutzvorschriften im Individualarbeitsrecht, zu seinen Gunsten geändert hat – die wirtschaftliche Macht des Arbeitgebers wurde im erheblichen Maße eingeschränkt.

Trotz allem kann aber das generell herrschende Machtungleichwicht im Arbeitsverhältnis nicht in Frage gestellt werden. Zum einen ist gerade unter Beachtung der heutigen Verhältnisse auf dem Arbeitsmarkt die Stellung der Arbeitnehmer angesichts des immensen Arbeitskräfteüberschusses geschwächt. Zum anderen, und gerade diese Tatsache ist entscheidend und von der Arbeitsmarktlage unabhängig, gibt das Eigentum an den Produktionsmitteln dem Arbeitgeber stets eine gegenüber dem Arbeitnehmer übergeordnete Position.

Eine zur Vertragsimparität führende Abhängigkeit des Arbeitnehmers könnte ebenfalls unter dem Gesichtspunkt der organisatorischen Überlegenheit des Arbeitgebers gegeben sein. Das organisatorische Übergewicht resultiert aus einem dem Arbeitgeber zustehenden Direktionsrecht.[217] Der Arbeitgeber ist in der Lage, durch Einzelanweisungen oder generellen Regelungen im Rahmen dieses Rechtes den Arbeitnehmer zu verpflichten, seinen Weisungen und Verhaltensanforderungen Folge zu leisten.[218] Ob das Direktionsrecht, als unumgängliches praktisches Instrument der einheitlichen Leitung des Produktionsprozesses, zu der die Schutzbedürftigkeit der Arbeitnehmer auslösenden Vertragsimparität führt, ist jedoch fraglich. Der Arbeitnehmer begibt sich mit Abschluss des Arbeitsvertrages freiwillig in dieses Abhängigkeitsverhältnis. Er muss damit – dies ist bei anderen Vertragstypen ebenso – die Besonderheiten dieses Vertrages akzeptieren. Dem könnte man entgegenhalten, dass dem Arbeitnehmer die Reichweite

---

Bereich ein Übergewicht messbar sein soll, zum anderen erscheinen diese Erscheinungen nicht typisch für das Arbeitsverhältnis sondern vielmehr für den Menschen als Individuum.

215 So auch die Mitbestimmungskommission BT-Drucksache VI/334, Teil IV, Ziff. 16.

216 BT-Drucksache VI/334, Teil IV, Ziff. 16.

217 Kreutz Betriebsautonomie, S. 173 f.

218 Vgl. die Ausführungen im Kapitel E. I. 2. a) dd) (1) (a).

des Direktionsrechts und seiner damit verbundenen Abhängigkeit im Zeitpunkt des Vertragsschlusses nicht bewusst ist, da im unterzeichneten Arbeitsvertrag nur die wesentlichen Bestandteile geregelt sind.[219] Auch ist er gar nicht in der Lage, über das Direktionsrecht zu disponieren. Der Arbeitnehmer akzeptiert zwar formell bei Unterzeichnung des Arbeitsvertrages das Direktionsrecht, tatsächlich ist er sich über den Umfang seiner Willenserklärung nicht im klaren. Diese Tatsache kann jedoch nicht als Anlass dafür genommen werden, eine Vertragsimparität anzunehmen und ein entsprechendes Schutzbedürfnis des Arbeitnehmers festzustellen.[220] Wesen des Verhältnisses zwischen der Rechtsordnung und der Privatautonomie ist die Bestimmung von Inhalt und Form einzelner Rechtsverhältnisse durch die Rechtsordnung.[221] Die Rechtsordnung bestimmt demgemäss auch das Wesen des Arbeitsverhältnisses. Das Arbeitsverhältnis ist u.a. durch das Direktionsrecht des Arbeitgebers gekennzeichnet. Nicht der Arbeitgeber „diktiert" das Direktionsrecht, sondern die Arbeitsrechtsordnung.[222] Unterwirft sich der Arbeitnehmer diesem Recht, so geschieht dies nicht auf Grund der tatsächlichen Notwendigkeit der Organisation und Leitung des arbeitsteiligen Produktionsprozesses, sondern weil die Rechtsordnung den Vertragsparteien das Rechtsverhältnis vorgibt.[223] Auch wenn dem Arbeitnehmer bei Vertragsschluss der Umfang des Direktionsrechts nicht bewusst war, so kann man trotzdem nicht von einem fehlenden Selbstbestimmungsrecht des Arbeitnehmers sprechen. Wäre dies so, dann müsste das Selbstbestimmungsrecht letztlich auch bei den Vertragsparteien anderer Vertragstypen fehlen, da auch diesen Parteien in den meisten Fällen die Kenntnis des genauen Umfanges ihrer Rechte und Pflichten, welche die Rechtsordnung dem jeweiligen Vertragstyp zugewiesen hat, fehlt. Daher beruht die unzweifelhaft gegebene Abhängigkeit des Arbeitnehmers im Direktionsbereich des Arbeitgebers nicht auf einer Vertragsimparität, sondern allein auf der rechtlichen Ausgestaltung des Arbeitsverhältnisses durch die Rechtsordnung.

(bb) Schutz der Arbeitnehmer vor der Alleinbestimmung des Arbeitgebers in seinem Direktionsbereich

Unabhängig von dem soeben erörterten Problem, ob die aus dem Direktionsrecht folgende Abhängigkeit der Arbeitnehmer zur Vertragsimparität und damit zur Schutzbedürftigkeit der Arbeitnehmer führt, könnte sich der Schutzcharakter der Mitbestimmung aus der Fremdbestimmtheit des Arbeitnehmers im Direktionsbereich des Arbeitgebers ergeben.

---

219 So die Mitbestimmungskommission BT-Drucksache VI/334, Teil IV, Ziff. 14 ff.

220 Dazu ausführlich Kreutz Betriebsautonomie, S. 177 ff.

221 Zum Verhältnis Rechtsordnung und Privatautonomie ausführlich Larenz BGB-AT, § 1 Rn. 2 ff. – m.w.N.

222 Kreutz Betriebsautonomie, S. 180.

223 Kreutz Betriebsautonomie, S. 181.

Gegen eine solche Schutzwirkung der Mitbestimmung und damit auch des § 87 I wird eingewandt, dass die formellen Arbeitsbedingungen, die zum größten Teil Regelungsgegenstände des § 87 I sind, günstigkeitsneutral seien.[224] Die Mitbestimmung in diesem Bereich würde entsprechend nur die Macht des Arbeitgebers zur Betriebsgestaltung einschränken, nicht aber dem Schutz des einzelnen Arbeitnehmers dienen.[225] Ob die Konsequenz der Ablehnung der Schutzwirkung zutreffend ist, kann dahin gestellt bleiben, da schon Zweifel an der Ansicht bestehen, die formellen Arbeitsbedingungen seien günstigkeitsneutral. Zum einen lassen sich unzählige Beispiele aufführen, bei denen ein Günstigkeitsvergleich ohne weiteres vorgenommen werden kann.[226] Erwähnt sei nur die Einführung der Torkontrolle, als eine typisch formelle Arbeitsbedingung, die auf Grund der Beschränkung der Freiheit ohne weiteres als ungünstig für die Arbeitnehmer anzusehen ist.[227] Auch bei einem vom Arbeitgeber erlassenem Rauchverbot ist schon auf den ersten Blick ersichtlich, dass dieses für den Raucher nicht günstigkeitsneutral, sondern ungünstig ist.[228] Günstiger sind ferner alle formellen Arbeitsbedingungen, die dem Arbeitnehmer Wahlmöglichkeiten überlassen. Zum anderen ist es höchst willkürlich, durch die Beschränkung des Günstigkeitsvergleiches auf materielle Arbeitsbedingungen den Schutzzweck der Mitbestimmung auf diese zu beschränken.[229] Dass die Beschränkung daneben wenig praktikabel ist, zeigt im Übrigen die umstrittene Abgrenzung der formellen und materiellen Arbeitsbedingungen.

(cc) Ergebnis

Zweck der Mitbestimmung in sozialen Angelegenheiten ist der Schutz der Arbeitnehmer. Aus der Schutzbedürftigkeit der Arbeitnehmer ergibt sich, dass dieser Schutzzweck darauf gerichtet ist, zum einen die durch die wirtschaftliche Überlegenheit des Arbeitgebers resultierende Vertragsimparität zu kompensieren und zum anderen das Alleinbestimmungsrecht des Arbeitgebers in seinem Direktionsbereich zu beschränken.

(d) Teilhabezweck

Die Mitbestimmung in sozialen Angelegenheiten kann einzig nicht nur den Schutz der Arbeitnehmer bezwecken. Dagegen spricht schon, dass § 87 dem Betriebsrat ein Initiativrecht zugesteht.[230] Der Arbeitnehmervertretung wird gestattet, Regelungen herbeizuführen. Der Betriebsrat kann also selbst aktiv werden

---

224 Richardi Kollektivgewalt, S. 385; Säcker ZfA-Sonderheft 1972, 41, 55; Adomeit S. 53.
225 Richardi Kollektivgewalt, S. 385.
226 Kreutz Betriebsautonomie, S. 187 f.
227 Konzen BB 1977, 1307, 1310.
228 Kreutz Betriebsautonomie, S. 187 f.
229 Kreutz S. 188.
230 GK-Wiese § 87 Rn. 95.

und ist nicht darauf beschränkt, zum Schutz der Arbeitnehmer auf dessen Maßnahmen zu reagieren. Neben dem Schutzzweck wird deshalb dem § 87 I noch ein weiterer Zweck zugesprochen. Ausgehend von dem Wunsch, die „Objektstellung" der Arbeitnehmer abzubauen, die trotz nachgewiesenem Schutz durch die Betriebsverfassung erhalten bleiben würde, wird von der herrschenden Meinung der Sinn und Zweck des Betriebsverfassungsrechts und damit auch der Mitbestimmung nach § 87 I in der Teilhabe der Arbeitnehmer an den essentiell sie berührenden Entscheidungen gesehen.[231] Der Teilhabegedanke erkennt die Arbeitnehmer als gleichberechtigte und eigenverantwortlich handelnde Subjekte an. Die Stellung des Arbeitnehmers ändert sich vom schutzbedürftigen Objekt zum mitwirkenden Subjekt bei der Gestaltung arbeitsrechtlicher Fragen.[232]

Gegen die Annahme eines Teilhabezweckes könnte sprechen, dass es widersprüchlich erscheint, auf der einen Seite die Teilhabe des einzelnen Arbeitnehmers, seine Würde und Entfaltungsfreiheit als Zweck der Mitbestimmungsrechte anzusehen, auf der anderen Seite für die Beteiligungsrechte aber Kollektivbezogenheit der Arbeitgebermaßnahme vorauszusetzen. Diese anscheinende Widersprüchlichkeit gilt jedoch allenfalls auf den ersten Blick. Auch wenn der Gesetzgeber gerade im Bereich des § 87 I einen kollektiven Bezug voraussetzt, so steht dem nicht entgegen, dass die Mitbestimmung den Interessen der in einem Kollektiv vereinten Personen dienen soll und nicht einer anonymen, abstrakten Personengruppe.[233] Obwohl sich von Fall zu Fall entgegenstehende Interessen einzelner einem Gruppeninteresse unterzuordnen haben, kann eine Teilhabe der Arbeitnehmer verwirklicht werden, da die Unterordnung in der Natur der Sache liegt.[234]

Für die Mitbestimmung in sozialen Angelegenheiten bedeutet dies, dass Ausgangspunkt für sie neben der materiellen Ungleichheit auch der Wert der Persönlichkeit aller Arbeitnehmer und deren Streben nach angemessener Anerkennung ihrer betrieblichen Arbeitsleistung ist.[235]

Mit dem Teilhabezweck konform geht die von Adomeit entwickelte Ansicht, § 87 habe neben der Schutzfunktion noch eine Integrationsfunktion.[236] Durch die Mitbestimmung des Betriebsrates solle der Persönlichkeitswert des Arbeitnehmers und sein Streben nach sozialer Anerkennung verwirklicht werden.[237]

---

231 Vgl. u.a. BAG AP Nr. 2 zu § 87 BetrVG 1972 Arbeitssicherheit Bl. 3; AP Nr. 3 zu § 87 BetrVG 1972 Initiativrecht Bl. 4; AP Nr. 20 zu § 87 BetrVG 1972 Tarifvorbehalt Bl. 3; GK-Wiese Einleitung Rn. 78, § 87 Rn. 95; Galperin/Löwisch Vor § 74 Rn. 4; Gamillscheg Arbeitsrecht II, S. 222 ff.; Raab ZfA 2001, 31, 37; Dütz/Schulin ZfA 1975, 103, 113; Konzen NZA 1995, 865, 870; Richardi § 87 Rn. 8, 101.

232 Wiese ZfA 1996, 439, 474; Reichold S. 434 f.; Gast BB 1990, S. 1637 ff.

233 GK-Wiese Einleitung Rn. 51.

234 GK-Wiese Einleitung Rn. 51.

235 So auch Dzikus S. 32.

236 Adomeit S. 54 ff.; ebenso Richardi Festgabe, S. 761 f.; Dietz/Richardi § 87 Rn. 7.

237 Adomeit S. 54.

Da der Integrationszweck sich im wesentlichen mit dem Teilhabezweck deckt[238], ist es nicht notwendig, an dieser Stelle näher auf ihn einzugehen.

(2) Zweck der Mitbestimmung nach § 87 I Nr. 1 BetrVG

Im folgenden ist zu untersuchen, inwieweit der Schutz- und Teilhabezweck der Mitbestimmung in sozialen Angelegenheiten nach § 87 I Auswirkungen auf den Zweck des § 87 I Nr. 1 und damit auf dessen Regelungsbereich hat. Unzweifelhaft kann der für diesen gesamten Teilbereich der Mitbestimmung festgestellte Zweck nicht weiter reichen als der Zweck des jeweiligen einzelnen Mitbestimmungstatbestands.[239] Die Reichweite einer Norm bemisst sich allein nach deren positivrechtlichen Ausgestaltung durch das Betriebsverfassungsgesetz.[240] Der Umfang eines Beteiligungsrechts ist mit Hilfe der allgemeinen Auslegungskriterien zu ermitteln[241]. Die Mitbestimmungsnorm wird z.B. deshalb nicht, nur um dem Schutzbedürfnis der Arbeitnehmer Rechnung zu tragen, über Kollektivmaßnahmen hinaus auf alle Regelungen ausgedehnt, in denen nur einzelne Arbeitnehmer konkret betreffende Umstände die Maßnahme veranlassen oder inhaltlich bestimmen. Trotzdem kann nicht übersehen werden, dass die Grundsätze der Mitbestimmung in sozialen Angelegenheiten das Verständnis der einzelnen Tatbestände des § 87 I bestimmen.[242] Die Tatbestände orientieren sich unverkennbar an dem Zweck der gesamten Mitbestimmung.[243] Diese Behauptung ist allgemein anerkannt und wird auch der Auslegung des § 87 I Nr. 1 zugrunde gelegt.

Im Rahmen der teleologischen Auslegung des § 87 I Nr. 1 gehen sowohl die Vertreter, welche die Reduktion des Tatbestands befürworten, als auch diejenigen, die in der Mitbestimmungsnorm zwei selbständige Tatbestandsteile sehen, davon aus, dass primärer Zweck des Mitbestimmungsrechts des § 87 I Nr. 1 der Schutz der Arbeitnehmer ist. Grund dafür ist, dass unterschiedliche Auffassungen nicht bezüglich der Schutzrichtung, sondern nur im Hinblick auf den Umfang der dem Schutz des § 87 I Nr. 1 unterliegenden Fälle bestehen.[244]

(a) Mitbestimmung bei Maßnahmen, die das Verhältnis der Arbeitnehmer untereinander betreffen

Unbestrittener Ausgangspunkt der Untersuchung des Zwecks des § 87 I Nr. 1 ist, dass als Gegenstand des Mitbestimmungsrechts zumindest das betriebliche Zusammenleben und Zusammenwirken der Arbeitnehmer angesehen werden

---

238 Wiese ZfA 1989, 645, 650.
239 Wiese ZfA 1989, 645, 658.
240 GK-Wiese Einleitung, Rn. 84.
241 GK-Wiese Einleitung, Rn. 84.
242 Jahnke ZfA 1980, 863, 884.
243 Jahnke Tarifautonomie, S. 131.
244 Hurlebaus S. 104.

kann. Dieses erfordert ein aufeinander abgestimmtes Verhalten. In jedem Betrieb werden zur Koordination des Zusammenlebens und Zusammenwirkens durch den Arbeitgeber Verhaltensregeln aufgestellt. Zweck des Mitbestimmungsrechts ist es, den Arbeitnehmern eine gleichberechtigte Teilhabe an der Gestaltung des betrieblichen Zusammenlebens zu gewähren. Der Betriebsrat als Interessensvertretung der Arbeitnehmer wird in die Lage versetzt, die geordnete und konfliktfreie Zusammenarbeit der Arbeitnehmer untereinander zu gestalten. Er hat bei der sozialen die Gemeinschaft betreffenden, gesellschaftlichen Ordnung mitzubestimmen. Auch wenn das Bundesarbeitsgericht ausdrücklich den Teilhabezweck betont[245], so wird mit dieser Auslegung gleichzeitig der Schutzfunktion des § 87 I in der Hinsicht entsprochen, als dass eine Einschränkung des Direktionsrechts des Arbeitgebers in diesem Teilbereich erfolgt.

Typisches Beispiel für die Anwendung des § 87 I Nr. 1 auf Grund dieser Zweckrichtung ist die Einführung eines Rauchverbots. Wenn der Arbeitgeber bestimmt, dass in gewissen Räumlichkeiten nicht geraucht werden darf, so geschieht dies zumeist zum Schutz der Nichtraucher innerhalb der Arbeitnehmerschaft. Damit wird das betriebliche Zusammenleben der Arbeitnehmer gestaltet. Der Betriebsrat hat gemäß dem Zweck des § 87 I Nr. 1 bei dieser Arbeitgebermaßnahme mitzubestimmen.

(b) Mitbestimmung bei Maßnahmen, die das Verhältnis des Arbeitgebers zum Arbeitnehmer betreffen

Fraglich ist, ob sich der Anwendungsbereich des § 87 I Nr. 1 gemäß der Ansicht des Bundesarbeitsgerichts und der überwiegenden Anzahl der Autoren in der Verwirklichung des vorgenannten Zweckes beschränkt. Es ist das grundsätzliche Problem zu klären, ob nach der Zweckrichtung ein Mitbestimmungsrecht gemäß § 87 I Nr. 1 auch dann besteht, wenn durch die Arbeitgebermaßnahme nicht das Verhältnis der Arbeitnehmer untereinander, sondern das Verhältnis des Arbeitgebers zum Arbeitnehmer betroffen wird.

Ausgangspunkt der Überlegungen ist die unterschiedliche Motivation des Arbeitgebers, zum einen das Verhalten der Arbeitnehmer untereinander zu regeln und zum anderen Regelungen zu treffen, die sein Verhältnis zu den Arbeitnehmern direkt berühren. Das Bedürfnis der Koordination des Zusammenlebens und Zusammenwirkens der Arbeitnehmer ergibt sich schon aus der Natur der Sache. Wenn mehrere Menschen in einem Lebenskreis miteinander etwas zu tun haben, so funktioniert dieses Miteinander nur reibungslos, wenn man einheitlich geltende, von allen anzuerkennende Gebote und Verbote aufstellt. Als Beispiel soll das viel diskutierte Problem des Radiohörens im Betrieb herangezogen werden. Über die Frage, ob das Radio eingeschaltet werden soll oder nicht, bestehen in allen Lebensbereichen, in denen eine Gruppe von Personen vom Radiobetrieb

245 Vgl. die im Kapitel B. II 1. aufgeführten Entscheidungen des Bundesarbeitsgerichts.

betroffen ist, innerhalb dieser Gruppe zumeist unterschiedliche Auffassungen. Um Auseinandersetzungen zu vermeiden, wird von der Gruppenmehrheit oder von einer von allen Gruppenmitgliedern anerkannten Autorität ein für alle geltender Beschluss gefasst, der Festlegungen über das Radiohören trifft. Ein solcher Beschluss wird in der Regel von allen betroffenen Personen akzeptiert und verhindert so Konflikte. Übertragen auf die betrieblichen Besonderheiten bedeutet dies, dass Maßnahmen des Arbeitgebers das Radiohören im Betrieb betreffend schon deshalb ergehen müssen, um Auseinandersetzungen zu vermeiden. Die zusammenwirkenden Arbeitnehmer sind also grundsätzlich daran interessiert, dass eine allgemeingültige Regelung getroffen wird. Ob diese nun vom Arbeitgeber oder von einer anderen Institution ergeht, ist unter dem Gesichtspunkt der Verhinderung von Konflikten zweitrangig.

Im Gegensatz dazu sind die vom Arbeitgeber erlassenen Vorschriften betreffend das Verhältnis zum einzelnen Arbeitnehmer willkürlich. Sie müssen nicht erlassen werden, damit das betriebliche Zusammenleben funktioniert. Sie resultieren nicht aus der Natur der Regelungsfragen. Der Arbeitgeber schafft mit diesen Handlungsanweisungen eine betriebliche Ordnung, die allein deshalb entsteht, weil der Arbeitgeber sie will und nicht weil unabhängig von der Entscheidung des Arbeitgebers allgemein ein Bedarf für die Schaffung dieser Ordnung besteht. Als Beispiel soll die Einführung formalisierter Krankengespräche dienen, mit dessen Beurteilung das Bundesarbeitsgericht offensichtlich Schwierigkeiten hatte[246]. Formalisierte Krankengespräche haben den Zweck, den Grund des Krankenstandes im Betrieb aufzudecken. Sie dienen allein dem Arbeitgeber, der sie einführt. Allein nach seinem Willen schafft er in diesem Bereich eine betriebliche Ordnung. Es besteht, ausgenommen seines Interesses, kein Bedürfnis, eine solche Maßnahme zu treffen. Der Arbeitgeber oktroyiert den Arbeitnehmern damit eine Ordnung auf, die eigentlich nicht geschaffen werden muss.

Zusammengefasst wird hinsichtlich der Motivation des Arbeitgebers zum Erlass von Vorschriften in den beiden Verhältnissen folgender grundlegender Unterschied deutlich: Maßnahmen, die das Zusammenleben und Zusammenwirken der Arbeitnehmer betreffen, müssen grundsätzlich schon aus der Natur der Regelungsfragen ergehen. Hingegen sind Regelungen des Arbeitgebers, allein sein Verhältnis zu den Arbeitnehmern betreffend, zumeist willkürlich.

Aus dieser unterschiedlichen Motivation folgt ein unterschiedliches Maß an Schutzbedürftigkeit der Arbeitnehmer. Wenn von vornherein ein allgemeines Bedürfnis für eine Regelung besteht, so sind die betroffenen Arbeitnehmer wenig schutzbedürftig. Hingegen ist die Schutzbedürftigkeit sehr groß, wenn eine Maßnahme vom Arbeitgeber nur deshalb getroffen wird, weil der Arbeitgeber sie will, er ein Ge- oder Verbot also willkürlich anordnet.

---

246 Vgl. die Ausführungen im Kapitel B. II. 1.

Zieht man zu diesen Überlegungen nun den oben bereits festgestellten Schutzzweck der Mitbestimmung in sozialen Angelegenheiten hinzu, der darauf gerichtet ist, zum einen die durch die wirtschaftliche Überlegenheit des Arbeitgebers resultierende Vertragsimparität zu kompensieren und zum anderen das Alleinbestimmungsrecht des Arbeitgebers in seinem Direktionsbereich zu beschränken, so ist völlig unklar, warum dem Schutz durch die Mitbestimmung des Betriebsrates generell ein Bereich entzogen werden soll, der für die Arbeitnehmer aufgrund der hohen Schutzbedürftigkeit von existentieller Bedeutung ist und deren angemessene Regelung die Arbeitnehmer wegen ihrer gegenüber dem Arbeitgeber schwächeren Position nicht zu beeinflussen vermögen. Gerade bei der Ausübung des Direktionsrechts im Rahmen des Verhältnisses des Arbeitgebers zum Arbeitnehmer wird die Abhängigkeit der Arbeitnehmer deutlich. Die aus der wirtschaftlichen Überlegenheit resultierende Vertragsimparität kann nur dann adäquat kompensiert werden, wenn der Betriebsrat auch in diesem Verhältnis durch Ausübung seines Mitbestimmungsrechts Arbeitnehmerinteressen vertreten kann. Ein Ausschluss der Arbeitnehmervertretung bei der Gestaltung einer betrieblichen Ordnung im angesprochenen Bereich widerspricht dem Sinn und Zweck der Gesamtregelung des § 87 I. Auch wenn man bedenkt, dass das Gesetz den Schutz vor einseitiger Ausübung des Direktionsrechts nicht umfassend und lückenlos verwirklicht[247], so kann dem Gesetzgeber wohl nicht unterstellt werden, dass er einerseits das Direktionsrecht beschränken andererseits von vornherein einen solch für die Arbeitnehmer bedeutsamen Teil generell von der Mitbestimmung ausnehmen wollte.

Der grundsätzliche Einschluss von Arbeitgebermaßnahmen das Verhältnis des Arbeitgebers zu den Arbeitnehmern betreffend führt im Übrigen nicht notwendig dazu, dass § 87 I Nr. 1 dann eine der Systematik des Betriebsverfassungsgesetzes, insbesondere des § 87 I widersprechende unbegrenzte Generalklausel darstellt. Wie bereits im Rahmen der systematischen Auslegung getan, ist der Anwendungsbereich des § 87 zur Vermeidung von Widersprüchen von Fall zu Fall zu begrenzen[248]. Diese Vorgehensweise wird einerseits dem Schutzzweck des § 87 I Nr. 1 gerecht. Andererseits wird dadurch nicht übersehen, dass das Gesetz keinen umfassenden und lückenlosen Schutz vor der einseitigen Ausübung des Direktionsrechts durch den Arbeitgeber vorsieht.

---

247 Raab NZA 1993, 193, 200 – Raab führt zur Begründung das Beispiel der Versetzung an. Eine Versetzung kann gemäß § 95 III aufgrund des Direktionsrechts angeordnet werden. „Dennoch ist die Maßnahme nicht eine Maßnahme i.S.v. § 87, sondern lediglich an die ersetzbare Zustimmung des Betriebsrats gebunden, die nur aus bestimmten Gründen verweigert werden darf. Darüber hinaus kann der Arbeitgeber Versetzungen ohne Beteiligung des Betriebsrats anordnen, soweit die Voraussetzungen des § 95 III nicht vorliegen, also etwa die Zuweisung eines anderen Arbeitsbereichs, die die Dauer von einem Monat nicht überschreitet.“

248 Vgl. dazu auch die Ausführungen zur Beschränkung des Regelungsbereichs des § 87 I Nr. 1 in den Kapiteln E., I., 2.,b), c), d), e), f).

(3) Ergebnis

Zweck der Mitbestimmung in sozialen Angelegenheiten ist einerseits der Schutz der Arbeitnehmer andererseits die Teilhabe der Arbeitnehmer an den essentiell sie berührenden Entscheidungen. Mittels der Mitbestimmung des Betriebsrates soll die durch die wirtschaftliche Überlegenheit des Arbeitgebers resultierende Vertragsimparität kompensiert und das Alleinbestimmungsrecht des Arbeitgebers in seinem Direktionsbereich beschränkt werden. Zudem bezweckt die Mitbestimmung in sozialen Angelegenheiten, dass der Wert der Persönlichkeit aller Arbeitnehmer und deren Streben nach angemessener Anerkennung ihrer betrieblichen Arbeitsleistung Beachtung findet.

Diesem Zweck wird die Ansicht, die für eine Reduktion des Tatbestands des § 87 I Nr. 1 eintritt, nicht gerecht. Ergebnis der teleologischen Auslegung ist, dass der Betriebsrat gemäß § 87 I Nr. 1 grundsätzlich auch bei Arbeitgebermaßnahmen mitzubestimmen hat, die sich auf das Verhältnis des Arbeitgebers zum Arbeitnehmer beziehen.

ee) Das Persönlichkeitsrecht gemäß § 75 II BetrVG als Auslegungsregel

Neben den klassischen Auslegungsmethoden soll im folgenden gesondert überprüft werden, welchen Einfluss das im Betriebsverfassungsgesetz im § 75 II verankerte Persönlichkeitsrecht auf den Umfang und die Reichweite des § 87 I Nr. 1 hat.[249]

§ 75 II bestimmt, dass Arbeitgeber und Betriebsrat die freie Entfaltung der Persönlichkeit der im Betrieb beschäftigten Arbeitnehmer zu schützen und zu fördern haben. Schutzgut der Norm ist die freie Entfaltung der Persönlichkeit der betriebsangehörigen Arbeitnehmer. § 75 II nimmt damit Bezug auf die grundrechtliche Wertung des Art. 2 I GG und betont, dass die vom Grundgesetz gewährleistete Freiheit der Einzelpersönlichkeit und deren Recht auf Selbstbestimmung bei der Gestaltung der betrieblichen Ordnung zu respektieren sind.[250]

Fraglich ist, ob und in welchem Umfang § 75 II hinzugezogen werden kann, wenn es um die Bestimmung der Reichweite und des Umfanges von Mitbestimmungsnormen geht.

Wie § 2 I stellt § 75 II unbestritten eine Grundnorm der Betriebsverfassung dar, die das gesamte Verhalten von Arbeitgeber und Betriebsrat prägt.[251] Durch diese gesetzliche Anordnung wird der Schutz und die Verwirklichung der Persönlich-

---

249 Eine Erörterung des Einflusses des Persönlichkeitsrechts auf den Anwendungsbereich des § 87 I Nr. 1 hätte auch im Rahmen der teleologischen Auslegung erfolgen können. Da jedoch, wie nachfolgend zu zeigen ist, § 75 II auch als Auslegungsregel angesehen wird, erscheint die Erörterung unter einem eigenständigen Prüfungspunkt sinnvoller.

250 Richardi § 75 Rn. 33.

251 Vgl. nur Dietz/Richardi § 75 Rn. 37.

keit der Arbeitnehmer als eine Aufgabe des Arbeitsrechts statuiert.[252] Damit hat die Vorschrift unmittelbare materielle Bedeutung und enthält nicht etwa nur einen unverbindlichen Programmsatz.[253] Sie setzt nicht nur dem Direktionsrecht des Arbeitgebers Schranken, sondern stellt auch eine verbindliche Grundlage für die Regelungskompetenz der Betriebsparteien und die Ausübung der Mitbestimmung dar.[254] Will man diese gesetzgeberischen Vorgaben an das gesamte Betriebsverfassungsrecht umfassend verwirklichen, so ist die Pflicht nach § 75 II zur Achtung, zum Schutz und zur Förderung der freien Persönlichkeitsentfaltung nicht allein auf das Handeln des Arbeitgebers und des Betriebsrates zu beschränken.[255] Schon bei der Bestimmung des Umfanges der gesetzlichen Handlungsanweisungen an den Arbeitgeber und den Betriebsrat muss die genannte Verpflichtung beachtet werden. Versteht man den § 75 II als grundlegende Wertentscheidung, so nehmen die Persönlichkeitsinteressen der Arbeitnehmer Einfluss auf die Auslegung anderer Rechtsnormen, insbesondere der Mitbestimmungsnormen, des Betriebsverfassungsgesetzes.[256] Jedoch können nicht unter Berufung auf § 75 II die Mitbestimmungstatbestände über die gesetzlich bestimmten Fälle hinaus erweitert werden.

Der grundsätzliche Gedanke des Schutzes der Persönlichkeit ist in vielen Mitwirkungs- und Mitbestimmungstatbeständen enthalten und näher konkretisiert. Der Bezug ist dabei unterschiedlich ausgeprägt. Es gibt Vorschriften, deren Sinn und Zweck sich allein in der Verwirklichung des Persönlichkeitsrechtsschutzes beschränkt, wie z.B. die §§ 80, 87 I Nr. 6, 90 f. Dies hat Auswirkungen auf den Umfang des Einflusses des § 75 II auf die Auslegung der entsprechenden Normen. Ergeben sich Zweifel bei der Auslegung, wird sich in der Regel unter Hinzunahme des § 75 II für die Auslegungsvariante entschieden, welche die Vorgabe des § 75 II am besten erfüllt.

So geht aus dem Wortlaut des § 91 nicht eindeutig hervor, ob ein Mitbestimmungsrecht des Betriebsrates bei Änderungen der Arbeitsplätze, des Arbeitsablaufs und der Arbeitsumgebung schon dann besteht, wenn ein einzelner Arbeitnehmer besonders belastet wird oder ob von der Belastung eine Vielzahl von Arbeitnehmern betroffen sein muss. Die herrschende Meinung entscheidet sich für die erstere, das Persönlichkeitsrecht der Arbeitnehmer umfangreicher schützende Variante.[257]

---

252 GK-Kreutz § 75 Rn. 88.

253 Fitting/Engels/Schmidt/Trebinger/Linsenmaier (23. Auflage) § 75 Rn. 3.

254 DKK-Klebe § 75 Rn. 1.

255 DKK-Klebe § 75 Rn. 1.

256 Fitting/Engels/Schmidt/Trebinger/Linsenmaier (23. Auflage) § 87 Rn. 216; DKK-Klebe § 87 Rn. 135; Simitis S. 30; Hallenberger S. 124.

257 Vgl. u.a. Richardi-Richardi/Annuß § 91 R. 14; Fitting/Engels/Schmidt/Trebinger/Linsenmaier (23. Auflage) § 91 Rn. 6; DKK-Klebe § 91 Rn. 18; GK-Wiese § 91 Rn. 19; Hess/Schlochauer/Worzalla/Glock § 91 Rn. 8.

Dietz/ Richardi betonen, dass es § 75 II verbiete, § 91 arbeitsplatzbezogen und damit das Mitbestimmungsrecht einschränkenderer zu interpretieren.[258]

In einem sehr engen Zusammenhang mit dem nach § 75 II zu beachtendem Persönlichkeitsrecht der Arbeitnehmer steht das Mitbestimmungsrecht des Betriebsrates gemäß § 87 I Nr. 6. Es wurde geschaffen, da technische Kontrolleinrichtungen stark in den persönlichen Bereich der Arbeitnehmer eingreifen.[259] Zweck der Mitbestimmungsnorm ist der Persönlichkeitsschutz der Arbeitnehmer.[260] Eine unpersönliche, anonyme Verhaltens- und Leistungskontrolle durch technische Einrichtungen ermöglicht Eingriffe in die Persönlichkeitssphäre, die für die betroffenen Arbeitnehmer nicht erkennbar und damit auch nicht abwendbar sind.[261] Der Betriebsrat soll deshalb mit Hilfe des Mitbestimmungsrechts zugunsten der potentiell in ihrer Persönlichkeitssphäre betroffenen Arbeitnehmer eine präventive Schutzfunktion wahrnehmen.[262] Der Mitbestimmungstatbestand stellt insofern eine Ergänzung des in § 75 II niedergelegten Gebotes der Förderung und des Schutzes der Persönlichkeit der Arbeitnehmer dar. Nach herrschender Meinung ergibt sich aus diesem Zweck, dass die Voraussetzungen des § 87 I Nr. 6 nur unter Berücksichtigung des § 75 II zu interpretieren sind.[263] Bestehen Zweifel über Inhalt und Grenzen des Mitbestimmungsrechts, so ist derjenigen Auslegung der Vorzug zu geben, die den Persönlichkeitsschutz des einzelnen Arbeitnehmers am besten sichert.[264]

Die beiden angeführten Beispiele zeigen, dass die überwiegende Ansicht in der Literatur und Rechtsprechung die Mitbestimmungsrechte im Zweifel dort extensiv auslegt, wo der Betriebsrat Mitbestimmungsrechte zum Schutz und zur Förderung der Persönlichkeitsinteressen der Arbeitnehmer erhält. Ob in diesem Maße die Wertentscheidung des § 75 II auch bei der Auslegung des § 87 I Nr. 1 zu beachten ist, hängt davon ab, ob auch dieser Mitbestimmungstatbestand einen Schutz der Persönlichkeit der Arbeitnehmer bezweckt.

Dies ist nach den oben gemachten Ausführungen zur teleologischen Auslegung durchaus zu bejahen. Maßnahmen des Arbeitgebers betreffend die betriebliche Ordnung und das Verhalten der Arbeitnehmer im Betrieb, legitimiert durch das

---

258 Dietz/Richardi § 91 Rn. 10.

259 BT-Drucksache VI/1786, S. 49.

260 Ganz h.M. – vgl. nur GK-Wiese § 87 Rn. 485 m.w.N.

261 Vgl. u.a. BAG AP Nr. 2 zu § 87 BetrVG 1972 Überwachung; Dietz/Richardi § 87 Rn. 324; GK-Wiese § 87 Rn. 484.

262 GK-Wiese § 87 Rn. 484; Däubler Gläserne Belegschaften, Rn. 382; Fitting/ Engels/ Schmidt/Trebinger/Linsenmaier (23. Auflage) § 87 Rn. 216; DKK-Klebe § 87 Rn. 135.

263 Dietz/Richardi § 87 Rn. 324; DKK-Klebe § 87 Rn. 135; Fitting/Engels/Schmidt/Trebinger/Linsenmaier (23. Auflage) § 87 Rn. 215.

264 Dietz/Richardi § 87 Rn. 325; DKK-Klebe § 87 Rn. 135; Fitting/Engels/Schmidt/Trebinger/Linsenmaier (23. Auflage) § 87 Rn. 216; Däubler Gläserne Belegschaften, Rn. 389, 397; Simitis S. 30; Hallenberger S. 124 – a.M.: GK-Wiese § 87 Rn. 485.

ihm zustehende Direktionsrecht, können in verschiedensten Formen in Persönlichkeitsrechte der Arbeitnehmer eingreifen. So sind Eingriffe in das vom Schutz der Persönlichkeitssphäre umfasste Recht auf Achtung der Eigensphäre denkbar. In diesem Rahmen fallen u.a. Torkontrollen, Regelungen der Krankheitsgespräche und Krankheitsnachforschungen oder die Einführung von Formularen zum Arztbesuch. Den vom Arbeitgeber erlassenen Verhaltensvorschriften ist es im Übrigen immanent, dass sie die Freiheit der Persönlichkeitsentfaltung beschränken. Als für § 87 I Nr. 1 typische Beispiele lassen sich die Vorgabe der Dienstbekleidung, die Regelung des Radiohörens im Betrieb oder die Alkohol- und Rauchverbote anführen.

Vom Zweck des Mitbestimmungsrechts des § 87 I Nr. 1 ist damit der Schutz der Persönlichkeitssphäre der Arbeitnehmer mit umfasst.[265] Bestehen Zweifel bei der Auslegung der Norm, so ist die Auslegung vorzuziehen, die der Zielsetzung des § 75 II am besten entspricht.

Für die zu erörternde Frage, ob eine Reduktion des § 87 I Nr. 1 geboten ist, verbunden mit dem Ausschluss der Mitbestimmungspflicht einer Arbeitgebermaßnahme das Verhältnis des Arbeitgebers zu den Arbeitnehmern betreffend, bedeutet dieses Ergebnis, dass § 75 II als Grundnorm des Betriebsverfassungsgesetzes gegen eine Reduktion des Mitbestimmungstatbestands spricht.

ff) Ergebnis

Eine Reduktion des Tatbestands des § 87 I Nr. 1, der nach wörtlicher Auslegung aus zwei Tatbestandsteilen besteht, lässt sich weder aus historischen noch aus gesetzessystematischen oder teleologischen Gesichtspunkten rechtfertigen.

Im Rahmen der historischen Auslegung wurde festgestellt, dass die Vorgeschichte des § 87 I Nr. 1 auf Grund der Veränderung des gesellschaftlichen und arbeitsrechtlichen Umfelds keine Antwort auf die zu erörternde Frage gibt. Auch aus der Untersuchung des Gesetzgebungsverfahrens zum Betriebsverfassungsgesetz von 1972 ergeben sich keine Hinweise, die für eine Reduktion des Tatbestands sprechen. Vielmehr besteht ein Indiz gegen die Annahme der Reduktion insofern, als das Mitbestimmungsrecht des § 87 I Nr. 1 wegen seiner grundlegenden Bedeutung an die Spitze des Mitbestimmungskatalogs des § 87 gestellt wurde.

Nach der gesetzessystematischen Auslegung müssen zwar eine Reihe von Arbeitgebermaßnahmen dem Regelungsbereich des § 87 I Nr. 1 entzogen werden. Die Einschränkungen bedeuten jedoch keineswegs, dass das mitbestimmungspflichtige Verhalten der Arbeitnehmer stets einen Bezug zur betrieblichen Ordnung haben muss, da die Reduktion des § 87 I Nr. 1 durch die herrschende Mei-

---

265 LAG Köln LAGE Nr. 5 zu § 87 BetrVG 1972 Betriebliche Ordnung; Hess LAG LAGE Nr. 13 zu § 87 BetrVG 1972 Betriebliche Ordnung.

nung viel weiter reicht, als die vorzunehmende Begrenzung des Mitbestimmungsrechts mittels der Ausschlusstatbestände.

Schließlich spricht die teleologische Auslegung des § 87 I Nr. 1 gegen eine Reduktion. Gerade der Telos der Norm gibt vor, dass der Mitbestimmung des Betriebsrates generell nicht ein Bereich entzogen werden darf, der für die Arbeitnehmer aufgrund der hohen Schutzbedürftigkeit von existenzieller Bedeutung ist und deren angemessene Regelung die Arbeitnehmer wegen ihrer gegenüber dem Arbeitgeber schwächeren Position nicht zu beeinflussen vermögen.

Letztendlich ist nach dem gemäß § 75 II zu beachtenden Persönlichkeitsrecht bei bestehenden Zweifeln die Auslegungsvariante einer Norm vorzuziehen, die der Zielsetzung des § 75 II am besten entspricht. Damit steht auch diese Grundnorm des Betriebsverfassungsgesetzes der einschränkenden Auslegung entgegen.

Neben der Reduktion des Mitbestimmungsrechts ist die Abgrenzung des mitbestimmungspflichtigen Ordnungsverhaltens vom mitbestimmungsfreien Arbeitsverhalten abzulehnen, da diese Abgrenzung die Reduktion voraussetzt.

Im Rahmen der Untersuchung wurde weiterhin festgestellt, dass eine konkrete Bestimmung des positiven Regelungsbereichs des § 87 I Nr. 1 auf Grund des weit gefassten Wortlautes nicht möglich ist. Insbesondere aus dem Wortlaut, der den funktionellen und räumlichen Bereich des Betriebs betont, aus dem Aufgabenbereich, den diese Vorschrift im Laufe ihrer Verwendung bis zum Erlass des Betriebsverfassungsgesetzes von 1972 erhalten hat, sowie dem Sinn und Zweck des Mitbestimmungsrechts ergibt sich jedoch eine grobe Eingrenzung. Unter dem positiven Regelungsbereich sind danach all die Arbeitgebermaßnahmen zu subsumieren, die verhaltensbezogene Arbeitsbedingungen der Arbeitnehmer mit Bezug zum Betriebsablauf und zur Arbeitsorganisation regeln. Dabei ist es völlig gleichgültig, ob die Arbeitsbedingung die Zusammenarbeit der Arbeitnehmer untereinander regelt oder die Zusammenarbeit des Arbeitgebers zu den Arbeitnehmern zum Gegenstand hat.

Vom Anwendungsbereich des Mitbestimmungsrechts des § 87 I Nr. 1 werden danach zunächst eine Vielzahl von Arbeitgebermaßnahmen erfasst. Insbesondere unterliegen auch Maßnahmen des Arbeitgebers dem positiven Regelungsbereich, die sich ausschließlich auf die Arbeitsleistung der Arbeitnehmer beziehen. Es ist einfacher, den Anwendungsbereich des Mitbestimmungstatbestands des § 87 I Nr. 1 durch Ausschlusstatbestände einzugrenzen und damit näher zu konkretisieren.

Ein solcher Ausschlusstatbestand konnte bereits im Rahmen der Untersuchung der Frage, ob eine Reduktion aus gesetzessystematischer Sicht geboten ist, entwickelt werden. Aus dem Verhältnis des § 87 I Nr. 1 zu den Rechten des Betriebsrates gemäß §§ 91 und 111 2 Nr. 5 ergibt sich, dass Arbeitgeberanordnungen von der Mitbestimmung des Betriebsrates nach § 87 I Nr. 1 ausgenommen sein müssen, den nur den Arbeitsablauf, die Arbeitsmethode und das Fertigungsverfahren regeln.

Im Anschluss wird geprüft, ob weitere Ausschlusstatbestände bestehen.

b) Mitbestimmung bei der Ausübung von Rechten des Arbeitgebers in seiner Stellung als Gläubiger im Arbeitsvertragsverhältnis

Eine Einschränkung des Mitbestimmungsrechts des Betriebsrates nach § 87 I Nr. 1 könnte sich aus der Stellung des Gläubigers im Arbeitsvertragsverhältnis ergeben.

Schon bei der Erörterung des Zwecks der Mitbestimmung in sozialen Angelegenheiten wurde auf die Problematik der Kollision zwischen Beteiligungspflicht und Gläubigerstellung des Arbeitgebers eingegangen.[266] Es wurde festgestellt, dass vordergründiger Mitbestimmungszweck die Durchbrechung der insbesondere durch das arbeitsvertragliche Direktionsrecht begründeten Vormachtstellung des Arbeitgebers innerhalb des Arbeitsverhältnisses ist. Obwohl die Mitbestimmung also gerade den Zweck verfolgt, die Gläubigerposition des Arbeitgebers zu beschränken, stellt sich die Frage, ob dem Arbeitgeber in seiner Stellung als Gläubiger innerhalb des Arbeitsvertragsverhältnisses nicht aufgrund des Wesens des individualrechtlichen Schuldverhältnisses ein mitbestimmungsfreier Raum verbleiben muss.

Keinen Zweifeln ist zunächst die Annahme der Mitbestimmungsfreiheit bei der Geltendmachung fest umrissener, bereits bestehender Ansprüche gegenüber dem Arbeitnehmer ausgesetzt. Denn der Arbeitgeber macht die Arbeitnehmer in diesem Fall lediglich auf ohnehin schon bestehende sich aus dem Arbeitsvertrag ergebende Verhaltenspflichten aufmerksam, ohne zusätzliche Pflichten für den Arbeitnehmer zu begründen.

Dem steht nicht der Zweck des Mitbestimmungstatbestands des § 87 I Nr. 1 entgegen, der primär darauf gerichtet ist, das Alleinbestimmungsrecht des Arbeitgebers in seinem Direktionsbereich zu beschränken.[267] Die Geltendmachung von konkret bestehenden Ansprüchen aus dem Arbeitsvertragsverhältnis ist keine Ausübung des Weisungsrechts.[268] Nur soweit der Arbeitgeber eine lediglich allgemein umrissene Vertragspflicht des Arbeitnehmers konkretisiert, macht er von seinem Weisungsrecht Gebrauch.

Für den Ausschluss der Mitbestimmungspflicht kommt es also entscheidend darauf an, ob das vom Arbeitgeber gegenüber dem Arbeitnehmer eingeforderte Verhalten eindeutig im Arbeitsvertrag bestimmt ist. Deshalb ist bei jeder Beurteilung der Mitbestimmungspflicht einer Arbeitgebermaßnahme nach § 87 I Nr. 1 die Frage zu klären, ob dem Arbeitgeber ein Regelungsspielraum zusteht.

---

266 Vgl. die Ausführungen im Kapitel E. I. 2. a) dd) (1).

267 Vgl. die Ausführungen im Kapitel E. I. 2. a) dd) (1) (c) (bb).

268 Zum Weisungsrecht vgl. die Ausführungen im Kapitel E. I. 2. a) dd.) (1) (a).

Besteht ein solcher nicht, entfällt ein Mitbestimmungsrecht, selbst wenn alle sonstigen Voraussetzungen des § 87 I Nr. 1 vorliegen.

Gut veranschaulicht werden kann dies anhand der vom Arbeitgeber aufgestellten Bekleidungsvorschriften. Diese werden grundsätzlich vom Mitbestimmungsrecht des § 87 I Nr. 1 umfasst, da die Voraussetzungen des § 87 I Nr. 1 hier zumeist vorliegen. Jedoch kann im Einzelfall die Mitbestimmungspflicht ausscheiden, wenn sich aus dem Arbeitsvertrag ergibt, dass der Arbeitnehmer eine bestimmte Dienstkleidung zu tragen hat. Fordert der Arbeitgeber vom Arbeitnehmer das Tragen dieser Kleidung ein, scheidet eine Mitbestimmung des Betriebsrates von vornherein aus. In der Regel gibt der Arbeitsvertrag jedoch nur, entweder ausdrücklich oder konkludent, den allgemeinen Rahmen für Anforderungen an die Kleidung vor, der sich zumeist nach der entsprechenden Funktion des Arbeitnehmers im Arbeitsprozess richtet. So wird zum Beispiel auch ohne ausdrückliche Bestimmung im Arbeitsvertrag eine entsprechende Auslegung des Vertrages ergeben, dass ein Arbeitnehmer, der bei der Herstellung von Lebensmitteln mitwirkt, hygienische Kleidung zu tragen hat. Fordert der Arbeitgeber dies vom Arbeitnehmer ein, macht er einen fest umrissenen Anspruch geltend. Dem Betriebsrat steht aufgrund fehlenden Regelungsspielraums ein Mitbestimmungsrecht nicht zu. Hingegen wird in aller Regel bei den Modalitäten dieser Verpflichtung ein entsprechender Spielraum gegeben sein. Der Betriebsrat könnte also u.a. bei Fragen des Schnittes und der Farbe der Kleidung mitbestimmen.

Nicht zu überzeugen vermag die Kritik von Leßmann, der darauf hinweist, dass mit dem Abstellen auf einem Regelungsspielraum verkannt werde, dass gerade das Weisungsrecht des Arbeitgebers auf einen Gestaltungs- bzw. Regelungsspielraum beruhe, da der Arbeitgeber entscheide, ob ein bestimmtes Verhalten für die Erbringung der geschuldeten Leistung erforderlich sei.[269] Es sei denkbar, so Leßmann, dass eine Bank es nicht für erforderlich halte, das Rauchen in direkten Kundenkontakt zu verbieten, sondern diese Frage ihren Arbeitnehmern überlasse. Damit sei aber bei der Frage des Rauchverbots im Kundenverkehr ein Regelungsspielraum gegeben, der nach der hier vertretenen Auffassung zur Mitbestimmung führen müsse.[270]

Die Kritik Leßmanns ist nicht gerechtfertigt, da zwischen fest umrissenen eindeutig bestimmten und nur allgemeinen ausfüllungsbedürftigen Ansprüchen des Arbeitgebers unterschieden werden muss. Macht der Arbeitgeber aus dem Arbeitsvertragsverhältnis einen konkreten Anspruch geltend, so übt er nicht sein Weisungsrecht aus, dessen Beschränkung Zweck der Mitbestimmung ist. Die Geltendmachung eines Anspruchs aus dem Arbeitsvertrag steht zwar zweifellos im Ermessen des Arbeitgebers. Verfehlt ist es jedoch, daraus die Konsequenz zu ziehen, dass die Ausübung dieses Ermessens zur Mitbestimmung führen muss.

---

269 Leßmann S. 117.

270 Leßmann S. 117.

Denn dieser Gestaltungsspielraum ist nicht mit dem Gestaltungsspielraum gleichzusetzen, den der Arbeitgeber bei der näheren Bestimmung eines nur allgemein bestimmten Anspruchs, also der Bestimmung des „Wie“, hat. Nur in diesem Bereich macht der Arbeitgeber von seinem grundsätzlich dem Mitbestimmungsrecht des Betriebsrates unterliegenden Weisungsrecht Gebrauch. Auch wenn eine Bank es nicht für erforderlich halten sollte, das Rauchen im direkten Kundenkontakt zu verbieten, so könnte sie trotzdem, da die Auslegung der Arbeitsverträge der entsprechenden Arbeitnehmer in aller Regel ein Rauchverbot ergeben wird, ein Verbot mitbestimmungsfrei erlassen.

Des weiteren ergibt sich aus der Rechtsstellung des Arbeitgebers als Gläubiger im Arbeitsvertragsverhältnis ein Ausschluss der Mitbestimmungspflicht für die Fälle, in denen der Arbeitgeber mit einer Maßnahme lediglich eine ihm gesetzlich auferlegte Gläubigerpflicht, z.B. Regelungen zur Vermeidung des Gläubigerverzuges zu treffen, erfüllt. Insoweit ist Raab zuzustimmen, wenn er meint, dass es widersprüchlich wäre, „wenn die Rechtsordnung einerseits ein bestimmtes Verhalten verlangen, andererseits aber ein Instrumentarium schaffen würde, mit dem der Betroffene an diesem Verhalten gehindert werden kann“[271]. Es läge offensichtlich ein Verstoß gegen den Grundsatz der Einheit und Widerspruchsfreiheit der Rechtsordnung vor, wären Maßnahmen zur Erfüllung von Rechtspflichten im Rahmen des Arbeitsverhältnisses, deren Nichterfüllung mit Nachteilen für den Arbeitgeber als Gläubiger verbunden ist, abhängig von einem Dritten, hier des Betriebsrates. Insoweit spielt es auch keine Rolle, ob der Arbeitgeber die Maßnahme in Ausübung seines Direktionsrechts trifft, dessen Beschränkung vordergründiger Zweck der Mitbestimmung in sozialen Angelegenheiten ist. Die Beteiligungsrechte können nicht soweit gehen, dass der Arbeitgeber gänzlich seiner Position als Gläubiger im Arbeitsverhältnis beraubt wird. Sie ergänzen lediglich das vertraglich begründete Rechtsverhältnis zwischen Arbeitgeber und Arbeitnehmer. Dieses bleibt im Übrigen aber als solches mit den entsprechenden Rechten und Pflichten bestehen.[272]

Dies bedeutet keinesfalls, dass bei derartigen Arbeitgebermaßnahmen ein Mitbestimmungsrecht des Betriebsrates vollkommen entfällt. Entscheidend kommt es wie bei der Geltendmachung von Ansprüchen darauf an, ob der Arbeitgeber einen Regelungsspielraum hat. Dieser wird in der Regel bei der Frage, „ob“ die Maßnahme zu treffen ist, nicht gegeben sein Die Maßnahme kann mithin mitbestimmungsfrei ergehen. Hingegen hat der Arbeitgeber gewöhnlich bei der Frage, „wie“ die Maßnahme zu ergehen hat, mehrere Möglichkeiten. Aufgrund des Regelungsspielraums besteht dann ein Mitbestimmungsrecht.

---

271 Raab NZA, 1993, 193, 202.
272 Thalhofer S. 113.

c) *Mitbestimmung bei der Ausübung von Rechten des Arbeitgebers außerhalb des Arbeitsvertragsverhältnisses zum Schutz seiner Sachen*

Fraglich ist, inwieweit Rechtspositionen des Arbeitgebers außerhalb des Arbeitsvertragsverhältnisses das Mitbestimmungsrecht des Betriebsrates nach § 87 I Nr. 1 begrenzen. Damit sind vor allem die Rechtspositionen gemeint, die dem Arbeitgeber hinsichtlich der Betriebsmittel und der Betriebseinrichtung zustehen, die der Arbeitgeber also auch gegenüber Nicht-Arbeitnehmern geltend machen könnte.

In der Literatur und Rechtsprechung stehen sich zu diesem Problemkreis zwei Meinungsgruppen gegenüber. Nach Ansicht der einen Gruppe ist ein Mitbestimmungsrecht des Betriebsrates stets ausgeschlossen.[273] Hingegen meinen andere Autoren, das Mitbestimmungsrecht müsse auch bei der Geltendmachung von Eigentümeransprüchen bestehen[274]. Sie weisen vor allem darauf hin, dass das Mitbestimmungsrecht sonst Gefahr liefe, umgangen zu werden.[275]

Die aufgeworfene Frage wird dabei vielfach unter dem Stichwort „Rechte aus der Sachherrschaft" erörtert. Die Verwendung des Begriffs „Sachherrschaft" in diesem Zusammenhang ist jedoch problematisch, da die „Sachherrschaft" als solche im Gesetz nicht geregelt ist. Rechte aus der Sachherrschaft ergeben sich also formal nicht. Aber auch die Verwendung des Begriffs im Hinblick auf die in Literatur und Rechtsprechung anerkannte Deutung führt im Rahmen dieser Erörterung zu Unklarheiten. Sachherrschaft wird gewöhnlich als rechtliche und tatsächliche Herrschaftsgewalt über eine Sache verstanden. Während aus der rechtlichen Herrschaftsgewalt Rechte ableitbar sind[276], ist dies bei der tatsächlichen Herrschaftsgewalt nicht notwendig der Fall. Tatsächliche Herrschaftsgewalt kann z.B. auch ein Besitzdiener haben, welcher Dritten gegenüber keine Rechte an der Sache hat.[277] Der Begriff der Sachherrschaft wird daher im folgenden

---

273 Vgl. u.a. BAG vom 10.4.1985, EzA § 87 BetrVG Betriebliche Ordnung Nr. 10 = DB 1984, 2097; LAG Frankfurt/M. vom 28.7.1988, BB 1988, 2460; Hess/ Schlochauer/ Worzalla/ Glock, § 87 Rn. 106; GK-Wiese, § 87 Rn. 185, es sei denn, es ist ein Regelungsspielraum gegeben; Stege/ Weinspach, § 87 Rn. 49; Wittke S. 54 f.; Leßmann S. 127 ff.; Natzel SAE 87, 42,42; Zöllner, DB 57, 117, 118; Nikisch Band III, S. 412 ff.; Hessel DB 1953, 801, 802; Gaul DB 1965, 665, 667; Ballsschmiede AuR 1957, 248; Hoffmann-Walldorf RdA 1955, 63.

274 Vgl. u.a. Dietz/Richardi, § 87 Rn. 150; Galperin/Löwisch § 87 Rn. 65a; DKK-Klebe § 87 Rn. 47; Richardi § 87 Rn. 202; MünchArbR-Matthes § 333 Rn. 8; Weiss/ Weyand § 87 Rn. 20; Löwisch/ Kaiser § 87 Rn. 44; Gumpert BB 1961, 1380; Neumann-Duesberg S. 488;

275 Galperin/Löwisch § 87 Rn. 65a; Gumpert BB 1961, 1380.

276 Die Inhaber der rechtlichen Herrschaftsgewalt hat das Recht, über die Sache zu verfügen. Die umfassendste rechtliche Herrschaftsgewalt ist das Eigentum. Daneben gibt es Herrschaftsgewalten, die sich auf Teilaspekte des Eigentums erstrecken, z.B. das Nießbrauch- oder Erbbaurecht. Gegenüber Dritten haben die Rechteinhaber die gleiche Stellung wie der Eigentümer.

277 Vgl. § 855 BGB.

nicht verwendet, sondern es werden die Rechtspositionen genau benannt. Dabei beschränkt sich die Erörterung der aufgeworfenen Frage nachfolgend auf die bedeutendste Rechtsposition des Arbeitgebers an den Betriebsmitteln und der Betriebseinrichtung, nämlich der Eigentümerstellung.[278]

Dieser Erörterung ist voranzustellen, dass der Arbeitgeber mit seiner Anordnung, wie die Arbeitnehmer mit der Betriebseinrichtung und den Betriebsmitteln umzugehen haben, in den meisten Fällen Arbeitsbedingungen der Arbeitnehmer regelt, die typischerweise dem Mitbestimmungstatbestand des § 87 I Nr. 1 unterfallen. Zu überprüfen ist im folgenden also nicht, ob diese Arbeitgebermaßnahmen unter dem Mitbestimmungstatbestand subsumierbar sind[279], sondern ob bezüglich dieser Maßnahmen § 87 I Nr. 1 restriktiv auszulegen ist.

Ausgangspunkt der Auslegung ist die Feststellung, dass die Eigentümerrechte an den Betriebsmitteln und der Betriebseinrichtung nicht grundsätzlich durch das Betriebsverfassungsgesetz aufgehoben worden sind und auch vom Betriebsrat über die Mitbestimmung nicht beseitigt werden können.[280] Fraglich ist, ob man daraus zwingend zur Annahme gelangen muss, dass das Mitbestimmungsrecht stets bei der Ausübung von Eigentümerrechten ausgeschlossen werden muss.

Die Verfassung, insbesondere das Eigentümergrundrecht des Art. 14 GG, jedenfalls gebietet eine solche Ansicht nicht. Es wurde bereits festgestellt, dass aus verfassungsrechtlicher Sicht ein Vorbehalt unternehmerischer Entscheidungsfreiheit nicht besteht.[281] Dies muss auch bei der Ausübung von Eigentümerrech-

---

278 Mögliche andere Rechtspositionen sind die des dinglichen Teilrechtsinhabers, wie z.B. der Nießbrauchberechtigte und die des Besitzers. Während die Inhaber der meisten dinglichen Teilherrschaftsrechte gegenüber Dritten dem Eigentümer gleichgestellt sind, vgl. u.a. § 1017 I BGB, ist die rechtliche Position des Eigentümers und des Besitzers unterschiedlich. So können gegenüber dem dinglichen Beseitigungsanspruch nach § 1004 BGB vertragliche Ansprüche geltend gemacht werden, hingegen dies beim possessorischen Beseitigungsanspruch nach § 862 BGB ausgeschlossen ist. Fraglich ist im Rahmen des § 862 BGB jedoch, ob allgemeine Arbeitgeberanordnungen als Geltendmachung von Besitzschutzansprüchen i.S.d. § 862 BGB anzusehen sind. Denn der Besitzschutz hat nicht die Funktion, einen dauerhaften Zustand herzustellen. Vielmehr soll damit nur mittels einer schnellen Entscheidung der Rechtsfrieden gesichert werden. Es ist entsprechend in diesem Zusammenhang zu erwägen, die Voraussetzungen des Eigentümerschutzes auch beim Besitzschutz gelten zu lassen. Dann wären im Rahmen des Anspruchs nach § 862 BGB auch vertragliche Ansprüche der Arbeitnehmer zu beachten.

279 Von dieser Seite jedoch betrachten diejenigen in der Literatur diese Problematik, die das Bestehen eines Mitbestimmungsrechts mit der Ähnlichkeit der angesprochenen Arbeitgebermaßnahmen zum Direktionsrecht oder mit der Gefahr der Umgehung des Mitbestimmungsrechts begründen. Diese Argumentation ist vom Ansatz her darauf ausgelegt, Gründe für eine extensive Auslegung des § 87 I Nr. 1 zu liefern. Da die entsprechenden Maßnahmen des Arbeitgebers jedoch in aller Regel unter § 87 I Nr. 1 subsumierbar sind, gilt es nicht, nach Argumenten für eine extensive Auslegung zu suchen. Vielmehr muss überprüft werden, ob es Gründe gibt, § 87 I Nr. 1 entsprechend restriktiv auszulegen.

280 GK-Wiese § 87 Rn. 185.

281 Vgl. die Ausführungen im Kapitel E. I. 1. b) bb).

ten gelten. Zwar ist das verfassungsrechtlich geschützte Eigentum durch Privatnützigkeit gekennzeichnet, d.h. der Rechtsträger entscheidet darüber, ob und wie es für ihn von Nutzen sein soll. Art. 14 II GG schreibt jedoch zugleich auch die sogenannte Sozialbindung des Eigentums vor. Der Gebrauch des Eigentums soll danach dem Wohle der Allgemeinheit dienen. In seinem Mitbestimmungsurteil von 1979[282] gesteht das Bundesverfassungsgericht dem Eigentum einen besonders ausgeprägten Schutz zu, soweit es als Element der Sicherung der persönlichen Freiheit des Einzelnen fungiert.[283] Dagegen sei die Befugnis des Gesetzgebers zur Inhalts- und Schrankenbestimmung um so weiter gespannt, je mehr das Eigentumsobjekt in einem sozialen Bezug und in einer sozialen Funktion stehe.

Der soziale Bezug äußert sich darin, dass Nutzung und Verfügung des Eigentums Belange von Nichteigentümern berühren, die auf die Nutzung des Eigentums angewiesen sind, um ihr Leben zu gestalten und ihre Freiheit zu sichern. Dieses Abhängigkeitsverhältnis findet man im Arbeitsverhältnis vor. Zur Sicherung ihrer Existenz sind die Arbeitnehmer zumeist darauf angewiesen, in ein vertragliches Arbeitsverhältnis mit dem Arbeitgeber zu treten. Bei der Erfüllung der arbeitsvertraglichen Pflichten müssen sie in aller Regel das Betriebsgelände des Arbeitgebers betreten und kommen mit der Betriebseinrichtung und den Betriebsmitteln in Kontakt. Es steht damit außer Frage, dass die Arbeitnehmer das Eigentum des Arbeitgebers an den Betriebsmitteln und der Betriebseinrichtung letztlich nutzen, um ihr Leben zu gestalten und zu sichern. Der Gesetzgeber kann damit durch gesetzliche Bestimmungen das Eigentumsrecht des Arbeitgebers beschränken. Die bloße Einräumung der Mitbestimmung stellt noch keinen Eingriff in das Recht aus Art. 14 GG dar.

Im Rahmen der Erörterung der Frage der Mitbestimmungsfreiheit bei der Ausübung von Rechten des Arbeitgebers in seiner Stellung als Gläubiger im Arbeitsvertragsverhältnis wurde festgestellt[284], dass ein Mitbestimmungsrecht des Betriebsrates nach § 87 I Nr. 1 ausscheidet, wenn der Arbeitgeber bestehende fest umrissene arbeitsvertragliche Ansprüche geltend macht. Es gibt keinen Grund, dass die Mitbestimmungsfreiheit bei der Geltendmachung fest umrissener eindeutig bestehender Ansprüche nicht auch bei der Ausübung von Rechten außerhalb des Arbeitsvertragsverhältnisses anzunehmen ist.

Fraglich ist jedoch, ob entsprechende Eigentümeransprüche[285] stets hinreichend so konkret sind, dass sie einfach nur vom Arbeitgeber abgerufen werden können. Den Rechten des Eigentümers können nämlich Rechte der Arbeitnehmer entgegenstehen. Dies ist insbesondere bei den Ansprüchen des Eigentümers auf

---

282 Im Kapitel E. I. 1. b) cc).

283 BVerfGE 50, 290, 340; vgl auch BVerfGE 37, 137, 140 (Erster Mietrechtsbeschluss).

284 Vgl. die Ausführungen im Kapitel E. I. 2. b).

285 Dazu gehören insbesondere die Ansprüche auf Unterlassung und Beseitigung der Beeinträchtigung gemäß §§ 1004, 906, 823 I BGB.

Entstörung und Unterlassung der Fall, wenn den Eigentümer hinsichtlich der Eigentumsbeeinträchtigung eine Duldungspflicht trifft.[286] Von einem fest umrissenen eindeutig bestehenden Anspruch des Eigentümers kann folglich erst dann ausgegangen werden, wenn das vom Arbeitnehmer geforderte Verhalten eindeutig nicht von der Duldungspflicht des Eigentümers umfasst ist.

Duldungspflichten ergeben sich aus dem zwischen dem Arbeitgeber und dem Arbeitnehmer bestehenden Arbeitsvertragsverhältnis. Der Arbeitgeber hat als Eigentümer der Betriebsmittel Abnutzungsschäden an diesen zu dulden, wenn er den Arbeitnehmern die Benutzung der Betriebsmittel erlaubt. Diese Duldungspflicht besteht jedoch nur bis zu einem gewissen Grad. Wann die Schwelle des Erlaubten überschritten wird, ist in vielen Fällen zweifelhaft.

Veranschaulichen lässt sich dies anhand des in diesem Zusammenhang viel diskutierten Problems des „Tragens von Pfennigabsätzen".[287] Dabei geht es um die Frage, ob der Arbeitgeber unter Berufung auf seine Eigentümerrechte seinen Arbeitnehmern mitbestimmungsfrei verbieten kann, kleinflächige Schuhabsätze, sogenannte Pfennigabsätze, zu tragen, die den Fußbodenbelag beschädigen können. Mit der Erlaubnis, seinen Betrieb zu betreten, erklärt sich der Arbeitgeber bereit, Abnutzungen des Bodenbelags zu dulden. Wann jedoch die Schwelle zur nicht mehr von der Duldungserklärung umfassten Abnutzung überschritten wird, kann unter Umständen schwierig festzustellen sein.

Es bestehen also vielfach Unklarheiten hinsichtlich der Duldungspflicht. Die für die Mitbestimmungsfreiheit erforderliche Eindeutigkeit eines Eigentümeranspruchs liegt nicht immer vor. Deshalb ist die Ansicht abzulehnen, dass die Geltendmachung von Ansprüchen des Arbeitgebers bezogen auf den Schutz seines Eigentums stets mitbestimmungsfrei sei.

Trotzdem gibt es durchaus Fälle, bei denen eine Duldungspflicht des Eigentümers von vornherein ausscheidet. So muss der Eigentümer eine Zerstörung, Beschädigung, Gefährdung oder den unbefugten Gebrauch seiner Sachen durch den Arbeitnehmer nicht hinnehmen, wenn dies nicht im Rahmen einer erlaubten Benutzung der Sache geschieht. Der Eigentümer kann folglich ohne Mitwirkung des Betriebsrates entsprechende Anordnungen zum Schutz der Betriebsmittel und der Betriebseinrichtung treffen. Ihm ist es beispielsweise mitbestimmungsfrei gestattet, seinen Arbeitnehmern das Rauchen in Räumlichkeiten zu verbieten, in denen eine erhöhte Brandgefahr besteht. Zudem kann der Arbeitgeber auch ohne Bestehen einer erhöhten Brandgefahr mitbestimmungsfrei Regelungen für das Rauchen aufstellen, die verhindern sollen, dass in seinem Eigentum stehende Sachen nicht zerstört bzw. beschädigt werden. So kann er vorgeben, dass glühende Zigarettenreste nicht einfach auf den Boden geworfen werden dürfen.[288]

---

286 Vgl. § 1004 BGB.

287 Dazu ausführlich Gumpert BB 1961, 1380.

288 GK-Wiese § 87 Rn. 186.

Wie bei der Geltendmachung vertraglicher Ansprüche ist auch bei der Geltendmachung von Eigentümeransprüchen zwischen dem „Ob“ und dem „Wie“ zu unterscheiden. Hat der Arbeitgeber bei der Geltendmachung eines bestehenden fest umrissenen Eigentümeranspruchs hinsichtlich der Art und Weise der Erfüllung einen Gestaltungsspielraum, kommen insoweit also mehrere mögliche Verhaltensweisen der Arbeitnehmer in Betracht, so hat der Betriebsrat gemäß § 87 I Nr. 1 mitzubestimmen.

Ergänzend kann festgestellt werden, dass das Ergebnis dieser Erörterung auch dem Zweck der Mitbestimmung entspricht. Da die Vormachtstellung des Arbeitgebers innerhalb des Arbeitsverhältnisses wesentlich auch auf seiner Eigentümerstellung an den Betriebsmitteln und der Betriebseinrichtung beruht, müssen zum Schutz der Arbeitnehmer einem einseitigen Vorgehen des Arbeitgebers Grenzen gezogen werden.

d) Mitbestimmung bei der Gewährung von zusätzlichen Leistungen durch den Arbeitgeber

Im Zusammenhang mit der vorstehend erörterten Problematik steht die Frage, ob und inwieweit ein Mitbestimmungsrecht bei der Gewährung von Leistungen durch den Arbeitgeber in Betracht kommt. Nähme man ein Mitbestimmungsrecht an, könnte der Betriebsrat aufgrund seines Initiativrechts einen verbindlichen Spruch der Einigungsstelle erzwingen[289] und damit unter Umständen dem Arbeitgeber zusätzliche Leistungen an die Arbeitnehmer abnötigen.

Das Gesetz selbst enthält keine ausdrückliche Regelung, die eine Antwort hinsichtlich der aufgeworfenen Frage geben könnte. Das Problem kann folglich nur mittels Auslegung der gesetzlichen Normen gelöst werden.[290]

aa) Ausschluss des Mitbestimmungsrechts nach Auslegung des § 87 BetrVG

Ein Ausschluss der Mitbestimmung bei der Gewährung von zusätzlichen Leistungen könnte sich aus gesetzessystematischen Gründen sowie aus dem gesetzgeberischen Zweck der Mitbestimmung nach § 87 ergeben.

Im Rahmen des § 87 kommt für den Bereich der Sozialeinrichtungen eine eindeutige gesetzgeberische Entscheidung zum Ausdruck. Nach § 87 I Nr. 8 besteht ein notwendiges Mitbestimmungsrecht bei der Regelung der Form, Ausgestaltung und Verwaltung von Sozialeinrichtungen. Die Errichtung von Sozialein-

---

289 Vgl. § 87 II.

290 An dieser Stelle kann bereits festgestellt werden, dass ein Ausschluss des Mitbestimmungsrechts nicht aus verfassungsrechtlichen Gründen in Betracht kommt. Insofern kann auf die Argumentation hinsichtlich der Mitbestimmung bei der Ausübung von Eigentumsrechten verwiesen werden – vgl. Kapitel E. I. 2. c) – da die Situation im Hinblick auf die Sozialbindung des Eigentums gemäß Art. 14 II GG identisch ist.

richtungen ist hingegen nicht der notwendigen Mitbestimmung unterworfen. Dies ergibt sich aus § 88 Nr. 2, der für diesen Bereich nur den Abschluss freiwilliger Betriebsvereinbarungen vorsieht. Allgemein anerkannt ist, dass von § 88 Nr. 2 der Umfang der über eine Sozialeinrichtung erfassten Arbeitgeberleistungen insgesamt erfasst wird, insbesondere auch Art und Umfang der vom Arbeitgeber zur Verfügung gestellten Mittel.[291] Für eine Differenzierung zwischen der Errichtung einer neuen Zuwendung und Erhöhung der Zuwendung besteht einer bestehenden Sozialeinrichtung kein sachlicher Grund.[292]

Die Entscheidung des Gesetzgebers, weder die Begründung einer zusätzlichen noch den Umfang einer bestehenden Leistungspflicht dem Mitbestimmungsrecht nach § 87 I Nr. 8 zu unterwerfen, kann als Rechtsgedanke gewertet werden, der auf die anderen Mitbestimmungstatbestände des § 87 I zu übertragen ist[293]. Dies wurde insbesondere von der Rechtsprechung und der Literatur bei der Auslegung der Tatbestände des § 87 so gesehen, die Leistungspflichten des Arbeitgebers zum Inhalt haben. So ist im Rahmen des § 87 I Nr. 9 allgemein anerkannt, dass die Entscheidung über die Errichtung von Werksmietwohnungen sowie den Umfang der zur Verfügung gestellten Mittel nicht Gegenstand der Mitbestimmung ist.[294] Gleiches gilt für den Mitbestimmungstatbestand des § 87 I Nr. 10, nach dem Fragen der betrieblichen Lohngestaltung der betrieblichen Mitbestimmung unterliegen. Dieses Mitbestimmungsrecht bezieht sich auf alle Regelungen, die Lohn- und Gehaltsbemessungen zum Gegenstand haben. Zu ihnen gehört nach herrschender Meinung aber nicht die lohnpolitische Entscheidung über die Lohn- und Gehaltshöhe.[295] Der Arbeitgeber kann allein darüber entscheiden, ob, in welchem Umfang und welcher Art (Geld- oder Sachleistungen, sonstige vermögenswerte Leistungen) er zusätzliche freiwillige Leistungen gewähren will.[296]

---

291 Vgl. u.a. BAG AP Nr. 1 zu § 87 BetrVG 1972 Werkmietwohnungen Bl.3; AP Nr. 5 zu § 87 BetrVG 1972 Altersversorgung Bl.2 R; GK-Wiese § 87 Rn. 710; Dietz/ Richardi § 87 Rn. 405; Galperin/ Löwisch § 87 Rn. 190; Hess/ Schlochauer/ Worzalla/ Glock § 87 Rn. 413; Stege/Weinspach § 87 Rn. 141 f.; Hanau BB 1973, 1274.

292 GK-Wiese § 87 Rn. 710.

293 Richardi § 87 Rn. 47.

294 GK-Wiese § 87 Rn. 776; Fitting/ Engels/ Schmidt/ Trebinger/ Linsenmaier (23. Auflage) § 87 Rn. 388; Richardi § 87 Rn. 699; Löwisch/Kaiser § 87 Rn. 151.

295 Vgl. u.a. BAG AP Nr. 3, Nr. 7, Nr. 15 zu § 87 BetrVG Lohngestaltung; AP Nr. 1 zu § 87 BetrVG 1972 Provision; GK-Wiese § 87 Rn. 808; Galperin/Löwisch § 87 Rn. 226; Hess/ Schlochauer/ Worzalla/ Glock § 87 Rn. 474; MünchArbR-Matthes § 341 Rn. 4; Richardi § 87 Rn. 751; Jahnke ZfA 1980, 863, 889 ff.

296 Vgl. u.a. BAG AP Nr. 5 Bl. 3 R, Nr. 22 Bl. 2 R zu § 87 BetrVG 1972 Lohngestaltung; AP Nr. 5 zu § 87 BetrVG 1972 Werkmietwohnungen Bl. 2 R; LAG Niedersachsen DB 1986, 335; Dietz/ Richardi § 87 Rn. 520; GK-Wiese § 87 Rn. 837; Hess/ Schlochauer/ Worzalla/ Glock § 87 Rn. 518; Galperin/ Löwisch § 87 Rn. 227 f.; Stege/ Weinspach § 87 Rn. 172a; MünchArbR-Matthes § 341 Rn. 26 ff.

Eine Einschränkung des dargestellten Rechtsgedankens könnte der Mitbestimmungstatbestand des § 87 I Nr. 11 gebieten, der die Festsetzung der Akkord- und Prämiensätze und vergleichbarer leistungsbezogener Entgelte, einschließlich der Geldfaktoren, zum Regelungsgegenstand hat. Der Gesetzgeber hat im § 87 I Nr. 11 ausdrücklich geregelt, dass die Höhe des Leistungslohns der betrieblichen Mitbestimmung zu unterwerfen ist.

Diese Entscheidung besagt jedoch keineswegs, dass damit der sich aus § 87 I Nr. 8 ergebene Rechtsgedanke widerlegt ist. Zum einen bezieht sich die gesetzgeberische Entscheidung im § 87 I Nr. 11 nur auf den Umfang der Leistungspflichten. Die Begründung, ob und zu welchem Zweck der Arbeitnehmer ein leistungsbezogenes Entgelt zusätzlich erhält, ist mitbestimmungsfrei.[297] Zum anderen müssen die besonderen Umstände berücksichtigt werden, die den Gesetzgeber zur Normierung dieses weitergehenden Mitbestimmungstatbestands veranlasst haben. Die im § 87 I Nr. 11 aufgeführten Leistungslohnformen bringen für die Arbeitnehmer besondere Gefahren mit sich. So kann die Festlegung nicht gerechtfertigter überhöhter Entlohnungsvoraussetzungen dazu führen, dass die Arbeitnehmer zu sie überfordernden Leistungen angespornt werden.[298] Das Bundesarbeitsgericht meint in diesem Zusammenhang zu Recht, dass ein Leistungslohnsystem gesundheitliche Gefahren für die Arbeitnehmer mit sich bringt.[299] Auf der Arbeitnehmerseite besteht damit ein nicht mit anderen Mitbestimmungstatbeständen vergleichbares Schutzbedürfnis.[300]

Der Rechtsgedanke des § 87 I Nr. 8 ist also nicht durch § 87 I Nr. 11 widerlegt und bei der Bestimmung des Anwendungsbereichs des § 87 I Nr. 1 entsprechend zu berücksichtigen. Soweit es um die Begründung zusätzlicher vermögenswerter Leistungspflichten des Arbeitgebers geht, ist aus gesetzessystematischen und gesetzesteleologischen Gründen ein Mitbestimmungsrecht des Betriebsrates nach § 87 I Nr. 1 ausgeschlossen.

bb) Mitbestimmungsrecht aufgrund einer materiellen Annexkompetenz

(1) Die Lehre von der materiellen Annexregelung

Die Mitbestimmungspflicht von Arbeitgebermaßnahmen im Zusammenhang mit der Begründung zusätzlicher Leistungspflichten des Arbeitgebers ist anzunehmen, wenn man sich der „Lehre von den materiellen Annexregelungen"[301] anschließt. Diese Lehre geht auf Hanau zurück[302] und besagt, dass die notwendige

---

297 BAGE 43, 278, 288 ff.

298 BAGE 36, 1, 12; 43, 278, 285; GK-Wiese § 87 Rn. 962.

299 BAGE 45, 278, 287.

300 GK-Wiese § 87 Rn. 962.

301 Der Name dieser Lehre ist angelehnt an die Bezeichnung der ungeschriebenen Bundeszuständigkeit im föderativen Staat kraft Natur der Sache oder Kraft Sachzusammenhangs.

302 Hanau RdA 1973, 281, 283.

Mitbestimmung nach § 87 sich nicht nur auf die ausdrücklich im Gesetz genannten Angelegenheiten beziehe, sondern auch auf solche materiellen Arbeitsbedingungen, die mit diesen in einem engen Sachzusammenhang stünden.[303] Es spreche eine Vermutung dafür, dass sich die Mitbestimmung auf sogenannte Annexregelungen erstrecke, weil das eine nicht sinnvoll ohne das andere entschieden werden könne.[304]

Praktisch relevant wird diese Lehre bei § 87 I Nr. 1 zumeist immer dann, wenn es um Folgenkosten einer mitbestimmungspflichtigen Angelegenheit geht. So besteht zweifelsohne ein enger Zusammenhang zwischen der Aufstellung einer Dienstkleiderordnung, die typischerweise dem Mitbestimmungsrecht des Betriebsrates unterliegt[305] und der Kostentragungspflicht der Dienstbekleidung. Nach der Lehre von Hanau würde sich also die Mitbestimmung auf die Frage der Kostenregelung erstrecken, obwohl diese für sich nicht unter § 87 I Nr. 1 subsumierbar ist.

Die höchstrichterliche Rechtsprechung hat das Mitbestimmungsrecht bei materiellen Annexregelungen für den Fall anerkannt, dass der Betriebsrat nach § 87 I Nr. 4 die Übernahme der Kosten bargeldloser Entgeltzahlung durch den Arbeitgeber verlangt.[306] Es sei nicht zu verkennen, so das Bundesarbeitsgericht, dass ein ganz enger Zusammenhang zwischen der Frage der Art der Auszahlung des Arbeitsentgeltes und den dann anfallenden Gebühren bestehe. Wenn es heute weitgehend üblich sei, dass durch die bargeldlose Auszahlung der Arbeitsentgelte auf ein in diesem Fall notwendigerweise zu unterhaltenes Konto Gebühren entstünden, so ließen sich beide Fragen nicht mehr trennen. Dann müsse sich aber das Mitbestimmungsrecht des Betriebsrates auch auf die Kostentragung für die bargeldlose Lohnzahlung als sogenannte Annexregelung erstrecken. Der Betriebsrat brauche einer Reglung über die Art der Auszahlung der Arbeitsentgelte nicht zuzustimmen, ohne dass gleichzeitig diese Frage geklärt werde.

(2) Stellungnahme

Der Wortlaut des § 87 I bietet für eine Erweiterung der Mitbestimmung auf materielle Annexregelungen keine Anhaltspunkte. Zudem steht die Lehre von der materiellen Annexregelung im Widerspruch zu dem auf gesetzessystematischen und gesetzesteleologischen Gründen beruhenden Rechtsgedanken der Mitbestimmungsfreiheit der Begründung zusätzlicher Leistungspflichten des Arbeit-

---

303 Hanau u.a. folgend: BAG AP Nr. 1 zu § 87 BetrVG 1972 Auszahlung Bl. 2 R; Galperin/ Löwisch § 87 Rn. 5, 64, 123, 159; Gester/Isenhardt RdA 1974, 80, 84; Reuter RdA 1981, 201, 207; MünchArbR-Matthes § 332 Rn.4 f.; Kammann/ Hess/ Schlochauer § 87 Rn.21, 49, 93, 130.

304 Hanau RdA 1973, 281, 283.

305 Vgl. die Ausführungen im Kapitel E. I. 2. b).

306 BAG AP Nr. 1 zu § 87 BetrVG 1972 Auszahlung Bl. 2R.

gebers. Der Lehre Hanaus obliegt es somit, Gründe darzulegen, nach denen die Mitbestimmungspflicht der in Frage stehenden Arbeitgebermaßnahmen entgegen diesen Erwägungen angenommen werden muss. Es besteht insoweit eine entsprechende Argumentationslast.

Hanau ist der Ansicht, dass sich die Mitbestimmung auf die Annexregelungen mit erstrecken müsse, weil das eine nicht ohne das andere entschieden werden könne.[307] Nach § 76 V habe die Einigungsstelle ihre Beschlüsse unter angemessener Berücksichtigung der Belange des Betriebs und der betroffenen Arbeitnehmer nach billigem Ermessen zu fassen. Dies sei aber nur möglich, wenn man alle Umstände in Betracht ziehe, die für die jeweilige Entscheidung bedeutsam seien, ohne Rücksicht darauf, ob sie den formellen oder materiellen Arbeitsbedingungen zuzusprechen seien.[308]

Dieser Argumentation ist zuzugeben, dass in vielen Fällen finanzielle Fragen eng mit der eigentlichen mitbestimmungspflichtigen Maßnahme verbunden sind. Keineswegs ist es jedoch so, dass ein untrennbarer Sachzusammenhang besteht. Es kann sehr wohl zwischen der Regelung einerseits und der Begründung zusätzlicher Leistungspflichten andererseits unterschieden werden.[309] So lässt sich die Frage der Form der Auszahlung des Lohnes von der Frage, wer die Kontoführungsgebühren zu zahlen hat, durchaus trennen.[310] Antwort auf die Frage, wer die finanzielle Folgelast zu tragen hat, gibt eine Auslegung der gesetzlichen, tariflichen, betrieblichen oder arbeitsvertraglichen Bestimmungen.[311] Gleiches gilt beispielsweise auch für die Kostentragungspflicht bei der Aufstellung einer Dienstkleiderordnung.

Gegen die Lehre der materiellen Annexregelung spricht weiterhin, dass sie im Widerspruch zum abschließenden Katalog der Mitbestimmungstatbestände des § 87 I steht. Wie bereits an anderer Stelle dargestellt, hat der Gesetzgeber die Reichweite der notwendigen Mitbestimmung im § 87 I erschöpfend geregelt.[312] Diesem gesetzgeberischen Zweck widerspräche es, würde man durch Anerkennung einer nicht genau definierbaren materiellen Annexkompetenz den Bereich der abschließend aufgezählten Mitbestimmungstatbestände uferlos erweitern. Dass die Begründung zusätzlicher Leistungspflichten für den Arbeitgeber unübersehbar ist, zeigt zutreffend Huber anhand von Beispielen.[313] Bei dem bereits erwähnten vom Bundesarbeitsgericht entschiedenen „Kontoführungsgebühren-

---

307 Hanau RdA 1973, 281, 283.

308 Hanau in dieser Argumentation folgend: BAG AP Nr. 1 zu § 87 BetrVG 1972 Auszahlung Bl. 2 R; Galperin/ Löwisch § 87 Rn. 5; MünchArbR-Matthes § 332 Rn. 4; Reuter RdA 1981, 201, 207; Gester/Isenhardt RdA 1974, 80, 84.

309 GK-Wiese § 87 Rn. 42.

310 Ausführlich dazu Starck S. 46 f.

311 Starck S. 42.

312 Vgl. die Ausführungen im Kapitel E. I. 2. a) cc) (2) (a).

313 Huber DB 1980, 1643.

fall" ließe sich, so Huber, fragen, ob sich die Mitbestimmung im Rahmen des § 87 I Nr. 4 nicht auch auf die Frage erstrecke, wer die Kosten für das Aufsuchen der Bank zum Zwecke der Abhebung des Lohnes während der Arbeitszeit – also Wegegeld und Kosten des Arbeitszeitverlusts – übernehmen müsse. Es ließe sich eine Vielzahl weiterer Annextatbestände finden.

Schließlich ist die Lehre Hanaus der Kritik ausgesetzt, gegen das Gebot der Rechtssicherheit zu verstoßen. Es erscheint schwer feststellbar, in welchen Fällen ein ausreichend enger Sachzusammenhang zwischen der eigentlich mitbestimmungspflichtigen Maßnahme und der Annexregelung gegeben ist.[314]

Demgemäss ist der Lehre von den Annexregelungen nicht zu folgen. Soweit auf einen engen sachlichen Zusammenhang der nach § 87 I mitbestimmungspflichtigen Arbeitgebermaßnahmen mit den materiellen Folgeregelungen abgestellt wird, ist dieser für die Mitbestimmung nach § 87 I nur insoweit von Bedeutung, als durch die Regelung einer Angelegenheit mittelbar über die Folgekosten zu Lasten desjenigen mitentschieden wird, in dessen Sphäre sie anfallen.[315]

cc) Mitbestimmung bei Bestehen eines Regelungsspielraums

Wie bereits an anderer Stelle festgestellt wurde, muss bei der Frage der Mitbestimmungspflicht einer Maßnahme des Arbeitgebers die Frage des „Ob" von der Frage des „Wie" getrennt werden.[316] Eine Arbeitgeberanordnung ist danach immer dann mitbestimmungsfrei, wenn ein so genannter Regelungsspielraum besteht. Für das zu erörternde Problem bedeutet dies, dass der Betriebsrat zwar kein Mitbestimmungsrecht bezüglich der Begründung und des Umfanges von vermögenswerten Leistungen hat. Jedoch ist denkbar, dass dem Arbeitgeber ein Regelungsspielraum im Hinblick auf die Modalitäten der Verteilung der zu vergebenden vermögenswerten Leistungen verbleibt und entsprechende Maßnahmen deshalb dem Mitbestimmungsrecht des § 87 I Nr. 1 unterliegen. Deutlich wird diese Unterscheidung im Rahmen der Internetnutzung[317] sowie der Zurverfügungstellung von Firmenparkplätzen.[318]

Anordnungen des Arbeitgebers, das Internet oder die vorhandenen E-Mail-Systeme ausschließlich geschäftlich, d.h. zur Erfüllung arbeitsvertraglicher Pflichten zu nutzen, sind mitbestimmungsfrei. Gestattet der Arbeitgeber hingegen die Nutzung des betrieblichen Internet-Zugangs und der E-Mail-Systeme auch zu privaten Zwecken, unterliegt die Festlegung der diesbezüglichen Verhaltensregeln, wie

---

314 Starck S. 42; Kreutz Betriebsautonomie, S. 217 und Fn. 96.

315 GK-Wiese § 87 Rn. 42.

316 Vgl. die Ausführungen im Kapitel E. I. 1. b).

317 Ausführlich dazu Beckschulze/Henkel DB 2001, 1491 ff.

318 Ausführlich dazu Kreßel RdA 1992, 169 ff. und Richter AiB 1994, 736 ff.

z.B. die Verpflichtung zur Einrichtung eines Passwortes, der Mitbestimmung gemäß § 87 I Nr. 1.[319]

Für die Zurverfügungstellung von Firmenparkplätzen gilt, dass der Betriebsrat gemäß § 87 I Nr. 1 nicht die Schaffung von Firmenparkplätzen erzwingen kann. Der Arbeitgeber kann auch festlegen, zu welchen Zeiten die in seinem Eigentum stehenden Verkehrsflächen den Arbeitnehmern zur Verfügung stehen.[320] Zudem kann er generell mitbestimmungsfrei festlegen, für welchen Personenkreis er Parkmöglichkeiten zur Verfügung stellt.[321] Insbesondere kann er von vornherein bestimmte Parkplätze für leitende Angestellte reservieren.[322]

Sind diese mitbestimmungsfreien Vorentscheidungen allerdings vom Arbeitgeber getroffen worden, kommt ein Mitbestimmungsrecht des Betriebsrates nach § 87 I Nr. 1 hinsichtlich in diesem Zusammenhang stehender Regelungen grundsätzlich in Betracht. So gehört die Verteilung der Parkplätze auf die Mitarbeiter zum mitbestimmungspflichtigen Tatbestand, soweit der Arbeitgeber diese für eine bestimmte Arbeitnehmergruppe bereitgestellt hat.[323] Mitbestimmungspflichtig ist ferner insbesondere die Errichtung einer Parkplatzordnung, d.h. die Regelung des Verhaltens beim Parken.[324]

dd) Ergebnis

Ein Mitbestimmungsrecht des Betriebsrates nach § 87 I Nr. 1 ist ausgeschlossen bei der Frage, ob und in welchem Umfang der Arbeitgeber seinen Arbeitnehmern vermögenswerte Leistungen zu gewähren hat. Mitbestimmungspflichtig sind in diesem Zusammenhang dagegen Maßnahmen, bei denen der Arbeitgeber über einen Regelungsspielraum verfügt. Dies ist insbesondere immer dann der Fall, wenn der Arbeitgeber die Entscheidung über die Erbringung von Leistungen an seine Arbeitnehmer getroffen hat und es nur noch um die Modalitäten der Verteilung geht.

e) Verbindlichkeit einer Maßnahme des Arbeitgebers als Voraussetzung der Mitbestimmung

Wie bei der Darstellung der Rechtsprechung des Bundesarbeitsgerichts sowie der einzelnen Literaturmeinungen bereits angedeutet wurde, besteht Streit darüber, ob

---

319 Beckschulze/Henkel DB 2001, 1491, 1500 – ähnlich ist die Beurteilung von Regelungen des Arbeitgebers zur Nutzung der betrieblichen Telefonanlage oder betrieblicher Mobiltelefone für Privatgespräche – vgl. dazu Matthes CR 1987, 108, 112; Schulin/Babl NZA 1986, 46, 50.

320 Kreßel RdA 1992, 169, 177.

321 ArbG Wuppertal BB 1975, 561; GK-Wiese § 87 Rn. 220; Hess/ Schlochauer/ Worzalla/ Glock § 87 Rn. 113; Richardi § 87 Rn. 185.

322 LAG Düsseldorf DB 1979, 115.

323 GK-Wiese § 87 Rn. 220; Richter AiB 1994, 736, 746; Kreßel RdA 1992, 169, 177 f.

324 Kreßel RdA 1992, 169, 177 f.; Richter AiB 1994, 736, 746.

die Verbindlichkeit einer Maßnahme des Arbeitgebers Voraussetzung für das Mitbestimmungsrecht des Betriebsrates nach § 87 I Nr. 1 ist.[325] Der Streit soll im Folgenden durch Anwendung der klassischen Auslegungsmethode entschieden werden. Dabei kann sich zum Teil auf die schon oben gemachten Ausführungen zur Auslegung des § 87 I Nr. 1 bezogen werden.

aa) Wörtliche Auslegung

Wie bereits dargelegt, bereitet die wörtliche Auslegung des § 87 I Nr. 1 Schwierigkeiten, da sowohl der Ordnungs- als auch der Verhaltensbegriff sehr abstrakt ist[326]. Wenn daher mit dieser Auslegung das in Frage stehende Problem auch nicht gelöst werden kann, so besteht immer noch die Möglichkeit, dass die Auslegung zumindest ein Indiz liefern könnte.

Ein solches Indiz könnte sich aus dem Ordnungsbegriff ergeben. Der Begriff kann, wie oben gezeigt, u.a. als geordneter Zustand, als Regelwerk oder als Aufbau einer inneren Struktur interpretiert werden. Sowohl der geordnete Zustand als auch der Aufbau einer inneren Struktur können erreicht werden, ohne dass die diesbezüglichen Maßnahmen verpflichtend wirken müssen. Anders könnte man die Interpretationsvariante „Regelwerk" deuten. Bei einem Regelwerk liegt der Bezug zur Verbindlichkeit umgangssprachlich nahe. Jedoch selbst wenn man nun entsprechend unter der Ordnung einen Kodex verpflichtender Regeln versteht, so ist nicht ersichtlich, warum mit „Fragen der Ordnung des Betriebs" nur die Aufstellung dieser Ordnung gemeint sein soll, nicht aber andere Maßnahmen, die auf die Aufrechterhaltung dieser Ordnung zielen.

Die wörtliche Auslegung hilft bei der Lösung des Problems demnach nicht direkt weiter.

bb) Historische Auslegung

Für die Verbindlichkeit einer Arbeitgebermaßnahme als Voraussetzung für die Mitbestimmung könnte die historische Auslegung sprechen. Wie bereits ausgeführt, liegt der Ursprung der Regelung des § 87 I Nr. 1 in der Arbeitsordnung.[327] Gemäß § 134 c I GewO 1891 sowie den Regelungen des Betriebsrätegesetzes von 1920 hatte die Arbeitsordnung verbindliche Wirkung. Das Mitbestimmungs- oder Mitwirkungsrecht der Arbeitnehmervertretung war auf die Gestaltung der Arbeitsordnung beschränkt. Voraussetzung der Arbeitnehmerbeteiligung war mithin, dass durch die Maßnahme oder Anordnung des Arbeitgebers den Arbeitnehmern eine bestimmte Verhaltensweise zur Pflicht gemacht werden musste.

---

325 Vgl. die Ausführungen im Kapitel B. II. und im Kapitel C. I. 2.

326 Vgl. die Ausführungen im Kapitel E. I. 2. a) aa) (1).

327 Vgl. Kapitel E. I. 2. a) bb) (1).

Die historische Auslegung kann jedoch wiederum allenfalls als Indiz für eine bestimmte Betrachtung dienen. Aufgrund der Veränderung des verfassungsrechtlichen, gesellschaftspolitischen und arbeitsrechtlichen Umfeldes – man bedenke nur, dass die Bindung der Mitbestimmung an die Form der Betriebsvereinbarung entfallen ist – liefert der historische Bezug des § 87 I Nr. 1 zur früheren Arbeitsordnung keine Begründung für die Herausnahme von nicht verpflichtenden Arbeitgebermaßnahmen aus dem Bereich der Mitbestimmung des Betriebsrates.

cc) Systematische Auslegung

Aus der systematischen Auslegung ergibt sich kein Grund, die Verbindlichkeit der Arbeitgebermaßnahme als Voraussetzung des § 87 I Nr. 1 anzusehen.[328]

Der Blick auf die anderen Mitbestimmungstatbestände des § 87 zeigt, dass die Mitbestimmung des Betriebsrates nicht von einem derartigen Umstand abhängt. So knüpft § 87 I Nr. 7 an die faktische Umgestaltung der Arbeitsbedingungen an[329]. Ferner hat § 87 I Nr. 12 nicht die Verpflichtung zu Verbesserungsvorschlägen zum Gegenstand, sondern deren Behandlung durch den Arbeitgeber, falls sie gemacht werden.[330] Im Übrigen liefert auch der Vergleich mit anderen Mitbestimmungs- und Mitwirkungsrechten aus systematischer Sicht keine Begründung für die Annahme einer solchen ungeschriebenen Voraussetzung.

dd) Teleologische Auslegung

Da sich aus der wörtlichen, historischen und systematischen Auslegung keine eindeutigen Ergebnisse für eine Lösung des zu behandelnden Problems ergeben, kann allein der Gesetzeszweck eine Antwort auf die Frage geben, ob eine Arbeitgebermaßnahme verbindlichen Charakter haben muss, um der Mitbestimmung des Betriebsrates gemäß § 87 I Nr. 1 zu unterliegen.

Die Verbindlichkeit als Voraussetzung könnte man annehmen, wenn man den Zweck der Mitbestimmung nach § 87 I Nr. 1 allein darin sieht, die Arbeitnehmer vor der einseitigen Ausübung des Direktionsrechts zu schützen. Durch das Direktionsrecht hat der Arbeitgeber das Recht, Pflichten der Arbeitnehmer zu gestalten. Daraus folgt, dass das Mitbestimmungsrecht dann nur bei einer Begründung von Pflichten für die Arbeitnehmer eingreifen kann.

Wie oben schon zum Zweck des § 87 festgestellt wurde, ist die Mitbestimmung in sozialen Angelegenheiten jedoch nicht auf die Ausübung des Direktionsrechts allein beschränkt.[331] So hat der Betriebsrat auch ein Recht auf Teilhabe an den essentiell die Arbeitnehmer berührenden Entscheidungen. Der Bezug der Mitbe-

---

[328] GK-Wiese § 87 Rn. 179.
[329] GK-Wiese § 87 Rn. 179.
[330] GK-Wiese § 87 Rn. 179.
[331] Vgl. die Ausführungen im Kapitel E. I. 2. a) dd).

stimmung zum Direktionsrecht liefert damit kein Argument für die Beschränkung der Mitbestimmung gemäß § 87 I Nr. 1 auf verpflichtende Maßnahmen.

Ein solches ergibt sich auch nicht aus der Überlegung, dass die normativ wirkende Betriebsvereinbarung als Hauptinstrument der Mitbestimmung angesehen wird und daher der Inhalt nur rechtsgestaltenden Charakter hat, also eine Verpflichtung der Arbeitnehmer zu einem bestimmten Verhalten bewirkt. Die Bindung der Mitbestimmung an die Betriebsvereinbarung ist nämlich entfallen. Mitbestimmung und Betriebsvereinbarung sind nicht in der Weise miteinander verknüpft, dass der Mitbestimmungstatbestand auf den möglichen Inhalt einer Betriebsvereinbarung beschränkt ist.

Im Rahmen der teleologischen Auslegung hinsichtlich dieses Teilproblems des § 87 I Nr. 1 ist weiter zu fragen, ob die Arbeitnehmer bei nicht verpflichtenden Arbeitgebermaßnahmen überhaupt schutzbedürftig sind. Fehlt die Schutzbedürftigkeit, so kann eine Regelung nicht dem Schutz dienen. Der Schutz der Arbeitnehmer ist aber gerade Zweck des Mitbestimmungsrechts des § 87 I Nr. 1.[332]

Auf den ersten Blick könnte man zur Annahme kommen, dass die Schutzbedürftigkeit deshalb nicht gegeben ist, da die Arbeitnehmer bei nicht verpflichtenden Maßnahmen formal überhaupt nicht belastet werden.

Diese rein formale Betrachtungsweise wird jedoch der Realität der Arbeitswelt nicht gerecht. Auch wenn keine Pflichten der Arbeitnehmer erzeugt werden, kann normativ auf die Rechtsstellung der Arbeitnehmer eingewirkt werden. So entsteht ein faktischer Druck auf die Arbeitnehmer, wenn ein von der Anordnung abweichendes Verhalten negativ und ein ihm entsprechendes positiv sanktioniert wird. Dieser faktische Druck kann so weit gehen, dass er einem rechtlichen Druck gleichsteht. Durch eine Betriebsbußenordnung zum Beispiel werden nicht unmittelbar verbindliche Regeln für das Verhalten der Arbeitnehmer im Betrieb geschaffen. Vielmehr stellt die Bußenordnung eine Maßnahme dar, mit der auf das von einer vorgebenden betrieblichen Ordnung geforderte Verhalten Einfluss genommen wird, indem Verstöße gegen diese Ordnung sanktioniert werden. Es bedarf keiner näheren Ausführung, dass damit auf das Verhalten der Arbeitnehmer ebenso Einfluss genommen wird, wie durch Normierung verbindlicher Verhaltensregeln. Ebenso verhält es sich, wenn der Arbeitgeber für ein bestimmtes Verhalten der Arbeitnehmer Prämien verspricht. Gegen ein Schutzbedürfnis in diesen Fällen spricht zwar, dass durch ein Belohnungssystem nur Rechte der Arbeitnehmer geschaffen werden. Jedoch sind diese Rechte an ein Verhalten gebunden. Auch wirkt sich das Belohnungssystem für nicht belohnte Arbeitnehmer wie eine Bestrafung aus. Die Nichtgewährung von Leistungen hat die gleiche Wirkung wie der Entzug einer Leistung.

---

332 Vgl. die Ausführungen im Kapitel E. I. 2. a) dd) (1) (c).

Man erkennt an diesen Beispielen, dass der Arbeitgeber auf verschiedene Art und Weise die Arbeitnehmer zu einem bestimmten Verhalten bringen kann, ohne dass er seine Maßnahme nach außen hin als verbindlich deklariert. Durch Schaffung des geschilderten faktischen Druckes ist der Grad der Schutzbedürftigkeit der Arbeitnehmer kein anderer als der von einer verbindlichen Maßnahme ausgehende Druck. Würde man solche Maßnahmen dem Mitbestimmungsrecht des Betriebsrates entziehen, so wäre der Arbeitgeber in der Lage, stets den Betriebsrat durch Schaffung von Sanktions- und Belohnungssystemen von der Mitbestimmung auszuschließen. Um dieser Gefahr der Umgehung der Mitbestimmungsrechte entgegenzutreten, dürfen auch nicht verbindliche Arbeitgeberanordnungen vom Mitbestimmungsrecht des § 87 I Nr. 1 nicht von vornherein ausgenommen sein.

ee) Ergebnis

Das Mitbestimmungsrecht des Betriebsrates nach § 87 I Nr. 1 ist nicht deshalb ausgeschlossen, weil eine Anordnung des Arbeitgebers keine Verhaltenspflicht der Arbeitnehmer erzeugt.

f) Beschränkung des Anwendungsbereichs des § 87 I Nr. 1 BetrVG aufgrund bestehender Sondervorschriften

Wie Rahmen der systematischen Auslegung bereits angedeutet[333], könnte der Anwendungsbereich des § 87 I Nr. 1 aufgrund bestehender Sondervorschriften zu beschränken sein. In Betracht kommt insbesondere eine Beschränkung durch die Sondervorschriften für den Arbeitsschutz gemäß § 87 I Nr. 7 und für technische Kontrollen gemäß § 87 I Nr. 6.

aa) Beschränkung aufgrund der Regelung des § 87 I Nr. 7 BetrVG

§ 87 I Nr. 7 bestimmt, dass Regelungen über die Verhütung von Arbeitsunfällen und Berufskrankheiten sowie über den Gesundheitsschutz im Rahmen der gesetzlichen Vorschriften oder Unfallverhütungsvorschriften der betrieblichen Mitbestimmung unterliegen. Fraglich ist, ob damit die Mitbestimmung des Betriebsrates bei Maßnahmen des Arbeitgebers den Arbeitsschutz betreffend abschließend durch § 87 I Nr. 7 geregelt ist – ein Rückgriff auf § 87 I Nr. 1 sich daher verbietet.

Das Bundesarbeitsgericht hat zu diesem Problem in seiner Entscheidung zum Sicherheitswettbewerb Stellung genommen.[334] § 87 I Nr. 7 stelle keine erschöpfende und abschließende Regelung des erzwingbaren Mitbestimmungsrechts des Betriebsrates in Angelegenheiten des Gesundheitsschutzes und der Unfallverhü-

---

333 Vgl. Kapitel E. I. 2. a) cc) (2) (a).

334 BAG EzA Nr. 6 zu § 87 BetrVG 1972 Betriebliche Ordnung – vgl. dazu auch die Ausführungen im Kapitel B. II. 1.

tung dar. Aus dem Vorhandensein einer Spezialvorschrift könne nicht zwingend hergeleitet werden, dass eine vom Wortlaut umfassendere Regelung einzuschränken sei. § 87 I Nr. 7 habe der Erweiterung auf die Maßnahmen gedient, die dem Unfallschutz dienen sollten, aber nicht die Ordnung des Betriebs und das Verhalten der Arbeitnehmer im Betrieb berührten.

Dieser Ansicht ist im Ergebnis zuzustimmen. Die Tatsache, dass der Gesetzgeber den Unfallschutz im Betriebsverfassungsgesetz von 1972 erstmalig ausdrücklich der Mitbestimmung unterstellt hat, § 87 I Nr. 7 also entsprechend als Spezialregelung anzusehen ist, spricht jedoch zunächst für eine abschließende Regelung des Arbeitsschutzes und gegen eine mögliche Anwendung des § 87 I Nr. 1 bei Fragen des Arbeitschutzes. Zu beachten ist aber, dass § 87 I Nr. 7 auch im Falle des grundsätzlichen Einschlusses des Arbeitsschutzes in den Anwendungsbereich des § 87 I Nr. 1 einen eigenständigen Anwendungsbereich behält. So sind eine Reihe von Arbeitsschutzmaßnahmen vorstellbar, die nicht unter § 87 I Nr. 1 subsumierbar sind. § 87 I Nr. 7 hat also auch neben der Anwendung des § 87 I Nr. 1 auf Maßnahmen der Unfallverhütung noch Sinn.

Zudem werden mit dieser Lösung Abgrenzungsprobleme vermieden. Der Arbeitgeber könnte sich nämlich anderenfalls auch bei den klassischen Maßnahmen des § 87 I Nr. 1, wie der Einführung eines Rauch- oder Alkoholverbots, Vorschriften über die Dienstbekleidung u.ä., auf den Arbeitsschutzzweck berufen und so die Mitbestimmung des Betriebsrates nach § 87 I Nr. 1 umgehen. Es käme zu einer nicht mit dem Gesetzeszweck vereinbarenden Aushöhlung des Mitbestimmungstatbestands des § 87 I Nr. 1.

Arbeitschutzmaßnahmen unterliegen also grundsätzlich auch dem Mitbestimmungsrecht des § 87 I Nr. 1. Eine Anwendung des § 87 I Nr. 1 im Bereich des Arbeitsschutzes scheidet jedoch aus, wenn eine Arbeitgebermaßnahme im Sinne des § 87 I Nr. 7 vorliegt.

bb) Beschränkung aufgrund der Regelung des § 87 I Nr. 6 BetrVG

Kontrollmaßnahmen des Arbeitgebers mittels technischer Einrichtungen regeln gewöhnlich verhaltensbezogene Arbeitsbedingungen der Arbeitnehmer, die sich auf den Betriebsablauf und die Arbeitsorganisation beziehen und die Einbindung der Arbeitnehmer in den Betrieb betreffen. Damit unterfallen sie also zunächst dem Anwendungsbereich des § 87 I Nr. 1. Fraglich ist aber, ob technische Kontrollmaßnahmen im Sinne des § 87 I Nr. 6 von der Mitbestimmungspflicht nach § 87 I Nr. 1 auszunehmen sind.

Die Lösung dieser Frage ergibt sich bereits aus der Entstehungsgeschichte des § 87 I Nr. 6. Kontrollen mittels technischer Einrichtungen wurden erstmalig im reformierten Betriebsverfassungsgesetz von 1972 von einem Mitbestimmungstatbestand geregelt. Der Gesetzgeber sah sich zu dieser Regelung veranlasst, da die technischen Kontrollen immer perfekter wurden und deshalb stark in die

Persönlichkeitsrechte eingriffen. Die Mitbestimmung des Betriebsrates bei derartigen Maßnahmen des Arbeitgebers sollte Verletzungen des Persönlichkeitsrechts der Arbeitnehmer so gering wie möglich halten. Wurden vormalig technische Kontrollmaßnahmen dem Bereich des § 87 I Nr. 1 zugerechnet, so sind diese nunmehr abschließend im § 87 I Nr. 6 geregelt und dem Mitbestimmungstatbestand des § 87 I Nr. 1 entzogen.

Dieses Ergebnis wird auch der Systematik des Gesetzes gerecht. Der Mitbestimmungstatbestand wäre völlig bedeutungslos, würde jegliche Überwachung mittels technischer Einrichtung dem Mitbestimmungsrecht des Betriebsrates nach § 87 I Nr. 1 unterfallen.

Ob darüber hinaus die Schlussfolgerung zu ziehen ist, dass sämtliche, also auch die sogenannten mechanischen Kontrollmaßnahmen des Arbeitgebers nicht dem Mitbestimmungsrecht des § 87 I Nr. 1 unterliegen, soll später erörtert werden.[335]

3. Ergebnis der Auslegung – Schematische Aufstellung von Prüfungspunkten im Hinblick auf die Untersuchung der Mitbestimmungspflicht einer Arbeitgebermaßnahme nach § 87 I Nr. 1 BetrVG

Als Ergebnis der Auslegung kann festgehalten werden, dass eine Reduktion des Tatbestands des § 87 I Nr. 1 in der Form, dass die beiden Tatbestandsteile aufeinander zu beziehen sind, nicht gerechtfertigt ist. Insoweit ist für die Bestimmung des Umfangs des Anwendungsbereichs des § 87 I Nr. 1 auch nicht die schwierige und zum Teil nicht durchführbare Abgrenzung des mitbestimmungsfreien Arbeitsverhaltens vom mitbestimmungspflichtigen Ordnungsverhalten maßgebend.

Im Rahmen der eigenen Auslegung wurden zudem allgemeine und besondere Voraussetzungen des Mitbestimmungsrechts des § 87 I Nr. 1 herausgearbeitet. Bei der Untersuchung der besonderen Voraussetzungen wurde festgestellt, dass auf Grund des weit gefassten Wortlautes der Mitbestimmungstatbestand allein durch positive Kriterien nicht hinreichend konkret erfasst werden kann. Deshalb wurde untersucht, welchen Einschränkungen das Mitbestimmungsrecht unterliegt. Es wurden insoweit eine Reihe von Ausschlusstatbeständen entwickelt.

Im Folgenden werden die einzelnen Ergebnisse der Auslegung in einem Kriterienkatalog zusammengefasst, mit Hilfe dessen eine Arbeitgebermaßnahme auf ihre Mitbestimmungspflicht nach § 87 I Nr. 1 hin untersucht werden kann. Bei der Subsumtion ist dabei als erstes zu fragen, ob die Mitbestimmungspflicht einer Maßnahme nicht bereits wegen Fehlens einer allgemeinen Voraussetzung ausscheidet. Danach muss geprüft werden, ob die Maßnahme dem positiven Re-

---

335 Vgl. die Ausführungen im Kapitel E. II. 1.

gelungsbereich unterfällt. Abschließend bleibt zu klären, ob ein Ausschlussgrund des Mitbestimmungsrechts vorliegt.

An dieser Stelle ist bereits darauf hinzuweisen, dass dieser Katalog nicht allen Besonderheiten einzelner Arbeitgebermaßnahmen gerecht werden kann. Dementsprechend ist auch nach Subsumtion einer Maßnahme unter den Kriterien, die Maßnahme auf ihre Besonderheiten hin zu untersuchen. So kann im Einzelfall insbesondere das stets zu beachtende Persönlichkeitsrecht unter Umständen zu einem anderen Ergebnis als das Subsumtionsergebnis führen.

1. Allgemeine Voraussetzungen

   a) Es gilt nicht der Gesetzes- und Tarifvorbehalt.[336]

   b) Die Arbeitgebermaßnahme berührt das Belegschaftsinteresse. Sie trägt nicht den individuellen Besonderheiten eines einzelnen Arbeitsverhältnisses Rechnung und beschränkt sich nicht auf alle damit verbundenen Auswirkungen auf das Arbeitsverhältnis eines Arbeitnehmers.

   c) Die Annahme der Mitbestimmungspflicht der Arbeitgebermaßnahme vereitelt nicht die Funktionsfähigkeit des Unternehmens.

2. Besondere Voraussetzungen des § 87 I Nr. 1

   a) Positive Inhaltsbestimmung

   Die Arbeitgebermaßnahme regelt eine verhaltensbezogene Arbeitsbedingung der Arbeitnehmer. Die verhaltensbezogene Arbeitsbedingung bezieht sich auf den Betriebsablauf und die Arbeitsorganisation und betrifft die Einbindung des Arbeitnehmers in den Betrieb. Dazu zählen Arbeitsbedingungen, die das Zusammenleben und Zusammenwirken der Arbeitnehmer untereinander im Betrieb regeln, jedoch auch Fragen der Zusammenarbeit des Arbeitnehmers mit dem Arbeitgeber betreffend den Betriebsablauf und die Arbeitsorganisation.

   b) Negative Inhaltsbestimmung

      aa) Die Arbeitgebermaßnahme betrifft nicht ausschließlich den Arbeitsablauf, die Arbeitsmethode oder das Fertigungsverfahren – es ist kein Bezug zum Arbeitsergebnis vorhanden.

      bb) Mit der Arbeitgebermaßnahme wird nicht ein fest umrissener, bereits bestehender sich aus dem Arbeitsvertragsverhältnis ergebener Anspruch des Arbeitgebers gegenüber dem Arbeitnehmer geltend gemacht. Besteht hingegen ein Regelungsspielraum, z.B. bei der Frage,

---

[336] Diese allgemeine Voraussetzung der Mitbestimmungsrechte des § 87 wurde bislang nicht erörtert. Sie wird aber zur Vollständigkeit in den Kriterienkatalog mit aufgenommen. Der Gesetzes- und Tarifvorbehalt enthält eine Reihe von umstrittenen Fragen. Diese sollen jedoch nicht Gegenstand dieser Arbeit sein.
Zur Problematik des Gesetzes- und Tarifvorbehalts vgl. GK-Wiese § 87 Rn. 54 ff.

wie die Maßnahme durchzuführen ist, kommt ein Mitbestimmungsrecht des Betriebsrates in Betracht.

cc) Mit der Arbeitgebermaßnahme erfüllt der Arbeitgeber nicht lediglich eine ihm auferlegte gesetzliche Gläubigerpflicht. Das Bestehen eines Regelungsspielraums führt jedoch zur Mitbestimmungspflicht.

dd) Mit der Arbeitgebermaßnahme wird nicht ein fest umrissener, bereits bestehender, sich aus dem Recht des Arbeitgebers, in seinem Eigentum oder im Besitz stehende Sachen vor Zerstörung, Beschädigung, Gefährdung oder unbefugten Gebrauch durch die Arbeitnehmer zu schützen, ergebener Anspruch geltend gemacht. Bei Bestehen eines Regelungsspielraums kommt ein Mitbestimmungsrecht des Betriebsrates hingegen in Betracht.

ee) Die Arbeitgebermaßnahme hat nicht die Begründung oder den Umfang zusätzlicher vermögenswerter Leistungspflichten des Arbeitgebers zum Inhalt. Geht es jedoch um Fragen der Verteilung oder Ausgestaltung der vom Arbeitgeber aus seinem Vermögen freiwillig zur Verfügung gestellten Leistungen, besteht ein Mitbestimmungsrecht.

ff) § 87 I Nr. 6 greift nicht ein, d.h. die Arbeitgebermaßnahme betrifft nicht die Einführung und Anwendung von technischen Einrichtungen, die dazu bestimmt sind, das Verhalten oder die Leistung der Arbeitnehmer zu überwachen.

II. Beurteilung der Mitbestimmungspflicht praxisbedeutender Arbeitgeberregelungen anhand des entwickelten Prüfungsschemas

Im Folgenden wird anhand des entwickelten Prüfungsschemas untersucht, inwieweit einzelne Maßnahmen des Arbeitgebers nach § 87 I Nr. 1 mitbestimmungspflichtig sind. Vor jeder Subsumtion wird in groben Zügen der Meinungsstand in der Literatur und Rechtsprechung hinsichtlich der Mitbestimmungspflicht der zu prüfenden Arbeitgebermaßnahme dargestellt.

Da die Arbeitgeberregelungen zumeist unproblematisch dem positiven Regelungsbereich unterfallen, liegt der Schwerpunkt der Beurteilung der Mitbestimmungspflicht in der Prüfung der Ausschlussgründe. Die verschiedenen Regelungen sind bewusst so ausgewählt, dass jedes einzelne Ausschlusskriterium zumindest einmal im Mittelpunkt der Erörterung steht.

1. Mitbestimmung des Betriebsrates bei Kontrollmaßnahmen

Sehr häufig ist die Frage Gegenstand von Auseinandersetzungen zwischen dem Arbeitgeber und dem Betriebsrat, ob der Betriebsrat bei Maßnahmen des Arbeitgebers mitzubestimmen hat, die eine Kontrolle der Arbeitnehmer bezwecken bzw. bewirken. Dies liegt auf der einen Seite daran, dass die Kontrollen regelmäßig in Persönlichkeitsrechte der Arbeitnehmer eingreifen. Der Betriebsrat als Arbeitnehmerinteressensvertretung ist daher bemüht, die Durchsetzung dieser Maßnahmen zu verhindern. Auf der anderen Seite ist aber auch der Arbeitgeber zumeist sehr daran interessiert, Kontrollmaßnahmen durchzusetzen. Für ihn haben die Kontrollen oft eine große wirtschaftliche Bedeutung. So kann er z.B. mittels Kontrolle der Arbeitsleistung seine Arbeitnehmer zur ordnungsgemäßen Arbeitserbringung bewegen und so seine Produktivität maximieren.

Kontrollen kommen in der betrieblichen Praxis in äußerst vielfältiger Form vor. Sie unterscheiden sich zum einen in der Art ihrer Durchführung. So kann durch Vorgesetzte, Detektive, technische Geräte, mit Hilfe von Arbeitnehmern angefertigten Berichten u.ä. kontrolliert werden. Zum anderen gibt es Unterschiede hinsichtlich des Zwecks von Kontrollen, z.B. die Pünktlichkeitskontrolle, die Kontrolle des Zutritts zum Betrieb, die Kontrolle der ordnungsgemäßen Durchführung der Arbeit u.ä.

Auf Grund dieser Vielfalt ist eine Beurteilung der Mitbestimmungspflicht von Kontrollmaßnahmen im Ganzen nicht möglich. Vielmehr sind einzelne Kontrollarten gesondert zu erörtern. Dabei soll im Folgenden zwischen Kontrollen mit Bezug zur Arbeitsleistung einerseits und Kontrollen des Verhaltens der Arbeitnehmer ohne Bezug zur Arbeitsleistung andererseits unterschieden werden. Unter jeweils einem eigenen Gliederungspunkt wird sich wegen bestehender Besonderheiten den Kontrollen in Bezug auf den Krankenstand der Arbeitnehmer[337] sowie Kontrollen von Betriebsratesmitgliedern[338] gewidmet.

a) Kontrollen mit Bezug zur Arbeitsleistung

Die Frage, ob der Betriebsrat gemäß § 87 I Nr. 1 bei Kontrollen des Arbeitgebers mitbestimmen kann, welche die Arbeitsleistung der Arbeitnehmer zum Gegenstand haben, ist in der Literatur und Rechtsprechung umstritten. Zweck derartiger Kontrollmaßnahmen ist die Erfassung der Leistung der Arbeitnehmer. Diese Erfassung kann, wie die nachfolgende Auflistung ergangener Gerichtsentscheidungen verdeutlicht, auf verschiedene Art und Weise erfolgen. In erster Linie erfolgt die Leistungserfassung unter Mitwirkung der Arbeitnehmer, teilweise jedoch auch ohne Mitwirkung der Arbeitnehmer mittels Einsatzes außen stehender Personen, insbesondere von Detektiven.

---

337 Vgl. die Ausführungen im Kapitel E. II. 6.

338 Vgl. die Ausführungen im Kapitel E. II. 5.

aa) Leistungserfassung unter Mitwirkung der Arbeitnehmer

(1) Meinungsstand

Die Gerichte lehnen bei Maßnahmen des Arbeitgebers zur Leistungserfassung unter Mitwirkung der Arbeitnehmer in aller Regel ein Mitbestimmungsrecht des Betriebsrates nach § 87 I Nr. 1 ab. So können beispielsweise nachfolgende Arbeitgeberanordnungen nach Ansicht der Gerichte mitbestimmungsfrei ergehen:

- Anordnung des Arbeitgebers, Arbeitsbelege zu Kalkulationszwecken in Form von Lochkarten auszufüllen, die anschließend maschinell ausgewertet werden[339]
- Einführung eines Zeitberichtsformulars zur Erleichterung der tariflichen Ansprüche von Zeitungsredakteuren auf Überstundenvergütung[340]
- Einführung von vorgedruckten Erfassungsbögen zu Kalkulationszwecken, in denen die Arbeitnehmer die für jedes laufende Arbeitsprojekt aufgewendeten Arbeitsstunden einzutragen haben[341]
- Anordnung des Arbeitgebers, dass jeder Arbeitnehmer sein Arbeitsergebnis mit einer Erkennungsnummer zu versehen hat[342]
- Anweisung des Arbeitgebers, Arbeitsbücher zu führen und in diesen die täglich erledigten Arbeiten ohne Angabe des Zeitaufwandes aufzuführen[343]
- Einführung von Vordrucken, in die die mit Zeitlohn vergüteten Arbeitnehmer das Datum des Arbeitstages, die Stückzahl und die Produktionszeiten einzutragen haben[344]
- Anordnung des Arbeitgebers, dass Akkordscheine nicht mehr durch die Arbeitnehmer selbst, sondern nach Angaben der Kontrolle in einer Leitstelle ausgefüllt werden[345]
- Anordnung des Arbeitgebers, dass Tagesberichte auszufüllen sind, in denen die Arbeitnehmer ihre am Tag geleisteten Tätigkeiten aufzuführen haben[346]
- Einführung einer Kontrollkarte zur Bestätigung der Überstundenanordnung, die beim Antritt der Überstunden beim Pförtner abzugeben ist[347]

Vereinzelt nehmen jedoch auch einige Gerichte ein Mitbestimmungsrecht des Betriebsrates an. So entschied das Landesarbeitsgericht Düsseldorf, dass die Einführung eines von den Arbeitnehmern auszufüllenden Arbeitsscheines mitbestimmungspflichtig sei, da die Regelung einen Rückschluss auf das Verhalten

---

339 BAG DB 1981, 1144.
340 BAG EzA Nr. 5 zu § 87 BetrVG 1972 Betriebliche Ordnung.
341 BAG EZA Nr. 7 zu § 87 BetrVG 1972 Betriebliche Ordnung.
342 LAG Hamm LAGE Nr. 7 zu § 87 BetrVG 1972 Betriebliche Ordnung.
343 LAG Hamm EzA Nr. 2 zu § 87 BetrVG Betriebliche Ordnung.
344 LAG Köln ARSt 1993, 170, Nr. 2105.
345 LAG Frankfurt NZA 1987, 678.
346 LAG Düsseldorf DB 1975, 556.
347 ArbG Osnabrück ARSt 1981, 132.

der Arbeitnehmer zulasse und damit eine Kontrolle des Verhaltens ermögliche.[348] Das Arbeitsgericht Frankfurt war der Auffassung, dass die Anordnung von Tätigkeitsberichten oder ähnlichen Leistungserfassungen dem Mitbestimmungsrecht nach § 87 I Nr. 1 unterfalle, wenn diese unmittelbar oder in ihrer Auswertung Rückschlüsse auf das Verhalten der Arbeitnehmer zuließen.[349]

Auch in der Literatur werden unterschiedliche Ansichten zu diesem Mitbestimmungsproblem vertreten. Die herrschende Meinung verneint ein Mitbestimmungsrecht nach § 87 I Nr. 1 bei Maßnahmen des Arbeitgebers zur Leistungserfassung. Die Mitbestimmungsnorm des § 87 I Nr. 6 wäre überflüssig, würde man auch die nichttechnische Kontrolle der Arbeitsleistung unter § 87 I Nr. 1 subsumieren[350]. Ferner zeige die Entstehungsgeschichte des § 87 I Nr. 6, dessen Regelung im § 56 BetrVG 52 noch nicht enthalten war, dass eine Reduktion des § 87 I Nr. 1 geboten sei.[351] Das Bundesarbeitsgericht habe damals die Kontrolle von Arbeitnehmern mittels technischer Einrichtungen noch nicht der Mitbestimmung des Betriebsrates unterworfen, weil lediglich kontrolliert worden sei, ob der Arbeitnehmer richtig arbeite. Und nur diese Lücke sei durch die Neuregelung geschlossen worden.[352]

Insbesondere die Vertreter, die eine Reduktion des Tatbestands des § 87 I Nr. 1 für nicht geboten halten, gehen von einer Mitbestimmungspflicht auch bei Kontrollmaßnahmen im Rahmen der Leistungserfassung aus.[353] Das systematische Argument der herrschenden Meinung überzeuge nicht, da § 87 I Nr. 6 lex specialis zum Tatbestand des § 87 I Nr. 1 sei.[354] Daneben stellt besonders Weiss bei seiner Argumentation auf den Persönlichkeitsschutz ab.[355] Die Vorschrift des § 75 II verbiete eine Reduktion. Durch nichttechnische Kontrollen sei das Persönlichkeits-

---

348 LAG Düsseldorf AuR 1981, 322.

349 ArbG Frankfurt/M. BB 1979, 1768.

350 GK-Wiese § 87 Rn. 203; Hess/ Schlochauer/ Glock § 87 Rn. 110; Stege/ Weinspach § 87 Rn. 47 f.; Herschel Anmerkung zu BAG AP Nr. 3 zu § 87 BetrVG 1972 Ordnung des Betriebs; Raab NZA 1993, 193, 199; Ehmann SAE 1984, 102; v. Hoyningen-Huene Anmerkung zu BAG AP Nr. 8 zu § 87 BetrVG 1972 Ordnung des Betriebs.

351 v. Hoyningen-Huene Anmerkung zu BAG AP Nr. 8 zu § 87 BetrVG 1972 Ordnung des Betriebs.

352 v. Hoyningen-Huene Anmerkung zu BAG AP Nr. 8 zu § 87 BetrVG 1972 Ordnung des Betriebs.

353 DKK-Klebe § 87 Rn. 45; Fitting/ Kaiser/ Heither/ Engels/ Schmidt (21. Auflage) § 87 Rn. 69; Wolter S. 103; Weiss Anmerkung zu BAG AP Nr. 7 zu § 87 BetrVG 1972 Ordnung des Betriebs; Kreuder BetrR 1993, 75, 76; Wohlgemuth AuR 1982, 40; Pfarr Anmerkung zu BAG AP Nr. 2 zu § 87 BetrVG 1972 Ordnung des Betriebs.

354 DKK-Klebe § 87 Rn. 45; Fitting/ Kaiser/ Heither/ Engels/ Schmidt (21. Auflage) § 87 Rn. 69; Weiss Anmerkung zu BAG AP Nr. 7 zu § 87 BetrVG 1972 Ordnung des Betriebs; Kreuder BetrR 1993, 75, 76; Wohlgemuth AuR 1982, 40; Pfarr Anmerkung zu BAG AP Nr. 2 zu § 87 BetrVG 1972 Ordnung des Betriebs.

355 Weiss Anmerkung zu BAG EzA Nr. 7 zu § 87 BetrVG 1972 Betriebliche Ordnung.

recht der Arbeitnehmer ebenso betroffen, wie durch technische Überwachungen i.S.d. § 87 I Nr. 6.[356]

(2) Stellungnahme

Maßnahmen des Arbeitgebers zur Erfassung und Kontrolle der Arbeitsleistung der Arbeitnehmer unter deren Mitwirkung unterfallen dem positiven Anwendungsbereich des § 87 I Nr. 1, da sie verhaltensbezogene Arbeitsbedingungen der Arbeitnehmer regeln, die sich auf den Betriebsablauf und die Arbeitsorganisation beziehen und die Einbindung der Arbeitnehmer in den Betrieb betreffen.

Fraglich ist jedoch, ob ein Ausschlusskriterium eingreift oder ob sonstige Gründe vorliegen, die ein Ausschluss der Mitbestimmungspflicht nach § 87 I Nr. 1 gebieten.

Das Mitbestimmungsrecht des § 87 I Nr. 1 ist nach der hier vertretenen Ansicht ausgeschlossen, soweit die Arbeitgebermaßnahme ausschließlich den Arbeitsablauf, die Arbeitsmethode oder das Fertigungsverfahren regelt – die Maßnahme also letztlich einen Bezug zum Arbeitsergebnis hat.

Ein Bezug der Aufzeichnungen der Arbeitsleistung zum Arbeitsergebnis ist immer dann anzunehmen, wenn die Aufzeichnungen eine über die Kontrolle hinausgehende Bedeutung für den Arbeitgeber haben.[357] Dazu zählen insbesondere die zu Kalkulationszwecken ergehenden Anordnungen.[358] Kontrollmaßnahmen dieser Art sind folglich nicht nach § 87 I Nr. 1 mitbestimmungspflichtig.

Ausgeschlossen ist das Mitbestimmungsrecht ferner dann, wenn ein bestehender, fest umrissener, sich aus dem Arbeitsvertragsverhältnis ergebener Anspruch des Arbeitgebers mit der Anordnung geltend gemacht wird.

Unter diesem Ausschlusspunkt können z.B. diejenigen Arbeitgebermaßnahmen fallen, die den Nachweis der von den Arbeitnehmern geleisteten Überstunden bezwecken. Machen Arbeitnehmer ihren Lohnanspruch hinsichtlich der Überstunden geltend, kann der Arbeitgeber im Gegenzug verlangen, dass die behauptete Arbeitsleistung nachgewiesen wird. Auf eine bestimmte Form der Nachweiserbringung hat der Arbeitgeber hingegen keinen Anspruch. Die Formalisierung und Festlegung der Art des Nachweises stellt demnach nicht mehr eine bloße Durchsetzung eines Anspruchs dar. Nur der Nachweis als solcher unterliegt nicht der Mitbestimmung des Betriebsrates nach § 87 I Nr. 1. Hinsichtlich der Festlegung der Art und Weise der Nachweiserbringung besteht ein Regelungsspielraum. Insoweit kommt ein Mitbestimmungsrecht des Betriebsrates nach § 87 I Nr. 1 in Betracht.

---

356 Weiss Anmerkung zu BAG EzA Nr. 7 zu § 87 BetrVG 1972 Betriebliche Ordnung.
357 BAG BB 1995, 517, 518; DB 1981, 1144.
358 BAG DB 1981, 1144.

Einer anderen Beurteilung bedürfen Arbeitgebermaßnahmen, die ausschließlich die Kontrolle der ordnungsgemäßen Arbeitserbringung durch die Arbeitnehmer bezwecken. Die bloße Kontrolle betrifft weder den Arbeitsablauf noch die Arbeitsmethode oder das Fertigungsverfahren. Soweit im Arbeitsvertrag nicht ausdrücklich geregelt, hat der Arbeitgeber auch keinen fest umrissenen Anspruch auf Durchführung der Kontrollmaßnahme. Die Kontrollen ordnet er zumeist allein aufgrund seines Direktionsrechts an. Dem Mitbestimmungsrecht nach § 87 I Nr. 1 steht insofern zunächst kein Ausschlussgrund entgegen.

Fraglich ist jedoch, ob nicht Gründe außerhalb der Ausschlusstatbestände vorliegen, die eine Reduktion des Mitbestimmungsrechts für den Fall der bloßen Überwachung der ordnungsgemäßen Durchführung der geschuldeten Arbeitsleistung gebieten.

In Betracht kommt eine Reduktion aus gesetzessystematischen Gründen. Die Überwachung von Arbeitnehmern ist im § 87 ausdrücklich unter Nummer 6 normiert. Voraussetzung dieses Mitbestimmungsrechts ist, dass die Überwachung mittels technischer Einrichtungen erfolgt. Wollte man alle nichttechnischen Überwachungsmaßnahmen dem Mitbestimmungsrecht des § 87 I Nr. 1 zuordnen, hieße dies nichts anderes, als das § 87 I Nr. 6 mit seinen engeren Voraussetzungen lediglich als Spezialnorm zu § 87 I Nr. 1 für den Bereich von Arbeitgeberanordnungen die Überwachung der Arbeitnehmer betreffend anzusehen wäre. Nun ist es, wie Kreuder richtig bemerkt[359], keineswegs selten, dass ein und derselbe Lebenssachverhalt von mehreren Vorschriften erfasst wird. Die Methodenlehre schreibt in solchen Fällen vor, dass die speziellere Regelung anzuwenden ist. Jedoch würde die Annahme eines derartigen Normengefüges der Systematik des § 87 widersprechen. Im Rahmen der systematischen Auslegung wurde bereits festgestellt[360], dass nach dem § 87 zugrunde liegenden Enumerationsprinzip jede Norm ihren eigenen Anwendungsbereich haben muss. Es darf mithin keine Generalnorm existieren, die eine andere Norm vollständig erfasst. Demzufolge ist § 87 I Nr. 1 so auszulegen, dass der Mitbestimmungsnorm des § 87 I Nr. 6 ein eigener Anwendungsbereich verbleibt. Obwohl nichttechnische Kontrollmaßnahmen der Arbeitsleistung nach der hier vertretenen Ansicht unter § 87 I Nr. 1 subsumiert werden können, hat aus gesetzessystematischer Sicht deshalb eine entsprechende Reduktion dieses Mitbestimmungstatbestands zu erfolgen. Überwachungsmaßnahmen des Arbeitgebers in Bezug auf die Arbeitsleistung sind nur nach § 87 I Nr. 6 mitbestimmungspflichtig, oder anders ausgedrückt, entsprechende nichttechnische Kontrollmaßnahmen können mitbestimmungsfrei ergehen.

Dieses Ergebnis wird durch die Entstehungsgeschichte des § 87 I Nr. 6 bestätigt. Dessen Regelung war im dem § 87 entsprechenden § 56 des Betriebsverfassungsgesetzes von 1952 nicht enthalten. Im Geltungszeitraum des Betriebsverfassungs-

---

359 Kreuder BetrR 1993, 75, 76.
360 Vgl. Kapitel E. I. 2. a) cc) (2).

gesetzes von 1952 wurden dem Mitbestimmungsrecht des § 87 I Nr. 6 unterfallende Arbeitgebermaßnahmen im Zusammenhang mit Fragen der Ordnung des Betriebs und des Verhaltens der Arbeitnehmer im Betrieb gemäß § 56 I lit. f BetrVG 52 erörtert. Auf dieser Rechtsgrundlage basiert auch die Entscheidung des Bundesarbeitsgerichts vom 27.5.1960 über die Aufstellung und Bedienung eines sogenannten Produktografen.[361] Das Bundesarbeitsgericht hatte in dieser Entscheidung ein Mitbestimmungsrecht mit der Begründung verneint, die Gesetzesbestimmung umfasse nur die allgemeine Ordnung des Betriebs, nicht aber Anordnungen an einzelne Arbeitnehmer hinsichtlich des zu erledigenden Arbeitsvorganges[362]. Der Gesetzgeber hat aufgrund dieser Rechtsprechung den besonderen Mitbestimmungstatbestand des § 87 I Nr. 6 geschaffen. Er wurde in das Gesetz eingefügt, weil Kontrollgeräte stark in den persönlichen Bereich der Arbeitnehmer eingreifen.[363] Die Bestimmung des § 87 I Nr. 1 wurde aber davon nicht berührt, so dass nunmehr nicht über diese Regelung ein zusätzliches Mitbestimmungsrecht des Betriebsrates bei sonstigen nichttechnischen Überwachungsmaßnahmen des Arbeitgebers konstruiert werden kann.

Zu erwägen ist, ob sich die Reduktion aus Gründen des Persönlichkeitsschutzes verbietet. Es wurde bereits festgestellt[364], dass die den Persönlichkeitsschutz regelnde Vorschrift des § 75 II bewirkt, dass bei Auslegungszweifeln im Rahmen des § 87 I Nr. 1 derjenigen Auslegung der Vorzug zu geben, die dem Betriebsrat ein größeres Maß an Mitbestimmung einräumt. Da jedoch aus der Gesetzessystematik und der Entstehungsgeschichte bedeutende Argumente für die Ausgrenzung von auf die Arbeitsleistung bezogenen Überwachungsmaßnahmen des Arbeitgebers aus dem Tatbestand des § 87 I Nr. 1 entnommen werden können, ist die Anwendung des § 75 II hier verfehlt.

Nicht zuzustimmen ist insoweit Weiss, der der Ansicht ist, dass die Mitbestimmungspflicht von nichttechnischen Überwachungsmaßnahmen deshalb anzunehmen sei, weil damit ebenso wie bei technischen Überwachungen in die Persönlichkeitsrechte der Arbeitnehmer eingegriffen werde.[365] Es kann schon bezweifelt werden, ob eine Kontrolle mittels technischer Einrichtungen den gleichen Eingriffsgrad hat wie eine Kontrolle mittels nichttechnischer Einrichtungen. Diese Frage kann jedoch dahingestellt bleiben. Denn die Entscheidung des Gesetzgebers, der bewusst nur die technischen Überwachungsmaßnahmen der Mitbestimmung des Betriebsrates unterstellt hat, ist zu akzeptieren.

---

361 BAG AP Nr. 1 zu § 56 BetrVG 1952 Ordnung des Betriebs – vgl. dazu auch die Ausführungen im Kapitel B., I., 1.

362 Diese Entscheidung ist seinerseits zum Teil auf Ablehnung gestoßen – vgl. u.a. Monjau BB 1964, 887, 889; Musa AuR 1961, 357, 359; Farthmann JbAR Bd.2, S. 76, 85 f.: zustimmend u.a.: Dietz, BetrVG, 4. Auflage § 56 Rn. 164; Säcker DB 1961, 914.

363 Vgl. Amtliche Begründung BR-Drucksache 715/70, S. 48 f.

364 Vgl. Kapitel E., I., 2., a), ee).

365 Weiss Anmerkung zu BAG EzA Nr. 7 zu § 87 BetrVG 1972 Betriebliche Ordnung.

Über die Frage des „Ob" des Erlasses von Anordnungen zur Leistungserfassung steht dem Betriebsrat kein Mitbestimmungsrecht zu. Hingegen kommt ein Mitbestimmungsrecht nach § 87 I Nr. 1 in Betracht, falls im Rahmen der Leistungserfassung hinsichtlich des „Wie" ein Regelungsspielraum für den Arbeitgeber besteht. Dieser existiert zumeist bei der Einführung von Formblättern zur Leistungserfassung oder bei der Aufstellung von Regularien hinsichtlich der Art und Weise der Aufzeichnung.

bb) Leistungserfassung ohne Mitwirkung der Arbeitnehmer

Einer anderen Beurteilung bedarf die Frage der Mitbestimmungspflicht bei Maßnahmen des Arbeitgebers zur Leistungserfassung, die ohne Mitwirkung der Arbeitnehmer allein durch außen stehende Personen, insbesondere durch Detektive, durchgeführt werden. Im Gegensatz zu den vorstehend erörterten Arbeitgebermaßnahmen werden von den Arbeitnehmern in diesen Fällen keine bestimmten Verhaltenspflichten verlangt. Vielmehr wird nur das Verhalten der Arbeitnehmer während der Erbringung der geschuldeten Arbeitsleistung durch eine außen stehende Person beobachtet.

(1) Meinungsstand

Das Bundesarbeitsgericht verneinte das Bestehen eines Mitbestimmungsrechts nach § 87 I Nr. 1 bei der Kontrolle der Erbringung der Arbeitsleistung der Arbeitnehmer mittels Einsatzes von Detektiven.[366] Die Überwachung der Arbeitnehmer habe keinen Bezug zum sogenannten Ordnungsverhalten der Arbeitnehmer, sondern betreffe ausschließlich das Arbeitsverhalten. Mit dem Einsatz von Detektiven werde überhaupt kein Verhalten der Arbeitnehmer geregelt, den Arbeitnehmern werde kein bestimmtes Verhalten aufgegeben. Der Einsatz der Detektive bezwecke wie jede Überwachung nur die Feststellung, ob die Arbeitnehmer sich bei ihrer Arbeitsleistung so verhielten, wie sie aufgrund ihres Arbeitsvertrages ohnehin verpflichtet seien. Selbst der Umstand, dass die Arbeitnehmer von der Überwachung durch Privatdetektive Kenntnis erlangten, ihren Arbeitspflichten entsprechend vielleicht sorgfältiger als sonst nachkämen, führe nicht zur Mitbestimmungspflicht nach § 87 I Nr. 1. Die Überwachung der Arbeitnehmer bei ihrer Arbeitsleistung sei nur dann mitbestimmungspflichtig, wenn sie mit Hilfe technischer Einrichtungen erfolge.

Ein Mitbestimmungsrecht des Betriebsrates nach § 87 I Nr. 1 sei nach Ansicht des Bundesarbeitsgerichts auch dann nicht gegeben, wenn der Arbeitgeber den Zeitaufwand für bestimmte Arbeitsabläufe durch von ihm eingesetzte Personen mittels Stoppuhren messen lasse.[367] Die Arbeitsablaufstudien sollten nämlich

366 BAG AP Nr. 21 zu § 87 BetrVG 1972 Überwachung.
367 BAG BB 1995, 517 f.

das Verhalten der Arbeitnehmer nicht beeinflussen.[368] Eine bloße Registrierung von Arbeitsabläufen, die nicht auf das Verhalten der betroffenen Arbeitnehmer einwirke, falle nicht unter den Anwendungsbereich des § 87 I Nr. 1.

Das Landesarbeitsgericht Hamm verneinte ein Mitbestimmungsrecht des Betriebsrates für den Fall, dass der Arbeitgeber lediglich zur Beobachtung, ob Arbeitnehmer gegen ein bestehendes Alkoholverbot verstoßen, in seinem Betrieb Detektive einsetzt.[369] In der Begründung seiner Entscheidung wies es darauf hin, dass von den Arbeitnehmern überhaupt kein bestimmtes Verhalten verlangt werde, sondern sie nur durch andere Personen beobachtet werden sollten.

Auch die Autoren in der Literatur verneinen mehrheitlich die Mitbestimmungspflicht nach § 87 I Nr. 1.[370] In ihrer Argumentation stimmen sie mit der Rechtsprechung überein. Sie betonen, dass dem Arbeitnehmer bei der Kontrolle der Arbeitsleistung ohne seine Mitwirkung keine bestimmte Verhaltenspflicht auferlegt werde, der er bei der Arbeitsausführung nicht ohnehin unterworfen wäre[371]. Für die Überwachung der Einhaltung solcher Pflichten ergebe sich ein Mitbestimmungsrecht nur unter den Voraussetzungen des § 87 I Nr. 6.[372] Soweit Privatdetektive im Betrieb als Arbeitnehmer beschäftigt werden sollen, sei aber das Recht des Betriebrates nach § 99 zu beachten.[373]

Eine Minderansicht bejaht das Bestehen eines Mitbestimmungsrechts nach § 87 I Nr. 1.[374] Dies sind insbesondere die Vertreter der Meinungsgruppe, die ein Mitbestimmungsrecht nach § 87 I Nr. 1 generell bei jeglichen Kontrollen für gegeben halten. Kreuder weist darauf hin, dass die Überwachung der Arbeitsleistung durch Detektive einen großen psychischen Druck bei den Arbeitnehmern erzeuge und es deshalb schon der Mitwirkung des Betriebsrates bedürfe.[375]

(2) Stellungnahme

Unabhängig von der Frage, ob die Mitbestimmungspflicht nach § 87 I Nr. 1 ebenso wie bei der Leistungserfassung unter Mitwirkung der Arbeitnehmer wegen Bestehens einer Schranke des Anwendungsbereichs des Mitbestimmungstatbe-

---

368 BAG BB 1995, 517, 518.

369 LAG Hamm LAGE Nr. 3 zu § 87 BetrVG 1972 Betriebliche Ordnung.

370 GK-Wiese § 87 Rn. 194; Hess/Schlochauer/Worzalla/Glock § 87 Rn. 114; Löwisch § 87 Rn. 40; MünchArbR-Matthes § 325 Rn. 8; Lingemann/Göpfert DB 1997, 374 f.; Bopp/Molkenbur BB 1995, 514, 516; Becker S. 74 f.; Brill DB 1978, Beilage 9 S. 1, 4; Deckers/Deckers NZA 2004, 139, 140.

371 Becker S. 75; Bopp/Molkenbur BB 1995, 514, 516; Deckers/Deckers NZA 2004, 139, 140.

372 Becker S. 75.

373 GK-Wiese § 87 Rn. 194.

374 Fitting/Kaiser/Heither/Engels/Schmidt (21. Auflage) § 87 Rn. 74; DKK-Klebe § 87 Rn. 51; Kreuder, Die Mitbestimmung 1992, 10'92, 63 f.; Schuster BertrR 1992, 57 f.; Grimberg AiB 1986, 212.

375 Kreuder Die Mitbestimmung 1992, 10'92, 63.

stands entfällt, ist bei der Leistungserfassung ohne Mitwirkung der Arbeitnehmer bereits fraglich, ob die in Frage stehenden Arbeitgebermaßnahmen überhaupt unter den positiven Anwendungsbereich des § 87 I Nr. 1 fallen.

Soweit die Arbeitnehmer ohne ihre Kenntnis beobachtet werden, stellt die Kontrollmaßnahme des Arbeitgebers keine verhaltensbezogene Arbeitsbedingung der Arbeitnehmer dar, die sich auf den Betriebsablauf und die Arbeitsorganisation bezieht und die Einbindung der Arbeitnehmer in den Betrieb betrifft. Mit der Beobachtung wirkt der Arbeitgeber nicht auf das Verhalten der Arbeitnehmer ein. Er will lediglich erfahren, ob die Arbeitnehmer die von ihnen geschuldete Arbeitsleistung ordnungsgemäß erbringen.

Etwas anderes gilt auch dann nicht, wenn die Arbeitnehmer von der Kontrolle ihrer Arbeitsleistung Kenntnis haben. Zwar mag die Kontrolle einen gewissen psychischen Druck erzeugen. Auch ist denkbar, dass sich die Arbeitnehmer aufgrund der Drucksituation anders als gewöhnlich verhalten, insbesondere besser arbeiten. Jedoch ist zu bedenken, dass der Arbeitgeber mit der Beobachtungsmaßnahme das von der Drucksituation provozierte Verhalten von den Arbeitnehmern nicht direkt einfordert. Allein die Kontrollmaßnahme kann noch nicht als Regelung einer verhaltensbezogenen Arbeitsbedingung qualifiziert werden.

Der eventuell bestehende Eingriff in das Persönlichkeitsrecht der Arbeitnehmer hat im Übrigen allenfalls die Unzulässigkeit der Arbeitgebermaßnahme nach § 75 II zur Folge. Diese Frage soll jedoch nicht Gegenstand dieser Erörterung sein.

Zusammenfassend kann festgestellt werden, dass die Kontrolle der Arbeitsleistung der Arbeitnehmer ohne Mitwirkung der Arbeitnehmer unabhängig von der Kenntnisnahme der Arbeitnehmer nicht dem Mitbestimmungsrecht des § 87 I Nr. 1 unterliegt.

b) Kontrollen ohne Bezug zur Arbeitsleistung

Kontrollen ohne Bezug zur Arbeitsleistung werden in der betrieblichen Praxis in vielfältiger Form vom Arbeitgeber durchgeführt. Nachfolgend soll die Mitbestimmungspflicht von einigen für die Arbeitnehmerschaft wichtigen Kontrollmaßnahmen dieser Fallgestaltung untersucht werden.

aa) Regelung des Verhaltens der Arbeitnehmer beim Betreten und Verlassen des Betriebsgeländes

(1) Meinungsstand

Maßnahmen des Arbeitgebers, die das Verhalten der Arbeitnehmer beim Betreten und Verlassen des Betriebsgeländes regeln, insbesondere die Kontrolle am Betriebstor, werden von der Rechtsprechung und der Literatur allgemeinhin dem Mitbestimmungsrecht des § 87 I Nr. 1 unterstellt.

Das Bundesarbeitsgericht hatte, ohne dass diese Frage unmittelbar Streitgegenstand war, in zwei Entscheidungen auf die Mitbestimmungspflicht der sogenannten allgemeinen Torkontrolle hingewiesen.[376] Zudem hatte es entschieden, dass die Einführung, Ausgestaltung und Nutzung eines Werksausweises, der beim Betreten und Verlassen des Betriebgeländes einem Pförtner am Betriebstor vorzuzeigen ist, nach § 87 I Nr. 1 der Mitbestimmung unterliegt.[377]

Eine andere Sicht nahm das Bundesarbeitsgericht im Rahmen dieser Thematik hingegen bei der Einführung eines Zugangskontrollsystems ein.[378] In der Sache selbst wollte die Arbeitgeberin die beiden Tore des Betriebsgeländes mit einem elektronischen Zugangssicherungssystem versehen. Mit Hilfe dieses Systems können mittels eines angebrachten Sensors codierte Ausweiskarten gelesen werden, um zu überprüfen, ob der Ausweiskartenbesitzer zum Zutritt des Betriebsgeländes berechtigt ist. Bejahendenfalls öffnet sich die Tür. Daten darüber, wann, wer, durch welchen Eingang das Gebäude betritt oder verlässt, werden dabei nicht erfasst. Jeder Arbeitnehmer sollte eine entsprechende Karte erhalten, wobei aufgrund einer Nummer auf der Karte ermittelt werden konnte, wem die Ausweiskarte zugeordnet ist.

Das Bundesarbeitsgericht verneinte ein Mitbestimmungsrecht des Betriebsrates. Das geplante Zugangssicherungssystem betreffe nicht die Ordnung des Betriebs. Die Arbeitnehmer würden in keiner Weise kontrolliert. Einziger Zweck des Systems sei es, die beiden Zugänge zum Betrieb geschlossen zu halten. Der Ausweiskarte komme lediglich die Funktion eines Schlüssels zum Öffnen der Tür zu. Das System sei mit Torkontrollen oder der Einführung von Passierscheinen und Werksausweisen nicht vergleichbar, da die ausgegebene Ausweiskarte weder dem Ausweisung des Karteninhabers noch dem Nachweis seiner Zugangsberechtigung diene und zudem nicht kontrolliert werde, wann, wer das Gebäude durch welchen Zugang betrete oder verlasse.

Das Landesarbeitsgericht Baden-Württemberg nahm in einem vergleichbaren Fall eine offensichtliche Unzuständigkeit der Einigungsstelle mit der Begründung nicht an, dass die vorgenannte Entscheidung des Bundesarbeitsgerichts zur

---

376 BAG AP Nr. 5 und Nr. 14 zu § 87 BetrVG 1972 Ordnung des Betriebs – vgl. auch BAG AP Nr. 40 zu § 87 BetrVG 1972 Überwachung. In dieser Entscheidung bejahte das Bundesarbeitsgericht ein Mitbestimmungsrecht hinsichtlich einer Anweisung des Arbeitgebers an seine Arbeitnehmer, sich in einem Kundenbetrieb der dort eingerichteten biometrischen Zugangskontrolle (Fingerabdruckerfassung) zu unterziehen. Die Kontrolle als solche ordnete das Gericht zweifelsfrei dem Mitbestimmungsrecht nach § 87 I Nr. 1 zu. Fallentscheidende Frage war lediglich, ob der „Betrieb" im Sinne des § 87 I Nr. 1 auf die Betriebsstätte zu beschränken ist. Das Bundesarbeitsgericht verneinte diese Frage und nahm an, das der Begriff des Betriebs funktional zu verstehen sei.

377 BAG AP Nr. 13 zu § 87 BetrVG 1972 Ordnung des Betriebs.

378 BAG AP Nr. 7 zu § 87 BetrVG 1972 Ordnung des Betriebs.

Mitbestimmungspflicht der Installation eines Zugangssicherungssystems innerhalb der Literatur auf beachtliche Kritik gestoßen sei.[379]

Obwohl innerhalb der Literatur Einigkeit über die Mitbestimmungspflicht bei Torkontrollen herrscht, ist die Frage nach der Mitbestimmungspflicht bei der Installation eines Zugangskontrollsystems höchst umstritten.

Ein großer Teil der Autorenschaft lehnt ein Mitbestimmungsrecht nach § 87 I Nr. 1 ab[380]. Durch die Zugangskontrolle werde nicht die Ordnung im Sinne des Zusammenlebens und Zusammenwirkens der Arbeitnehmer geregelt, sondern nur das Verhältnis des Arbeitgebers zu den Arbeitnehmern.[381] Bei der Frage des „Wie" des Zuganges zum Betrieb handele es sich um eine Frage der unternehmerisch arbeitstechnischen Einrichtung und Organisation des Betriebs, um einen Ausfluss der Sachherrschaft des Arbeitgebers an den Betriebsmitteln.[382]

Nach anderer Ansicht unterliegt die in Frage stehende Arbeitgebermaßnahme der Mitbestimmung des Betriebsrates nach § 87 I Nr. 1.[383] Da die Arbeitnehmer die Karte ständig bei sich zu tragen und sorgfältig aufzubewahren hätten, werde das Verhalten der Arbeitnehmer im Betrieb geregelt.[384] Zwar könne dem Bundesarbeitsgericht zugestimmt werden, dass das Zugangssicherungssystem mit Torkontrollen, der Einführung von Passierscheinen und Werksausweisen nicht unbedingt vergleichbar sei.[385] Obwohl keine Zugangskontrolle des einzelnen Arbeitnehmers erfolge, würden gleichwohl durch die Art und Weise des Zugangs zum Betrieb Fragen des Regelungsbereichs des § 87 I Nr. 1 angesprochen.[386]

Kreutz ist der Auffassung, dass die Einführung eines Zugangssicherungssystems der Mitbestimmung nach § 87 I Nr. 1 unterliege, da die Arbeitgebermaßnahme das Ordnungsverhalten betreffe.[387] Mit der Maßnahme des Arbeitgebers werde geregelt, wie die Arbeitnehmer das Betriebsgebäude betreten und verlassen könnten sowie wer zum Betreten und Verlassen berechtigt sei. Ein Bezug zur betrieblichen Ordnung im Sinne eines ungestörten Arbeitsablaufes und eines reibungslosen Zusammenlebens und Zusammenwirkens der Arbeitnehmer im Betrieb sei gegeben. Der ungestörte Arbeitsablauf solle nämlich gerade dadurch erreicht werden, dass die Türen des Betriebsgebäudes geschlossen gehalten wer-

---

379 LAG Baden-Württemberg NZA 1992, 186, 187 f.

380 Schaub § 235, II, 1; Hess/ Schlochauer/ Worzalla/ Glock § 87 Rn. 115; Schmidt-Dorrenbach/Goos DB 1983, Beilage Nr. 11, 1, 4.

381 Schmidt-Dorrenbach/Goos DB 1983, Beilage Nr. 11, 1, 4.

382 Schmidt-Dorrenbach/Goos DB 1983, Beilage Nr. 11, 1, 4.

383 DKK-Klebe § 87 Rn. 53; Kreutz SAE 1986, 21, 22 f.; Schneider AiB 1984, 142, 143; Löwisch/Kaiser § 87 Rn. 44.

384 DKK-Klebe § 87 Rn. 53; Schneider AiB 1984, 142, 143.

385 Schneider AiB 1984, 142, 143.

386 Schneider AiB 1984, 142, 143.

387 Kreutz SAE 1986, 21, 22 f.

den und die Arbeitnehmer diese nur unter Präsentation einer mitgeführten Ausweiskarte öffnen können. Zudem bezögen sich die mit dem Zugangssicherungssystem verbundenen Verhaltensanforderungen weder auf eine Konkretisierung der Arbeitspflicht der Arbeitnehmer, noch hätten sie einen unmittelbaren Bezug zu den einzelnen Arbeitsplätzen, so dass nicht das von der Mitbestimmung ausgeschlossene Arbeitsverhalten der Arbeitnehmer betroffen sei. Schließlich könne man, so Kreutz, nicht geltend machen, dass die Verhaltensanforderungen Ausfluss der Sachherrschaft des Arbeitgebers am Betriebsgebäude seien[388]. Selbst wenn man in diesem Bereich die Mitbestimmung für ausgeschlossen halte, so bestehe hier zumindest ein zur Annahme eines Mitbestimmungsrechts führender Regelungsbereich, da alternativ auch die Ausgabe eines Schlüssels an die Arbeitnehmer möglich wäre.

(2) Stellungnahme

Regelungen des Arbeitgebers das Verhalten der Arbeitnehmer beim Betreten und Verlassen des Betriebsgeländes betreffend unterfallen dem positiven Regelungsbereich des § 87 I Nr. 1. Derartige Arbeitgebermaßnahmen regeln nämlich verhaltensbezogene Arbeitsbedingungen der Arbeitnehmer. Den Arbeitnehmern wird ein sich auf den Betriebsablauf beziehendes Verhalten aufgegeben, sei es, dass sie einen Ausweis am Betriebstor dem Pförtner zeigen müssen oder eine Ausweiskarte einem elektronischen Zugangssicherungssystem zuzuführen haben.

Ob die Arbeitnehmer beim Betreten oder Verlassen des Betriebsgeländes tatsächlich registriert bzw. kontrolliert werden, ist für die Anwendung des Mitbestimmungstatbestands des § 87 I Nr. 1 ohne Belang. Die Argumentation des Bundesarbeitsgerichts, dass ein Mitbestimmungsrecht nach § 87 I Nr. 1 abzulehnen sei, da die ausgegebene Ausweiskarte weder dem Ausweis des Karteninhabers noch dem Nachweis seiner Zugangsberechtigung diene, ist insofern, selbst unter Zugrundelegung der von der Rechtsprechung entwickelten Voraussetzungen, unverständlich. Denn die Kontrolle ist, wie das Bundesarbeitsgericht mehrfach betonte, gerade keine Voraussetzung des § 87 I Nr. 1.

Fraglich ist jedoch, ob ein Ausschlussgrund vorliegt. Die in Frage stehende Arbeitgebermaßnahme hat zunächst keinen Bezug zur Arbeitsmethode, zum Arbeitsablauf oder dem Fertigungsverfahren. Mit der Arbeitgebermaßnahme wird in der Regel auch kein fest umrissener, bereits bestehender, sich aus dem Arbeitsvertragsverhältnis ergebener Anspruch gegenüber den Arbeitnehmern geltend gemacht. Die Pflicht, Ausweise jeglicher Art bei sich zu tragen, sie sorgfältig aufzubewahren und gegebenenfalls am Betriebstor zu benutzen bzw. vorzuzeigen, ist im Normalfall nicht Bestandteil des Arbeitsvertragsverhältnisses.

---

388 Kreutz SAE 1986, 21, 22 f.

Das Mitbestimmungsrecht des Betriebsrates könnte jedoch ausgeschlossen sein, wenn die Arbeitgebermaßnahme darauf gerichtet ist, im Eigentum oder im Besitz des Arbeitgebers stehende Sachen vor Zerstörung, Beschädigung, Gefährdung oder unbefugtem Gebrauch zu schützen. Diesen Zweck haben die Regelungen des Verhaltens der Arbeitnehmer beim Betreten und Verlassen des Betriebsgeländes. Mittels der Regelungen will der Arbeitgeber sicherstellen, dass keine unbefugten Personen das Betriebsgelände betreten. Er möchte verhindern, dass in seinem Eigentum stehende Sachen nicht gefährdet werden. Hinsichtlich der Frage, ‚ob' das Arbeitnehmerverhalten reglementiert werden kann, besteht daher kein Mitbestimmungsrecht.

Existiert jedoch bei der Frage, ‚wie' diese Maßnahmen zu treffen sind, ein Regelungsspielraum, kommt ein Mitbestimmungsrecht des Betriebsrates in Betracht. Der Arbeitgeber hat zum Schutz seines Betriebsgeländes vor dem Zutritt unbefugter Personen regelmäßig mehrere Möglichkeiten, zwischen denen er sich entscheiden kann. Beispielsweise kann er Chipkarten einführen oder jedem Arbeitnehmer einen Schlüssel für das Werkstor geben. Ein Regelungsspielraum besteht folglich. Entsprechende Arbeitgebermaßnahmen sind mitbestimmungspflichtig. Auch die Einführung eines elektronischen Zugangssicherungssystems unterliegt wegen der Existenz von Alternativmaßnahmen dem Mitbestimmungsrecht des Betriebsrates nach § 87 I Nr. 1.

bb) Regelungen, welche die Kontrolle der Anwesenheit der Arbeitnehmer am Arbeitsplatz zum Gegenstand haben

Dem Arbeitgeber stehen hinsichtlich der Kontrolle, ob ein Arbeitnehmer sich an seinem Arbeitsplatz befindet, verschiedene Maßnahmen zur Verfügung. So kann er etwa bestimmen, dass seine Arbeitnehmer sich bei einer von ihm bestimmten Person zu melden haben, wenn sie ihren Arbeitspatz erreichen. Möglich ist ferner, dass er ein Formular einführt, auf dem die Arbeitnehmer ihre Anwesenheit am Arbeitsplatz während des Arbeitstages dokumentieren müssen.

(1) Meinungsstand

In der Rechtsprechung und der Literatur wird diese Thematik zumeist unter den Stichwörtern „Führung von Anwesenheitslisten" sowie „Ab- und Rückmeldung" diskutiert.

Das Bundesarbeitsgericht vertrat in seiner Redakteursentscheidung vom 9.12.1980[389] unter Bezugnahme auf einen Beschluss vom 18.7.1978[390], deren Entscheidungsgründe unveröffentlicht sind, die Auffassung, dass eine die be-

---

389 BAG AP Nr. 2 zu § 87 BetrVG 1972 Ordnung des Betriebs – vgl. dazu die Ausführungen im Kapitel B., II., 1.

390 BAG AuR 1978, 278 f.

triebliche Ordnung betreffende und damit der Mitbestimmung nach § 87 I Nr. 1 unterfallende Maßnahme vorliege, wenn der Arbeitgeber zur Pünktlichkeitskontrolle Anwesenheitslisten einführe und anordne, dass zu spät kommende Arbeitnehmer sich zur Eintragung in die Liste beim Listenführer melden müssten.

Über die Frage, inwieweit die Anordnung einer Ab- und Rückmeldepflicht hinsichtlich des kurzfristigen Verlassens des Arbeitsplatzes während der Arbeitszeit der Mitbestimmung unterliegt, hatte das Bundesarbeitsgericht im Zusammenhang mit der Frage der Rechtmäßigkeit der Betriebsratstätigkeit während der Arbeitszeit zu befinden.[391] Es entschied, dass ein Mitbestimmungsrecht nach § 87 I Nr. 1 ausscheide, da mit der Ab- und Rückmeldepflicht nur Pflichten beschrieben würden, die bereits unabhängig von einer solchen ausdrücklichen Anweisung bestünden. Es bestehe sowohl eine arbeitsvertragliche Nebenpflicht zur Abmeldung als auch zur Rückmeldung, wenn die Arbeit wieder aufgenommen werde.

Ausführlich hatte sich das Landesarbeitsgericht Düsseldorf – noch während der Geltung des Betriebsverfassungsgesetzes von 1952 – mit dieser Thematik auseinander zusetzen.[392] In der Sache ging es dabei um eine Anordnung des Arbeitgebers, dass der jeweilige Angestellte beim Abteilungsleiter einen Ausweis in Empfang nehmen musste, der seinen Namen, die Abteilung und den Hinweis enthielt, dass der Angestellte von der Arbeitspflicht kurzfristig befreit ist. Zudem wurde der Grund des Entfernens vom Arbeitsplatz auf dem vom Abteilungsleiter zu unterzeichnenden Ausweis vermerkt. Das Gericht nahm in diesem Fall die Mitbestimmungspflicht nach § 87 I Nr. 1 an. Es liege keine arbeitstechnisch-organisatorische Maßnahme vor, sondern eine allgemeine Verhaltensregel für die Arbeitnehmer, die zur sozialen Ordnung zähle und daher mitbestimmungspflichtig sei.

Das Landesarbeitsgericht Baden-Württemberg hatte darüber zu befinden, ob die Einführung eines Wochenzettels, mit dem der Arbeitgeber die Kontrolle der Anwesenheit der Arbeitnehmer bezweckte, mitbestimmungspflichtig ist.[393] Das Gericht sah ein Mitbestimmungsrecht nach § 87 I Nr. 1 als gegeben an, da durch die Anordnung weder der Inhalt noch die Art und Weise der Ausführung der von den Arbeitnehmern geschuldeten Arbeitsleistung bestimmt werde. Vielmehr könne die von den Arbeitnehmern geschuldete Arbeitsleistung ordnungsgemäß und fehlerfrei auch ohne Ausfüllung der Wochenzettel erbracht werden. Der Umstand, dass es um die Erleichterung der Einforderung und Durchsetzung der von den Arbeitnehmern geschuldeten Arbeitsleistung gehe, sei nicht erheblich, da für das Bestehen des Mitbestimmungsrechts nach § 87 I Nr. 1 die Motivlage des Arbeitgebers nicht ausschlaggebend sei.

---

391 BAG AP Nr. 119 zu § 37 BetrVG 1972.

392 LAG Düsseldorf DB 1967, 2230 f.

393 LAG Baden-Württemberg LAGE Nr. 6 zu § 87 BetrVG 1972 Betriebliche Ordnung.

Das Arbeitsgericht Kiel verneinte hingegen ein Mitbestimmungsrecht des Betriebrates bei der Umstellung der Form einer Anwesenheitsliste.[394] Die Liste zur Erfassung der Anwesenheit der Angestellten sei eine unumgängliche Grundlage zur richtigen Berechnung des Gehaltes des jeweiligen Angestellten im Betrieb. Sie diene vornehmlich der Feststellung der zu bezahlenden Zeiten, enthalte also keine Regelung oder Anordnung gegenüber dem einzelnen Angestellten.

In der Literatur werden zu dieser Thematik unterschiedliche Standpunkte vertreten. So ist Matthes der Meinung, dass Anwesenheitslisten und Regelungen über die An- und Abmeldung des Arbeitnehmers beim Verlassen des Arbeitsplatzes generell nicht mitbestimmungspflichtig seien, da sie der Kontrolle der Arbeitsleistung dienten.[395]

Andere Autoren ordnen hingegen diese Arbeitgeberanordnungen einschränkungslos dem Mitbestimmungstatbestand des § 87 I Nr. 1 zu.[396]

Zum Teil wird jedoch auch differenziert. Es wird vertreten, dass zwar Vorschriften über Anwesenheitskontrollen mitbestimmungspflichtig seien, nicht jedoch die Änderung des Verfahrens der Anwesenheitserfassung.[397] Zudem gibt es die Ansicht, dass die Einführung eines Ab- und Rückmeldeverfahrens sowie grundsätzlich die Führung von Anwesenheitslisten mitbestimmungsfrei seien.[398] Lasse der Arbeitgeber hingegen Anwesenheitslisten verbunden mit der Anordnung führen, dass zu spät kommende Arbeitnehmer sich zur Eintragung in die Liste beim Listenführer zu melden hätten, komme ein Mitbestimmungsrecht des Betriebsrates in Betracht.[399]

(2) Stellungnahme

Kontrollen der Anwesenheit der Arbeitnehmer, im Rahmen derer die Arbeitnehmer zu einem bestimmten Verhalten angehalten werden, stellen, da sie auf den Betriebsablauf sich beziehende verhaltensbezogene Arbeitsbedingungen der Arbeitnehmer regeln und die Einbindung der Arbeitnehmer in den Betrieb betreffen, Arbeitgebermaßnahmen dar, die dem positiven Regelungsbereich des § 87 I Nr. 1 unterfallen.

Es stellt sich jedoch die Frage, ob ein Ausschlussgrund des Mitbestimmungsrechts des § 87 I Nr. 1 vorliegt.

---

394 ArbG Kiel DB 1975, 1369.

395 MünchArbR-Matthes § 325 Rn. 15; Brill DB 1978, Beilage Nr. 9, 1, 4;

396 Fitting/ Kaiser/ Heither/ Engels/ Schmidt (21. Auflage) § 87 Rn. 71; Ossberger S. 133 ff.; DKK-Klebe § 87 Rn. 50.

397 GK-Wiese § 87 Rn. 227; Galperin/Löwisch § 87 Rn. 63; Wittke, S. 52.

398 Hess/Schlochauer/Worzalla/Glock § 87 Rn. 110, 114.

399 Hess/Schlochauer/Worzalla/Glock § 87 Rn. 110, 113; Thalhofer S. 174

Die Mitbestimmungspflicht könnte entfallen, wenn mit der in Frage stehenden Arbeitgebermaßnahme ein fest umrissener, bereits bestehender, sich aus dem Arbeitsvertragsverhältnis ergebener Anspruch des Arbeitgebers gegenüber dem Arbeitnehmer geltend gemacht wird.

Die Kontrolle der Anwesenheit ist mit der bereits erörterten Kontrolle der Überstunden vergleichbar.[400] Auch in diesem Fall dient die Kontrolle dem Arbeitgeber letztlich zur Feststellung, ob der Lohnanspruch des jeweiligen Arbeitnehmers der Höhe nach gerechtfertigt ist – ob der Arbeitnehmer also die für den geltend gemachten Lohnanspruch vorausgesetzte Gegenleistung erbracht hat. Der Nachweis der Anwesenheit ist demzufolge zugleich der von den Arbeitnehmern geschuldete Nachweis des Lohnanspruchs. Dieser Nachweis kann nur dann gelingen, wenn die Dauer der Anwesenheit am Arbeitsplatz zuverlässig festgestellt wird. Dies setzt eine entsprechende Kontrolle durch den Arbeitgeber voraus. Der Meldepflicht als solcher liegt demzufolge ein fest umrissener sich aus dem Arbeitsvertragsverhältnis ergebener Anspruch des Arbeitgebers gegenüber den Arbeitnehmern zugrunde. Die Entscheidung, ob die Anwesenheit der Arbeitnehmer kontrolliert werden soll, kann der Arbeitgeber deshalb frei von Mitbestimmungsrechten des Betriebsrates treffen.

Dem Betriebsrat steht jedoch im Rahmen dieser Arbeitgeberanordnung ein Mitbestimmungsrecht nach § 87 I Nr. 1 zu, wenn ein Regelungsspielraum besteht. Dies wäre dann der Fall, wenn der Arbeitgeber sich zwischen mehreren Maßnahmen entscheiden könnte. Dies ist regelmäßig der Fall. Es ist für die Erfüllung des Anspruchs des Arbeitgebers völlig unerheblich, ob der vom Arbeitnehmer geschuldete Nachweis beispielsweise durch Meldung bei einer vom Arbeitgeber bestimmten Person erbracht wird oder durch Führung einer Anwesenheitsliste. Aus dem Arbeitsvertragsverhältnis ergibt sich im Regelfall lediglich der grundsätzliche Anspruch auf Nachweis der Gegenleistung zum geltend gemachten Lohnanspruch. Nicht statuiert ist gewöhnlich die Nachweispflicht in Form eines bestimmten Verfahrens. Unerheblich ist insoweit auch, ob die Anwesenheitsliste manuell oder durch eine EDV erstellt wird. Deshalb unterliegt die Umstellung der Form der Anwesenheitsliste gleichermaßen der Mitbestimmung des Betriebsrates.

cc) Diebstahlskontrollen insbesondere durch die Einrichtung und Tätigkeit eines Werkschutzes

Kontrollen des Arbeitgebers können schließlich auch den Zweck haben, die dem Arbeitgeber gehörige Betriebseinrichtung zu schützen.[401] Im Vordergrund steht

---

400 Vgl. die Ausführungen im Kapitel E. II. 1. a) aa) (2).

401 Diese Zielrichtung können auch, wie bereits dargestellt, die schon erörterten Regelungen des Arbeitgebers hinsichtlich des Verhaltens der Arbeitnehmer beim Betreten und Verlassen des Betriebsgeländes haben (vgl. Kapitel E. II b) aa). Die gesonderte Prüfung hat hier

dabei insbesondere die Diebstahlskontrolle. Diese Kontrolle kann auf unterschiedliche Weise erfolgen. So kann der Arbeitgeber seine Arbeitnehmer z.B. durch den Einsatz von Videokameras oder Detektiven beobachten oder Taschenkontrollen durchführen lassen. Üblicherweise werden die Kontrollen, zumindest in größeren Betrieben, durch einen vom Arbeitgeber eingerichteten Werkschutz durchgeführt.

Der industrielle Werkschutz nimmt in unserer Gesellschaftsordnung einen allgemein anerkannten Platz ein. Seine Präsenz gehört zum Alltagsbild des Wirtschaftslebens. Definiert wird der Werkschutz in den betriebsinternen Dienstanweisungen häufig als „Organisation, die unter Beachtung der allgemeinen gesetzlichen Bestimmungen dem Schutze des Werkes und seiner Betriebsangehörigen dient".[402] Als sein Zuständigkeitsbereich haben sich entsprechend den praktischen Erfordernissen im wesentlichen folgende Aufgaben herausgebildet: Schutz der Betriebseinrichtungen und -gebäude vor Beschädigung und Zerstörung, Schutz des betrieblichen Vermögens und der Erzeugnisse sowie des persönlichen Eigentums der Arbeitnehmer vor Eigentumsdelikten, Kontrolle und Überwachung des Personenverkehrs, Mitwirkung bei der Sicherung des Arbeitsfriedens sowie die Überwachung der innerbetrieblichen Ordnungs-, Verkehrs- und Schutzvorschriften.

(1) Meinungsstand

Das Bundesarbeitsgericht hatte in seiner Entscheidung vom 12.8.1999 darüber zu befinden, ob die Anordnung des Arbeitgebers von stichprobenartigen Taschenkontrollen durch von ihm eingesetzte Hilfspersonen mit dem Ziel der Diebstahlskontrolle der Mitbestimmungspflicht unterliegt.[403] Das Gericht vertrat die Ansicht, dass die Taschenkontrolle mit einer allgemeinen Torkontrolle zu vergleichen sei, die ganz überwiegend für eine gemäß § 87 I Nr. 1 mitbestimmungspflichtige Maßnahme gehalten werde. Zwar wolle der Arbeitgeber mittels der Kontrolle nur feststellen, ob die Arbeitnehmer sich im Zusammenhang mit ihrer Arbeitsleistung so verhielten, wie es ihre arbeitsvertragliche Nebenpflicht, das Eigentum des Arbeitgebers zu wahren, ohnehin gebiete. Trotzdem berühre die Kontrolle nicht nur das Verhältnis des einzelnen Arbeitnehmers zum Arbeitgeber. Vielmehr reiche sie über dieses hinaus, indem sie die körperliche Über-

---

vornehmlich die Sinn, den Besonderheiten der Taschenkontrollen sowie der Einrichtung und Tätigkeit des Werkschutzes gerecht zu werden.

402 Maas ArbuSozR 1965,144.

403 BAG DB 2000, 48 ff.; ähnlich auch die Entscheidungen des BAG vom 17.8.1982 = AP Nr. 5 zu § 87 BetrVG 1972 Ordnung des Betriebs und vom 26.5.1988 = AP Nr. 14 zu § 87 BetrVG 1972 Ordnung des Betriebs – Das BAG weist in seiner Entscheidung vom 17.8.1982 daraufhin, dass der Arbeitgeber im Rahmen von Diebstahlskontrollmaßnahmen oft auch lediglich Anordnungen von Polizeibeamten weitergibt, die dann mitbestimmungsfrei seien – so auch LAG Hamm DB 1980, 1582, 1583.

prüfung der Arbeitnehmer anordne. Damit werde nicht allein das individuelle Arbeitsverhalten des einzelnen Arbeitnehmers, sondern das kollektive Ordnungsverhalten umfasst.

Wie das Bundesarbeitsgericht sieht auch die Literatur die Taschenkontrolle im Rahmen des Arbeitgebereigentumsschutzes allgemeinhin als mit der Torkontrolle vergleichbar und damit als mitbestimmungspflichtig an.[404]

Die einschlägige Lehrbuch- und Kommentarliteratur setzt sich zudem mit dem Problem der Mitbestimmungspflicht der Einrichtung und Tätigkeit des Werkschutzes auseinander. Dabei werden unterschiedliche Meinungen vertreten. Zum Teil wird sowohl die Einrichtung als auch die Tätigkeit des Werkschutzes als nach § 87 I Nr. 1 mitbestimmungspflichtig angesehen.[405] Überwiegend wird jedoch ein Mitbestimmungsrecht bei der bloßen Einrichtung des Werkschutzes sowie bei der Entscheidung über seinen Aufgabenbereich und seine Befugnisse abgelehnt. Diese Maßnahmen oblägen als organisatorische Maßnahmen allein dem Arbeitgeber.[406] Die Ausübung der Tätigkeit des Werkschutzes hingegen unterfalle grundsätzlich dem Mitbestimmungsrecht des Betriebsrates. Ausgenommen hiervon seien jedoch Maßnahmen, die sich nicht gegen Arbeitnehmer des Betriebs, sondern gegen Außenstehende richteten.[407] Mitbestimmungsfrei seien ferner reine Beobachtungsmaßnahmen des Werkschutzes.[408] Nach Ansicht Wieses habe der Betriebsrat über die Tätigkeit des Werkschutzes nicht mitzubestimmen, wenn es allein um die Durchsetzung bestehender Ansprüche gehe.[409]

(2) Stellungnahme

Bei der Beurteilung der Frage, ob Diebstahlskontrollen dem positiven Regelungsbereich des § 87 I Nr. 1 unterliegen, muss zwischen Kontrollen, welche die Arbeitnehmer zu einem bestimmten Verhalten auffordern und Kontrollen, die ohne Mitwirkung der Arbeitnehmer ergehen, unterschieden werden.

Wie bei der bereits erörterten Leistungserfassung ohne Mitwirkung der Arbeitnehmer unterliegen Diebstahlskontrollen, bei denen die Arbeitnehmer lediglich beobachtet werden, nicht dem positiven Regelungsbereich des § 87 I Nr. 1[410].

---

404 Vgl. u.a. Fitting/ Kaiser/ Heither/ Engels/ Schmidt (21. Auflage) § 87 Rn. 71; Maschmann NZA 2002, 13, 19.

405 DKK-Klebe § 87 Rn. 55; Löwisch/ Kaiser § 87 Rn. 44, 53 in Bezug auf die Festlegung von Vorschriften über die Befugnisse des Werkschutzes.

406 GK-Wiese § 87 Rn. 191; Hess/ Schlochauer/ Worzalla/ Glock § 87 Rn. 115; Stege/ Weinspach § 87 Rn. 48a; Schaub § 235 I 1 a.

407 Stege/Weinspach § 87 Rn. 48a; Galperin/Löwisch § 87 Rn. 65a; GK-Wiese § 87 Rn. 192.

408 GK-Wiese § 87 Rn. 194; Hess/ Schlochauer/ Worzalla/ Glock § 87 Rn. 114; Stege/ Weinspach § 87 Rn. 48a.

409 GK-Wiese § 87 Rn. 192.

410 Vgl. die Ausführungen im Kapitel E. II. 1. a) bb) (2) – da die Problematik vergleichbar ist, kann auf die Argumentation in diesem Kapitel verwiesen werden.

Ein Mitbestimmungsrecht des Betriebsrates nach § 87 I Nr. 1 scheidet folglich von vornherein aus.

Werden hingegen die Arbeitnehmer im Rahmen der Diebstahlskontrolle zu einem bestimmten Verhalten aufgefordert, liegen die Voraussetzungen des positiven Regelungsbereichs vor. Die Kontrollen regeln verhaltensbezogene Arbeitsbedingungen der Arbeitnehmer, die sich auf den Betriebsablauf und die Arbeitsorganisation beziehen und die Einbindung der Arbeitnehmer in den Betrieb betreffen.

Die Errichtung und bloße Organisation des Werkschutzes fällt nicht unter den positiven Anwendungsbereich des § 87 I Nr. 1 und ist entsprechend nicht nach § 87 I Nr. 1 mitbestimmungspflichtig. Diese Maßnahmen regeln nämlich nicht Arbeitsbedingungen der Arbeitnehmer.

Vom positiven Regelungsbereich sind im Übrigen auch Maßnahmen des Werkschutzes nicht erfasst, die sich gegen Betriebsfremde richten. Das Mitbestimmungsrecht des § 87 I Nr. 1 bezieht sich nur auf Regelungen von Arbeitsbedingungen der Arbeitnehmer des Betriebs.

Bei der Beurteilung der Frage, ob die Mitbestimmungspflicht von Diebstahlskontrollen wegen eines bestehenden Ausschlussgrundes des § 87 I Nr. 1 entfällt, ist danach zu differenzieren, ob die Diebstahlskontrolle auf Grund eines konkreten Tatverdachts erfolgt oder nicht.

Besteht ein konkreter Tatverdacht, so ist bereits fraglich, ob ein kollektiver Bezug und damit eine allgemeine Voraussetzung des Mitbestimmungsrechts des § 87 I Nr. 1 vorliegt.

An anderer Stelle wurde bereits herausgearbeitet, dass eine Arbeitgebermaßnahme dem kollektiven Tatbestand dann zuzuordnen ist, wenn sie sich abstrakt auf den ganzen Betrieb oder eine Gruppe von Arbeitnehmern oder einen Arbeitsplatz bezieht.[411] Dagegen gehören im Rahmen des Direktionsrechts getroffene Anordnungen und Vereinbarungen des Arbeitgebers, die durch besondere Umstände des einzelnen individuellen Arbeitsverhältnisses bedingt sind, nicht zu den mitbestimmungspflichtigen generellen Regelungen. Nur Maßnahmen, die den individuellen Besonderheiten einzelner Arbeitsverhältnisse Rechnung tragen und deren Auswirkungen sich auf das Arbeitsverhältnis dieses Arbeitnehmers beschränken, sind mitbestimmungsfrei.

Mittels der Diebstahlskontrollen soll ermittelt werden, ob sich die Mitarbeiter im Zusammenhang mit ihrer Arbeitsleistung so verhalten, wie es ihnen ihre arbeitsvertragliche Nebenpflicht, das Eigentum des Arbeitgebers oder Betriebs- und Geschäftsgeheimnisse zu wahren, ohnehin gebietet.[412] Hat der Arbeitgeber nun einen konkreten Verdacht, dass ein Arbeitnehmer ihm gehörige Sachen gestoh-

---

411 Vgl. die Ausführungen im Kapitel E. I. 1. a) bb).

412 BAG AP Nr. 21 zu § 87 BetrVG 1972 Ordnung des Betriebs.

len hat und ordnet er deshalb an, diesen Arbeitnehmer einer Diebstahlskontrolle zu unterziehen, so trägt diese Maßnahme den individuellen Besonderheiten dieses Arbeitsverhältnisses Rechnung. Die Auswirkung der Maßnahme beschränkt sich auf das Verhältnis des Arbeitgebers zu diesem Arbeitnehmer. Ein kollektiver Bezug ist mithin nicht gegeben.

Dasselbe gilt, wenn sich der konkrete Tatverdacht nicht gegen einen einzelnen Arbeitnehmer, sondern eine eng umrissene, von vornherein feststehende Personengruppe richtet. Entscheidend ist nämlich, dass es um eine Pflichtverletzung jedes einzelnen aus der Gruppe geht, die ihm individuell und konkret nachzuweisen ist.

Darüber hinaus wäre die Mitbestimmungspflicht nach § 87 I Nr. 1 ausgeschlossen, da ein spezieller Ausschlussgrund des § 87 I Nr. 1 vorliegt. Der Arbeitgeber hat nämlich gegenüber dem verdächtigen Arbeitnehmer Nachforschungs- bzw. Beseitigungsansprüche, die sich aus dem gesetzlichen Eigentumsrecht ergeben.[413]

Anders verhält es sich jedoch, wenn die Überwachung bzw. Kontrolle der Arbeitnehmer ohne konkreten Tatverdacht erfolgt und damit jeden Arbeitnehmer ohne Ansehen der Person treffen kann. Als praxisbedeutendes Beispiel sind hier die stichprobenweise durchgeführten Taschenkontrollen zu erwähnen. Diese Arbeitgebermaßnahmen sind nicht durch besondere Umstände eines individuellen Arbeitsverhältnisses bedingt, sondern sie beziehen sich abstrakt auf den ganzen Betrieb oder eine Arbeitnehmergruppe. Der kollektive Tatbestand ist folglich erfüllt. Auch andere Ausschlussgründe kommen nicht in Betracht. Zwar ist die Zielrichtung derartiger Anordnungen des Arbeitgebers in der Regel, im Eigentum oder im Besitz des Arbeitgebers stehende Sachen vor Zerstörung, Beschädigung, Gefährdung oder unbefugtem Gebrauch zu schützen. Jedoch hat der Arbeitgeber auf Grund fehlenden konkreten Tatverdachts keinen Anspruch auf Durchführung derartiger Maßnahmen.

2. Mitbestimmung des Betriebsrates beim Erlass eines betrieblichen Rauchverbots

Regelungen, die sich mit dem Thema Rauchen im Betrieb beschäftigen, sind Bestandteil der meisten Arbeitsordnungen und in der Arbeitswelt von großer Bedeutung. Die Wichtigkeit dieser Regelungen ist insbesondere auf den Konflikt zwischen Rauchern und Nichtrauchern am Arbeitslatz zurückzuführen, der sich im Zuge eines allgemein wachsenden Gesundheitsbewusstseins in den letzten Jahren verschärft hat.

[413] Z.B. Notwehr gemäß § 227 BGB, 32 StGB; Notstand gemäß §§ 228, 904 BGB, § 34 StGB; Selbsthilfe gemäß § 229 BGB, 127 StPO; Besitzkehr und Besitzwehr gemäß § 859 BGB.

Im Arbeitsrecht werden Rechtsfragen, die im Zusammenhang mit dem Erlass eines Rauchverbots stehen, oft und kontrovers diskutiert. Dabei geht es in erster Linie um die Fragen, ob der Erlass eines Rauchverbots zulässig ist, ob Arbeitnehmer gegenüber dem Arbeitgeber einen Anspruch auf Erlass eines Rauchverbots haben und schließlich ob und inwieweit der Betriebsrat hinsichtlich eines Rauchverbots mitzubestimmen hat.

Im Rahmen dieser Abhandlung wird nur auf die Problematik der Mitbestimmung eingegangen. Dabei werden auch Fragen bezüglich der Zulässigkeit von Rauchverboten geklärt, die mit dem Mitbestimmungsproblem im Zusammenhang stehen.

a) Meinungsstand

In der Literatur und Rechtsprechung besteht weitgehend Einigkeit darüber, dass der Erlass eines Rauchverbots grundsätzlich dem Mitbestimmungsrecht des § 87 I Nr. 1 unterliegt.

Zwar lag dem Bundesarbeitsgericht bislang noch kein Fall vor, in dem die Frage der Mitbestimmungspflicht bei Rauchverbotsanordnungen im Mittelpunkt stand. In seiner Entscheidung vom 19.1.1999, in der die Grenzen der Gestaltungsfreiheit der Betriebspartner bei Regelungen über das Rauchen zu erörtern waren, ging das Gericht jedoch unproblematisch von der Mitbestimmungspflicht nach § 87 I Nr. 1 aus.[414]

Mit der Mitbestimmungsproblematik hatten sich hingegen die unteren Instanzen auseinander zusetzen. So musste das Landesarbeitsgericht München darüber entscheiden, ob die Regelung eines Rauchverbots in den Stations- und Funktionsräumen eines Krankenhauses der Mitbestimmung des Betriebsrates unterliegt.[415] Für das Gericht kam einzig das Mitbestimmungsrecht nach § 87 I Nr. 1 in Betracht. Dieses wurde jedoch nicht pauschal angenommen. Vielmehr seien nach Ansicht des Gerichts die Besonderheiten des Klinikbetriebes des Arbeitgebers zu beachten. Demnach liege das Mitbestimmungsrecht nur in Bezug auf Rauchverbote in Stationsdienstzimmern vor. Im Übrigen sei ein Mitbestimmungsrecht des Betriebsrates ausgeschlossen, weil das Rauchverbot in den anderen Stations- und Funktionsräumen vor allem dem Schutz der Patienten vor jedweder Beeinträchtigung durch Tabakrauch diene und damit nicht das Ordnungsverhalten, sondern das Arbeits- und Leistungsverhalten der Arbeitnehmer in dem Klinikbetrieb regele.[416]

---

414 BAG AP Nr. 28 zu § 87 BetrVG 1972 Ordnung des Betriebs.

415 LAG München NZA 1986, 577 f.

416 LAG München NZA 1986, 577, 578.

In der Lehrbuch- und Kommentarliteratur wird zuweilen der Erlass eines Rauchverbots ohne Differenzierung dem Mitbestimmungsrecht des § 87 I Nr. 1 unterstellt.[417]

Zum Teil werden jedoch auch eine Reihe von Einschränkungen gemacht. So wird angenommen, dass der Betriebsrat nicht mitzubestimmen habe, wenn der Arbeitgeber zum unbedingten Schutz der Betriebsmittel das Rauchen verbiete.[418] Zudem wird auf den Inhalt der arbeitsvertraglichen Pflichten der Arbeitnehmer abgestellt. Verlange der Arbeitgeber, das Rauchen zu unterlassen, weil der Arbeitnehmer damit gegen die Vertragspflicht verstoßen würde, seine Arbeitsleistung ordnungsgemäß zu erbringen, so stehe dem Betriebsrat ein Mitbestimmungsrecht nach § 87 I Nr. 1 nicht zu.[419] Dies sei insbesondere der Fall, wenn die Arbeitnehmer durch das Rauchen von der Arbeit abgelenkt oder abgehalten würden, wenn sich das Rauchen nachteilig auf das Arbeitsergebnis auswirke oder wenn das Rauchen dritte Personen, insbesondere Kunden belästige.[420]

Einige Autoren differenzieren bei der Beurteilung der Mitbestimmungspflicht des Rauchverbots danach, ob der Zweck des Verbots der Schutz der Nichtraucher sei oder nicht.[421] Diene die Verbotsmaßnahme dem Nichtraucherschutz, so sei das Mitbestimmungsrecht des § 87 I Nr. 1 vom Mitbestimmungsrecht nach § 87 I Nr. 7 abzugrenzen. Da die Vorschrift des § 87 I Nr. 7 die notwendige Mitbestimmung hinsichtlich des Arbeitsschutzes selbständig und für ihren Anwendungsbereich abschließend regele, sei ein Rückgriff auf § 87 I Nr. 1 ausgeschlossen, soweit der Nichtraucherschutz in gesetzlichen Vorschriften oder Unfallverhütungsvorschriften geregelt sei, § 87 I Nr. 7 also Anwendung finde.[422]

b) Stellungnahme

Die Voraussetzungen des positiven Anwendungsbereichs des Mitbestimmungsrechts nach § 87 I Nr. 1 sind bei einem Rauchverbot zweifellos erfüllt. Gemäß der

---

417 Löwisch/Kaiser § 87 Rn. 42; DKK-Klebe § 87 Rn. 50.

418 GK-Wiese § 87 Rn. 214; Börgmann RdA 1993, 275, 282; Fuchs BB 1977, 299, 302; Hoffmann-Walldorf (zu § 56 I lit. f BetrVG 1952) RdA 1955, 63; Ballschmiede (zu § 56 I lit. f BetrVG 1952) AuR 1957, 248; Leßmann S. 127 f.

419 GK-Wiese § 87 Rn. 214; Börgmann RdA 1993, 275, 281; Mummenhoff RdA 1976, 364, 368; Fuchs BB 1977, 299, 302; Hoffmann-Walldorf (zu § 56 I lit. f BetrVG 1952) RdA 1955, 63; Ballschmiede (zu § 56 I lit. f BetrVG 1952) AuR 1957, 248, 248; Leßmann, S. 121 f.

420 GK-Wiese § 87 Rn. 214; Börgmann RdA 1993, 275, 281; Mummenhoff RdA 1976, 364, 368; Fuchs BB 1977, 299, 302; Hoffmann-Walldorf (zu § 56 I lit. f BetrVG 1952) RdA 1955, 63; Ballschmiede (zu § 56 I lit. f BetrVG 1952) AuR 1957, 248; Leßmann S. 121 f.; Künzl BB 1999, 2187, 2188.

421 So vor allem Sbresny-Uebach AR-Blattei SD 1310, Rn. 19 ff.; Leßmann S. 107 ff. und S. 277 ff.

422 GK-Wiese § 87 Rn. 214; Börgmann RdA 1993, 275, 282; Ahrens NZA 1999, 686, 688; Sbresny-Uebach AR-Blattei SD 1310, Rn. 21 ff.

negativen Inhaltsbestimmung des § 87 I Nr. 1 sind jedoch eine Reihe von Einschränkungen hinsichtlich der Mitbestimmungspflicht vorzunehmen. Diese Einschränkungen sind abhängig von der Natur der für die Anordnung von Rauchverboten im Betrieb geltend gemachten Gründe. In Frage kommen Rauchverbote, die aufgrund von Gesetzen, Verordnungen oder Unfallverhütungsvorschriften erlassen werden, unter aa), die auf dem Arbeitsvertragsverhältnis beruhen, unter bb), die aufgrund der Eigentümerstellung vom Arbeitgebers angeordnet werden, unter cc), und dem Nichtraucherschutz dienen, unter dd).

aa) Rauchverbote aufgrund von Gesetzen, Verordnungen oder Unfallverhütungsvorschriften

Ausdrückliche Rauchverbote sind in Gesetzen, Verordnungen oder Unfallverhütungsvorschriften der Berufsgenossenschaften nur vereinzelt geregelt. Die Regelungen beziehen sich zumeist auf Betriebe, in denen dies infolge der besonderen betrieblichen Situation, etwa aus Gründen der Hygiene oder Sicherheit, notwendig ist. So zum Beispiel bei Lebensmittel herstellenden Betrieben oder bei Betrieben, bei denen eine erhöhte Brand- und Explosionsgefahr besteht.[423]

Ein Mitbestimmungsrecht nach § 87 I Nr. 1 kommt, wie ausdrücklich im § 87 I Einleitungssatz bestimmt, bei Bestehen derartiger Verbote nicht in Betracht. Der Arbeitgeber hat die entsprechenden Vorschriften lediglich im Betrieb bekannt zumachen. Lassen die Vorschriften hingegen einen Regelungsspielraum offen, so kann der Betriebsrat, wenn zwar nicht über das „Ob“, so doch aber im Rahmen dieses Spielraumes über das „Wie“ des Erlasses des Rauchverbots mitbestimmen.

bb) Rauchverbote beruhend auf dem Arbeitsvertragsverhältnis

Das Arbeitsvertragsverhältnis kann aus verschiedenen Gesichtspunkten Gründe für ein vom Arbeitgeber erlassenes Rauchverbot liefern.

So haben Arbeitgeber und Arbeitnehmer die Möglichkeit, ein Rauchverbot arbeitsvertraglich zu regeln. Diese Vereinbarung ist unter Beachtung der für das allgemeine Vertragsrecht geltenden Grenzen der §§ 138, 226, 242 BGB grundsätzlich zulässig.[424] Die Unwirksamkeit dieser Vertragsklausel ist jedoch dann anzunehmen, wenn das Mitbestimmungsrecht nach § 87 I Nr. 1 durch den Abschluss entsprechender einzelvertraglicher Abreden mit allen bzw. einer Vielzahl von Arbeitnehmern unterlaufen werden soll.[425] Dies ist immer dann der Fall, wenn die Regelungen nicht rein individualrechtlich sind, sondern kollekti-

---

423 Vgl. dazu im einzelnen Sbresny-Uebach AR-Blattei SD 1310, Rn. 4 f. – hinsichtlich der Vorschriften, die dem Nichtraucherschutz dienen siehe unter (4).

424 Schaub § 55 II 2 c; Hueck/Nipperdey S. 239; Ballschmiede AuR 1957, 248.

425 Dietz/ Richardi § 87 Rn. 112; Fitting/ Engels/ Schmidt/ Trebinger/ Linsenmaier (23. Auflage) § 87 Rn. 19; Buchner DB 1983, 877, 882.

ve Wirkung haben. Weist der Arbeitgeber den Arbeitnehmer auf eine zulässige Vereinbarung hin, kann der Betriebsrat mittels des Mitbestimmungsrechts die Durchsetzung des Rauchverbots nicht verhindern.

Eine Rechtfertigung für ein Rauchverbotserlass kann sich, ohne dass dies im Arbeitsvertrag ausdrücklich geregelt ist, auch aus dem Bestehen entsprechender arbeitsvertraglicher Haupt- oder Nebenpflichten des Arbeitnehmers ergeben.

Arbeitsvertragliche Hauptpflicht des Arbeitnehmers ist es, während der Arbeitszeit unter Anwendung aller ihm gegebenen geistigen und körperlichen Fähigkeiten zu arbeiten.[426] Hindert das Rauchen den Arbeitnehmer an der Erfüllung seiner Arbeitspflicht oder verringert es die Arbeitsleistung, so verstößt der Arbeitnehmer gegen seine Hauptpflicht aus dem Arbeitsvertrag. Maßgebend ist also, ob die Art des Arbeitsablaufes das Nichtrauchen gebietet. Dies ist immer dann der Fall, wenn Rauchen und Ausführung der Arbeit nur alternativ möglich sind, wie etwa bei der Bedienung von Schreibmaschinen und Computern oder bei Tätigkeiten am Fließband.

Beruft sich der Arbeitgeber im Rahmen des Erlasses des Rauchverbots auf die Erfüllung der arbeitsvertraglichen Hauptpflicht, scheidet ein Mitbestimmungsrecht des Betriebsrates nach § 87 I Nr. 1 aus. Denn mit der Arbeitgebermaßnahme wird lediglich ein fest umrissener, bereits bestehender, sich aus dem Arbeitsvertragsverhältnis ergebener Anspruch des Arbeitgebers gegenüber dem Arbeitnehmer geltend gemacht.

Das gleiche gilt, wenn der Arbeitgeber mit Erlass des Rauchverbots vom Arbeitnehmer die Erfüllung einer nebenvertraglichen Pflicht einfordert.

Allgemein anerkannt ist, dass dem Arbeitnehmer die nebenvertragliche Schutzpflicht obliegt, Schaden vom Arbeitgeber abzuwenden, soweit dies möglich und zumutbar ist.[427] Ein Schaden durch das Rauchen kann beispielsweise entstehen, wenn das Arbeitsprodukt durch den Rauchvorgang selbst beschädigt wird. Der Schadenseintritt durch Rauch oder Asche kommt insbesondere bei Arbeitsprodukten in Betracht, bei denen eine größtmögliche Reinheit erforderlich ist, etwa beim Verkauf von offenen Lebensmitteln. Ein Schaden kann ferner im Dienstleistungssektor entstehen. So können sich Kunden des Arbeitgebers durch das Rauchen der Arbeitnehmer, z.B. im Verkaufsraum, gestört fühlen und so vertrieben werden. Der Umsatz des Arbeitgebers verringert sich somit entsprechend. Aber auch das Rauchen in Räumlichkeiten des Arbeitgebers, in denen dritten Personen gegenüber eine besondere Rücksicht geboten ist, z.B. in Krankenhäusern gegenüber den Patienten, wirkt sich negativ auf das Arbeitsergebnis aus. Beruft sich der Arbeitgeber auf die Erfüllung der nebenvertraglichen Schutzpflicht, so macht er wiederum nur einen bestehenden, fest umrissenen,

---

426 BAG AP Nr. 10 zu § 87 BetrVG Ordnung des Betriebs.

427 Zöllner/Loritz § 13 II, 2; Dütz Rn. 155.

sich aus dem Arbeitsverhältnis ergebenen Anspruch geltend. Der Betriebsrat hat nicht gemäß § 87 I Nr. 1 mitzubestimmen.

Deutlich wird die Notwendigkeit der Befreiung derartiger Arbeitgebermaßnahmen von der Mitbestimmungspflicht nach § 87 I Nr. 1 auch am Beispiel der Anordnung eines Rauchverbots während des Unterrichtes durch den Schuldirektor, der gegenüber Lehrern die Arbeitgeberfunktion ausübt. Ein Lehrer, der während des Unterrichtes raucht, kann seinen Schülern den Lernstoff ohne weiteres vermitteln und so seine Hauptleistungspflicht erfüllen. Zu seiner Pflicht als Pädagoge gehört es jedoch auch, während des Unterrichts ein Vorbild zu sein und gesundheitsschädliches Rauchen zu unterlassen. Zweifellos müssen Anordnungen im Hinblick auf die Erfüllung dieser Pflicht mitbestimmungsfrei ergehen können.

Rechtsgrundlage für ein Rauchverbot bezogen auf das Arbeitsvertragsverhältnis kann auch das allgemeine Weisungsrecht sein. Dieses kommt immer dann in Betracht, wenn sich das Rauchverbot nicht unmittelbar aus der vertraglich vereinbarten Arbeitspflicht oder aus einer vertragsimmanenten Nebenpflicht ergibt und der Arbeitgeber die Art und Weise der Arbeitserbringung näher konkretisiert.[428] Erlässt der Arbeitgeber ein Rauchverbot aufgrund seines Weisungsrechts, so hat der Betriebsrat nach § 87 I Nr. 1 mitzubestimmen, da Ausschlusstatbestände nicht in Betracht kommen.

cc) Rauchverbote beruhend auf der Eigentümerstellung des Arbeitgebers

Zweck des Erlasses eines Rauchverbots kann neben dem Einfordern der Erfüllung der Arbeitsvertragspflichten auch der Schutz der Betriebsmittel des Arbeitgebers sein. Der Arbeitgeber macht in diesen Fällen seine Eigentümerrechte geltend. Die Betriebsmittel können dabei zum einen vor einer erhöhten Brandgefahr und zum anderen vor Verschmutzungen geschützt werden. Diese beiden Zielrichtungen sind bei der Beurteilung der Mitbestimmungspflicht des Rauchverbots nach § 87 I Nr. 1 zu unterscheiden.

Nach §§ 903, 906, 1004 BGB hat der Arbeitgeber das Recht, von seinen Arbeitnehmern zu verlangen, dass sein Eigentum nicht beschädigt, zerstört, gefährdet oder unbefugt in Anspruch genommen wird. Macht er diesen Anspruch beim Erlass eines Rauchverbots unter Hinweis auf eine bestehende Brandgefahr geltend, so steht dem Betriebsrat kein Mitbestimmungsrecht nach § 87 I Nr. 1 zu, sofern es sich um eine erhöhte Brandgefahr handelt. Denn beim Vorliegen einer erhöhten Brandgefahr kann von einer konkreten auf objektiven Umständen beruhenden Gefahr für das Eigentum des Arbeitgebers ausgegangen werden.[429] Es bestehen dann hinsichtlich des Vorliegens eines fest umrissenen, nicht dem Mitbe-

---

428 Zum Wesen und Inhalt des Weisungsrechts vgl. Richter DB 1989, 2378 ff.

429 Börgmann RdA 1993, 275, 277.

stimmungsrecht unterliegenden Anspruchs keine Zweifel.[430] Typisches Beispiel für die Mitbestimmungsfreiheit in diesem Zusammenhang ist der Erlass eines Rauchverbots an Tankstellen. Jedoch kann auch in Räumlichkeiten, in denen im Normalfall keine erhöhte Brandgefahr vorherrscht, eine solche gegeben sein, wenn entsprechende Umstände vorliegen, wie z.B. das Vorhandensein von leicht entzündlichen Stoffen.

Es ist allgemein anerkannt, dass dem Arbeitgeber hinsichtlich der Frage, ob eine erhöhte Brandgefahr besteht, ein entsprechender Beurteilungsspielraum zusteht.[431]

Der Betriebsrat hat hingegen nach § 87 I Nr. 1 mitzubestimmen, wenn der Arbeitgeber sich beim Erlass des Rauchverbots zwar auf seine Eigentümerstellung beruft, jedoch nur geltend macht, mittels des Verbots seine Betriebsmittel und Betriebseinrichtung vor Verschmutzung schützen zu wollen. Durch die bloße Verschmutzung, etwa durch den Rauch oder die Asche der Zigaretten, werden die Sachen des Arbeitgebers weder beschädigt noch zerstört. Der Arbeitgeber kann folglich keinen bestehenden fest umrissenen, das Mitbestimmungsrecht nach § 87 I Nr. 1 entfallen lassenden Anspruch geltend machen.

Hat der Arbeitgeber den Arbeitnehmern das Rauchen erlaubt, kann er mitbestimmungsfrei Regelungen für das Rauchen aufstellen, die verhindern sollen, dass sein Eigentum gefährdet, beschädigt oder zerstört wird. So kann er beispielsweise zum Schutz des Bodenbelages anordnen, dass es den Arbeitnehmern versagt ist, glühende Zigarettenreste auf den Boden zu werfen.

dd) Rauchverbote zum Schutz der Nichtraucher

Ziel eines Rauchverbotserlasses kann weiterhin der Schutz der nichtrauchenden Arbeitnehmer sein. Die Mitbestimmungspflicht von Arbeitgeberanordnungen, die dem Arbeitsschutz dienen, ist in § 87 I Nr. 7 gesondert geregelt. § 87 I Nr. 7 ist in seinem Anwendungsbereich abschließend, so dass insoweit ein Rückgriff auf § 87 I Nr. 1 ausgeschlossen ist.[432] Das heißt jedoch keinesfalls, dass das Mitbestimmungsrecht nach § 87 I Nr. 1 bei Rauchverboten mit dem Ziel des Nichtraucherschutzes von vornherein entfällt. Von § 87 I Nr. 7 nicht erfasste Maßnahmen können auch unter dem Aspekt des Arbeitsschutzes nach § 87 I Nr. 1 mitbestimmungspflichtig sein. Zu prüfen ist nachfolgend also zunächst, unter welchen Voraussetzungen die Mitbestimmung nach § 87 I Nr. 7 gegeben ist, um danach feststellen zu können, welche dem Arbeits- bzw. hier Nichtraucherschutz dienenden Maßnahmen des Arbeitgebers dem Mitbestimmungsrecht des § 87 I Nr. 1 unterliegen.

---

430 Zur Mitbestimmungspflicht von Arbeitgeberanordnungen beruhend auf der Eigentümerstellung des Arbeitgebers vgl. auch die Ausführungen im Kapitel E., I., 2., c).

431 ArbG Hannover BB 1951, 362; Börgmann RdA 1993, 275, 277; Mummenhoff RdA 1976, 364, 366.

432 Zum Verhältnis der §§ 87 I Nr. 1 und Nr. 7 vgl. die Ausführungen im Kapitel E. I. 2. f) aa).

§ 87 I Nr. 7 setzt voraus, dass eine ausfüllungsbedürftige Rahmenvorschrift über den Arbeitsschutz besteht. Diese Rahmenvorschrift muss dem Arbeitgeber einen Regelungsspielraum lassen, d.h. der Arbeitgeber muss eine Auswahl unter mehreren möglichen Maßnahmen zur Erreichung des Sicherheitsziels haben.[433] Als solche kommen § 3 I 4 Nr. 3 Arbeitsschutzgesetz (ArbSchG) i.V.m. §§ 5 und 32 Arbeitsstättenverordnung (ArbStättV) in Betracht.

Nach § 3 I 4 Nr. 3 ArbSchG i.V.m. § 32 ArbStättV hat der Arbeitgeber in Pausen-, Bereitschafts- und Liegeräumen dafür Sorge zu tragen, dass geeignete Maßnahmen zum Schutz der Nichtraucher vor Belästigungen durch Tabakrauch getroffen werden. Für die von diesen Vorschriften nicht erfassten Arbeitsräume gelten die allgemeinen Anforderungen des § 3 I 4 Nr. 3 ArbSchG i.V.m. § 5 ArbStättV nebst Richtlinien.[434] Danach muss in Arbeitsräumen unter Berücksichtigung der angewandten Arbeitsverfahren und der körperlichen Beanspruchung der Arbeitnehmer während der Arbeitszeit ausreichend gesundheitlich zuträgliche Atemluft vorhanden sein. Derartige Atemluft ist nach der Arbeitsstättenrichtlinie „Lüftung“ (ASR 5) dann vorhanden, wenn die Luftqualität im Wesentlichen der Außenluftqualität entspricht, es sei denn außergewöhnliche Umstände beeinträchtigen die Außenluftqualität.

Das Mitbestimmungsrecht des § 87 I Nr. 7 setzt ferner voraus, dass die Arbeitgebermaßnahme dem Schutz der Gesundheit der Arbeitnehmer dient. Unter Gesundheit der Arbeitnehmer im arbeitsschutzrechtlichen Sinne wird überwiegend die physische und psychische Integrität der Arbeitnehmer bzw. die Erhaltung solcher Integrität gegenüber Beeinträchtigungen durch medizinisch feststellbare Verletzungen oder Erkrankungen verstanden.[435] Dabei erfordert der Arbeitsschutz als vorbeugender Gesundheitsschutz bereits Maßnahmen, bevor die Schwelle zur medizinisch feststellbaren Erkrankung erreicht ist.[436]

Die Frage der Schädlichkeit des Passivrauchens war lange Zeit aus medizinischer Sicht nicht unumstritten. Für die zu erörternde Mitbestimmungspflicht eines den Nichtraucherschutz betreffenden Rauchverbots ist diese Frage jedoch ohne Belang. Selbst wenn die Atemluft durch das Rauchen noch nicht gesundheitsschädlich i.S.d. § 87 I Nr. 7 sein sollte, so z.B. unter Umständen in einem Großraumbüro mit nur einem Raucher, ist die Rauchverbotsanordnung zumindest nach § 87 I Nr. 1 mitbestimmungspflichtig.

Als Ergebnis kann festgehalten werden, dass die Anordnung eines Rauchverbots zum Zwecke des Nichtraucherschutzes primär nach § 87 I Nr. 7 mitbestim-

---

433 GK-Wiese § 87 Rn. 596 m.w.N.

434 GK-Wiese § 87 Rn. 621 m.w.N.

435 MünchArbR-Wlotzke § 199 Rn. 26 m.w.N.

436 MünchArbR-Wlotzke § 199 Rn. 26.

mungspflichtig ist. Sind die Voraussetzungen des § 87 I Nr. 7 nicht erfüllt, ergibt sich das Mitbestimmungsrecht des Betriebsrates subsidiär aus § 87 I Nr. 1.

3. Mitbestimmung des Betriebsrates beim Erlass eines betrieblichen Alkoholverbots

Die Zulässigkeit des Alkoholkonsums im Betrieb ist in der betrieblichen Praxis ein viel diskutiertes Thema. Die große Bedeutung ist durch die Folgen des Konsums bedingt. Sowohl die Arbeitsmoral als auch das Arbeitsergebnis können durch den Alkoholkonsum beeinträchtigt werden. Zudem gefährdet der alkoholtrinkende Arbeitnehmer oft sich und andere Arbeitnehmer. Aufgrund dessen ist es nicht verwunderlich, dass die Arbeitgeber bemüht sind, in ihren Betrieben den Arbeitnehmern den Alkoholgenuss ganz oder teilweise zu verbieten.

Bei der Beurteilung der Mitbestimmungspflicht von Alkoholverboten gemäß § 87 I Nr. 1 kann wegen der vergleichbaren Problematik zum großen Teil auf die für das Rauchverbot aufgestellten Grundsätze zurückgegriffen werden.[437]

Ebenso wie das Rauchverbot unterfällt ein Alkoholverbot dem positiven Regelungsbereich des § 87 I Nr. 1. Zu prüfen ist jedoch, inwieweit das Mitbestimmungsrecht Einschränkungen unterliegt.

Das Mitbestimmungsrecht des Betriebsrates scheidet gemäß § 87 I Einleitungssatz aus, soweit entsprechende gesetzliche Regelungen bestehen. Solche für das Alkoholverbot finden sich in § 31 II 2 Jugendarbeitsschutzgesetz (JArbSchG) und in § 5 der Unfallverhütungsvorschrift für Werkschutz- und Bewachungsunternehmen (VBG 68). Nach § 31 II 2 JArbSchG darf der Arbeitgeber seinen jugendlichen Arbeitnehmern unter 16 Jahren keine alkoholischen Getränke, seinen jugendlichen Arbeitnehmern über 16 Jahren keinen Branntwein geben. § 5 VBG 68 bestimmt, dass in Werkschutz- und Bewachungsunternehmen tätigen Arbeitnehmern der Genuss von alkoholischen Getränken während der Dienstzeit verboten ist.

Das Mitbestimmungsrecht ist ferner ausgeschlossen, wenn das Alkoholverbot Bestandteil einer einzelvertraglichen Vereinbarung ist. Gegen die Zulässigkeit einer derartigen Regelung bestehen keine Bedenken. Wie beim Rauchverbot bereits ausgeführt[438], darf sich die einzelarbeitsvertragliche Regelung jedoch nicht als Umgehung des Mitbestimmungsrechts des Betriebsrates darstellen.

---

[437] Dies wird auch in der Literatur und Rechtsprechung so gesehen. Ein Alkoholverbot unterliegt also ebenso wie das Rauchverbot grundsätzlich dem Mitbestimmungsrecht nach § 87 I Nr. 1 – vgl. BAG (bezüglich § 75 III, Nr. 11 BPersVG) AP Nr. 20 zu § 75 BPersVG; BAG AiB 1991, 272, 273; LAG München BB 1976, 465; GK-Wiese § 87 Rn. 216; Glaubitz BB 1979, 579, 579; Künzl BB 1993, 1581, 1581; Willemsen/Brune DB 1988, 2304, 2306; Wolber BlStSozArbR 1977, 134, 135; Hexel/Löffert BetrR 1983, 5, 47; Fleck BB 1987, 2029, 2030; Hinrichs Anmerkung zur BAGE vom 13.2.1990, AiB 1991, 273; Fecker S. 252 ff.

[438] Vgl. die Ausführungen im vorstehenden Kapitel.

Die Mitbestimmung des Betriebsrates ist weiterhin dann ausgeschlossen, wenn ein Alkoholverbot Bestandteil arbeitsvertraglicher Pflichten der Arbeitnehmer ist, der Arbeitgeber mit der öffentlichen Aussprache des Verbots also nur einen bestehenden, fest umrissenen Anspruch gegenüber den Arbeitnehmern geltend macht. Aufgrund des Arbeitsvertrages ist der Arbeitnehmer, wie bereits mehrfach erwähnt, zur ordnungsgemäßen Erbringung der Arbeitsleistung verpflichtet. Der Arbeitnehmer verstößt gegen diese arbeitsvertragliche Hauptpflicht, wenn er infolge des Alkoholgenusses die geschuldete Arbeitsleistung nicht erbringen kann. Es kommt bei der Bestimmung der noch zulässigen Alkoholmenge also immer auf die Art der Tätigkeit und die besonderen Umstände im Betrieb an. So ist ein als Kraftfahrer tätiger Arbeitnehmer bei Genuss einer den Vorgaben des Straßenverkehrsgesetzes überschreitenden Alkoholmenge aufgrund des gesetzlichen Verbots, ein Kraftfahrzeug in diesem Zustand zu führen, außerstande, seine arbeitsvertragliche Pflicht zu erfüllen. Währenddessen kann einem beispielsweise als Bürokraft tätigen Arbeitnehmer bei Genuss der gleichen Alkoholmenge die Pflichterfüllung möglich sein.[439]

Aber selbst wenn der Arbeitnehmer nach dem Alkoholkonsum seine Hauptvertragspflicht erfüllen kann, hat der Arbeitgeber unter Umständen einen Anspruch auf Unterlassen des Alkoholkonsums bzw. auf Konsum einer geringeren Alkoholmenge, wenn der Arbeitnehmer nebenvertraglich dazu verpflichtet ist. Aus der Nebenvertragspflicht, Schaden vom Arbeitgeber abzuwenden, kann sich ergeben, dass einem beispielsweise im Kundenkontakt stehenden Arbeitnehmer jeglicher Alkoholgenuss untersagt ist. Allein durch den Geruch der sogenannten Alkoholfahne können sich Kunden des Arbeitgebers gestört fühlen. Es besteht die Gefahr, dass sich der Umsatz des Arbeitgebers entsprechend verringert.

Besteht keine haupt- oder nebenvertragliche Pflicht zum Unterlassen jeglichen Alkoholkonsums, so ist es dem Arbeitgeber dennoch nicht verwehrt, ein Alkoholverbot gestützt auf sein Direktionsrecht anzuordnen. Eine solche Anordnung kann dann jedoch nur mit Zustimmung des Betriebsrates ergehen. Das Vorliegen eines Ausschlusstatbestands ist in diesem Fall nicht denkbar.

4. Mitbestimmung des Betriebsrates bei Regelungen des Arbeitgebers das Radiohören im Betrieb betreffend

a) Meinungsstand

Die Gerichte hatten sich in der Vergangenheit des Öfteren mit der Problematik auseinander zu setzen, ob und inwieweit der Betriebsrat mitzubestimmen hat, wenn der Arbeitgeber das Radiohören während der Arbeitszeit verbietet.

---

439 BAG (bezüglich § 75 III, Nr. 11 BPersVG) AP Nr. 20 zu § 75 BPersVG; LAG München BB 1976, 465; Glaubitz BB 1979, 579; Künzl BB 1993, 1581; Fleck BB 1987, 2029, 2030.

Das Bundesarbeitsgericht nahm in seiner Entscheidung vom 14.1.1986 ein Mitbestimmungsrecht des Betriebsrates nach § 87 I Nr. 1 an.[440] Es vertrat die Ansicht, dass das Verbot, Radio zu hören, nicht die Frage betreffe, in welcher Weise bestimmte Arbeiten auszuführen seien. Die Tatsache, dass die Konzentrationsfähigkeit der Arbeitnehmer durch das Radiohören beeinträchtigt werde, sei nicht relevant, da die Arbeitnehmer schon aufgrund ihres Arbeitsvertrages verpflichtet seien, die ihnen übertragene Arbeit unter Anspannung der ihnen möglichen Fähigkeiten ordnungsgemäß zu erbringen. Der Arbeitnehmer, der seine Arbeit konzentriert und fehlerfrei verrichte, erfülle seine Arbeitspflicht, auch wenn er nebenher Radio höre. Das Gericht wies besonders darauf hin, dass es keiner besonderen im Direktionsrecht des Arbeitgebers begründeten Weisung an die Arbeitnehmer bedürfe, konzentriert, zügig und sorgfältig zu arbeiten, um eine entsprechende Pflicht der Arbeitnehmer zu begründen. Dem Arbeitgeber bleibe es versagt, verbindliche Weisungen des Inhalts zu erteilen, wie die Arbeitnehmer die Ursachen ihrer schlechten Leistung zu beseitigen hätten. Nach Auffassung des Bundesarbeitsgerichts seien jedoch Fälle denkbar, in denen die Anordnung eines Verbots während der Arbeit Radio zu hören, auch die Art und Weise betreffe, wie die Arbeit zu verrichten sei. Dies könne bei der Kundenberatung oder -bedienung der Fall sein, da dort der Arbeitgeber die Form und den Inhalt der vom Arbeitnehmer zu erbringenden Dienstleistung bestimmen dürfe. Maßgebend sei, ob das Nichthören von Radiosendungen bei der Arbeit zum Inhalt der geschuldeten Arbeitsleistung gehöre.

Das Landesarbeitsgericht Schleswig-Holstein hatte sich mit der Frage zu beschäftigen, ob dem Betriebsrat ein Mitbestimmungsrecht nach § 87 I Nr. 1 zusteht, wenn der Arbeitgeber seinen Arbeitnehmern verbietet, auf der Brücke eines Fährschiffes während des Wachdienstes Radio zu hören[441]. Das Gericht verneinte die Mitbestimmungspflicht. Es ist der Ansicht, dass das Verbot eine arbeitstechnische Maßnahme sei, welche die Wachoffiziere veranlassen soll, ihren arbeitsvertraglich geschuldeten Wachdienst ordnungsgemäß zu erbringen. Der Arbeitgeber könne diese Maßnahme mangels besonderer arbeitsvertraglicher Regelung kraft Weisungsrechts treffen, um die Arbeitspflicht der Wachoffiziere zu konkretisieren. Es sei Wesen des in diesem Fall bestehenden Arbeitsverhältnisses, dass während der Dauer des Wachdienstes eine höchstmögliche Aufmerksamkeit und eine kontinuierliche Anspannung der geistigen Kräfte seitens der Wachoffiziere unerlässlich sei, um den vertraglich geschuldeten Wachdienst ordnungsgemäß erbringen zu können. Liefe auf der Brücke ein Radio, könne diese Leistung nicht erbracht werden. Das Landesarbeitsgericht sieht seine Entscheidung mit der Entscheidung des Bundesarbeitsgerichts vom 14.1.1986 im Einklang, da das Bundesarbeitsgericht darauf hingewiesen hat, dass auch Fälle

---

440 BAG AP Nr. 10 zu § 87 BetrVG 1972 Ordnung des Betriebs.

441 LAG Schleswig Holstein LAGE Nr. 4 zu § 87 BetrVG 1972 Betriebliche Ordnung.

denkbar wären, in denen die Anordnung eines Radiohörverbots auch die Art und Weise beträfe, wie die Arbeit zu verrichten sei.

Nach Auffassung des Arbeitsgerichts Berlin habe der Betriebsrat ein Mitbestimmungsrecht nach § 87 I Nr. 1 bei der Anordnung des Arbeitgebers an seinen Arbeitnehmer, einem Küchenleiter, während der Arbeitszeit keinen Walkman zu tragen.[442] Das Tragen eines Walkmans mit Kopfhörern sei mit dem Radiohören im Betrieb vergleichbar. Das Gericht wies, ohne auf die besonderen Umstände des Falles einzugehen – der Arbeitgeber behauptete, dass durch das Tragen des Walkmans die Kommunikation des Küchenleiters mit seinen Mitarbeitern verhindert werde – zur Begründung seiner Entscheidung nur darauf hin, dass durch die Rechtsprechung des Bundesarbeitsgerichts das Radiohörverbot dem Mitbestimmungsrecht des § 87 I Nr. 1 zugerechnet werde.

Auch dem Bundesverwaltungsgericht lag ein Fall vor, bei dem sich der Arbeitgeber und die Arbeitnehmervertretung[443] stritten, ob die Anordnung eines Verbots, während der Arbeitszeit Radio zu hören, mitbestimmungspflichtig ist.[444] Das Gericht bejahte ein Mitbestimmungsrecht.[445] In seiner Begründung schloss es sich der Argumentation des Bundesarbeitsgerichts an. Im Übrigen führte das Gericht aus, dass es im Verantwortungsbereich des Beschäftigten liege, zu entscheiden, ob er es mit seiner Dienstleistungspflicht vereinbaren könne, in der Dienstzeit Radio zu hören. Soweit durch den Betrieb des Rundfunkgerätes andere Beschäftigte an der ordnungsgemäßen Erfüllung der dienstlichen Aufgaben gehindert würden, sei offensichtlich das Zusammenwirken der Beschäftigten in der Dienststelle und damit die Ordnung des Betriebs beeinträchtigt. Wie das Bundesarbeitsgericht wies das Bundesverwaltungsgericht darauf hin, dass bei derartigen Verboten unter bestimmten Voraussetzungen auch die Art und Weise der Erfüllung der Dienstaufgaben der Beschäftigten betroffen werden könne. Dies käme insbesondere bei Beschäftigten in Betracht, die in Abteilungen der Behörde mit erheblichem Publikumsverkehr arbeiten würden.

Hauptsächlich die Entscheidung des Bundesarbeitsgerichts gab Autoren innerhalb der Literatur Anlass, sich mit dem Problem der Mitbestimmungspflicht des Radiohörverbots auseinander zu setzen. Insgesamt haben sich drei verschiedene Meinungsgruppen herausgebildet.

Zum Teil wird angenommen, dass sich das Mitbestimmungsrecht des Betriebsrates nach § 87 I Nr. 1 auf sämtliche Anordnungen zum Radiohören im Betrieb erstrecke, die der Arbeitgeber erlassen wolle.[446] Dieses Ergebnis wird vorwie-

---

442 ArbG Berlin EzA Nr. 17 zu § 87 BetrVG 1972 Betriebliche Ordnung.

443 In diesem Fall der Personalrat.

444 BVerwG ZTR 1988, 229 f.

445 Einschlägige Mitbestimmungsnorm war der mit § 87 I Nr. 1 vergleichbare § 72 III, Nr. 15 LPVG NW a.F.

446 DKK-Klebe § 87 Rn. 53; MünchArbR-Matthes § 325 Rn. 5; Mantke DB 1986, 595 f.

gend mit einem Verweis auf § 75 II begründet, der es dem Arbeitgeber und dem Betriebsrat gebiete, die freie Persönlichkeit der Arbeitnehmer zu schützen und zu fördern.[447] Die Aufgabe des Betriebsrates sei es, im Rahmen seines Mitbestimmungsrechts nach § 87 I Nr. 1 beispielsweise darauf zu achten, dass das Recht der Arbeitnehmer auf freie Entfaltung der Persönlichkeit nicht unzulässig eingeschränkt werde.[448]

Nach der gegenteiligen Ansicht, die insbesondere vom Kommentar Hess/ Schlochauer/ Worzalla/ Glock sowie von v. Hoyningen-Huene vertreten wird, ist ein Mitbestimmungsrecht des Betriebsrates nach § 87 I Nr. 1 generell beim Erlass eines Radiohörverbots während der Arbeitszeit ausgeschlossen.[449] Die Autoren gehen davon aus, dass Tätigkeiten, die nicht der Erbringung der Arbeitsleistung dienten, grundsätzlich nicht zulässig und daher mitbestimmungsfrei seien.[450]

Eine dritte Meinungsgruppe sieht die Problematik der Mitbestimmungspflicht beim Radiohörverbot differenzierend.[451] Ein Mitbestimmungsrecht des Betriebsrates nach § 87 I Nr. 1 käme grundsätzlich in Betracht. Die Arbeitgeberanordnung könne hingegen mitbestimmungsfrei ergehen, wenn das Nichthören von Radiosendungen bei der Arbeit zum Inhalt der geschuldeten Arbeitsleistung gehöre oder gehören könne[452] bzw. wenn es durch das Radiohören zu einer nachweisbaren Beeinträchtigung der Arbeitsleistung von radiohörenden Arbeitnehmern oder anderen dadurch betroffenen Arbeitnehmern komme.[453] Der Arbeitnehmer müsse nämlich bereits aufgrund seiner Vertragspflicht das Radiohören unterlassen, falls seine ordnungsgemäße Arbeit oder die der Arbeitskollegen dadurch beeinträchtigt werde.[454] Natzel geht noch weiter, indem er einen für den Betriebsrat ausfüllbaren Gestaltungsspielraum erst dann als gegeben ansieht, wenn unter keinen objektiv fassbaren Umständen die Arbeitsleistung durch das Radiohören beeinträchtigt werden könne, wie z.B. bei Fließband- oder Putzarbeiten.[455]

---

447 Mantke DB 1986, 595, 596.

448 Mantke DB 1986, 595, 596.

449 Hess/ Schlochauer/ Worzalla/ Glock § 87 Rn. 107, 114; v. Hoyningen-Huene Anmerkung zu BAG AP Nr. 10 zu § 87 BetrVG 1972 Ordnung des Betriebs – vgl. insoweit auch die ausführliche Wiedergabe der Ansicht v. Hoyningen-Huenes im Kapitel C., I., 3., a), bb); des weiteren auch Hromadka DB 1986, 1573, 1574.

450 Hess/ Schlochauer/ Worzalla/ Glock § 87 Rn. 107; v. Hoyningen-Huene Anmerkung zu BAG AP Nr. 8 zu § 87 BetrVG 1972 Ordnung des Betriebs.

451 GK-Wiese § 87 Rn. 218; Stege/ Weinspach § 87 Rn. 47a; Richardi § 87 Rn. 189; Liebers DB 1987, 2256 f.

452 Richardi § 87 Rn. 189.

453 GK-Wiese § 87 Rn. 218; Stege/ Weinspach § 87 Rn. 47a.

454 GK-Wiese § 87 Rn. 218.

455 Natzel SAE 1987, 42, 44.

b) Stellungnahme

Anordnungen des Arbeitgebers, die den Arbeitnehmern das Radiohören während der Arbeitszeit verbieten, fallen stets unter den positiven Regelungsbereich des § 87 I Nr. 1. Sie regeln unzweifelhaft eine verhaltensbezogene Arbeitsbedingung der Arbeitnehmer, die sich auf den Betriebsablauf und die Arbeitsorganisation bezieht und die Einbindung der Arbeitnehmer in den Betrieb betrifft. Mit dem Radiohörverbot wird im Übrigen zumeist das Zusammenleben und Zusammenwirken der Arbeitnehmer im Betrieb geregelt, da vom Radiobetrieb allgemeinhin mehrere Arbeitnehmer betroffen sind.

Fraglich ist, ob ein Ausschlussgrund des Mitbestimmungsrechts des § 87 I Nr. 1 vorliegt.

Zunächst kann festgestellt werden, dass ein Radiohörverbot grundsätzlich nicht ausschließlich den Arbeitsablauf, die Arbeitsmethode oder das Fertigungsverfahren betreffen kann. Das Radiohören hat nämlich mit dem eigentlichen Arbeitsvorgang nichts zu tun.

Das Mitbestimmungsrecht des Betriebsrates könnte jedoch ausgeschlossen sein, wenn feststeht, dass der Arbeitgeber mit dem Erlass eines Radiohörverbots gegenüber den Arbeitnehmern lediglich einen bereits bestehenden, fest umrissenen Anspruch aus dem Arbeitsverhältnis geltend macht bzw. die Arbeitnehmer auf ohnehin schon bestehende sich aus dem Arbeitsvertrag ergebene Verhaltenspflichten hinweist, ohne zusätzliche Pflichten für die Arbeitnehmer zu begründen.

Ausgangspunkt der Untersuchung ist also der Inhalt des Arbeitsvertrages. Nach diesem besteht für die Arbeitnehmer die Pflicht, eine bestimmte Funktion innerhalb eines fremden Lebensbereichs ordnungsgemäß wahrzunehmen.[456] Erlaubt ist daher alles, was diese Verpflichtung, einschließlich der Zusammenarbeit mit den Arbeitskollegen, nicht beeinträchtigt.[457] Insoweit muss dem Ansatzpunkt der Argumentation v. Hoyningen-Huenes[458] widersprochen werden, der aus der vertraglichen Pflicht des Arbeitnehmers, zu arbeiten, das Gebot ableitet, sämtliche arbeitsbegleitende Tätigkeiten zu unterlassen.

Es ist somit nicht gerechtfertigt, das Mitbestimmungsrecht des § 87 I Nr. 1 von vornherein auszuschließen. Vielmehr ist in jedem Einzelfall gesondert zu prüfen, ob der Betrieb eines Radios die vom Arbeitnehmer geschuldete Arbeitsleistung bzw. die geschuldete Arbeitsleistung seiner Arbeitskollegen beeinträchtigt.[459]

---

456 GK-Wiese § 87 Rn. 218.

457 GK-Wiese § 87 Rn. 218.

458 v. Hoyningen-Huene Anmerkung zu BAG AP Nr. 8 zu § 87 BetrVG 1972 Ordnung des Betriebs – der Ansatzpunkt dieser Argumentation führt zwangslogisch zur generellen Ablehnung des Mitbestimmungsrechts beim Radiohörverbot.

459 Unzutreffend ist die Feststellung des Bundesarbeitsgerichts (BAG AP Nr. 10 zu § 87 BetrVG 1972 Ordnung des Betriebs), dass die Tatsache, dass andere Arbeitnehmer möglicherweise durch das Radiohören eines Kollegen an der ordnungsgemäßen Erfüllung ih-

Eine solche Beeinträchtigung ist zumeist bei Tätigkeiten gegeben, die im Zusammenhang mit einer Kundenberatung oder -bedienung stehen. Im Kundenkontakt tätige Arbeitnehmer haben gemäß ihrer geschuldeten Arbeitsleistung jegliches den Kunden störendes Verhalten zu unterlassen.

Aus dem Umstand, dass der Betrieb eines Radios während der Arbeitszeit in der Regel zu einer gewissen Ablenkung der Arbeitnehmer führt, kann nicht pauschal geschlossen werden, dass es keinem Arbeitnehmer möglich ist, trotz Radiohörens die geschuldete Arbeitsleistung zu erbringen. Es gibt verschiedene Arten von Tätigkeiten, bei denen der Radiobetrieb die Qualität und Quantität der Arbeitsleistung nicht mindert, so insbesondere bei nicht geistigen Arbeiten wie Putzen oder der Fließbandarbeit. Der Einfluss des Radiobetriebes auf die Arbeitsleistung kann zudem von Arbeitnehmer zu Arbeitnehmer unterschiedlich sein. So gibt es sicher Menschen, bei denen sich das Hören von Musik leistungsfördernd auswirkt. Auch die Art der Sendung sowie die Lautstärke des Radios spielen eine Rolle. Im erwähnten vom Landesarbeitsgericht Schleswig-Holstein entschiedenen Fall kann zweifellos der Wachoffizier Signale ab einer gewissen Radiolautstärke nicht mehr wahrnehmen und so seine Arbeitsleistung nicht ordnungsgemäß erbringen. Wiederum ist es dem Küchenleiter im vom Arbeitsgericht Berlin entschiedenen Fall bei nur leisem Radiobetrieb möglich, mit seinen Mitarbeitern seiner Vertragspflicht gemäß zu kommunizieren.

Bei der Beurteilung der Mitbestimmungspflicht eines Radioverbotserlasses ist also maßgebend und in jedem Einzelfall gesondert zu prüfen, ob für den Arbeitnehmer bzw. für seine Arbeitskollegen trotz Radiohörens während der Arbeitszeit aus objektiven Gesichtspunkten die Möglichkeit besteht, die geschuldete Arbeitsleistung zu erbringen. Nur wenn dies nicht möglich ist, besteht ein fest umrissener Anspruch aus dem Arbeitsvertragsverhältnis, und nur dann begründet der Arbeitgeber mit dem Verbot keine zusätzliche Verhaltenspflicht für die Arbeitnehmer.

5. Mitbestimmung des Betriebsrates bei Maßnahmen des Arbeitgebers, die das Verhalten von Mitgliedern des Betriebsrates betreffen, insbesondere beim Ab- und Rückmeldeverfahren

Einer besonderen Argumentation bedarf die Frage, ob der Betriebsrat mitzubestimmen hat, wenn der Arbeitgeber das Verhalten des Betriebsrates und seiner

rer Arbeitspflicht gehindert werden, für ein Mitbestimmungspflicht nach § 87 I Nr. 1 spreche. Denn wie Natzel (SAE 1987, 42, 44) richtig feststellt, kann der Betriebrat nicht „Herr“ über die Leistungs- und Vertragserfüllung der anderen Arbeitnehmer sein, die sich durch das Radiohören ihrer Kollegen gestört fühlen. Allein dem Arbeitgeber als Gläubiger der vertraglichen Schuld steht es zu, deren Erbringung zu regeln.

Mitglieder reglementiert.[460] In der betrieblichen Praxis stand und steht in diesem Zusammenhang hauptsächlich das Problem zur Diskussion, ob das Verfahren bei der Ab- und Rückmeldung von Betriebsratsmitgliedern zwecks Wahrnehmung von Betriebsratsaufgaben während der Arbeitszeit Gegenstand der Mitbestimmung nach § 87 I Nr. 1 ist.[461]

a) Meinungsstand

Literatur und Rechtsprechung zeigen sich in der Beurteilung der Frage nach der Mitbestimmungspflicht von Arbeitgeberanweisungen betreffend das Verfahren der Ab- und Rückmeldung von Betriebsratsmitgliedern uneinheitlich.

Das Bundesarbeitsgericht musste sich mit dieser Frage bis heute zweimal auseinandersetzen.

In seinem ersten Beschluss vom 23.6.1983 entschied das Gericht, dass ein Mitbestimmungsrecht nach § 87 I Nr. 1 nicht bestehe, wenn der Arbeitgeber ein Formular neu einführe, in welchem die Betriebsratsmitglieder ihren Namen, die Gründe, den Anfang, das Ende und die Dauer ihrer Betriebsratstätigkeit eintragen müssen.[462] In der Entscheidungsbegründung verwies das Bundesarbeitsgericht darauf, dass Zweck des Mitbestimmungsrechts nach § 87 I Nr. 1 insbesondere die Begrenzung des im Rahmen des Arbeitsverhältnisses bestehenden Direktionsrechts des Arbeitgebers sei. Die gesetzlichen Befugnisse des Betriebsrates selbst würden hingegen vom Mitbestimmungsrecht nicht mit umfasst. Beziehe sich die Anordnung des Arbeitgebers, wie im zu entscheidenden Fall, nur auf die Amtsführung des Betriebsrates und seiner Mitglieder, so könne der Betriebsrat nicht mitbestimmen, da die Amtsführung von vornherein nicht dem Direktionsrecht des Arbeitgebers unterliege. Die Ab- und Rückmeldung von Betriebsratsmitgliedern werde durch die gesetzliche Regelung des § 37 II bestimmt. Dem Arbeitgeber bleibe es versagt, weitere eventuell zum Mitbestimmungsrecht führende Verhaltensregeln in diesem Zusammenhang aufzustellen.

---

460 Die zu erörternde Problematik tritt nur bei den nicht freigestellten Mitgliedern des Betriebsrates auf. Soweit im folgenden von „Betriebsratsmitgliedern“ die Rede ist, sind daher nur die nicht freigestellten Mitglieder des Betriebsrates gemeint.

461 Zum besseren Verständnis dieser Problematik soll an dieser Stelle kurz auf die entsprechende gesetzliche Regelung eingegangen werden. § 37 II bestimmt, dass Mitglieder des Betriebsrates zur Wahrnehmung ihrer Aufgaben vom Arbeitgeber freizustellen sind. Nach ganz überwiegender Ansicht bedarf es einer Zustimmung des Arbeitgebers zur Arbeitsbefreiung nicht (vgl. u.a. BAG AP Nr. 36, 39 und 105 zu § 37 BetrVG 1972; DKK-Wedde § 37 Rn. 43; Fitting/ Engels/ Schmidt/ Trebinger/ Linsenmaier (23. Auflage) § 37 Rn. 49). Jedoch müssen sich Betriebsratsmitglieder beim Verlassen des Arbeitsplatzes abmelden und nach Beendigung der Betriebsratstätigkeit wieder zurückmelden (Fitting/ Engels/ Schmidt/ Trebinger/ Linsenmaier (23. Auflage) § 37 Rn. 50 m.w.N).

462 BAG AP Nr. 45 zu § 37 BetrVG 1972.

In seiner zweiten Entscheidung zu diesem Problemkreis ließ das Bundesarbeitsgericht es offen, ob ein etwaiger Regelungsspielraum im Rahmen des Ab- und Rückmeldeverfahrens das Mitbestimmungsrecht nach § 87 I Nr. 1 zu begründen vermag oder ob eine Anwendung dieser Vorschrift auf das Verhalten von Betriebsratsmitgliedern im Zusammenhang mit deren Amtsführung von vornherein ausscheidet.[463] Das Gericht beließ es dabei, die Arbeitgeberanweisungen im Einzelnen nach ihren Besonderheiten zu beurteilen.[464]

In den unteren Instanzen wird das angesprochene Problem kontrovers diskutiert. Während das Landesarbeitsgericht Berlin mit dem Hinweis darauf, dass nicht die Arbeitnehmerschaft von der in Frage stehenden Arbeitgebermaßnahme betroffen werde, sondern nur die Betriebsratsmitglieder in ihrer Amtsträgerstellung, ein Mitbestimmungsrecht nach § 87 I Nr. 1 ablehnte[465], nahmen u.a. das Landesarbeitsgericht Baden-Württemberg[466] und das Landesarbeitsgericht Düsseldorf[467] ein betriebliches Mitbestimmungsrecht an. In den Entscheidungsgründen gingen sie jedoch nicht auf die besondere Rechtslage – die Mitbestimmung im Rahmen der Betriebsratstätigkeit – ein. Das Arbeitsgericht Siegen, welches ebenfalls dem Betriebsrat ein Mitbestimmungsrecht nach § 87 I Nr. 1 zusprach, wies in seiner Begründung darauf hin, dass Mitglieder des Betriebsrates auch Arbeitnehmer im Sinne des gesamten Betriebsverfassungsgesetzes seien.[468] Es sei daher unerheblich, dass es sich bei den durch die Verhaltensregelungen betroffenen Arbeitnehmern gerade um die Gruppe handele, der das Mitbestimmungsrecht zustehe.[469]

Auch im Schrifttum besteht Uneinigkeit. Zum Teil wird vom Bestehen eines Mitbestimmungsrechts nach § 87 I Nr. 1 ausgegangen.[470] Beck argumentiert, das Betriebsratsmitglied müsse sich beim Arbeitgeber abmelden, weil es vorübergehend seiner Arbeitspflicht als Arbeitnehmer nicht nachkommen könne und nicht etwa deshalb, um dem Arbeitgeber Kontrollmöglichkeiten über die Betriebsratstätigkeit zu eröffnen.[471] Die nicht freigestellten Betriebsratsmitglieder stünden hinsichtlich der Beurteilung der Mitbestimmungspflicht insoweit normalen Arbeit-

---

463 BAG AP Nr. 119 zu § 37 BetrVG 1972.

464 Dabei kam es zu dem Ergebnis, dass beide in Frage stehenden Arbeitgebermaßnahmen nicht dem Mitbestimmungsrecht unterlägen. Die eine Anweisung sei ein bloßer Hinweis auf bestehende Pflichten gemäß § 37 II, die andere unwirksam.

465 LAG Berlin DB 1981, 1416 f.

466 LAG Baden-Württemberg Beschluss vom 1.6.1976, AP Nr. 1 zu § 87 BetrVG Ordnung des Betriebs.

467 LAG Düsseldorf Beschluss vom 9.8.1985, DB 1985, 2463 f.

468 ArbG Siegen DB 1982, 439, 440.

469 So auch ArbG Wuppertal DB 1973, 1954.

470 Dietz/ Richardi § 37 Rn. 26, § 87 Rn. 140; Dütz DB 1976, 1428, 1431; Beck AiB 1985, 56, 57; Galperin/ Löwisch § 37 Rn. 33, § 8 Rn. 59a; Schaub § 221, II, 2; Löwisch/ Reimann Anmerkung zu BAG AP Nr. 45 zu § 37 BetrVG 1972.

471 Beck AiB 1985 56, 57.

nehmern gleich.[472] Löwisch/ Reimann führen darüber hinaus an, dass erst mit der Abmeldung das Betriebsratsmitglied für die Dauer der ausgeübten Amtstätigkeiten nicht mehr dem Direktionsrecht des Arbeitgebers unterstehe.[473] Da es sich dann aber bei der näheren Ausgestaltung des Abmeldeverfahrens notwendigerweise nicht nur, aber auch um die Regelung einer direktionsrechtlichen Frage handele, müsse die Anwendbarkeit des § 87 I Nr. 1 gegeben sein.

Andere Autoren lehnen ein Mitbestimmungsrecht des Betriebsrates nach § 87 I Nr. 1 ab.[474] Zur Begründung führen einige Vertreter dieser Ansicht pauschal an, dass die in Frage stehenden Verhaltensregelungen des Arbeitgebers das Arbeits- und Leistungsverhalten der Betriebsratsmitglieder als Arbeitnehmer und nicht ihr Ordnungsverhalten beträfen.[475] Zum Teil wird jedoch in der Argumentation auch auf die besondere Stellung der Betriebsratsmitglieder hingewiesen. Die Regelung des Abmeldeverfahrens sei nicht mitbestimmungspflichtig, weil sie die Amtsausführung des Betriebsrates betreffe.[476] Darüber hinaus habe der Arbeitgeber überhaupt kein Weisungsrecht hinsichtlich der Ab- und Rückmeldung. Dies sei jedoch Voraussetzung für das Bestehen eines Mitbestimmungsrechts nach § 87 I Nr. 1.[477] Nach Ansicht Reschers müsse ein Mitbestimmungsrecht obendrein zur Vermeidung einer Interessenkollision abgelehnt werden.[478] Die zu regelnde Materie betreffe gerade den Personenkreis, dem ein Mitbestimmungsrecht zustehen solle.

b) Stellungnahme

Wie oben bereits ausführlich dargestellt, hat der Betriebsrat bei Anwesenheitskontrollen des Arbeitgebers hinsichtlich der Frage, wie diese Kontrollen ausgestaltet werden, gemäß § 87 I Nr. 1 mitzubestimmen.[479] Fraglich ist, ob das Mitbestimmungsrecht bei der Arbeitnehmergruppe der Betriebsratsmitglieder entfällt.

---

472 Dem folgend verweist Beck (AiB 1985, 56, 57) auf die überwiegende Ansicht, die ein Mitbestimmungsrecht nach § 87 I Nr. 1 im Zusammenhang mit dem An- und Abmeldeverfahren bejaht.

473 Löwisch/Reimann Anmerkung zu BAG AP Nr. 45 zu § 37 BetrVG 1972, Bl.4.

474 MünchArbR-Joost § 300 Rn. 22; GK-Wiese § 87 Rn. 181; Stege/ Weinspach § 87 Rn. 45a; Hess/ Schlochauer/ Worzalla/ Glock § 37 Rn. 41, § 87 Rn. 114; DKK-Wedde § 37 Rn. 46; Fitting/ Engels/ Schmidt/ Trebinger/ Linsenmaier (23. Auflage) § 37 Rn. 53; von Friesen DB 1981, 1618, 1619; Meisel Anmerkung zur BAGE vom 23.6.1983, SAE 1984, 198, 200.

475 So vor allem Hess/ Schlochauer/ Worzalla/ Glock § 37 Rn. 41; Meisel Anmerkung zur BAGE vom 23.6.1983, SAE 1984, 198, 200.

476 MünchArbR-Joost § 300 Rn. 22; GK-Wiese § 87 Rn. 182.

477 DKK-Wedde § 37 Rn. 46; GK-Wiese § 87 Rn. 182.

478 Rescher Kapitel V., 1), e).

479 Vgl. die Ausführungen im Kapitel E. II. 1. b) bb) (2).

Dagegen könnte zunächst sprechen, dass Betriebsratsmitglieder trotz ihrer Amtsträgerschaft grundsätzlich nicht von ihren arbeitsvertraglichen Pflichten entbunden sind. Auch ihnen obliegt es im Falle der vorübergehenden Verhinderung der Erbringung ihrer Arbeitspflicht schon aus arbeitsvertraglicher Sicht, sich beim Arbeitgeber abzumelden. Insofern liegt es nahe, die Ab- und Rückmeldepflicht von Betriebsratsmitgliedern im Rahmen ihrer betriebsrätlichen Tätigkeit allein auf bestehende sich aus dem Arbeitsvertrag ergebende Pflichten zurückzuführen. Man hätte somit die Arbeitnehmergruppe der Betriebsratsmitglieder mit den übrigen Arbeitnehmer gleich zu behandeln und müsste folglich auch ein Mitbestimmungsrecht des Betriebsrates bejahen.

Mit diesem Ergebnis lässt man jedoch die besondere gesetzliche Regelung der Rechte und Pflichten des Betriebsrates völlig außer Acht. Wie eingangs erwähnt, haben Betriebsratsmitglieder gegenüber dem Arbeitgeber nach § 37 II einen Anspruch auf Arbeitsbefreiung, wenn sie betriebsrätliche Aufgaben wahrnehmen wollen. Dieser Anspruch ist fest umrissen und kann nicht vom Arbeitgeber in anderer Form geregelt werden. Die Voraussetzungen dieses Anspruchs werden von § 37 II, wenn auch nicht ausdrücklich, vorgegeben. Von der Rechtsprechung und der Literatur wurden im Rahmen der gesetzlichen Auslegung Modalitäten entwickelt, die bei der Ausübung des Anspruchs auf Arbeitsbefreiung zu beachten sind. Zu diesen Modalitäten gehört u.a. auch das Ab- und Rückmeldeverfahren. Auch dieses Verfahren ist, wie der Anspruch auf Arbeitsbefreiung, selbst keiner Arbeitgeberregelung zugänglich. Dem Arbeitgeber steht kein Weisungs- bzw. Direktionsrecht zu. Im Zusammenhang mit diesem Argument steht die Überlegung, dass sich die in Frage stehende Arbeitgeberanordnung allein auf die Amtstätigkeit der Betriebsratsmitglieder bezieht. Die Arbeitnehmerschaft des Betriebs wird von der Regelung nicht betroffen. Denn es geht nicht darum, wie sich die Arbeitnehmerschaft zu verhalten hat, sondern was in bestimmten Situationen von ihrem Betriebsrat verlangt werden kann.

Demgemäss besteht bei der Frage der Mitbestimmung bei Regelungen des Ab- und Rückmeldeverfahrens ein wesentlicher Unterschied zwischen der Arbeitnehmergruppe der Betriebsratsmitglieder und der übrigen Arbeitnehmerschaft, welcher zur unterschiedlichen Beurteilung der Mitbestimmungsrechte des Betriebsrates führen muss.

Der Ablehnung des Mitbestimmungsrechts steht nicht entgegen, dass die Ab- und Rückmeldung zugleich zur Vertragspflicht der Arbeitnehmer gehört und ihre Nichtbeachtung eine Vertragsverletzung darstellt. Insoweit ist Wiese zuzustimmen, der argumentiert, dass man andernfalls zu einer Mitregelungsbefugnis des Arbeitgebers über die Aufnahme der Amtstätigkeit eines Betriebsratsmitglieds käme, die im Widerspruch zu der von den Befürwortern der Mitbestimmung selbst vertretenen Interpretation des § 37 II stehe.[480]

---

[480] GK-Wiese § 87 Rn. 182.

Das Nichtbestehen eines Mitbestimmungsrechts ist im Übrigen für die Betriebsratsmitglieder als Arbeitnehmergruppe auch gar nicht nachteilig. Das Ab- und Rückmeldeverfahren ist in allen Einzelheiten vorgegeben. Abweichungen durch entsprechende Arbeitgeberregelungen haben, da sie unwirksam sind, für die Betriebsratsmitglieder keine Bedeutung.

Die Tatsache, dass die hier in Frage stehenden Regelungen gerade den Personenkreis betreffen, dem ein Mitbestimmungsrecht zustehen soll, stellt im Übrigen kein Argument für die Ablehnung des Mitbestimmungsrechts dar. Der Ansicht Reschers, dass die vorhandene besondere Interessenskollision der Annahme eines Mitbestimmungsrechts entgegen stehe[481], kann insofern nicht gefolgt werden. Denn dies hätte zur Konsequenz, dass der Arbeitgeber bezüglich der Gruppe der Betriebsratsmitglieder Verhaltensregelungen alleine aufstellen könnte.[482]

Festzuhalten bleibt, dass Arbeitgeberanordnungen, welche das Ab- und Rückmeldeverfahren der Arbeitnehmer zum Regelungsgegenstand haben, grundsätzlich der Mitbestimmung des Betriebsrates unterliegen. Ein Mitbestimmungsrecht ist hingegen nicht gegeben, wenn sich das Ab- und Rückmeldeverfahren auf die Betriebsratstätigkeit bezieht.

Für die generelle Frage, ob der Betriebsrat mitzubestimmen hat, wenn der Arbeitgeber das Verhalten des Betriebsrates und seiner Mitglieder reglementiert, kommt es entscheidend darauf an, ob mit der Arbeitgebermaßnahme auf die Amtstätigkeit der Betriebsratsmitglieder Einfluss genommen wird. Ist dies der Fall, scheidet ein Mitbestimmungsrecht des Betriebsrates nach § 87 I Nr. 1 aus.

6. Mitbestimmung des Betriebsrates bei Maßnahmen des Arbeitgebers den Krankenstand der Arbeitnehmer betreffend

Im Zusammenhang mit Maßnahmen des Arbeitgebers den Krankenstand der Arbeitnehmer betreffend sind in der betrieblichen Praxis besonders die Führung von Gesprächen des Arbeitgebers mit seinen Arbeitnehmern über krankheitsbedingte Fehlzeiten, die sogenannten Krankengespräche, sowie die Einführung von Arztformularen von Bedeutung, mittels derer die Arbeitnehmer insbesondere die Notwendigkeit eines Arztbesuches nachzuweisen haben.

a) Führung von Gesprächen mit Arbeitnehmern über krankheitsbedingte Fehlzeiten

Anfang der neunziger Jahre hat sich in der betrieblichen Praxis das Instrument der Krankengespräche herausgebildet, mit Hilfe derer die Arbeitgeber die Krankenquote im Unternehmen verbessern wollten. Ziel ist es, mittels der Gespräche

---

481 Rescher Kapitel V. 1) e).

482 So auch ArbG Siegen DB 1982, 439, 440.

Hintergründe der Abwesenheit der einzelnen Arbeitnehmer zu erfahren. Im Mittelpunkt solcher Gespräche steht einerseits die Beeinflussung der durch inakzeptable Fehlzeiten aufgefallenen Mitarbeiter, andererseits die Klärung der Frage, ob eventuell betriebliche Gegebenheiten die Krankheitsausfälle verursachten. Hinzu kommt, dass der Arbeitgeber des Öfteren Zweifel daran hat, ob das Fehlen der Arbeitnehmer tatsächlich krankheitsbedingt war. Dem Aussage- und Beweiswert ärztlicher Arbeitsunfähigkeitsbescheinigungen wird seitens des Arbeitgebers oftmals mit einer gewissen Skepsis entgegengetreten.

Der Einsatz der Krankengespräche zur Senkung der Krankenquote fand und findet nicht die ungeteilte Zustimmung der Betriebsräte. Diese befürchten, dass die Arbeitgeber letztlich unter Anwendung illegitimer Mittel „Jagd" auf Kranke machen und diese trotz akuter Arbeitsunfähigkeit zum Verzicht auf gesetzliche Ansprüche bewegen wollen.

aa) Meinungsstand

Die Bedeutung der Krankengespräche hat zur Folge, dass diese des Öfteren Gegenstand gerichtlicher Auseinandersetzungen zwischen den Betriebsparteien sind.

Das Bundesarbeitsgericht musste bislang einmal über die Mitbestimmungspflicht von Krankengesprächen entscheiden.[483] Der Beschluss vom 8.11.1994, in dem das Gericht ein Mitbestimmungsrecht des Betriebsrates nach § 87 I Nr. 1 bejahte, wurde bereits im Rahmen der Entwicklung der Rechtsprechung erörtert.[484] Ergänzenderweise ist zum speziellen Problem der Krankengespräche zu erwähnen, dass das Bundesarbeitsgericht als umstrittenen Regelungsgegenstand nicht das „Krankheitsverhalten", sondern das Verhalten der Arbeitnehmer bei der Führung der Gespräche ansah. Dieses gehöre nach Ansicht des Gerichts aber nicht unmittelbar zur Erbringung der Arbeitsleistung. Intensiv setzte sich das Gericht mit der Frage auseinander, ob bei den Krankengesprächen überhaupt ein kollektiver Tatbestand vorliegt. Im Ergebnis wurde diese allgemeine Voraussetzung des Mitbestimmungsrechts bejaht. Die Gespräche seien in gleichförmiger Art und Weise durchgeführt worden. Die Auswahl der Mitarbeiter, mit denen die Gespräche geführt worden seien, sei nach einer abstrakten Regel erfolgt.

Die Landesarbeitsgerichte hatten sich mehrfach mit dem Mitbestimmungsproblem hinsichtlich der Durchführung von Krankengesprächen zu beschäftigen. Dabei kamen sie zu unterschiedlichen Ergebnissen. Während nach Ansicht der Landesarbeitsgerichte Hamm, Baden-Württemberg und Frankfurt die Gespräche

---

483 BAG AP Nr. 24 zu § 87 BetrVG 1972 Ordnung des Betriebs.

484 Vgl. Kapitel B. II. 1.

mitbestimmungsfrei eingeführt werden können[485], seien nach Meinung des Landesarbeitsgerichts Hamburg die Voraussetzungen des § 87 I Nr. 1 mit gewissen Einschränkungen erfüllt.[486]

Zur Verneinung des Mitbestimmungsrechts wird angeführt, dass allein die Gründe für die Nichterbringung der von dem Arbeitnehmer geschuldeten Arbeitsleistung angesprochen seien und nicht auch Fragen der Ordnung des Betriebs und des Verhaltens der Arbeitnehmer.[487] Daran ändere auch der Umstand nichts, dass die Gespräche eingesetzt würden, um das Krankheitsverhalten anderer Arbeitnehmer zu beeinflussen.[488] Eine andere Beurteilung würde letztlich dazu führen, dass alle individualrechtlichen Maßnahmen mitbestimmungspflichtig seien, weil sie mittelbar auch das Arbeitsverhalten anderer Arbeitnehmer beeinflussen könnten.[489] Das Landesarbeitsgericht Frankfurt betonte, dass der Bezug zur Ordnung des Betriebs schon deshalb fehle, weil der Arbeitnehmer für die Zeit seiner krankheitsbedingten Arbeitsunfähigkeit an der betrieblichen Ordnung gerade nicht teilnehme und daher ein Zusammenleben und Zusammenwirken mit seinen Arbeitskollegen nicht in Frage stehe.[490]

Nach Ansicht des Landesarbeitsgerichts Hamburg ergebe sich der Bezug der Krankengespräche zur betrieblichen Ordnung daraus, dass der Arbeitgeber bei der Durchführung der Gespräche zumindest von der Vorstellung geleitet worden sei, dass ein Teil der Fehlzeiten nicht durch tatsächliche Erkrankungen verursacht sei, sondern vielmehr ein Missbrauch vorliege.[491] Die Kollektivität der Arbeitgebermaßnahme sei anzunehmen, da die Gespräche zumindest auch als Instrument eingesetzt würden, um das Fehlzeitenverhalten der Arbeitnehmer zu beeinflussen und damit über die konkret betroffenen Arbeitnehmer hinaus generalpräventiv auf die übrige Belegschaft einwirkten. Nicht mitbestimmungspflichtig seien nach Auffassung des Gerichts dagegen Gespräche, die der Arbeitgeber zur Vorbereitung einer Kündigung führe, um sich etwa im Hinblick auf die negative Krankheitsprognose eine gewisse Sicherheit zu verschaffen. Gleiches gelte für Gespräche, die dazu dienten, das Vorliegen der Voraussetzungen der Entgeltfortzahlung festzustellen, z.B. ein etwaiges Eigenverschulden des Arbeitnehmers. In diesen Fällen fehle es am kollektiven Bezug.

Auch in der Literatur gibt es unterschiedliche Ansichten zur Frage der Mitbestimmungspflicht bei der Einführung von Krankengesprächen. Besonders die Au-

---

485 LAG Hamm BB 1986, 1359 f.; LAG Baden-Württemberg LAGE Nr. 9 zu § 87 BetrVG 1972 Betriebliche Ordnung; LAG Frankfurt a.M. NZA 1993, 237.

486 LAG Hamburg LAGE Nr. 8 zu § 87 BetrVG 1972 Betriebliche Ordnung.

487 LAG Hamm BB 1986, 1359, 1360; LAG Baden-Württemberg LAGE Nr. 9 zu § 87 BetrVG 1972 Betriebliche Ordnung; LAG Frankfurt a.M. NZA 1993, 237.

488 LAG Baden-Württemberg LAGE Nr. 9 zu § 87 BetrVG 1972 Betriebliche Ordnung.

489 LAG Baden-Württemberg LAGE Nr. 9 zu § 87 BetrVG 1972 Betriebliche Ordnung.

490 LAG Frankfurt a.M. NZA 1993, 237.

491 LAG Hamburg LAGE Nr. 8 zu § 87 BetrVG 1972 Betriebliche Ordnung.

toren, die von der Einheitlichkeit des Tatbestands des § 87 I Nr. 1 ausgehen, also Arbeits- und Ordnungsverhalten abgrenzen, verneinen ein Mitbestimmungsrecht des Betriebsrates.[492] Mit den Krankengesprächen werde den Arbeitnehmern weder ein bestimmtes Verhalten abverlangt, noch hätten diese einen Bezug zur betrieblichen Ordnung.[493] Es gehe auch nicht um die Festlegung allgemeingültiger Verhaltensregeln, sondern um die Festlegung der Leistungsfähigkeit einzelner Arbeitnehmer zur Erbringung der geschuldeten Arbeitsleistung.[494]

Raab ist der Ansicht, dass jegliche Zielsetzungen der Krankengespräche das Mitbestimmungsrecht des § 87 I Nr. 1 ausschließen.[495] Soweit die Gespräche den Zweck hätten, unberechtigte Fehlzeiten, also das sogenannte Krankfeiern, aufzudecken, dienten sie der Kontrolle der ordnungsgemäßen Erfüllung der Arbeitspflicht. Soweit sie der Vorbereitung etwaiger Kündigungen dienten, scheide ein Mitbestimmungsrecht ebenfalls aus. Die Annahme eines Mitbestimmungsrechts würde nämlich zu einer erheblichen Beeinträchtigung der Gläubigerrechte des Arbeitgebers führen. Beleg dafür sei ein Vergleich mit der Abmahnung. Das Bundesarbeitsgericht habe zutreffend darauf hingewiesen, dass die Abmahnung zu einer Gläubigerobliegenheit werden könne, wenn der Arbeitgeber eine Kündigung aussprechen wolle. Dieselbe Situation stelle sich, wenn der Arbeitgeber ein so genanntes Krankengespräch zur Vorbereitung einer Kündigung mit dem Arbeitnehmer führe, da er für die die Kündigung begründenden Tatsachen darlegungs- und beweispflichtig sei. Könne der Arbeitgeber keine Tatsachen vortragen, aus denen sich z.B. die Gefahr wiederholter krankheitsbedingter Ausfälle in der Zukunft ergebe, würde er Gefahr laufen, im Kündigungsschutzprozess zu unterliegen. Raab widerspricht schließlich der Meinung des Landesarbeitsgerichts Hamburg, dass ein Bezug der Krankengespräche zur betrieblichen Ordnung jedenfalls dann vorliege, wenn die Gespräche eine generalpräventive Funktion hätten, also zugleich auf das Verhalten der anderen Arbeitnehmer einwirkten und diese vom sogenannten Krankfeiern abschrecken sollten. Die generalpräventive Wirkung habe nämlich gerade den Zweck, die anderen Arbeitnehmer von einer entsprechenden Vertragsverletzung abzuhalten. Die Maßnahme wirke somit indirekt als Kontrolle der ordnungsgemäßen Erfüllung der Arbeitsleistung. Diese mittelbare Einwirkung reiche für die Zuordnung zum mitbestimmungsfreien Arbeitsverhalten aus.

---

492 GK-Wiese § 87 Rn. 225; Hess/Schlochauer/Worzalla/Glock § 87 Rn. 114; Richardi § 87 Rn. 192; Ehler BB 1992, 1926; Raab NZA 1993, 193 ff., ders. Anmerkung zu BAG AP Nr. 24 zu § 87 BetrVG 1972 Ordnung des Betriebs; Hunold BB 1995, 1189, 1190; Reuter JuS 1995, 1141, 1142; Popp PERSONAL 1994, 191, 192.

493 Ehler BB 1992, 1926; Hunold BB 1995, 1189, 1190.

494 Popp PERSONAL 1994, 191, 192; Ehler BB 1992, 1926; Hunold BB 1995, 1189, 1190.

495 Raab NZA 1993, 193, 203.

Zum Teil wird der Kollektivbezug als allgemeine Voraussetzung des Mitbestimmungsrechts nach § 87 I Nr. 1 bei Krankengesprächen verneint.[496] Gerade die diskrete Abgrenzung der gewollten Beeinflussung im Einzelfall mache den Stellenwert von Krankengesprächen aus.[497] Es sei nicht ersichtlich, warum die Gespräche Auswirkungen auf das Fehlzeitenverhalten der Gesamtbelegschaft hätten.[498] Hunold weist im Rahmen seiner Kritik an der Entscheidung des Bundesarbeitsgerichts darauf hin, dass wenn alles, was nicht nur dem einzelnen Mitarbeiter, sondern auch andere Mitarbeiter berühre, allein deswegen kollektiven Charakter hätte, gäbe es nur noch wenige Individualmaßnahmen im Betrieb.[499] Auch Lob oder individueller Tadel eines einzelnen Mitarbeiters könnten den Zweck haben, andere Mitarbeiter zu beeinflussen.

Die Minderansicht innerhalb der Literatur bejaht bei der Einführung von Krankengesprächen ein Mitbestimmungsrecht des Betriebsrates nach § 87 I Nr. 1.[500] Dies sei schon wegen der Art der Gesprächsführung anzunehmen.[501] Die Frage, wie sich die Arbeitnehmer während der gleichförmig ablaufenden Krankengespräche und insbesondere gegenüber der generellen Aufforderung zur schriftlichen Entbindung des behandelnden Arztes von der Schweigepflicht verhalten sollten, erfordere die Beteiligung des Betriebsrates.[502] Kreuder weist darauf hin, dass Auslöser der Krankengespräche in aller Regel nicht das Bedürfnis des Arbeitgebers sei, auf die Einhaltung arbeitsvertraglicher Pflichten bei bestimmten Arbeitnehmern zu pochen, sondern die mit dem Krankenstand verbundenen betriebsorganisatorischen Konsequenzen.[503] Die Gespräche seien im Hinblick auf die Verhinderung des „Krankfeierns“ Teil eines betrieblichen Regelwerks. Bei der Aufstellung dieses Regelwerks seien unterschiedliche Interessen und Schutzbedürfnisse, nicht zuletzt wegen der sensiblen Krankendaten, miteinander abzugleichen, was gemäß § 87 I Nr. 1 eine Beteiligung des Betriebsrates erforderlich mache.[504]

bb) Stellungnahme

Bei der Beurteilung der Mitbestimmungspflicht von Krankengesprächen muss bedacht werden, dass die Gespräche unterschiedliche Zwecke verfolgen können.

---

496 Reuter JuS 1995, 1141, 1142; Popp PERSONAL 1994, 191, 192; Hunold BB 1995, 1189, 1191.

497 Popp PERSONAL 1994, 191, 192.

498 Popp PERSONAL 1994, 191, 192.

499 Hunold BB 1995, 1189, 1191.

500 DKK-Klebe § 87 Rn. 52; Löwisch/ Kaiser § 87 Rn. 45; Edenfeld DB 1997, 2273, 2274; Schuster AuA 1993, 168, 169; Kreuder S. 92 ff.; ders. BetrR 1993, 75 ff. und AiB 1995, 654 ff.; Schneider/Zinke AiB 2000, 4 ff.; Fischer/Kiesche AiB 1997, 639 ff.

501 Löwisch/Kaiser § 87 Rn. 45.

502 Löwisch/Kaiser § 87 Rn. 45.

503 Kreuder S. 94; AiB 1995, 654, 656.

504 Kreuder S. 94.

Die Gespräche dem Arbeitgeber können einmal dazu dienen, herauszufinden, ob ein im Betrieb aufgetretener erhöhter Krankenstand betriebliche Ursachen hat, ob z.B. schlechte Arbeitsbedingungen oder zwischenmenschliche Probleme die Krankheit der Arbeitnehmer verursachten, und was gegebenenfalls getan werden kann, um zukünftig Fehlzeiten zu vermeiden oder zu begrenzen. Zweck der Gespräche kann jedoch auch sein, auf die oft erkrankten Arbeitnehmer in der Weise einzuwirken, dass sie ihr Krankheitsverhalten überdenken und in der Zukunft weniger Fehlstunden produzieren.

(1) Kollektiver Bezug

Wie die Darstellung des Streitstandes innerhalb der Literatur und Rechtsprechung gezeigt hat, ist die Frage, ob die allgemeine Voraussetzung des kollektiven Bezuges vorliegt, bei Krankengesprächen nicht ganz unproblematisch.

An früherer Stelle dieser Arbeit wurde sich bereits mit dem Inhalt des Kollektivtatbestands auseinandergesetzt.[505] Dabei wurde im Hinblick auf die Abgrenzung von Kollektiv- und Individualmaßnahmen festgestellt, dass eine Arbeitgebermaßnahme immer dann dem kollektiven Tatbestand zuzuordnen ist, wenn sie sich abstrakt auf den ganzen Betrieb oder auf eine Gruppe von Arbeitnehmern oder einen Arbeitsplatz bezieht. Erforderlich ist, dass das Belegschaftsinteresse berührt ist. Dagegen gehören nicht zu den mitbestimmungspflichtigen generellen Regelungen im Rahmen des Direktionsrechts getroffene Anordnungen des Arbeitgebers, die durch besondere Umstände des einzelnen Arbeitsverhältnisses bedingt sind.

Die Einordnung der Krankengespräche als Individual- oder Kollektivmaßnahme kann nicht im Ganzen vorgenommen werden. Vielmehr ist danach zu differenzieren, ob dem Arbeitgeber konkrete Hinweise darüber vorliegen, dass ein Arbeitnehmer oder eine Arbeitnehmergruppe den Arbeitgeber über die Rechtfertigung ihrer Fehlzeit getäuscht hat oder ob der Arbeitgeber die Gespräche ohne Vorliegen derartiger Verdachtsmomente einführt.

Hat der Arbeitnehmer dem Arbeitgeber seine krankheitsbedingte Arbeitsunfähigkeit nur vorgetäuscht, so stellt dies eine schwere Vertragsverletzung dar, die dem Arbeitgeber verschiedene Handlungsmöglichkeiten einräumt. Beispielsweise kann er eine verhaltensbedingte Kündigung aussprechen oder die Lohnfortzahlung verweigern. Bereitet der Arbeitgeber nach Kenntnisnahme von der Täuschung mittels der Krankengespräche arbeitsrechtliche Maßnahmen, z.B. eine Kündigung, vor, so reagiert er damit lediglich auf eine Leistungsstörung innerhalb eines individuellen Arbeitsverhältnisses. Die in Frage stehende Arbeitgebermaßnahme bezieht sich also nicht abstrakt auf den ganzen Betrieb oder auf eine Gruppe von Arbeitnehmern oder einen Arbeitsplatz, sondern sie ist durch besondere Umstände des einzelnen Arbeitsverhältnisses bedingt. Ordnet der Ar-

505 Vgl. die Ausführungen im Kapitel E. I. 1. a).

beitgeber demnach an, dass Krankengespräche mit all den Arbeitnehmern geführt werden, die auf Grund konkreter Hinweise im Verdacht stehen, den Arbeitgeber über ihre Arbeitsunfähigkeit getäuscht zu haben, so unterliegt diese Maßnahme wegen Fehlens einer allgemeinen Voraussetzung nicht dem Mitbestimmungsrecht nach § 87 I Nr. 1.

Anders könnte die Frage nach der Erfüllung des Kollektivtatbestands jedoch zu beurteilen sein, wenn die Krankengespräche ohne Vorliegens eines konkreten Verdachts eingeführt werden. Derartig stellte sich die Situation in den von Gerichten bislang entschiedenen Fällen dar.[506] Die Auswahl der von den Gesprächen betroffenen Arbeitnehmern bestimmte sich zumeist nach der Anzahl ihrer Fehltage. Zweck der Gespräche war es nicht, arbeitsrechtliche, individuelle Maßnahmen gegen einzelne Arbeitnehmer vorzubereiten. Vielmehr lag dem Arbeitgeber zumeist daran, generell dem sogenannten Krankfeiern entgegenzuwirken oder die betrieblichen Ursachen für den erhöhten Krankenstand zu erfahren. Aus der Auswahl der betroffenen Arbeitnehmer und der Zweckrichtung ergibt sich, dass die Anordnung von Krankengesprächen ohne Vorliegens eines konkreten Täuschungsverdachts nicht durch besondere Umstände des einzelnen Arbeitsverhältnisses bedingt sind, sondern sich abstrakt auf eine Gruppe von Arbeitnehmern beziehen und so das Belegschaftsinteresse berühren. Deshalb ist in diesen Fällen der Kollektivtatbestand erfüllt.

Entgegen der Ansicht des Bundesarbeitsgerichts[507] spricht für das Vorliegen einer Kollektivmaßnahme hingegen nicht, dass die betroffenen Arbeitnehmer einen erheblichen Teil der Gesamtbelegschaft bilden.[508] Die Zahl der Arbeitnehmer hat für die Abgrenzung von Individual- und Kollektivmaßnahme keinerlei Bedeutung.[509]

Auch muss der Meinung des Bundesarbeitsgerichts widersprochen werden, dass die Durchführung der Gespräche in gleichförmiger Art und Weise für die Annahme einer Kollektivmaßnahme spreche.[510] Insofern ist Hunold zuzustimmen, wenn er meint, dass mit dieser Auffassung systematisches Personalmanagement kollektiv und damit gegebenenfalls mitbestimmungspflichtig, chaotische Personalführung dagegen nicht kollektiv und von daher mitbestimmungsfrei wäre.[511]

(2) Maßnahme des Arbeitgebers i.S.d. § 87 I Nr. 1 BetrVG

Mit der Einführung von Krankengesprächen werden die Voraussetzungen des positiven Regelungsbereichs des § 87 I Nr. 1 erfüllt, da die Gespräche für die

---

506 Vgl. die am Anfang dieses Kapitels aufgeführten Entscheidungen des Bundesarbeitsgerichts sowie der Landesarbeitsgerichte.

507 BAG AP Nr. 24 zu § 87 BetrVG 1972 Ordnung des Betriebs.

508 So auch ausdrücklich Reuter JuS 1995, 1141, 1142.

509 Vgl. die Ausführungen im Kapitel E. I. 1. a) bb) (2).

510 BAG AP Nr. 24 zu § 87 BetrVG 1972 Ordnung des Betriebs.

511 Hunold BB 1995, 1189, 1191.

Arbeitnehmer verhaltensbezogene Arbeitsbedingungen darstellen, die sich auf den Betriebsablauf und die Arbeitsorganisation beziehen und die Einbindung der Arbeitnehmer in den Betrieb betreffen.

Fraglich ist jedoch, ob das Mitbestimmungsrecht des § 87 I Nr. 1 wegen Vorliegens eines Ausschlusskriteriums ausgeschlossen ist.[512]

Ein Ausschluss kommt in Betracht, wenn der Arbeitgeber einen fest umrissenen Anspruch gegenüber den Arbeitnehmern auf Teilnahme an den Krankengesprächen hat bzw. er mit der Einführung der Gespräche lediglich eine ihm auferlegte Gläubigerpflicht erfüllt. Zu unterscheiden sind bei dieser Beurteilung die eingangs erwähnten verschiedenen Zielrichtungen.

Krankengespräche können zunächst einen betriebsorganisatorischen Zweck haben, d.h. dem Arbeitgeber kann daran gelegen sein, zu ermitteln, ob z.B. arbeitsplatzspezifische Einflüsse oder zwischenmenschliche Probleme im Betrieb die Krankheit der Arbeitnehmer bedingten bzw. wie diese gegebenenfalls abgestellt werden können. Die Mitwirkung bei derartigen Gesprächen stellt für die Arbeitnehmer eine arbeitsvertragliche Nebenpflicht dar.[513] Der Arbeitgeber macht mit der Einführung von Krankengesprächen mit dieser Zielrichtung nur einen bereits bestehenden Anspruch aus dem Arbeitsvertragsverhältnis geltend. Die auf diesem Zweck beruhende Maßnahme kann folglich mitbestimmungsfrei ergehen.

Krankengespräche können jedoch auch den Zweck verfolgen, auf die oft krankheitsbedingt fehlenden Arbeitnehmer einzuwirken, um in der Zukunft eine Senkung des Krankenstandes zu erreichen. Fraglich ist, ob der Arbeitgeber allein wegen den häufigen krankheitsbedingten Fehlzeiten ohne Verdacht einer Täuschung über die Arbeitsunfähigkeit gegenüber den Arbeitnehmern einen Anspruch auf Durchführung der Gespräche hat.

Zweifellos steht dem Arbeitgeber das Recht zu, von seinen Arbeitnehmern zu erfahren, warum sie ihre nach dem Arbeitsvertrag obliegende Leistungspflicht nicht erfüllt haben. Deshalb legen die Arbeitnehmer ihrem Arbeitgeber im Bewusstsein dieser Pflicht zum Nachweis der Entschuldigung gewöhnlich eine ärztliche Arbeitsunfähigkeitsbescheinigung vor. Diese Bescheinigung besitzt nach ständiger Rechtsprechung sowie nach der überwiegenden Literaturansicht einen hohen Beweiswert.[514] Sie ist der für Arbeitnehmer gesetzlich vorgesehene und gewichtigste Beweis für die Tatsache einer krankheitsbedingten Arbeitsunfähigkeit.[515] Legt der Arbeitnehmer die ärztliche Arbeitsunfähigkeitsbescheini-

---

512 Zu beurteilen sind im folgenden nur die Krankengespräche, deren Einführung nicht ein konkreter Verdacht hinsichtlich einer Täuschung über die Arbeitsunfähigkeit zugrunde lag. Beim Vorliegen konkreter Verdachtsmomente scheidet ein Mitbestimmungsrecht nach § 87 I Nr. 1 bereits wegen Fehlens einer allgemeinen Voraussetzung aus.

513 BAG AP Nr. 24 zu § 87 BetrVG 1972 Ordnung des Betriebs.

514 BAG BB 1922, 2222.

515 Vgl. § 5 I 2 Entgeltfortzahlungsgesetz (EFZG).

gung vor, so kommt er damit seiner dem Arbeitgeber geschuldeten Nachweispflicht nach.[516] Bezweifelt der Arbeitgeber die Arbeitsunfähigkeit, beruft er sich insbesondere darauf, der Arbeitnehmer habe den die Bescheinigung ausstellenden Arzt durch Simulation getäuscht oder der Arzt habe den Begriff der krankheitsbedingten Arbeitsunfähigkeit verkannt, dann muss er die Umstände, die gegen die Arbeitsunfähigkeit sprechen, näher darlegen und notfalls beweisen, um dadurch die Beweiskraft des Attestes zu erschüttern.[517] Ihm obliegt es also, weitere Sachaufklärung zu betreiben. Diese Aufklärung kann u.a. auch mittels der Durchführung von Krankengesprächen der in Frage stehenden Art erfolgen. Dafür ist jedoch Voraussetzung, dass dem Arbeitgeber konkrete Hinweise hinsichtlich eines Täuschungsverdachts vorliegen.

Der Arbeitgeber hat daher keinen fest umrissenen Anspruch auf Einführung von Krankengesprächen, die nur einen generalpräventiven Zweck verfolgen. Da auch andere Ausschlusstatbestände nicht in Betracht kommen, hat der Betriebsrat bei Gesprächen dieser Art ein Mitbestimmungsrecht nach § 87 I Nr. 1.

Entgegen der Ansicht von Raab[518] ist es meines Erachtens möglich, zwischen mitbestimmungspflichtigen und mitbestimmungsfreien Krankengesprächen zu unterscheiden. Raab ist zwar zuzugeben, dass der Arbeitgeber, soweit er die Krankengespräche als Mittel der Personalführung ansieht, in der Regel den Zweck verfolgt, das Vorliegen der Voraussetzungen eines Entgeltfortzahlungsanspruchs bzw. die Möglichkeit einer Kündigung zu prüfen. Jedoch kann anhand der an die Arbeitnehmer gerichteten Fragen ermittelt werden, ob diese dem Arbeitgeber lediglich zu betriebsorganisatorischen Zwecken dienen oder ob er mit diesen Fragen auf das Krankheitsverhalten einwirken will. So kann die bloße Frage, ob der Arbeitnehmer den Eindruck habe, dass schlechte Arbeitsbedingungen oder zwischenmenschliche Probleme im Betrieb zu seiner Krankheit geführt hätten, auf diesen nicht in der Form einwirken, dass er sich in der Zukunft bezogen auf sein Krankheitsverhalten anders verhält. Fischer und Kiesche schlagen insoweit vor, dass der Arbeitgeber den Arbeitnehmern zum Zeitpunkt der Terminabsprache eine Art Checkliste über mögliche arbeitsplatzbezogene Ursachen für Gesundheitsgefährdungen und Gesundheitsschäden aushändigt.[519] Anhand der Checkliste durchgeführte Gespräche könnten dann mitbestimmungsfrei ergehen. Im Übrigen ist sich der Ansicht des Landesarbeitsgerichts Hamburg anzuschließen, demgemäss die bloße Schwierigkeit der Trennung zwischen mitbestimmungspflichtigen und mitbestimmungsfreien Krankengesprächen nicht dazu führen kann, sämtliche Krankengespräche dem Arbeitgeber ein-

516 BAG BB 1922, 2222; LAG Köln vom 26.1.1994 – 2 Sa 1106/93 (unveröffentlicht).
517 BAG BB 1994, 142.
518 Raab NZA 1993, 193, 202.
519 Fischer/Kiesche AiB 1997, 639, 642 f.

fach zu untersagen oder generell von der Mitbestimmungspflicht nach § 87 I Nr. 1 auszunehmen.[520]

Als Ergebnis kann damit festgehalten werden, dass die Einführung von Krankengesprächen dann mitbestimmungsfrei erfolgen kann, wenn der Arbeitgeber mit den Gesprächen einen betriebsorganisatorischen Zweck verfolgt. Sind die Gespräche Teil des Vorgehens gegen unentschuldigte krankheitsbedingte Fehlzeiten, so ist deren Einführung nur mitbestimmungsfrei, wenn der Arbeitgeber in der Lage ist, im Hinblick auf ein Krankfeiern der Arbeitnehmer konkrete Verdachtsmomente darzulegen.

b) Einführung von Arztformularen zwecks Bescheinigung der Notwendigkeit des Arztbesuches

Eine weitere im Zusammenhang mit Maßnahmen des Arbeitgebers den Krankenstand betreffend viel diskutierte Frage ist, ob der Betriebsrat mitzubestimmen hat, wenn der Arbeitgeber ein Formular einführt, auf dem sich die Arbeitnehmer die Notwendigkeit eines Arztbesuches während der Arbeitszeit ärztlich bescheinigen lassen sollen.

aa) Meinungsstand

Das Bundesarbeitsgericht hatte sich in seinem Beschluss vom 21.1.1997 mit diesem Problem auseinander zusetzen.[521] Nach Auffassung des Gerichts sei die Einführung eines Arztformulars gemäß § 87 I Nr. 1 mitbestimmungspflichtig. Ordne der Arbeitgeber generell und verbindlich an, dass die Notwendigkeit eines Arztbesuches während der Arbeitszeit durch ein von ihm vorgegebenes Formular belegt werden müsse, schaffe er damit eine betriebliche Regelung und verlange ein ordnungsgemäßes Verhalten der Arbeitnehmer, das dieser entspreche. Die Maßnahme betreffe nicht die Art und Weise der Arbeitsleistung. Entscheidend sei nach Ansicht des Gerichts, dass der Arbeitgeber den Nachweis einheitlich von allen Arbeitnehmern in einer bestimmten Form verlange und damit eine Regel aufstelle, die unabhängig von der konkreten Arbeitsleistung von allen zu beachten sei. Der Arbeitgeber wolle kraft seines Direktionsrechts ein regelgerechtes Verhalten erzwingen. Er begnüge sich gerade nicht mit der schuldrechtlichen Lage, wonach es den einzelnen Arbeitnehmern frei stehe, in welcher Weise sie den geschuldeten Nachweis erbrächten.

Die unteren gerichtlichen Instanzen beurteilen die Frage der Mitbestimmungspflicht bei der Einführung von Arztformularen unterschiedlich.

Das Landesarbeitsgericht Düsseldorf nimmt ein Mitbestimmungsrecht des Betriebsrates nach § 87 I Nr. 1 an, da es auf der Hand liege, dass mit der Bekannt-

---

520 LAG Hamburg LAGE Nr. 8 zu § 87 BetrVG 1972 Betriebliche Ordnung.

521 BAG EzA Nr. 23 zu § 87 BetrVG 1972 Betriebliche Ordnung.

gabe und Einführung eines solchen Vordrucks das Verhalten der Arbeitnehmer des Betriebs unmittelbar beeinflusst werden solle und tatsächlich beeinflusst werde. Der Arbeitgeber wolle erreichen, dass die Arbeitnehmer einen Arzt nach Möglichkeit überhaupt nicht und sonst nur dann während der Arbeitszeit aufsuchen, wenn der Arzt keinen anderen Termin frei habe oder wenn die akute Erkrankung während der Arbeitszeit den Arztbesuch notwendig gemacht habe.[522]

Demgegenüber vertritt das Landesarbeitsgericht Köln die Ansicht, dass dem Betriebsrat bei der in Frage stehenden Arbeitgebermaßnahme kein Mitbestimmungsrecht nach § 87 I Nr. 1 zusteht.[523] Mit den vom Arbeitgeber eingeführten Formularen solle nicht der Betriebsablauf gesteuert werden. Auch ginge es nicht um eine Ordnung für das Zusammenwirken der Arbeitnehmer. Es gehe vielmehr um eine Regelung im Hinblick auf den Nachweis für die Voraussetzung der Zahlungspflicht des Arbeitgebers in Fällen unverschuldeter Arbeitsverhinderung im Sinne des § 616 BGB. Betroffen sei damit ausschließlich das Vertragsverhältnis des Arbeitgebers zu den Arbeitnehmern. Das Ordnungsverhalten der Arbeitnehmer werde noch nicht einmal mittelbar geregelt.

Auch innerhalb der Literatur werden unterschiedliche Auffassungen vertreten. Zum Teil wird das Mitbestimmungsrecht abgelehnt.[524] Fenge begründet seine Ansicht damit, dass der Arbeitgeber in der Gestaltung der Kontrolle frei sei, soweit er nicht Rechte der Arbeitnehmer verletze.[525]

Andere Autoren meinen dagegen, dass der Betriebsrat bei der Einführung von Arztformularen gemäß § 87 I Nr. 1 mitzubestimmen habe.[526] Der Arbeitnehmer könne frei darüber entscheiden, wie er den gemäß § 616 BGB geforderten Nachweis erbringe.[527] Mit der Formularerstellung habe der Arbeitgeber zu verstehen gegeben, dass ihm eine individuelle Nachweiserbringung nicht genüge.[528] Vielmehr sei ihm zu unterstellen, dass er aus Vereinfachungs- und Ordnungsgründen ein entindividualisiertes, kollektives Schema durchsetzen wolle. Es sei insofern Sinn des § 87 I Nr. 1, den Betriebsrat hierbei mitbestimmen zu lassen.[529]

---

522 LAG Düsseldorf DB 1981, 1677 – so im Ergebnis auch das ArbG Offenbach DB 1991, 554.

523 LAG Köln LAGE Nr. 10 zu § 87 BetrVG 1972 Betriebliche Ordnung.

524 Hess/ Schlochauer/ Worzalla/ Glock § 87 Rn. 114; Stege/ Weinspach § 87 Rn. 47a; Fenge BB 1981, 1577.

525 Fenge BB 1981, 1577.

526 GK-Wiese § 87 Rn. 224; Fitting/ Kaiser/ Heither/ Engels/ Schmidt (21. Auflage) § 87 Rn. 71; Richardi § 87 Rn. 193; DKK-Klebe § 87 Rn. 52; Kittner Anmerkung zu BAG EzA Nr. 23 zu § 87 BetrVG 1972 Betriebliche Ordnung, S. 9 f.

527 Kittner Anmerkung zu BAG EzA Nr. 23 zu § 87 BetrVG 1972 Betriebliche Ordnung, S. 9.

528 Kittner Anmerkung zu BAG EzA Nr. 23 zu § 87 BetrVG 1972 Betriebliche Ordnung, S. 9.

529 Kittner Anmerkung zu BAG EzA Nr. 23 zu § 87 BetrVG 1972 Betriebliche Ordnung, S. 9.

bb) Stellungnahme

Mit der Einführung des Arztformulars in der angesprochenen Form regelt der Arbeitgeber eine sich auf den Betriebsablauf und die Arbeitsorganisation beziehende Arbeitsbedingung der Arbeitnehmer. Die Arbeitgebermaßnahme kann also unter dem positiven Regelungsbereich subsumiert werden.

Fraglich ist, ob ein Ausschlussgrund des § 87 I Nr. 1 vorliegt. Als Ausschlussgrund kommt das Bestehen eines fest umrissenen Anspruchs des Arbeitgebers gegenüber seinen Arbeitnehmern in Betracht.

Die Einführung eines Formulars, auf dem sich die Arbeitnehmer die Notwendigkeit eines Arztbesuches während der Arbeitszeit ärztlich bescheinigen lassen sollen, dient letztlich der Kontrolle, ob die Voraussetzungen des Anspruchs der Arbeitnehmer gegenüber dem Arbeitgeber auf Entgeltfortzahlung bei unverschuldeter Verhinderung der Erbringung der Arbeitsleistung vorliegen.

Die Aufrechterhaltung der vertraglich geschuldeten Gegenleistung für den Zeitraum, in dem die Arbeitsleistung nicht erbracht wird, ist gesetzlich in § 616 BGB geregelt.[530] Danach wird der zur Dienstleistung Verpflichtete des Anspruchs auf Vergütung nicht dadurch verlustig, dass er für eine verhältnismäßig nicht erhebliche Zeit durch einen in seiner Person liegenden Grund ohne sein Verschulden an der Dienstleistung verhindert wird. Dem allgemeinen Darlegungs- und Beweislastregel gemäß hat der Arbeitnehmer die Voraussetzungen des § 616 I 1 BGB darzulegen und zu beweisen.[531] Bezogen auf die zu erörternde Problematik muss der Arbeitnehmer also darlegen und beweisen, dass der Arztbesuch während der Arbeitszeit notwendig war. Dem Arbeitgeber steht folglich dass Recht der Kontrolle der Rechtmäßigkeit des Arztbesuches zu. Die Kontrolle als solche – dies ist eine Frage des „Ob“ – kann er somit mitbestimmungsfrei verlangen.

Mit der Einführung des Arztformulars bestimmt der Arbeitgeber, in welcher Form die Kontrolle erfolgen soll. Er regelt demnach auch die Frage des „Wie“. Diese konkrete Maßnahme kann nach der hier vertretenen Auffassung nur dann mitbestimmungsfrei ergehen, wenn kein Regelungsspielraum besteht bzw. wenn der Arbeitgeber vom Arbeitnehmer die Durchführung nur dieser einen bestimmten Maßnahme verlangen kann. Die gesetzliche Regelung des § 616 I 1 BGB sieht eine konkrete Nachweispflicht der Arbeitnehmer jedoch nicht vor. Den Arbeitnehmern ist es demnach selbst überlassen, wie sie der ihnen obliegenden Darlegungs- und Beweispflicht nachkommen. Die Bestätigung der Notwendigkeit des Arztbesuches

---

530 Der grundsätzlich in Lohnfortzahlungsfällen für Arbeitnehmer geltende § 3 I, 1 EFZG findet keine Anwendung, da der bloße ambulante Arztbesuch anlässlich einer Erkrankung, die selbst nicht unmittelbar die Fähigkeit des Arbeitnehmers zur Erbringung der arbeitsvertraglich geschuldeten Leistung beeinträchtigt, nach h.M. (vgl. u.a. BAG EzA Nr. 23 zu § 87 BetrVG 1972 Betriebliche Ordnung; Vossen Rn. 90; a.A. MünchArbR-Schulin § 81 Rn. 41) nicht zur Arbeitsunfähigkeit i.S.v. § 3 I,1 EFZG führt.

531 Staudinger-Oetker § 616 Rn. 150 f.

mittels des vom Arbeitgeber erstellten Formulars ist insoweit nur eine Möglichkeit. Denkbar sind hingegen auch andere Formen der Nachweiserbringung, wie z.B. die Vorlage eines individuellen Schreibens des behandelnden Arztes. Vom Bestehen eines Regelungsspielraumes ist daher auszugehen. Dies bedeutet, dass der Betriebsrat die Kontrolle der Rechtmäßigkeit des Arztbesuches während der Arbeitszeit als solche nicht verhindern kann. Ihm steht jedoch hinsichtlich der Durchführung der Kontrolle ein Mitbestimmungsrecht nach § 87 I Nr. 1 zu.

Folglich ist der Betriebsrat bei der Einführung eines Formulars, auf dem sich die Arbeitnehmer die Notwendigkeit des Arztbesuches während der Arbeitszeit ärztlich bescheinigen lassen sollen, gemäß § 87 I Nr. 1 zu beteiligen.

7. Mitbestimmung bei der Festlegung von sogenannten Führungsrichtlinien für vorgesetzte Arbeitnehmer

In der betrieblichen Praxis ist es üblich, dass der Arbeitgeber für seine vorgesetzten Arbeitnehmer sogenannte Führungsrichtlinien festlegt. Dabei bedient er sich zumeist eines der von der Betriebswirtschaftslehre entwickelten Modelle. Zum Verständnis der nachfolgenden Erörterung des Mitbestimmungsproblems soll zunächst kurz das „Harzburger Modell" vorgestellt werden, welches auch Gegenstand des vom Bundesarbeitsgericht zu dieser Mitbestimmungsfrage entschiedenen Falles war.[532]

Nach dem Harzburger Modell legen die allgemeinen Führungsanweisungen die Prinzipien der Führung im Mitarbeiterverhältnis für alle Mitarbeiter des Unternehmens in verbindlicher Form fest.[533] Mittels der Führungsanweisung soll im Unternehmen also ein einheitlicher Führungsstil erreicht werden. Mit der Anweisung wird bestimmt, wie sich jeder Vorgesetzte im Rahmen einer Führung im Mitarbeiterverhältnis gegenüber seinen Mitarbeitern und umgekehrt jeder Mitarbeiter gegenüber seinen Vorgesetzten zu verhalten hat. Die Führungsanweisung wird von der Unternehmensführung mittels einer Dienstanweisung zur Norm erhoben. Sie bildet die Voraussetzung für die Kontrolle des Verhaltens der Organisationsteilnehmer.

Der Inhalt der Führungsanweisungen besteht zumeist aus folgendem[534]:

- Kurze Darstellung des Wesens der Führung im Mitarbeiterverhältnis
- Kennzeichen der Delegation von Verantwortung
- Pflichten der Mitarbeiter
- Pflichten der Vorgesetzten
- Mitarbeitergespräch und Mitarbeiterbesprechung

---

532 BAG AP Nr. 8 zu § 87 BetrVG 1972 Ordnung des Betriebs.

533 Zum Inhalt und Wesen des Harzburger Modells vgl. Guserl/Hofmann S. 39 ff.

534 Vgl. Guserl/Hofmann S. 39 ff.

- Dienstaufsicht und Erfolgskontrolle
- Teamarbeit
- Stellvertretung und Platzhalterschaft
- Dienstweg
- Anregung des Vorgesetzten

a) Meinungsstand

Das Bundesarbeitsgericht hatte sich in seiner Entscheidung vom 23.10.1984 damit zu befassen, ob und inwieweit vom Arbeitgeber auf der Basis des Harzburger Modells aufgestellte Führungsrichtlinien mitbestimmungspflichtig sind[535].

Nach Auffassung des Bundesarbeitsgerichts konnten die Führungsrichtlinien, so wie sie zur Entscheidung standen, mitbestimmungsfrei erlassen werden. Denn diese regelten nicht die soziale Ordnung des Betriebs und das Verhalten der Arbeitnehmer zueinander, sondern deren Arbeitsverhalten. Bei allen Regelungen der Führungsrichtlinien handele es sich um Anweisungen des Arbeitgebers, welche die Ausführung der den Mitarbeitern arbeitsvertraglich obliegenden Arbeiten beträfen. Dabei werde zwar nicht der einzelne Arbeitsvorgang, die Erledigung einer bestimmten Aufgabe geregelt. Vielmehr würden Anweisungen gegeben, wie bei der Bearbeitung aller anfallenden Vorgänge grundsätzlich zu verfahren sei. Die Richtlinien trügen der Tatsache Rechnung, dass einzelne Arbeitsvorgänge nicht jeweils isoliert bearbeitet werden könnten, sondern bei der Erledigung der jeweiligen Aufgaben andere Stellen zu unterrichten, zu beraten oder zu beteiligen seien.

Nach diesen allgemeinen Ausführungen erörterte das Gericht die Mitbestimmungspflicht der Richtlinien noch einmal im einzelnen. Dabei stellte es fest, dass diejenigen Regelungen, die sich an vorgesetzte Mitarbeiter richteten und näher bestimmten, auf welche Weise diese ihren Führungsaufgaben nachzukommen hätten, nur deren Arbeitspflicht konkretisierten. Der Annahme der Mitbestimmungsfreiheit stehe nicht entgegen, dass die Regelungen hinsichtlich des Führungsverhaltens der Vorgesetzten gleichzeitig und notwendig auch das Verhältnis Vorgesetzter zum nachgeordneten Mitarbeiter bestimme und mitgestalte. Dieses Verhältnis sei nicht mit dem Verhältnis der Mitarbeiter zueinander im Rahmen der sozialen Ordnung des Betriebs gleichzusetzen. Soweit ein Arbeitnehmer nämlich Führungsaufgaben wahrzunehmen habe und damit einem nachgeordneten Mitarbeiter als Vorgesetzter gegenübertrete, nähme er die Stellung des Arbeitgebers ein und repräsentiere ihn insoweit. Das Verhältnis Vorgesetzter zum nachgeordneten Mitarbeiter sei daher ein Verhältnis Arbeitgeber zum Arbeitnehmer. Das Gericht betonte an dieser Stelle jedoch, dass diese Überlegun-

---

535 BAG AP Nr. 8 zu § 87 BetrVG 1972 Ordnung des Betriebs – vgl. zu dieser Entscheidung auch die Ausführungen im Kapitel B. II. 1.

gen nur bei ausschließlich aufgabenbezogenen Regelungen gelten würden. Das Gericht ließ es angesichts fehlender Fallrelevanz offen, ob entsprechende Anweisungen hinsichtlich der Gestaltung zwischenmenschlicher Beziehungen des Vorgesetzten zum nachgeordneten Mitarbeiter, etwa hinsichtlich des Umgangstones oder der Frage des Grüßens bzw. der Anrede, dem Mitbestimmungsrecht des § 87 I Nr. 1 unterliegt.

Bei der Regelung der Stellvertretung im Rahmen der Richtlinien handele es sich nach Auffassung des Bundesarbeitsgerichts ebenfalls ausschließlich um die Organisation der Arbeit und um Regelungen des Arbeitsverhaltens. Die Richtlinien enthielten keine allgemeine Vertretungsregelung – insoweit ließ das Gericht die Frage nach der Mitbestimmungspflicht offen – sondern sie bestimmten nur die Aufgaben und Befugnisse des Stellvertreters auf dem stellvertretend eingenommenen Arbeitsplatz sowie die Aufgaben des Vertretenen gegenüber dem Stellvertreter.

Soweit in den Bestimmungen über die Kontrolle Aufgaben der Führungskräfte festgelegt und in ihrer Ausführung näher geregelt würden, handele es sich ebenso um Arbeitsanweisungen an die Vorgesetzten und damit um eine Regelung von deren Arbeitsverhalten.

Neben dem Bundesarbeitsgericht hatte auch das Landesarbeitsgericht Hamm über die Mitbestimmungspflicht von Richtlinien für das Führungspersonal zu entscheiden.[536] In dem Leitsatz der Entscheidung[537] heißt es: „Dem Mitbestimmungsrecht des Betriebsrates unterliegt es nicht, wenn der Arbeitgeber dem Vorgesetzten seines Betriebs für die Durchführung von Überwachungsaufgaben (z.B. bei der Feststellung von Arbeitsunfähigkeitszeiten) und für den Einsatz untergebener Arbeitnehmer seine Rechtsmeinung mitteilt und ihnen hierzu Verhaltensregelungen empfiehlt."

In der Literatur wird die Frage nach der Mitbestimmungspflicht von Führungsrichtlinien unterschiedlich beurteilt.

Der überwiegende Teil der Autoren verneint ein Mitbestimmungsrecht.[538] Die Ablehnung erfolgt dabei fast ausschließlich pauschal. Auf die Verschiedenartigkeit der einzelnen Regelungen der Führungsrichtlinien wird nicht eingegangen. In seiner zustimmenden Anmerkung zur Entscheidung des Bundesarbeitsgerichts vom 23.10.1984 betont v. Hoyningen-Huene, dass es die arbeitsvertragliche Aufgabe eines Vorgesetzten gerade sei, durch richtige Führung das Arbeits-

---

536 LAG Hamm ARSt 1986, 45.

537 Die Beschlussgründe der Entscheidung sind unveröffentlicht.

538 GK-Wiese § 87 Rn. 201; Stege/ Weinspach § 87 Rn. 47a; MünchArbR-Matthes § 325 Rn. 12; Richardi § 87 Rn. 195; Hess/ Schlochauer/ Worzalla/ Glock § 87 Rn. 114; v. Hoyningen-Huene Anmerkung zu BAG AP Nr. 8 BetrVG 1972 Ordnung des Betriebs; Hunold DB 1982, Beilage Nr. 18, S. 8.

und Unternehmensziel mit seinen Mitarbeitern zu erreichen.[539] Diese Führungsaufgabe sei Teil seiner materiellen Arbeitsbedingungen, die auch bei einer generellen Regelung durch den Arbeitgeber nicht der Mitbestimmung des Betriebsrates nach § 87 I Nr. 1 unterlägen. Das bestehende Über-Unter-Ordnungsverhältnis zwischen dem Vorgesetzten und den Mitarbeitern sei eine zwangsläufige und notwendige Folge der vom Arbeitgeber abgeleiteten Weisungsbefugnis der Vorgesetzten, die auf diese Weise ihre Arbeitsaufgaben erfüllten.

Eine Minderansicht in der Literatur bejaht ein Mitbestimmungsrecht des Betriebsrates nach § 87 I Nr. 1 beim Erlass von Führungsrichtlinien.[540] Durch die Einführung einer allseits verbindlichen Führungsmethode werde das Verhalten der Arbeitnehmer in Bezug auf die betriebliche Ordnung erheblich beeinflusst.[541] Auch ohne Führungsrichtlinien könnten die Arbeitnehmer ihre Arbeitsleistung ordnungsgemäß erbringen.[542]

b) Stellungnahme

Wegen der Verschiedenartigkeit der einzelnen Regelungen der Führungsrichtlinien erscheint es nicht geboten, die Mitbestimmungspflicht der Führungsrichtlinien im Ganzen zu beurteilen. Vielmehr ist, so wie es das Bundesarbeitsgericht in seiner Entscheidung vom 23.10.1984 getan hat, jede einzelne Regelung der Richtlinien auf das Bestehen eines Mitbestimmungsrechts hin zu untersuchen.[543]

Die Untersuchung begrenzt sich im folgenden auf die in den Führungsrichtlinien zumeist am ausführlichsten dargestellten Regelungen, die näher bestimmen, auf welche Weise vorgesetzte Arbeitnehmer ihren Führungsaufgaben nachzukommen haben.

Bestimmt der Arbeitgeber die Führungsaufgaben der vorgesetzten Mitarbeiter mittels der Richtlinien näher, so regelt er zweifellos für diese Arbeitnehmer den Betrieb betreffende Arbeitsbedingungen. Es bestehen insoweit keine Bedenken die Erfüllung der Voraussetzungen des positiven Regelungsbereichs des § 87 I Nr. 1 zu bejahen.

---

539 v. Hoyningen-Huene Anmerkung zu BAG AP Nr. 8 BetrVG 1972 Ordnung des Betriebs.

540 DKK-Klebe § 87 Rn. 51; Bieding AiB 1983, 12, 13 f.

541 Bieding AiB 1983, 12, 14.

542 Bieding AiB 1983, 12, 13.

543 Zumindest missverständlich ist es, wenn das BAG einerseits im Rahmen der Entscheidungsgründe die Regelungen im einzelnen untersucht – hierbei sogar feststellt, dass die Richtlinien im zu entscheidenden Fall keine allgemeinen Vertretungsregelungen enthalten, die möglicherweise mitbestimmungspflichtig wären – andererseits im Leitsatz allgemein feststellt, dass Führungsrichtlinien, die regeln, in welcher Weise Mitarbeiter allgemein ihre Arbeitsaufgaben und Führungskräfte ihre Führungsaufgaben zu erledigen haben, das Arbeitsverhalten der Mitarbeiter regeln.

Fraglich ist jedoch, ob das Mitbestimmungsrecht wegen Vorliegens eines Ausschlusstatbestands des § 87 I Nr. 1 entfällt. Ein Ausschluss wäre anzunehmen, wenn die in Frage stehenden Regelungen der Führungsrichtlinien ausschließlich den Arbeitsablauf, die Arbeitsmethode oder das Fertigungsverfahren betreffen.

Bestimmt der Arbeitgeber, in welcher Weise der vorgesetzte Mitarbeiter seine Aufgaben wahrzunehmen hat, so trifft er zweifellos Regelungen betreffend den Arbeitsablauf dieser Arbeitnehmer. Denn die geschuldete Arbeitsleistung der Führungskräfte beinhaltet zumindest auch die Führung der nachgeordneten Mitarbeiter.

Anders hingegen stellt sich die Situation dar, wenn die Regelungen der Führungsrichtlinien bestimmen, wie der Vorgesetzte mit seinen nachgeordneten Mitarbeitern im zwischenmenschlichen Bereich umzugehen hat. Gemeint sind damit z.B. Anweisungen hinsichtlich der Art des Grüßens oder der Form der Anrede. Diese Anweisungen haben mit dem eigentlichen Arbeitsvorgang nichts zu tun. Im Unterschied zu den aufgabenbezogenen Regelungen gehören sie nicht zur geschuldeten Arbeitsleistung der vorgesetzten Mitarbeiter. Die gemäß dem Arbeitsvertragsverhältnis geschuldete Führung der Arbeitnehmer bezieht sich lediglich auf die Steuerung des Arbeitsprozesses. Da der Arbeitsablauf von diesen Anweisungen nicht betroffen wird, liegt ein entsprechender Ausschlussgrund für das Mitbestimmungsrecht des § 87 I Nr. 1 nicht vor. Die Führungsrichtlinien mit einem solchen Inhalt sind also nicht nach § 87 I Nr. 1 mitbestimmungspflichtig.

Zudem ist zu berücksichtigen, dass gerade Regelungen des zwischenmenschlichen Miteinanders der Arbeitnehmer typische Gegenstände der Mitbestimmung nach § 87 I Nr. 1 sind.

Zusammenfassung und Ergebnisse

1. Das Bundesarbeitsgericht hat mit seiner Entscheidung vom 24.3.1981 Auslegungsgrundsätze für die Anwendung des Mitbestimmungsrechts des § 87 I Nr. 1 entwickelt, die es bis heute, abgesehen von einigen Ergänzungen oder Abweichungen, jeder seiner Entscheidungen zum Mitbestimmungsrecht des § 87 I Nr. 1 zugrunde gelegt hat. Danach sei Gegenstand des Mitbestimmungsrechts die Sicherung eines ungestörten Arbeitsablaufs und das reibungslose Zusammenleben und Zusammenwirken der Arbeitnehmer im Betrieb. Maßnahmen lediglich das bilaterale Verhältnis des Arbeitgebers zu den Arbeitnehmern betreffend seien von der Mitbestimmung ausgenommen. Der Mitbestimmungstatbestand des § 87 I Nr. 1 sei als einheitlicher Tatbestand zu begreifen. Es sei das mitbestimmungspflichtige Ordnungsverhalten vom mitbestimmungsfreien Arbeitsverhalten abzugrenzen. Das Arbeitsverhalten sei betroffen, wenn der Arbeitgeber in Ausübung seiner Organisations- und Leistungsmacht bestimme, welche Arbeiten in welcher Art und Weise zu verrichten seien.

   Trotz stetiger Zugrundelegung dieser entwickelten Kriterien des § 87 I Nr. 1 sind die Entscheidungen des Bundesarbeitsgerichts zum Mitbestimmungsrecht des § 87 I Nr. 1 zum Teil widersprüchlich. In einigen Fällen ist eine eindeutige Zuordnung der jeweils in Frage stehenden Arbeitgebermaßnahme zum Arbeits- oder Ordnungsverhalten nicht möglich. Letztlich ist nie genau vorhersehbar, wie das höchste deutsche Arbeitsgericht entscheiden wird. Die in ständiger Rechtsprechung vom Bundesarbeitsgericht verwendeten Auslegungsleitlinien sind bereits aus diesem Grunde abzulehnen.

2. Die Ansicht des Bundesarbeitsgerichts sowie der herrschenden Meinung, der Mitbestimmungstatbestand des § 87 I Nr. 1 sei als einheitlicher Tatbestand zu verstehen und entsprechend Arbeitgebermaßnahmen das bilaterale Verhältnis betreffend vom Anwendungsbereich des § 87 I Nr. 1 auszunehmen, findet seine Rechtfertigung weder in einer wörtlichen noch in einer historischen, systematischen oder teleologischen Auslegung des § 87 I Nr. 1. Die Auslegung ergibt vielmehr, dass der Mitbestimmungstatbestand aus zwei Tatbestandsteilen besteht. Gerade unter Beachtung des Gesetzeszwecks werden grundsätzlich vom Mitbestimmungsrecht auch Maßnahmen des Arbeitgebers erfasst, die sich lediglich auf sein Verhältnis zu den Arbeitnehmern beziehen.

   Die vom Bundesarbeitsgericht entwickelte Abgrenzungsformel, nach der für die Bestimmung des Anwendungsbereichs des § 87 I Nr. 1 zwischen Arbeits- und Ordnungsverhalten abgegrenzt wird, ist abzulehnen.

3. Allgemeine Voraussetzung des Mitbestimmungsrechts des § 87 I Nr. 1 ist der Kollektivbezug. Der Kollektivbezug ist immer dann gegeben, wenn eine Maßnahme des Arbeitgebers sich nicht nur auf das Verhältnis zwischen dem

Arbeitgeber und dem einzelnen Arbeitnehmer auswirkt, sondern das Belegschaftsinteresse berührt und sich abstrakt auf den ganzen Betrieb oder auf eine Gruppe von Arbeitnehmern oder einen Arbeitsplatz bezieht.

Das Mitbestimmungsrecht steht hingegen nicht unter dem Vorbehalt einer unternehmerischen Entscheidungsfreiheit. Bei der Ausübung der Mitbestimmung müssen jedoch die Grundrechte des Unternehmers beachtet werden. Unter Berücksichtigung der Eigentumsgarantie des Art. 14 GG darf die Funktionsfähigkeit des Unternehmens nicht vereitelt werden.

4. Positiv werden vom Mitbestimmungsrecht all die Arbeitgebermaßnahmen erfasst, die verhaltensbezogene Arbeitsbedingungen der Arbeitnehmer regeln, welche sich auf den Betriebablauf und die Arbeitsorganisation beziehen und die Einbindung der Arbeitnehmer in den Betrieb betreffen. Dazu zählen Arbeitsbedingungen, die das Zusammenleben der Arbeitnehmer untereinander im Betrieb regeln, jedoch auch Fragen der Zusammenarbeit des Arbeitnehmers mit dem Arbeitgeber betreffend den Betriebablauf und die Arbeitsorganisation.

5. Vom Anwendungsbereich des Mitbestimmungsrechts des § 87 I Nr. 1 werden danach zunächst eine Vielzahl von Arbeitgebermaßnahmen erfasst. Insbesondere unterliegen auch Maßnahmen des Arbeitgebers dem positiven Regelungsbereich, die sich ausschließlich auf die Arbeitsleistung der Arbeitnehmer beziehen. Es ist einfacher, den Anwendungsbereich des Mitbestimmungstatbestands des § 87 I Nr. 1 durch Ausschlusstatbestände einzugrenzen und damit näher zu konkretisieren.

   a) Ein solcher Ausschlusstatbestand ergibt sich dem Verhältnis des § 87 I Nr. 1 zu den Mitwirkungsrechten der §§ 91 und 111 2 Nr. 5. Danach müssen Arbeitgeberanordnungen von der Mitbestimmung des Betriebsrates nach § 87 I Nr. 1 ausgenommen werden, die nur den Arbeitsablauf, die Arbeitsmethode oder das Fertigungsverfahren regeln.

   b) Mitbestimmungsfrei sind Maßnahmen des Arbeitgebers, mit denen lediglich ein fest umrissener, bereits bestehender, sich aus dem Arbeitsvertragsverhältnis ergebener Anspruch gegenüber den Arbeitnehmern geltend gemacht wird.

      Besteht hingegen ein Regelungsspielraum, z.B. bei der Frage, wie die Maßnahme durchzuführen ist, kommt ein Mitbestimmungsrecht des Betriebsrates in Betracht.

   c) Aus der Rechtstellung des Arbeitgebers als Gläubiger im Arbeitsvertragsverhältnis folgt, dass das Mitbestimmungsrecht des Betriebsrates nach § 87 I Nr. 1 für die Fälle ausgeschlossen ist, in denen der Arbeitgeber mit einer Maßnahme lediglich eine ihm auferlegte Gläubigerpflicht erfüllt.

      Das Bestehen eines Regelungsspielraums führt jedoch zur Mitbestimmungspflicht.

d) Ist eine Arbeitgebermaßnahme darauf gerichtet, im Eigentum oder im Besitz des Arbeitgebers stehende Sachen vor Zerstörung, Beschädigung, Gefährdung oder unbefugten Gebrauch durch die Arbeitnehmer zu schützen und hat der Arbeitgeber diesbezüglich ein fest umrissenen Anspruch, so hat der Betriebsrat nicht nach § 87 I Nr. 1 mitzubestimmen.

Im Falle des Bestehens eines Regelungsspielraums kommt ein Mitbestimmungsrecht des Betriebsrates hingegen in Betracht.

e) Die Mitbestimmung des Betriebsrates nach § 87 I Nr. 1 ist hinsichtlich der Begründung oder des Umfanges zusätzlicher vermögenswerter Leistungspflichten des Arbeitgebers ausgeschlossen. Geht es jedoch um Fragen der Verteilung oder Ausgestaltung der vom Arbeitgeber aus seinem Vermögen freiwillig zur Verfügung gestellten Leistungen, besteht ein Mitbestimmungsrecht.

f) Das Mitbestimmungsrecht des § 87 I Nr. 1 scheidet aus, soweit die Mitbestimmungsnorm des § 87 I Nr. 6 Anwendung findet, d.h. wenn die Arbeitgebermaßnahme die Einführung oder Anwendung von technischen Einrichtungen betrifft, die dazu bestimmt sind, das Verhalten oder die Leistung der Arbeitnehmer zu überwachen.

g) Vom Mitbestimmungsrecht des § 87 I Nr. 1 sind grundsätzlich auch Arbeitsschutzmaßnahmen des Arbeitgebers erfasst. Die Anwendung des § 87 I Nr. 1 scheidet jedoch aus, wenn diese Maßnahmen dem Anwendungsbereich des § 87 I Nr. 7 unterfallen.

h) Das Mitbestimmungsrecht des Betriebsrates nach § 87 I Nr. 1 ist nicht deshalb ausgeschlossen, weil eine Anordnung des Arbeitgebers keine Verhaltenspflicht der Arbeitnehmer erzeugt.

6. Nach diesen Grundsätzen sind praxisbedeutende Fallgruppen hinsichtlich der Mitbestimmungspflicht nach § 87 I Nr. 1 wie folgt zu beurteilen:

a) Bei der Beurteilung der Mitbestimmungspflicht von Kontrollmaßnahmen des Arbeitgebers betreffend die Arbeitsleistung der Arbeitnehmer ist zu differenzieren.

Aufzeichnungen der Arbeitsleistung der Arbeitnehmer sind immer dann mitbestimmungsfrei, wenn sie im Hinblick auf das Arbeitsergebnis eine über die Kontrolle hinausgehende Bedeutung für den Arbeitgeber haben. Dazu zählen insbesondere die zu Kalkulationszwecken ergehenden Kontrollanordnungen.

Machen Arbeitnehmer ihren Lohnanspruch hinsichtlich der Überstunden geltend, kann der Arbeitgeber mitbestimmungsfrei verlangen, dass die behauptete Arbeitsleistung nachgewiesen wird. Hinsichtlich der Festlegung der Art und Weise der Nachweiserbringung besteht jedoch ein Regelungsspielraum. Insoweit kommt ein Mitbestimmungsrecht des Betriebsrates nach § 87 I Nr. 1 in Betracht.

Über die Frage des „Ob“ des Erlasses von Anordnungen, die unter Mitwirkung der Arbeitnehmer die Kontrolle der ordnungsgemäßen Arbeitserbringung bezwecken, besteht kein Mitbestimmungsrecht nach § 87 I Nr. 1. Ein Mitbestimmungsrecht kommt hingegen in Betracht, falls im Rahmen der Leistungserfassung ein Regelungsspielraum für den Arbeitgeber besteht. Dieser existiert zumeist bei der Einführung von Formblättern zur Leistungserfassung oder bei der Aufstellung von Regularien hinsichtlich der Art und Weise der Aufzeichnung. Maßgebend ist, ob der Arbeitgeber genau auf diese eine Maßnahme bzw. diese eine Formulierung im Formblatt einen Anspruch hat.

Die Kontrolle der Arbeitsleistung der Arbeitnehmer ohne Mitwirkung der Arbeitnehmer unterliegt unabhängig davon, ob die Arbeitnehmer Kenntnis von der Kontrolle haben, nicht dem Mitbestimmungsrecht des § 87 I Nr. 1.

b) Der Arbeitgeber kann mitbestimmungsfrei darüber entscheiden, ob er sein Betriebsgelände vor dem Betreten Unbefugter schützt und entsprechend das Verhalten der Arbeitnehmer beim Betreten und Verlassen des Geländes reglementiert. Da der Arbeitgeber zum Schutz seines Betriebsgeländes regelmäßig mehrere Möglichkeiten hat, kommt bei der Auswahl einer möglichen Schutzmaßnahme ein Mitbestimmungsrecht des Betriebsrates nach § 87 I Nr. 1 in Betracht.

c) Ein Mitbestimmungsrecht nach § 87 I Nr. 1 besteht nicht hinsichtlich der Frage, ob der Arbeitgeber die Anwesenheit seiner Arbeitnehmer kontrollieren kann. Ist der Arbeitgeber hingegen in der Lage, über die Statuierung der Meldepflicht hinausgehend zwischen mehreren Maßnahmen zu entscheiden, so kann der Betriebsrat diesbezüglich mitbestimmen.

d) Hat der Arbeitgeber einen konkreten Verdacht, dass ein Arbeitnehmer oder eine Arbeitnehmergruppe ihm gehörige Sachen gestohlen hat und ordnet er deshalb an, diesen Arbeitnehmer und dieser Arbeitnehmergruppe einer Diebstahlskontrolle zu unterziehen, so kann diese Maßnahme mitbestimmungsfrei ergehen. Dem Betriebsrat steht jedoch gemäß § 87 I Nr. 1 ein Mitbestimmungsrecht zu, wenn die Diebstahlskontrolle ohne konkreten Diebstahlsverdacht durchgeführt wird.

Bei der Errichtung und bloßen Organisation eines Werkschutzes hat der Betriebsrat nicht nach § 87 I Nr. 1 mitzubestimmen.

e) Ein Rauchverbot, das allein aufgrund des allgemeinen Weisungsrechts vom Arbeitgebers erlassen wird, ist nach § 87 I Nr. 1 mitbestimmungspflichtig.

Hingegen kommt ein Mitbestimmungsrecht des Betriebsrates nach § 87 I Nr. 1 hinsichtlich der Einführung eines betrieblichen Rauchverbots beim Bestehen von ausdrücklichen Verboten in Gesetzen, Verordnungen oder Unfallverhütungsvorschriften der Berufsgenossenschaften nicht in Betracht.

Ist es den Arbeitnehmern aufgrund einer bestehenden arbeitsvertraglichen Haupt- oder Nebenpflicht untersagt, im Betrieb zu rauchen, so kann das Verbot mitbestimmungsfrei vom Arbeitgeber erlassen werden.

Kein Mitbestimmungsrecht nach § 87 I Nr. 1 steht dem Betriebsrat zu, wenn der Arbeitgeber das Rauchverbot unter Hinweis auf eine bestehende erhöhte Brandgefahr einführt. Mitbestimmungspflichtig ist hingegen der Erlass des Rauchverbots zum Schutz der Betriebsmittel und Betriebseinrichtung vor Verschmutzung.

Rauchverbote, die den Schutz der nichtrauchenden Arbeitnehmer bezwecken, sind primär nach § 87 I Nr. 7 mitbestimmungspflichtig, subsidiär nach § 87 I Nr. 1.

f) Allein auf dem Weisungsrecht des Arbeitgebers beruhende Alkoholverbote unterliegen der Mitbestimmung des Betriebsrates nach § 87 I Nr. 1.

Das Mitbestimmungsrecht gemäß § 87 I Nr. 1 scheidet beim Erlass eines Alkoholverbots aus, wenn das Verbot auf Grund der Vorschriften des § 31 II 2 JArbSchG oder des § 5 VBG 68 ergeht.

Das Mitbestimmungsrecht ist ferner dann ausgeschlossen, wenn den Arbeitnehmern der Genuss von Alkohol im Betrieb aufgrund bestehender arbeitsvertraglicher Haupt- oder Nebenpflichten untersagt ist.

g) Bei der Beurteilung der Mitbestimmungspflicht eines Radioverbotserlasses ist maßgebend und in jedem Einzelfall gesondert zu prüfen, ob es den Arbeitnehmern trotz Radiohörens während der Arbeitszeit aus objektiven Gesichtspunkten möglich ist, die geschuldete Arbeitsleistung zu erbringen. Ist dies der Fall, unterliegt das Radiohörverbot nicht dem Mitbestimmungsrecht.

h) Arbeitgeberanordnungen, welche das Ab- und Rückmeldeverfahren von Betriebsratsmitgliedern zum Regelungsgegenstand haben, unterliegen nicht dem Mitbestimmungsrecht des Betriebsrates nach § 87 I Nr. 1.

Für die generelle Frage, ob der Betriebsrat mitzubestimmen hat, wenn der Arbeitgeber das Verhalten des Betriebsrates und seiner Mitglieder reglementiert, kommt es entscheidend darauf an, ob mit der Arbeitgebermaßnahme auf die Amtstätigkeit der Betriebsratsmitglieder Einfluss genommen wird. Ist dies der Fall, scheidet ein Mitbestimmungsrecht des Betriebsrates nach § 87 I Nr. 1 aus.

i) Die Einführung von Krankengesprächen kann dann mitbestimmungsfrei erfolgen, wenn der Arbeitgeber mit den Gesprächen einen betriebsorganisatorischen Zweck verfolgt. Sind die Gespräche Teil des Vorgehens gegen unentschuldigte krankheitsbedingte Fehlzeiten, ist deren Einführung nur mitbestimmungsfrei, wenn der Arbeitgeber in der Lage ist, im Hinblick auf ein Krankfeiern der Arbeitnehmer konkrete Verdachtsmomente darzulegen.

j) Bei der Einführung eines Formulars, auf dem sich die Arbeitnehmer die Notwendigkeit des Arztbesuches während der Arbeitszeit ärztlich bescheinigen lassen sollen, ist der Betriebsrat gemäß § 87 I Nr. 1 zu beteiligen.

k) Führungsrichtlinien, mittels derer der Arbeitgeber bestimmt, in welcher Weise der vorgesetzte Mitarbeiter seine Aufgaben wahrzunehmen hat, unterliegen nicht dem Mitbestimmungsrecht des Betriebsrates gemäß § 87 I Nr. 1.

Bestimmen die Führungsrichtlinien hingegen, wie der Vorgesetzte mit seinen nachgeordneten Mitarbeitern im zwischenmenschlichen Bereich umzugehen hat, z.B. wie er seine Mitarbeiter zu begrüßen oder welche Form der Anrede er zu wählen hat, dann kommt ein Mitbestimmungsrecht des Betriebrats nach § 87 I Nr. 1 in Betracht.

Literaturverzeichnis

Adomeit, Klaus: Die Regelungsabrede als die neben der Betriebsvereinbarung zulässige Ausübungsform der Mitbestimmung in sozialen Angelegenheiten (§ 56 BetrVG, § 67 PerVG), 2. Auflage, Düsseldorf 1961

Ahrens, Martin: Eingeschränkte Rechtskontrolle von Betriebsvereinbarungen, NZA 1999, S. 686 ff.

Ballschmiede, Wolfram: Das Rauchverbot im Betrieb, AuR 1957, S. 248 ff.

Beck, Thorsten: Die Auskunftspflicht von Betriebsratsmitgliedern über Art und Umfang ihrer Tätigkeit, AiB 1985 S. 56 ff.

Becker, Friedemann: Detektive zur Überwachung von Arbeitnehmern?, Wiesbaden 1981

Beckschulze, Martin/ Henkel, Wolfram: Der Einfluss des Internets auf das Arbeitsrecht, DB 2001, S. 1491 ff.

Beuthin, Volker: Die Unternehmensautonomie im Zugriff des Arbeitsrechts, ZfA 1988, S. 1 ff.

Bieding, Franz: § 87 BetrVG und die vergessenen Führungsmethoden, AiB 1983, S, 12 ff.

Birk, Rolf: Die arbeitsrechtliche Leitungsmacht, Köln 1973

Blomeyer, Wolfgang: Die Entwicklung des arbeitsrechtlichen Schrifttums im Jahre 1974, ZfA 1975, S. 243 ff.

Böhm, Wolfgang: Massenentlassung und Kurzarbeit, BB 1974, S. 372 ff.

Börgmann, Udo: Arbeitsrechtliche Aspekte des Rauchens im Betrieb, RdA 1993, S. 275 ff.

Boewer, Dietrich: Das Initiativrecht des Betriebsrats in sozialen Angelegenheiten, DB 1973, S. 522 ff.

Bopp, Peter/ Molkenbur, Josef: Mitbestimmung bei Leistungskontrollen der Angestellten im Außendienst, BB 1995, S. 514 ff.

Brecht, Hans-Theo: Kommentar zum Betriebsverfassungsgesetz nebst Wahlordnung, Herne, Berlin 1972

Brill, Werner: Die Rechtsprechung zur sozialen Mitbestimmung des Betriebsrats, DB 1978, Beilage 9

Brockhaus: Vorauslexikon zur Brockhaus – Enzyklopädie, Band 4, 19. Auflage, Mannheim 1986

Buchner, Herbert: Der Abbau arbeitsvertraglicher Ansprüche durch Betriebsvereinbarungen im System der Mitbestimmung in sozialen Angelegenheiten (§ 87 BetrVG), DB 1983, S. 877

Buschmann, Rudolf: Mitbestimmung des Betriebsrats bei der Festlegung der Arbeitszeit im Einzelhandel, DB 1982, S. 1059 ff.

Bydlinski, Franz: Recht, Methode und Jurisprudenz, Frankfurt am Main 1988

Cosack, Tilman: Verpflichtung des Arbeitgebers bzw. Dienstherrn zum Erlaß eines generellen Rauchverbots am Arbeitsplatz ?, ArbuSozR 1999, S. 1450 ff.

Däubler, Wolfgang: Das Arbeitsrecht: Leitfaden für Arbeitnehmer, Teil 1, 14. Auflage, Reinbek 1995; Teil 2, 10. Auflage, Reinbek 1995

– Gläserne Belegschaften?: Datenschutz im Betrieb und Dienststelle, 4. Auflage, Frankfurt am Main 2002

Däubler, Wolfgang/ Kittner, Michael/ Klebe, Thomas: Betriebsverfassungsgesetz. Kommentar für die Praxis, 9. Auflage, Frankfurt am Main 2004 (zitiert: DKK – Bearbeiter)

Deckers, Ralf/ Deckers, Stefan: Die Beteiligungsrechte des Betriebsrats beim Testkauf, NZA 2004, S. 139 ff.

Dietz, Rolf: Betriebsverfassungsgesetz mit Wahlordnung. Kommentar, 4. Auflage, München und Berlin 1967

Dietz, Rolf/ Richardi, Reinhard: Betriebsverfassungsgesetz. Kommentar. Band 2, 6. Auflage, München 1981

Dörner, Klemens Maria/ Wildschütz, Martin/ Luczak, Stefan: Arbeitsrecht in der anwaltlichen und gerichtlichen Praxis, 2. Auflage, Neuwied, Kriftel 1999

Dütz, Wilhelm: Arbeitsrecht, 8. Auflage, München 2003

– Eigenmächtige Arbeitsversäumnis und Freizeitnahme durch Arbeitnehmer und Betriebsratsmitglieder, DB 1976, S. 1428 ff.

Dütz, Wilhelm/ Schulin, Bertram: Das Betriebsverfassungsrecht in seiner dogmatischen und systematischen Fortentwicklung, ZfA 1975, S. 103 ff.

Duden: Band 1, Die Deutsche Rechtschreibung, 22. Auflage, Mannheim, Leipzig, Wien, Zürich, 2001

– Band 4, Grammatik der deutschen Gegenwartssprache, 5. Auflage, Mannheim, Leipzig, Wien, Zürich, 1995

Dzikus, Franz-Viktor: Die Mitbestimmung des Betriebsrats im Bereich der sozialen Angelegenheiten nach § 87 I BetrVG in Eil- und Notfällen, Mannheim 1980

Edenfeld, Stefan: Die Krankenkontrolle des Arbeitgebers, DB 1997, S. 2273 ff.

Ehler, Karl: Mitbestimmung des Betriebsrats bei sogenannten Krankengesprächen, BB 1992, S. 1926 ff.

Ehmann, Horst: Anmerkung zu: Beschluss des Bundesarbeitsgerichts vom 24.11.1981, SAE 1984, S. 102 ff., in: SAE 1984, S. 104 ff.

Engel, Ulrich: Deutsche Grammatik, 3. Auflage, Heidelberg 1996

Erfurter Kommentar: Kommentar zum Arbeitsrecht, 6. Auflage, München 2006 (zitiert: ErfK-Bearbeiter)

Erman, Walter: Handkommentar zum Bürgerlichen Gesetzbuch. Band I, begründet von Walter Erman, fortgeführt von Harm Peter Westermann, 10. Auflage, Münster Köln 2000 (zitiert: Erman-Bearbeiter)

Etzel, Gerhard: Betriebsverfassungsgesetz. Eine systematische Darstellung, 8. Auflage, Neuwied, Kriftel 2002

Fabricius, Fritz/ Kraft, Alfons/ Wiese, Günther/ Kreutz, Peter/ Oetker, Hartmut/ Raab, Thomas/ Weber, Christoph/ Franzen, Martin: Betriebsverfassungsgesetz. Gemeinschaftskommentar. Band II, 8. Auflage, Neuwied, Kriftel, 2005 (zitiert: GK-Bearbeiter)

Fahrtmann, Friedhelm: Die Mitbestimmung des Betriebsrats bei der Einführung von verfahrensvorbestimmter Zeiten, JbAR, Bd. 2, 1964, S. 76 ff.

Fecker, Jörg: Rechte, Pflichten und Regelungsmöglichkeiten des privaten Arbeitgebers im Hinblick auf Alkoholkonsum von Arbeitnehmern: unter Berücksichtigung der Alkoholkrankheit, Freiburg 1992

Felderhoff, Mathias: Alkohol und Arbeitsrecht, Baden-Baden 1997

Fenge, Gunther: Arztbesuch-Kontrolle mitbestimmungspflichtig ?, BB 1981, S. 1577 ff.

Fikentscher, Wolfgang: Schuldrecht, 9. Auflage, Berlin 1997

Fischer, Ulrich/ Kiesche, Eberhard: Krankenrückkehrgespräche – Handlungsmöglichkeiten des Betriebsrats, AiB 1997, S. 639 ff.

Fitting, Karl/ Engels, Gerd/ Schmidt, Ingrid/ Trebinger, Yvonne/ Linsenmaier, Wolfgang: Betriebsverfassungsgesetz mit Wahlordnung. Handkommentar, 23. Auflage, München 2006

Fitting, Karl/ Kaiser, Heinrich/ Heither, Friedrich/ Engels, Gerd/ Schmidt, Ingrid: Betriebsverfassungsgesetz mit Wahlrdnung. Handkommentar, 21. Auflage, München 2002

Fitting, Karl/ Kraegeloh, Walter/ Auffahrth, Fritz: Betriebsverfassungsverfassungsgesetz nebst Wahlordnung. Handkommentar für die Praxis, 9. Auflage, Berlin und Frankfurt a.M. 1970

Flatow, Georg: Betriebsvereinbarung und Arbeitsordnung: eine arbeitsrechtliche Studie, Mannheim 1921

Fleck, Jürgen: Suchtkontrolle am Arbeitsplatz, BB 1987, S. 2029 ff.

Friesen, Juliane Freifrau von: Arbeitsversäumnis und Betriebsratstätigkeit nichtfreigestellter Betriebsratsmitglieder, DB 1981, S. 1618 ff.

Fuchs, Dieter: Das betriebliche Rauchverbot, BB 1977, S. 299 ff.

Galperin, Hans: Das Betriebsverfassungsgesetz 1972: Leitfaden für die Praxis, Heidelberg 1972

Galperin, Hans/ Löwisch, Manfred: Kommentar zum Betriebsverfassungsgesetz, Bd. II: Regelung der Mitbestimmung (§§ 74-132), 6. Auflage, Heidelberg 1982

Gamillscheg, Franz: Kollektives Arbeitsrecht: ein Lehrbuch. Band 2: Mitbestimmung und Betriebsverfassung, München 1997

Gast, Wolfgang: Arbeitsrecht und herrschaftsfreie Sozialordnung, BB 1990, S. 1637 ff.

Gaul, Dieter: Das Arbeitsrecht im Betrieb von der Einstellung bis zur Entlassung. Band II, 8. Auflage, Heidelberg 1986

– Die betriebliche Einigungsstelle, 2. Auflage, Freiburg 1980 (zitiert: Gaul, Einigungsstelle)

– „Betriebsjustiz“ als zulässige Konkurrenz der Regelungspflege ?, DB 1965, S. 655 ff.

Gester, Heinz/ Isenhardt, Udo: Das Initiativrecht des Betriebsrats zur Regelung materieller Lohnbedingungen, RdA 1974, S. 80 ff.

Glaubitz, Werner: Alkohol im Betrieb, BB 1979, S. 579 ff.

Gnade, Albert/ Kehrmann, Karl/ Schneider, Wolfgang/ Blanke, Hermann: Betriebsverfassungsgesetz. Kommentar für die Praxis, 2. Auflage, Köln 1983

Grimberg, Herbert: Anmerkung zu: Landesarbeitsgerichts Hamm, Beschluss vom 28.5.1986, AiB 1986, S. 212, in: AiB 1986, S. 212 ff.

Gumpert, Jobst: Kann der Arbeitgeber das Tragen von Pfennigabsätzen verbieten?, BB 1961, S. 1380 ff.

Guserl, Richard/ Hofmann, Michael: Das Harzburger Modell: Idee und Wirklichkeit und Alternative zum Harzburger Modell, 2. Auflage, Wiesbaden 1976

Hackstein, Rolf: Arbeitswissenschaft im Umriss, Band 2, Essen 1977

Hallenberger, Achim: Die Pflicht des Arbeitgebers zur Förderung der freien Persönlichkeitsentfaltung nach § 75 Abs. 2 Betriebsverfassungsgesetz, Frankfurt am Main 1988

Hanau, Peter: Anmerkung zu: Bundesarbeitsgericht, Beschluss vom 8.12.1981, SAE 1983, S. 73 f., in: SAE 1983, S. 74 ff.

– Allgemeine Grundsätze der betrieblichen Mitbestimmung, RdA 1973, S. 281 ff.

– Neuerungen in der Mitbestimmung über Sozialeinrichtungen, insbesondere die Altersversorgung, BB 1973, S. 1274 ff.

Harmsen, Claus: Die Mitbestimmung des Betriebsrates nach § 87 I Nr. 1 BetrVG bei Stellenbeschreibungen, BB 1980, 1219 ff.

Heese, Matthias: Anmerkung zu: Bundesarbeitsgericht, Beschluss vom 11.6.2002, AuR 2003, S. 233 f., in: AuR 2003, S. 234.

Henssler, Martin: Anmerkung zu: Bundesarbeitsgericht, Beschluss vom 8.8.1989, SAE 1990, S. 340 ff., in: SAE 1990, S. 343 ff.

Hergenröder, Carmen Silvia: Zielvereinbarungen, AR-Blattei SD 1855.

Herschel, Wilhelm: Anmerkung zu: Bundesarbeitsgericht, Beschluss vom 24.11.1981, AP Nr. 3 zu § 87 BetrVG 1972 Ordnung des Betriebes, in: AP Nr. 3 zu § 87 BetrVG 1972 Ordnung des Betriebes, Bl. 477 ff.

Hess, Harald/ Schlochauer, Ursula/ Worzalla, Michael/ Glock, Dirk: Kommentar zum Betriebsverfassungsgesetz, 5. Auflage, Neuwied, Berlin, Kriftel 1997

Hessel, Philipp: Die Betriebsordnung nach § 56 Betriebsverfassungsgesetz, DB 1953, S. 801 ff.

Hexel, Dietmar/ Löffert, Karl: Alkohol – Mensch – Arbeit Alkoholverbot im Betrieb – Kapitulation statt Aufgang eines Problems ?, in: BetrR 1983, S. 5 ff.

Hinrichs, Werner: Kurzarbeit statt Entlassungen, AiB 1986, S. 142 ff.

– Anmerkung zu: Bundesarbeitsgericht, Beschluss vom 13.2.1990, AiB 1991, S. 272 f., in: AiB 1991, S. 273 f.

Hönn, Günther: Kompensation gestörter Vertragsparität, München 1982

Hönsch, *Ronald/ Natzel*, *Inigo*: Handbuch des Fachanwalts – Arbeitsrecht –, 2. Auflage, Neuwied, Kriftel 1994

Hofe, *Gerhard*: Betriebliche Mitbestimmung und Humanisierung der Arbeitswelt: die Mitwirkung und Mitbestimmung des Betriebsrats bei menschengerechter Gestaltung der Arbeit, Königstein/Ts 1978

Hoffmann-Walldorf: Das Mitbestimmungsrecht bei Rauchverbot, RdA 1955, S. 63 ff.

Hoyningen-Huene, *Gerrick von*: Betriebsverfassungsrecht, 4. Auflage, München 1998

– Anmerkung zu: Bundesarbeitsgericht, Beschluss vom 23.10.1984, AP Nr. 8 zu § 87 BetrVG 1972 Ordnung des Betriebes, in: AP Nr. 8 zu § 87 BetrVG 1972 Ordnung des Betriebes, Bl. 247 ff.

Hromadka, *Wolfgang*: Kanari im Betrieb, DB 1986, S. 1573 f.

Huber, *Emil*: Die Grenzen der erzwingbaren Mitbestimmung des Betriebsrats bei sog. Annexregelungen in sozialen Angelegenheiten, DB 1980, S.1643 ff.

Hueck, *Alfred/ Nipperdey*, *Hans Carl*: Lehrbuch des Arbeitsrechts, Zweiter Band: Kollektives Arbeitsrecht, 2. Halbband, bearbeitet von Hans Carl Nipperdey unter Mitarbeit von Franz Jürgen Säcker, 7. Auflage, Berlin und Frankfurt a.M. 1970

Hunold, *Wolf*: Anmerkung zu: Bundesarbeitsgericht, Beschluss vom 8.11.1994, BB 1995, S. 1188 f., in: BB 1995, S. 1188 ff.

– Zweifelsfragen zum gesetzlichen Mitwirkungsrecht des Betriebsrats, Kissing 1980

– Mitarbeiterkontrolle, Erfassung betrieblicher Leistungsdaten und die Mitbestimmung des Betriebsrats, DB 1982, Beilage Nr. 18

– Fotohandys im Betrieb und die Reichweite von § 87 I BetrVG, NZA 2004, S. 1206 ff.

Hurlebaus, *Günther*: Fehlende Mitbestimmung bei § 87 BetrVG, Köln 1987

Jahnke, *Volker*: Anmerkung zu: Beschluss des Bundesarbeitsgerichts vom 8.6.1982, SAE 1983, S. 144 f., in: SAE 1983, S. 145 ff.

– Tarifautonomie und Mitbestimmung, München 1984

– Die Mitbestimmung des Betriebsrats auf dem Gebiet der betrieblichen Sozialleistungen, ZfA 1980, S. 863 ff.

Joost, *Detlev*: Betriebsverfassungsrechtliche Mitbestimmung bei Arbeitszeiten und betrieblichen Öffnungszeiten, DB 1983, S. 1818 ff.

Kammann, *Karl-Udo/ Hess*, *Harald/ Schlochauer*, *Ursula*: Kommentar zum Betriebsverfassungsgesetz, Neuwied und Darmstadt, 1979

Kasseler Handbuch zum Arbeitsrecht: 2. Auflage, Neuwied 1999 (zitiert: Kasseler Handbuch-Bearbeiter)

Kissel, *Otto Rudolf*: Arbeitsrecht im Spannungsfeld zwischen Manchestertum und Gleichmacherei, RdA 1988, S. 193 ff.

Kittner, *Michael*: Anmerkung zu: Bundesarbeitsgericht, Beschluss vom 21.1.1997, EzA Nr. 23 zu § 87 BetrVG 1972 Betriebliche Ordnung, in: EzA Nr. 23 zu § 87 BetrVG 1972 Betriebliche Ordnung, S. 9 ff.

Kittner, *Michael/ Pieper*, *Ralf*: Beteiligungsrechte des Betriebsrats im betrieblichen Arbeitsschutz nach dem neuen Arbeitsschutzgesetz, AiB 1997, S. 324 ff.

Konzen, *Horst*: Tarifvertragliche und innerbetriebliche Normsetzung, BB 977, S. 1307 ff.

– Rechtsfragen bei der Sicherung der betrieblichen Mitbestimmung, NZA 1995, S. 865 ff.

Kreßel, *Eckhard*: Parkplätze für Betriebsangehörige, RdA 1992, S. 169 ff.

Kreuder, *Thomas*: Fremdfirmeneinsatz und Beteiligung des Betriebsrats, AuR 1993, S. 316 ff.

– Anmerkung zu: Beschluss des Landesarbeitsgerichts Frankfurt a.M. vom 24.3.1992, BetrR 1993, S. 74 f., in: BetrR 1993, S. 75 ff.

– Mitbestimmung bei „Krankengesprächen“, AiB 1995, S. 654 ff.

– Desintegration und Selbststeuerung: Betriebsverfassung in der fraktalen Fabrik, Baden-Baden 1998

– Mitbestimmung bei der Durchführung von Krankengesprächen – Anmerkung zum Beschluss des LAG Frankfurt vom 24.3.1992, BR 1993, S. 75 ff.

– Mitbestimmung beim Einsatz von Fremdfirmen, Die Mitbestimmung 1992, 10‘92, S. 63 f.

Kreutz, *Peter*: Grenzen der Betriebsautonomie, München 1979

– Anmerkung zu: Bundesarbeitsgericht, Beschluss vom 10.4.1984, SAE 1986, S. 20 f., in: SAE 1986, S. 21 ff.

Küchenhoff, *Günther*: Anmerkung zu: Bundesarbeitsgericht, Beschluss vom 15.12.1961, AP Nr. 3 zu § 56 BetrVG 1952 Ordnung des Betriebes, in: AP Nr. 3 zu § 56 BetrVG 1952 Ordnung des Betriebes

Künzl, *Reinhard*: Nochmals: Das betriebliche Rauchverbot, zugleich Anmerkung zu: Urteil des Bundesarbeitsgerichts vom 19.1.1999, BB 1999, S. 1380, in: BB 1999, S. 2187

– Alkohol im Betrieb, BB 1993, S. 1581 ff.

Lappe, *Marlies*: Die Mitbestimmung in sozialen Angelegenheiten, JArbR Bd. 16, 1978, S. 55 ff.

Larenz, *Karl*: Allgemeiner Teil des Bürgerlichen Rechts, 8. Auflage, München 1997

Leßmann, *Jochen*: Rauchverbote am Arbeitsplatz: rechtliche Grundlagen, betriebliche Gestaltungsmöglichkeiten, Maßnahmen des Nichtraucherschutzes, Stuttgart 1991

Lieb, *Manfred*: Die Mitbestimmung des Betriebsrats bei der Festsetzung der Arbeits- und Öffnungszeiten in Betrieben des Handels, DB 1981, Beilage Nr. 17.

Liebers, *Gottfried*: Radiohören im Betrieb – Anmerkung zur BAG-Entscheidung vom 14.1. 1986 – 1 ABR 75/83 –, DB 1987, S. 2256 f.

Lingemann, Stefan/ Göpfert, Burkhard: Der Einsatz von Detektiven im Arbeitsrecht, DB 1997, S. 374 f.
Löwisch, Manfred: Arbeitsrecht, 7. Auflage, Düsseldorf 2004
– Möglichkeiten und Grenzen der Betriebsvereinbarung, AuR 1978, S. 97 ff.
– Die Verschlechterung von Individualansprüchen durch Betriebsvereinbarung, DB 1983, S. 1709 ff.
Löwisch, Manfred/ Kaiser, Dagmar: Betriebsverfassungsgesetz. Kommentar, 5. Auflage, Heidelberg 2002
Löwisch, Manfred/ Reimann, Mathias: Anmerkung zu: Bundesarbeitsgericht, Beschluss vom 23.6.1983, AP Nr. 45 zu § 37 BetrVG 1972, in: AP Nr. 45 zu § 37 BetrVG 1972 Bl. 933 ff.
Luhmann, Ulrich: Betriebsjustiz und Rechtstaat: Vertragsrechtliche Sanktionen und betriebliche Strafgewalt bei Ordnungsverstößen im Arbeitsverhältnis, Heidelberg 1975
Maass, Friedrich: Die Rechtsgrundlagen des individuellen Werkschutzes, ArbuSozR 1965, S. 144 ff.
Mantke, Andreas: Anmerkung zu: Bundesarbeitsgericht, Beschluss vom 14.1.1986, DB 1986, S. 593 ff., DB 1986, S. 595 f.
Martens, Klaus-Peter: Unternehmerische Mitbestimmung mit den Mitteln des Betriebsverfassungsrechts ?, RdA 1989, S. 164 ff.
Martin, Renate: Arbeitsordnung und betriebliche Mitbestimmung, Berlin 1983.
Maschmann, Frank: Zuverlässigkeitstests durch Verführung illoyaler Mitarbeiter, NZA 2002, S. 13 ff.
Matthes, Hans-Christoph: Möglichkeiten und Grenzen betrieblicher Telefondatenerfassung, CR 1987, S. 108 ff.
Maus, Wilhelm: Handbuch des Arbeitsrechts, Baden-Baden 1975-1988
Meisel, Peter: Anmerkung zu: Bundesarbeitsgericht, Beschluss vom 18.11.1980, AP Nr. 3 zu § 87 BetrVG 1972 Arbeitszeit, in: AP Nr. 3 zu § 87 BetrVG 1972 Arbeitszeit, Bl. 38 ff.
– Anmerkung zu: Bundesarbeitsgericht, Beschluss vom 23.6.1983, SAE 1984, S. 196 ff., in: SAE 1984, S. 198 ff.
Mletzko, Frank J.: Anmerkung zu: Bundesarbeitsgericht, Beschluss vom 11.6.2002, AiB 2003, S. 629 f., in AiB 2003, S. 630 f.
Moll, Wilhelm: Die Mitbestimmung des Betriebsrats beim Entgelt, Berlin 1977
Monjau, H.: Die Mitbestimmung bei Arbeitskontrollgeräten, BB 1964, S.887 ff.
Münchener Handbuch zum Arbeitsrecht: herausgegeben von Reinhard Richardi und Otfried Wlotzke, Band 3, 2. Auflage, München 2000 (zitiert: MünchArbR-Bearbeiter)
Münchener Kommentar: Bürgerliches Gesetzbuch. Band 1 Allgemeiner Teil, herausgegeben von Kurt Rebmann, Franz Jürgen Säcker, Roland Rixecker, 4. Auflage, München 2001 (zitiert: Münchener Kommentar-Bearbeiter)

– Band 4 Schuldrecht – Besonderer Teil II, herausgegeben von Kurt Rebmann, Franz Jürgen Säcker, Roland Rixecker, 3. Auflage, München 1997 (zitiert: Münchener Kommentar-Bearbeiter)

Mummenhoff, Winfried: Rauchen am Arbeitsplatz, RdA 1976, S. 364 ff.

Musa, Wilhelm: Arbeits- und verfassungsrechtliche Grenzen bei der Einführung mechanischer Arbeitskontrollgeräte, AuR 1961, S. 357 ff.

Natzel, Benno: Mitwirkung und Mitbestimmung des Betriebsrats bei der menschengerechten Gestaltung der Arbeit, DB 1972, Beilage Nr. 24

Natzel, Inigo: Anmerkung zu: Bundesarbeitsgericht, Beschluss vom 14.1.1986, SAE 1987, S. 40 ff., in: SAE 1987, S. 42 ff.

Neumann-Duesberg, Horst: Betriebsverfasungsrecht, Berlin 1960

– Das betriebliche Singverbot, DB 1966, S. 74 ff.

Nikisch, Arthur: Arbeitsrecht, I. Band: Allgemeine Lehren und Arbeitsvertragsrecht, 3. Auflage, Tübingen 1961

– Arbeitsrecht, III. Band: Betriebsverfassungsrecht, 2. Auflage, Tübingen 1966

Ossberger, Karl-Friedrich: Betriebliche Kontrollen, ihre Voraussetzungen und Grenzen: zugleich ein Beitrag zur Diskussion um den Schutz und die Entfaltung der Persönlichkeit im Arbeitsverhältnis, Köln, 1981

Palandt, Otto: Bürgerliches Gesetzbuch. Kommentar, 64. Auflage, München 2005 (zitiert: Palandt-Bearbeiter)

Pfarr, Heide: Anmerkung zu: Bundesarbeitsgericht, Beschluss vom 9.12.1980, AP Nr. 2 zu § 87 BetrVG 1972 Ordnung des Betriebes, in: AP Nr. 2 zu § 87 BetrVG 1972 Ordnung des Betriebes, Bl. 831 ff.

Popp, Gerfried: Vom Krankenbett an den Schreibtisch, Mitbestimmung bei Krankengesprächen, PERSONAL 1994, S. 191 ff.

Raab, Thomas: Mitbestimmung des Betriebsrats bei der Einführung und Ausgestaltung von Krankengesprächen, NZA 1993, S 193 ff.

– Anmerkung zu: Bundesarbeitsgericht, Beschluss vom 8.11.1994, AP Nr. 24 zu § 87 BetrVG 1972 Ordnung des Betriebes, Bl. 1066 ff., in: AP Nr. 24 zu § 87 BetrVG 1972 Ordnung des Betriebes, Bl. 155 ff.

– Der kollektive Tatbestand als Voraussetzung der Mitbestimmung des Betriebsrats in sozialen Angelegenheiten, ZfA 2001 S. 31 ff.

Ramm, Thilo: Zur Bedeutung der Rechtssoziologie für das Arbeitsrecht, Kritische Justiz 1970, S. 175 ff.

Rebhahn, Robert: Anmerkung zu: Bundesarbeitsgericht, Beschluss vom 25.1.2000, SAE 2002, S. 134, in: SAE 2002, S. 139 ff.

Reichold, Hermann: Betriebsverfassung als Sozialprivatrecht: historisch-dogmatische Grundlage von 1848 bis zur Gegenwart, München 1995

Rescher, Ronald: Inhalt und Umfang der Mitbestimmung des Betriebsrats nach § 87 I Nr. 1 BetrVG – Rechtsfragen im Zusammenhang mit der betrieblichen Ordnung, Kassel 2001

Reuter, Dieter: Anmerkung zu: Bundesarbeitsgericht, Beschluss vom 18.11.1980, SAE 1980, S. 239 f., in: SAE 1981, S. 242 f.
– Die Mitbestimmung des Betriebsrats über die Lage der Arbeitszeit von Ladenangestellten, ZfA 1981, S. 165 ff.
– Arbeitsrechtliche Aspekte neuer Arbeitszeitstrukturen, RdA 1981, S. 201 ff.
– Anmerkung zu: Bundesarbeitsgericht, Beschluss vom 8.11.1994, JuS 1995, S. 1141, in: JuS 1995, S. 1141 f.
RGRK: Das Bürgerliche Gesetzbuch mit besonderer Berücksichtigung der Rechtsprechung des Reichsgerichts und des Bundesgerichtshofes, Band II, Teil 3/1, §§ 611-620, 12. Auflage, Berlin New York 1997 (zitiert: RGRK-Bearbeiter)
Richardi, Reinhard: Betriebsverfassungsgesetz mit Wahlordnung. Kommentar, 9. Auflage, München 2004
– Anmerkung zu: Bundesarbeitsgericht, Beschluss vom 31.8.1982, EZA Nr. 13 zu § 87 BetrVG 1972 Arbeitszeit, in: EZA Nr. 13 zu § 87 BetrVG 1972 Arbeitszeit, Bl. 102a ff.
– Kritische Anmerkungen zur Reform der Mitbestimmung des Betriebsrats in sozialen uns personellen Angelegenheiten nach dem Regierungsentwurf, DB 1971, S. 621 ff.
– Kollektivgewalt und Individualwille bei der Gestaltung des Arbeitsverhältnisses, München 1968
– Die Beschränkung der Vertragsfreiheit durch das Mitbestimmungsrecht des Betriebsrats in sozialen Angelegenheiten, Festgabe für Ulrich von Lübtow, 1970
Richter, Helmut: Firmenparkplätze, Individualrechtliche und verfassungsrechtliche Aspekte, AiB 1994, S. 736 ff.
– Die Änderung von Arbeitsbedingungen kraft Direktionsrecht des Arbeitgebers unter Beachtung der Beteiligung des Betriebsrats (I), DB 1989, S. 2378 ff.
Rosendahl, Hans: Die Änderung von Arbeitsbedingungen kraft Direktionsrecht des Arbeitgebers unter Beachtung der Beteiligung des Betriebsrats (I), BetrR 1993, S. 1 ff.
Rüthers, Bernd: Rechtsprobleme des Zeitlohns an taktgebundenen Produktionsanlagen, ZfA 1973, S. 399 ff.
Rüthers, Bernd/Boldt, Gerhard: Zwei arbeitsrechtliche Vorträge, München 1969
Säcker, Franz-Jürgen: Die Regelung sozialer Angelegenheiten im Spannungsfeld zwischen tariflicher und betriebsvereinbarungsrechtlicher Normsetzungsbefugnis, ZfA 1972, Sonderheft, S. 41 ff.
Schäcker, Hanns: Arbeitsrechtliche Fragen beim Einsatz eines „Produktographen“, DB 1961, S. 914 ff.
Sbresny-Uebach, Barbara: Rauchverbot, AR-Blattei SD 1310
Schaub, Günter: Arbeitsrechts-Handbuch, 9. Auflage, München 2000
Schirdewahn, Gerhard: Anmerkung zu: Bundesarbeitsgericht Beschluss vom 24.11.1981, BB 1982, S. 1421 f., in: BB 1982, S. 1422 f.

Schlüter, Wilfried/ Belling, Detlev: Anmerkung zu: Bundesarbeitsgericht, Beschluss vom 24.3.1981, SAE 1982, S. 203 ff, in: SAE 1982, S. 206 ff.
Schmalz, Dieter: Methodenlehre für das juristische Studium, 4. Auflage, Baden-Baden 1998
Schmidt-Dorrenbach, Heribert/ Goos, Wofgang: Beteiligungsrechte des Betriebsrates bei Personaldatensystemen, DB 1983, Beilage Nr. 11
Schneider, Wolfgang: Anmerkung zu: Beschluss des Bundesarbeitsgerichts vom 10.4.1984, AiB 1984, S. 142 f., in: AiB 1984, S. 143
Scholz, Rupert: Verdeckt Verfassungsneues zur Mitbestimmung ?, NJW 1986, S. 1587 ff.
Schulin, Bertram/ Babl, Monika: Rechtsfragen der Telefondatenverarbeitung, NZA 1986, S. 46 ff.
Schuster, Norbert: Krankheit und Arbeitsverhältnis, AuA 1993, S. 168 ff.
– Bespitzelung durch Detektive im Arbeitsverhältnis – was können Betriebsräte und Betroffene tun ?, BetrR 1992, S. 57 f.
Siebert, Gerd/Becker, Knut: Betriebsverfassungsgesetz: Kommentar für die Praxis, 7. Auflage, Bonn 1992
Siebert, Wolfgang/ Hilger, Marie Luise: Anmerkung zu: Landesarbeitsgericht Hannover, Beschluss vom 14.2.1955, BB 1955, S. 669 f., in: BB 1950, S. 670 f.
Simitis, Spiros: Schutz der Arbeitehmerdaten: Regelungsdefizite, Lösungsvorschläge, Gutachten ..., Bonn 1981
Sinzheimer, Hugo: Grundzüge des Arbeitsrechts, 2. Auflage, Jena 1927
Söllner, Alfred: Grundriss des Arbeitsrechts, 12. Auflage, München 1998
– Einseitige Leistungsbestimmung im Arbeitsverhältnis, Mainz, Wiesbaden 1966
Starck, Martin: Leistungspflichten und betriebliche Mitbestimmung, Berlin 1983
Staudinger, J. von: Kommentar zum Bürgerlichen Gesetzbuch. Buch 2: Recht der Schuldverhältnisse §§ 616 – 630, Berlin 2002
Stege, Dieter/ Weinspach, Friedrich Karl: Betriebsverfassungsgesetz. Handkommentar für die betriebliche Praxis, 8. Auflage, Köln 1999
Stein, Ekkehard: Die Wirtschaftsaufsicht, Tübingen 1967
Strasser, Rudolf: Zur Abgrenzung der Betriebsvereinbarung von der Einigung über den Einzelfall, RdA 1956, S. 448 ff.
Thalhofer, Karla: Betriebsverfassungsrechtlicher Beseitigungsanspruch, Versuch eines Reaktionenmodells bei mitbestimmungswidrigen Arbeitgebermaßnahmen insbesondere im Bereich von § 87 I Nr. 1 BetrVG, Heidelberg 1999
Vossen, Reinhard: Entgeltfortzahlung bei Krankheit und an Feiertagen, Neuwied 1997
Wank, Rolf: Die Auslegung von Gesetzen – eine Einführung, Köln 1997
Weingart, Hans-Joachim: Betriebliche Mitbestimmung und unternehmerische Entscheidungsfreiheit: eine Untersuchung zu der Interessenkollision zwischen Unternehmer-Leitungsinteressen und den Mitbestimmungsrechten des Betriebsrats, Frankfurt am Main, Berlin, Bern, New York, Paris, Wien 1992

Weiss, Manfred: Anmerkung zu: Bundesarbeitsgericht, Beschluss vom 24.11.1981, EZA Nr. 7 zu § 87 BetrVG 1972 Betriebliche Ordnung, in: EZA Nr. 7 zu § 87 BetrVG 1972 Betriebliche Ordnung, S. 52 ff.

Weiss, Manfred/ Weyand, Joachim: Betriebsverfassungsgesetz. Kommentar, 3. Auflage, Baden-Baden 1994

Wester, Kurt/ Schlüpers Oehmen, Reinhold: Arbeitsrecht: Betriebsverfassungs-, Personalvertretungs- und Mitbestimmungsrecht, 2. Auflage, Köln 1984

Wiese, Günther: Anmerkung zu: Bundesarbeitsgericht, Beschluss vom 8.8.1989, EZA Nr. 13 zu § 87 BetrVG 1972 Betriebliche Ordnung, in: EZA Nr. 13 zu § 87 BetrVG 1972 Betriebliche Ordnung, S. 9 ff.

– Anmerkung zu: Bundesarbeitsgericht, Beschluss vom 4.3.1986, AP Nr. 3 zu § 87 BetrVG 1972 Kurzarbeit, in: AP Nr. 3 zu § 87 BetrVG 1972 Kurzarbeit, Bl. 139 ff.

– Anmerkung zu: Beschluss des Bundesarbeitsgerichts vom 21.12.1982, SAE 1983, S. 321 ff., in: SAE 1983, S. 325 ff.

– Buchbesprechung: Günther Hurlebaus – Fehlende Mitbestimmung bei § 87 BetrVG, ZfA 1989, S. 645 ff.

– Der personale Gehalt des Arbeitsverhältnisses, ZfA 1996, S. 439 ff.

– Anmerkung zu: Beschluss des Bundesarbeitsgerichts vom 28.5.2002, AR-Blattei ES, Soziale Angelegenheiten, Nr. 157, in: AR-Blattei ES, Soziale Angelegenheiten, Nr. 157

– Anmerkung zu: Beschluss des Bundesarbeitsgerichts vom 27.1.2004, AP Nr. 40 zu § 87 BetrVG 1972 Überwachung, in: AP Nr. 40 zu § 87 BetrVG 1972 Überwachung Bl. 1547

Wiethölter, Rudolf: Rechtswissenschaft, Frankfurt a.M., Hamburg 1970

Willemsen, Heinz Josef/ Brune, Ulrike: Alkohol und Arbeitsrecht, DB 1988, S. 2304 ff.

Wittke, Manfred: Die Beteiligungsrechte des Betriebsrats im sozialen Bereich: Mitwirkung und Mitbestimmung in der betrieblichen Praxis, Berlin 1981

Wohlgemuth, Hans H.: Anmerkung zu: Bundesarbeitsgericht Beschluss vom 9.12.1980 AuR 1982, S. 38 ff., AuR 1982, S. 40

Wolber, Kurt: Betriebliche Maßnahmen gegen den Genuss von Alkohol am Arbeitsplatz, in: BlStSozArbR 1977, S. 134 ff.

Wolter, Henner: Für ein besseres Arbeitsrecht: Rechtskritik, Rechtsgebrauch, Rechtsmethodik der Gewerkschaften, Hamburg 1986

Zöllner, Wolfgang: Arbeitsrecht, 5. Auflage, München 1998

– Das Rauchverbot, DB 1957, S. 117 ff.

Zöllner, Wolfgang/ Loritz, Karl Georg: Arbeitsrecht: ein Studienbuch, 5. Auflage, München 1998

Peter Lang · Europäischer Verlag der Wissenschaften

Sonja Schwald

Die Legitimation der Konzernbetriebsverfassung

Frankfurt am Main, Berlin, Bern, Bruxelles, New York, Oxford, Wien, 2005.
XV, 173 S.
Europäische Hochschulschriften: Reihe 2, Rechtswissenschaft. Bd. 4134
ISBN 3-631-53551-1 · br. € 39.–*

Um den Konzernbetriebsrat nach §§ 54 ff. BetrVG 1972 ranken sich Probleme, seit es ihn gibt. Die Reform des Betriebsverfassungsgesetzes 2000 hat diese Unklarheiten nicht beseitigt, sondern im Gegenteil neue Fragen aufgeworfen. Diesen neuen und den alten Streitfragen geht dieses Buch nach. Ausgehend vom Konzernrecht, das dem Konzernbetriebsrat zugrunde liegt, wird unter dem Stichpunkt der Legitimation des Konzernbetriebsrates der Frage nachgegangen, wann und wie ein Konzernbetriebsrat auf Arbeitnehmerseite errichtet werden kann. Es folgt eine der Kernfragen um den Konzernbetriebsrat, nämlich die der Legitimation auf Arbeitgeberseite: Kann die Konzernleitung für ihre abhängigen Konzernunternehmen handeln, v.a. Konzernbetriebsvereinbarungen mit Wirkung für alle Konzernunternehmen abschließen? Zuletzt wird die Zuständigkeit des Konzernbetriebsrates dargestellt. Es zeigt sich, daß die originäre Zuständigkeit, in deren Bereich der Konzernbetriebsrat seine eigentliche Rolle in der Praxis spielt, eine Frage der Legitimation dieses Organs im Einzelfall für beide Seiten, die der Arbeitnehmer und die des Arbeitgebers, ist. Zudem wird ein in der Rechtswissenschaft bisher fast unbestritten gebliebener Ansatz komplett widerlegt und so die Prüfung des § 58 Abs. 1 BetrVG auf neue Füße gestellt. Nicht unberücksichtigt bleibt dabei die Erstreckung der Zuständigkeit auf betriebsratslose Einheiten nach der BetrVG-Reform. Abschließend wird das Verhältnis der Betriebsratsebenen zueinander geklärt und damit auch beantwortet, ob es eine Rahmenzuständigkeit des Konzernbetriebsrates geben kann und ob Öffnungsklauseln in Konzernbetriebsvereinbarungen für den Gesamt- oder Einzelbetriebsrat zulässig sind.

Aus dem Inhalt: Der Konzern des BetrVG · Die Legitimation des Konzernbetriebsrates · Die Legitimation des Konzernarbeitgebers · uvm.

Frankfurt am Main · Berlin · Bern · Bruxelles · New York · Oxford · Wien
Auslieferung: Verlag Peter Lang AG
Moosstr. 1, CH-2542 Pieterlen
Telefax 00 41 (0) 32 / 376 17 27

*inklusive der in Deutschland gültigen Mehrwertsteuer
Preisänderungen vorbehalten

Homepage http://www.peterlang.de

Kolibri 360 GmbH
Ferdinand-Jühlke-Straße 7
99095 Erfurt, Deutschland
produktsicherheit@kolibri360.de

Druck:
CPI Druckdienstleistungen GmbH
im Auftrag der
Kolibri 360 GmbH
Ferdinand-Jühlke-Str. 7
99095 Erfurt